임동석중국사상100

신 서

新 序

劉向 撰 / 林東錫 譯註

유향(劉向)

"상아, 물소 뿔, 진주, 옥. 진괴한 이런 물건들은 사람의 이목은 즐겁게 하지만 쓰임에는 적절하지 않다. 그런가 하면 금석이나 초목, 실, 삼베, 오곡, 육재는 쓰임에는 적절하나 이를 사용하면 닳아지고 취하면 고갈된다. 그렇다면 사람의 이목을 즐겁게 하면서 이를 사용하기에도 적절하며, 써도 닳지 아니하고 취하여도 고갈되지 않고, 똑똑한 자나 불초한 자라도 그를 통해 얻는 바가 각기 그 자신의 재능에 따라주고, 어진 사람이나 지혜로운 사람이나 그를 통해 보는 바가 각기 그 자신의 분수에 따라주되 무엇이든지 구하여 얻지 못할 것이 없는 것은 오직 책뿐이로다!"

《소동파전집》(34) 〈이씨산방장서기〉에서 구당(丘堂) 여원구(呂元九) 선생의 글씨

책 머리에

고전은 제왕학帝王學이며 지도자의 학문이며 생활에 있어서의 수신서이며 인생을 살아가는 나침반이다. 그 때문에 지도자는 이를 통해 아래 사람을 어떻게 이끌어 나갈 것인가를 배우고 구상하며, 지도자 수업을 받고 있는 자는 이를 통해 앞으로 어떻게 세상을 다스릴 것인지 목표를 설정하고 부단히 수련을 쌓게 되며, 일반인은 지도자가 어떤 고통을 당하면서 자신들을 이끌어가고 있는지를 확인하게 되는 것이다.

아울러 누구나 모두 작은 조직이지만 지도자의 위치에 서게 됨을 인식하게 되면 세상을 허투루 마구 살 수 없음을 터득하게 된다. 이러한 책이 바로 《신서新序》이다.

이 책은 지금부터 약 2천 년 전인 중국 한漢나라 때 유향劉向(B.C. 77~6)이 편집·저술하여 B.C. 24년에 완성한 역사고사집歷史故事集이다. 모두 10권으로, 1~5권은 잡사雜事(여러 가지 이야기), 6권은 자사刺奢(사치를 풍자함), 7권은 절사節士(절의로 살아간 선비들의 이야기), 8권은 의용義勇(정의와 용기), 9~10권은 선모善謀(훌륭한 모책, 상·하)로 권마다 편명이 붙어 있다.

그리고 내용은 고전古典의 정수精髓대로, 상고上古시대부터 한대漢代에 이르기까지 숱한 사람들의 일화와 고사를 중심으로 한 아름다운 말과 훌륭한 행동(가언선행嘉言善行) 1백88가지를 소설보다 아름다운 구성과 문체로 엮어 놓고 있다. 이는 같은 유향의 유명한 《설원說苑》보다 7년이나 앞서 편찬한 것으로, 천자에게 풍간諷諫(간언諫言)으로써 상소문上疏文을 대신하기 위한 것이라 하였다.

우리가 흔히 알고 있는 순舜임금의 지극한 효성, 손숙오孫叔敖의 음덕양보陰德陽報, 초楚 장왕莊王의 용인술用人術과 정치 방법, 기해祁奚의 인물 추천법, 제齊 환공桓公과 관중管仲의 통치술과 패업霸業, 편작扁鵲의 신비한 의술, 맹상군孟嘗君과 해대어海大語의 고사, 양梁나라 대부 송취宋就의 고사, 납군蠟君의 망국亡國과 그 결과, 송강왕宋康王의 폭정, 화씨지벽和氏之璧, 걸주桀紂의 사치와 포악, 제齊 경공景公과 안자晏子, 신포서申包胥 이야기, 변장자卞莊子의 호용好勇,

상산사호商山四皓와 한漢 고조高祖의 이야기 등 이루 헤아릴 수 없는 '감동을 주는 고사'가 주옥처럼 가득히 실려 있다.

　고대에는 선악善惡의 개념이 지금보다 훨씬 강했던 것이 아닌가 한다. 게다가 선善으로의 복귀에 대해서도 지금처럼 법法이라는 강제 개념으로, 규제를 통해 사회정의를 실현하기보다는 교훈적인 윤리倫理·도덕道德을 통해 이를 법의 단계에 이르기 이전에 되돌아올 수 있도록 미리 온갖 정성을 기울인 것이 아닌가 하고 느낄 때가 있다.

　물론 사회구조가 오늘날보다는 단순하고, 가치추구도 그 가족·사회·국가라는 틀을 마련해 놓은 상태에서 형성되었기 때문에 법보다는 윤리라는 초보단계로도 가능했을지 모른다. 그러나 현대라고 해서 인간이 도덕·윤리 없이 하루라도 살 수 있겠으며, 가정·사회·국가의 일원으로서 책임과 의무를 다하지 아니하고 살아갈 수가 있겠는가? 외형과 수치에 급급하여 정신문화를 무시한 채 물질문명에만 매달리는 것이 얼마나 위험한 것인지 우리는 직접 목격할 때가 있다. 물질문명의 발달은 정신문화의 기초 없이는 개인은 물론 사회나 국가조차도 가끔 사상누각砂上樓閣이 되고 만다는 이치를 우리는 현대 사회에서 체험까지 하고 있다. 이에 나는 감히 정신문화를 기초로 다지는 것이 무엇보다 시급한 문제라고 생각한다. 그 방법은 고전古典에서 출발해야 한다고 주장하고 싶다.

　동서양을 막론하고 그 고전 속에서 우리는 옛사람의 윤리·도덕은 물론, 나아가 그 정서까지 도움을 얻어, 이 시대의 바른 삶의 척도로 삼을 수 있는 자료들을 찾아야 할 것이다. 이것이 시간이 걸리고 답답한 일이라 해도 꾸준히 그러한 길을 제시하여 보여 주어야 할 때이다.

　고전이 고전일 수 있는 진가는 어디에 있는가? 이는 한 마디로 어느 시대·어떤 상황·어떤 경우에도 바른 잣대가 될 수 있고, 삶의 표준이 되며, 해결의 열쇠가 되고, 정신적 위안이 될 수 있는 내용이라는 데에 그 기본 가치와 진면목이 있을 것이다.

2천 년 전 유향이 편집하여 전해 오는 이 《신서》라는 책도 결국 그 2천 년 전이나 지금이나 시간의 간격은 있을지언정 인간이 고민하고 사회가 아파하는 데 대한 지식인의 참을 수 없는 고뇌들이 그냥 넘길 수 없는 상황에서 글로 엮어진 것이다.

그런데 이 《신서》는 무거운 부담감을 가지고 읽을 필요는 없다. 경학처럼 딱딱한 글이 아니라, 소설처럼 부드러운 감성의 표현이 주를 이루고 있기 때문이다. 우선 재미있는 교훈, 일상생활에서 활용할 수 있는 예화例話로서의 고사로 읽어도 된다. 그리하여 우리의 정서를 풍부하게 하고 삶에 윤택을 더하며, 수양과 도덕 교과서로 이용해도 충분한 내용이다. 나아가 정신문화의 기틀을 다지는 데 차원 있는 자료로 볼 수 있다면 더욱 좋겠다.

학문적으로 체계體系와 역주譯註, 고석考釋을 위해 원문은 일련번호와 권번호를 부여하고, 현대적 표점標點을 가하였으며, 주석註釋과 참고자료를 실어 한문공부와 원문대조原文對照에 편리하도록 하였다. 학문적인 성과도 기해 보려고 애를 썼다.

끝으로 편집과 교정·출판에 심혈을 기울여준 편집부 여러분께도 감사의 말을 적는다. 아울러 독자 제현의 끊임없는 관심과 지도를 기원하며, 간단間斷 없는 채찍질도 기다린다.

줄포茁浦 임동석林東錫이 수정판을 내면서 부곽재負郭齋에서 적다.

일러두기

1. 이 책은 문연각본文淵閣本 사고전서四庫全書《신서新序》(子部一, 儒家類)를
   저본으로 하고, 〈사부총간四部叢刊〉초편初編(58)·《신서新序》(1926년 商務印
   書館 판본을 1989년 上海古籍出版社에서 重印한 것)와 〈백자전서본百子全書本〉1
   《신서新序》표점활자본(岳麓書社, 1993, 長沙)을 대조하여 완역상주完譯詳註
   한 것이다.

2. 현대 백화주석본白話註釋本으로는《신서금주금역新序今註今譯》(盧元駿,
   商務印書館, 1975년 초판, 1991년 5판, 臺北)과《신서전역新序全譯》(李華年, 貴州
   人民出版社, 1994, 貴陽)·《신역신서독본新譯新序讀本》(葉幼明, 三民書局, 1996,
   臺北)이 있어 훌륭한 참고가 되었다.

3. 분장分章은 본문 10권卷 188장章, 일문佚文 56장章 등 모두 244장章이며,
   이에 일련번호를 부여하고 다시 괄호 속에 권卷·장章의 번호를 넣어 찾기
   쉽도록 하였다. 단 본문의 분장은 각각의 의견이 모두 달라 이에 본인은
   188장章으로 잠정 분류하였다.(해제부분 참고)

4. 각 편장에는 원래 제목이 없으나 본인은 해당 장의 첫 구절을 임시의
   제목으로 실어 찾아보기 쉽도록 하였다.

5. 주는 인명·지명·사건명·연대 등과 역문의 부가설명·추가내용 등을
   위주로 하였으며 장이 바뀌는 곳에 반복하여 실은 것도 있다.

6. 매장 끝의 참고 부분에는 가능한 한 관련 기록을 모두 찾아 실었다. 실제
   이 작업은 엄청난 노력과 시간이 소요되었다. 게다가 고판본古板本 원문에
   일일이 표점標點과 문장부호를 통일되게 부여하는 일은 본문 역주보다
   훨씬 많은 작업량이었으나, 학문적인 중요한 가치를 감안하여 심혈을
   기울여 찾아 전재한 것이다. 단일본을 대상으로 역주하였을 경우의 오류를
   최소화할 수 있고, 동일한 내용에 대해 문장의 차이·고석考釋·비교比較·
   정위正僞를 밝히는 일은 물론, 문법文法·수사修辭·어휘語彙·어법語法 등

무궁한 분석 자료를 한 곳에 모아둠으로써 일목 요연하게 해결하는 데 용이한 체제이기 때문이다. 물론 자료 수집의 한계 때문에 모든 기록을 빠짐없이 다 실을 수는 없고, 경우에 따라서는 완전 일치하는 기록이라기보다 전체 내용 중 일부에 관련된 것도 있다. 이에 대하여는 따로 관련기록의 소재와 책 이름의 편명만을 밝힌 것도 있다.

7. 일문佚文은 이미 알려진 56조條(《新譯新序讀本》에는 51조條, 《新序全譯》에는 56條로 실려 있음)를 그대로 실어 이에 대한 연구의 참고로 활용할 수 있도록 하였다.

8. 해제解題와 참고參考 및 기왕의 《신서新序》 관련 연구기록의 원문은 뒤로 실어 학술적인 연구에 도움이 되도록 하였다.

9. 뒤편에 색인을 실어 찾아보기 편하도록 하였다.

10. 원의原意의 충실을 기하기 위해 직역으로 하였다. 문장이 순통하지 못하거나 오류가 발견되면 질정叱正과 편달鞭撻을 내려 주기 바란다.

11. 본 《신서新序》의 완역상주完譯詳註 작업에 참고로 쓰인 문헌은 대략 다음과 같다.

❋ 참고문헌

1. 《新序》漢, 劉向 撰, 四庫全書(文淵閣本) 子部 1, 儒家類

2. 《新序》漢, 劉向 撰, 四部叢刊初編 子部, 商務印書館, 1926年(上海古籍 出版社, 1989年 重印本, 上海.)

3. 《新序》漢, 劉向 撰, 百子全書本 1, 岳麓書社(標點活字本), 1993, 長沙.

4. 《新序》漢, 劉向 撰, 諸子百家叢書本(四庫全書本을 覆刊한 것), 上海古籍 出版社, 1995, 上海.

5. 《新序今註今譯》盧元駿, 臺灣商務印書館, 1991(5版), 臺北.

6. 《新序今註今譯》盧元駿, 天津古籍出版社(臺灣商務印書館本을 영인한 것), 1987, 天津.

7. 《新序全譯》李華年, 貴州人民出版社, 1994, 貴陽.

8. 《新譯新序讀本》葉幼明, 三民書局, 1964, 臺北.

9. 《十三經注疏》藝文印書館, 1982, 臺北.

10. 《論語集註》宋, 朱熹, 四部刊要本 漢京文化事業有限公司 影印本, 1981, 臺北.

11. 《孟子集註》宋, 朱熹, 四部刊要本 漢京文化事業有限公司 影印本, 1981, 臺北.

12. 《中庸語集註》宋, 朱熹, 四部刊要本 漢京文化事業有限公司 影印本, 1981, 臺北.

13. 《大學語集註》宋, 朱熹, 四部刊要本 漢京文化事業有限公司 影印本, 1981, 臺北.

14. 《太平廣記》北宋, 李昉 等, 中華書局 活字本, 1994, 北京.

15. 《太平御覽》北宋, 李昉 等, 商務印書館 印本, 1980, 臺北.

16. 《藝文類聚》唐, 歐陽詢 等, 文光出版社 活字本, 1977, 臺北.

17. 《淵鑒類函》清, 張英, 新興書局 影印本, 1978, 臺北.

18. 《太平豈宇記》北宋, 樂史, 文海出版社, 1980, 臺北.

19. 《北堂書梢》唐, 虞世南, 中國書店, 1989, 北京.

20. 《水經注》後魏, 域道元, 世界書局 活字本, 1983, 臺北.

21. 《初學記》唐, 徐堅 等, 鼎文書局 活字本, 1976, 臺北.

22. 《史記》漢, 司馬遷, 鼎文書局 活字本, 1979, 臺北.

23. 《漢書》後漢, 班固, 鼎文書局 活字本, 1979, 臺北.

24.《隋書》唐, 魏徵, 鼎文書局 活字本, 1979, 臺北.

25.《吳越春秋》漢, 趙曄, 四部備要本 臺灣商務印書局印本, 1974, 臺北.

26.《越絕書》漢, 袁康, 四部備要本 臺灣商務印書局印本, 1974, 臺北.

27.《古今注》晉, 崔豹, 四部備要本 臺灣商務印書局印本, 1974, 臺北.

28.《中華古今注》後唐, 馬縞(附撰), 四部備要本 臺灣商務印書局印本, 1974, 臺北.

29.《博物志》晉, 張華, 四部備要本 臺灣商務印書局印本, 1974, 臺北.

30.《列女傳》漢, 劉向, 四部備要本 臺灣商務印書局印本, 1974, 臺北.

31.《揚子法言》漢, 揚雄, 諸子集成本 世界書局, 1978, 臺北.

32.《抱朴子》晉, 葛弘, 諸子集成本 世界書局, 1978, 臺北.

33.《晏子春秋》張純一校註 諸子集成本 世界書局, 1978, 臺北.

34.《呂氏春秋》晉, 呂不韋, 諸子集成本 世界書局, 1978, 臺北.

35.《淮南子》漢, 劉安, 諸子集成本 世界書局, 1978, 臺北.

36.《韓非子》戰國, 韓非, 諸子集成本 世界書局, 1978, 臺北.

37.《論衡》漢, 王充, 諸子集成本 世界書局, 1978, 臺北.

38.《太玄經》漢, 揚雄 撰, 晉, 范望 注, 四庫全書(文淵閣) 子部 術數篇.

39.《洪範皇極內篇》宋, 蔡沈, 四庫全書(文淵閣) 子部 術數篇.

40.《金樓子》梁, 孝元皇帝, 四庫全書 子部 雜家類.

41.《蒙求集註》唐, 李瀚 撰, 宋, 徐子光 注, 四庫全書 類書類.

42.《西京雜記》漢, 劉歆 撰, 四庫全書 子部 小說家類.

43.《關尹子》周, 關尹喜, 四庫全書 子部 道家類.

44.《拾遺記》晉, 王嘉, 四庫全書 子部 道家類.

45.《續博物志》宋, 李石, 四庫全書 子部 道家類.

46.《酉陽雜俎》唐, 段成式, 四庫全書 子部 道家類.

47. 《述異記》梁, 任昉, 四庫全書 子部 道家類.

48. 《高士傳》晉, 皇甫謐, 史部 傳記類.

49. 《唐芝言》五代, 王定保, 子部 小說家類.

50. 《神仙傳》晉, 葛洪, 子部 道家類.

51. 《春秋繁露》漢, 董仲舒, 經部 春秋類.

52. 《大戴禮記》漢, 戴德, 經部 禮類.

53. 《文子》周, 辛銒, 子部 道家類.

54. 《神異經》漢, 東方朔, 四庫全書 子部 道家類.

55. 《山海經》晉, 郭璞, 藝文印書館 印本, 1977, 臺北.

56. 《世說新語》南朝宋, 劉義慶, (楊勇校註本) 正文書局, 1992, 臺北.

57. 《樂府詩集》宋, 郭茂晋, 中華書局 活字本, 1979, 北京.

58. 《玉臺新詠》梁, 徐陵, 文光書局 印本, 1972, 臺北.

59. 《說苑》漢, 劉向, 四庫全書 儒家類.

60. 《韓詩外傳》漢, 韓祿, 四庫全書 儒家類.

61. 《左傳》周, 左丘明, 十三經注疏本.

62. 《詩經全譯》貴州出版社 全譯本.

63. 《史通全譯》貴州出版社 全譯本.

64. 《列子全譯》貴州出版社 全譯本.

65. 《莊子全譯》貴州出版社 全譯本.

66. 《戰國策全譯》貴州出版社 全譯本.

67. 《楚辭全譯》貴州出版社 全譯本.

68. 《抱朴子內篇全譯》貴州出版社 全譯本.

69. 《吳越春秋全譯》貴州出版社 全譯本.

70. 《抱朴子內篇校釋》中華書局, 1988년.

71. 《孔子家語》魏, 王肅, 中州古籍出版社, 1991년.

72. 《孔子集語》清, 孫星衍, 上海古籍出版社, 1993년.

73. 《鹽鐵論譯註》王貞珉, 吉林文史出版社, 1995년.

74. 《水經注疏》楊守敬(等), 上海古籍出版社, 1989년.

75. 《太玄經校注》劉韶軍, 華中師範大學出版社, 1996년.

76. 《列仙傳今譯·神仙傳今譯》邱鶴亭, 中國社會科學研究所, 1996년.

77. 《方言》漢, 揚雄, 國民出版社 印本, 1960, 臺北.

78. 《燕京歲時記》清, 富察敦崇, 廣文書局 影印本, 1981, 臺北.

79. 《新語》漢, 陸賈, 百家總書本 印本 上海古籍出版社, 1990, 上海.

80. 《潛夫論》東漢, 王符, 百家總書本 印本 上海古籍出版社, 1990, 上海.

81. 《國語》周, 左丘明, 百家總書本 印本 上海古籍出版社, 1990, 上海.

82. 《文選(六臣注)》梁, 蕭統, 華正書局 影印本, 1983, 臺北.

83. 《說文解字注》漢, 許愼, 淸, 段玉裁 注, 漢京文化出版社 影印本, 1980, 臺北.

84. 《中國大百科全書》(民族·文學·哲學·歷史) 中國大百科全書出版社, 1993, 北京.

85. 《中國儒學百科全書》中國大百科全書出版社, 1997, 北京.

86. 《三才圖會》明, 王圻·王思義(編集) 上海古籍出版社(印本) 1988, 上海.

87. 기타 관련 서적 다수는 생략함.

해 제

1. 《신서新序》

《신서新序》는 중국 서한西漢 말기의 유향(劉向; B.C. 77~6)이 편찬한 역사
고사집歷史故事集이다. 유향은 이를 통하여 한漢 왕조에게 간언諫言과 교훈을
삼도록 하려고 의도하였다. 《한서漢書》 권36의 유향전劉向傳・초원왕전楚元王傳에
이렇게 기록되어 있다.

"采傳記行事, 著《新序》・《說苑》凡五十篇奏之. 數上疏言得失, 陳法戒. 書數
十上, 以助觀覽, 補遺闕. 上雖不能盡用, 然内嘉其言, 上嗟歎之."

(전기와 행사를 채집하여 《신서》・《설원》 모두 50편을 지어 상주하였다. 자주 상소하여
득실을 말하며 법계를 진술하였고, 글을 수십 번 올림에 이 책을 통해 살펴보아 빠진 것은
이를 통해 보충토록 하기 위함이었다. 임금은 비록 이를 그대로 모두 실행하지는 못하였으나,
그 말을 가상하다고 받아들이며 감탄하였다.)

따라서 실제로 "以著述當諫書"(저술로 간언할 말을 대신함)한 것이다. 이 《신서》의
책이름은 "새롭게 순서를 정하여 내용을 분류하다"라는 뜻으로 보고 있다.
제목 자체의 의미보다는 오히려 편집 순서에 치중하여, 풍간諷諫의 재료로
삼는다는 주제에 의미를 두고 있었던 것이다.

이 책의 완성 시기는 대체로 한漢 성제成帝 양삭陽朔 원년(B.C. 24년) 2월
계묘일癸卯日로 보고 있다(王應麟《漢書藝文志考證》). 그리고 모두 10권으로 분류
하여 잡사雜事 1・2・3・4・5를 각 권으로 하여 앞세우고, 6권은 자사刺奢, 7권은
절사節士, 8권은 의용義勇, 9・10권은 선모善謀 상・하로 묶은 것이다.

한편 편장篇章의 분류는 각각의 의견이 모두 달라, 초기 송대宋代 증공曾鞏의
집본輯本에는 166장으로, 왕응린王應麟은 183장으로, 〈백자전서百子全書〉에는
169장으로, 〈사부총간四部叢刊〉은 176장으로, 〈총서집성叢書集成〉은 182장
으로, 〈철화관鐵華館〉본 《신서》는 184장으로 나누고 있다. 그런가 하면 현대

역주본도 각각 달라 《신서금주금역新序今註今譯》(商務印書館)은 183장으로, 《신역신서독본新譯新序讀本》(三民書局)은 182장으로, 《신서전역新序全譯》(貴州人民出版社)에는 183장으로 나누고 있다. 본인은 188장으로 나누었다. 이는 관련 기록의 대조에서 다른 전적에 전재된 문장, 혹은 출전의 문단을 근거로 한 것이며, 일부는 문장의 합장보다는 분리가 훨씬 합리적이라 여겨 기준으로 삼은 것이다. 이는 물론 절대적일 수는 없다. 보는 각도에 따라 동일한 주제로 판단할 수도 있고, 또 경우에 따라서는 분장分章이 마땅하다고 인정할 수 있는 것도 있기 때문이다.

유향은 한대漢代의 시대 조류와 맞게 고사의 수집과 분류·편집·교집校輯과 교감校勘에 아주 뛰어난 선각적 시각을 가졌던 인물이다. 그는 수사修史에 대한 의도보다는 오히려 대량의 일사逸事·기문奇聞·고사·일화, 심지어 신화·전설에 이르기까지 폭넓게 수집하였으며, 체제 또한 자유롭게 구사하며, 채록 고사의 대상도 장단長短과 상략詳略에 구애받지 않은 채 엄청난 양의 자료를 모았던 것이다. 더구나 잡사雜史·잡전雜傳까지도 넘나들며 정통 유학儒學의 속박에도 얽매이지 않았다. 그는 이에 따라 《열녀전列女傳》·《열선전列仙傳》·《열사전列士傳》 등 인물 위주의 수집·편찬은 물론, 《신서》·《설원》처럼 고사 중심의 자료도 한 곳으로 모아 이를 찬집하였으며, 《전국책》처럼 시대 중심의 인간 활동 기록에 대한 정리에도 관심을 버리지 않았던 것이다. 이는 한대 기록 문화의 꽃이었던 《사기》의 영향도 컸으리라 여겨진다.

유향은 사마천(司馬遷; B.C. 145~?)보다 약 70년 뒤에 태어났다. 신분상으로 궁중 비부秘府의 도서를 마음놓고 볼 수 있었으며, 그 도서에 대한 정리를 자신의 사명으로 여겨 《별록別錄》을 작성한 업적으로 보아도 그의 활동과 관심 사항을 알 수 있다. 특히 한대의 도서는 주로 죽간竹簡·목간木簡, 혹은 백서帛書였으므로 그에 대한 훼손과 탈간·탈락에 대한 안타까움으로 도서정리의 필요성을 절감, 결국 이에 대한 작업으로 중국 목록학目錄學의 새로운 장을 개척하기에 이른 것이다. 그리고 그의 아들 유흠劉歆은 기구지업箕裘之業을 이어받아 중국 학술의 기초를 다졌으니, 이는 바로 아버지 유향의 노력에서 비롯된 것이었다. (《漢書》藝文志 序文 참조) 그러한 일련의 작업과 분위기는 스스로 섭렵한 내용과 자료를 일관되게 분류·기록·재정리하여 새로운 도서로 작성할 욕구를 낳게 하였을 것으로 보인다. 게다가 자신이 처한 시대 상황이 서한말西漢末 외척과 환관의 득세로 어둡고 혼암하여, 왕조 몰락의 기미가 보이자, 우선 천자를 설득하여 사회분위기와 가치관을 일신하고자 하였지만 상소문을 올릴 때마다 천자는 긍정과 찬탄을 금치 못하면서도, 정작 실제 행동으로는 옮기지 못하였다. 이러한 안타까움에 자료를 정리하여 바침으로써 간언을 대신코자 하였던 것이다. (《漢書》本傳 참조) 따라서 자신이 읽고 수집하였던 숱한 고사에서 얻을 수 있는 흥망의 득실, 삶의 지혜와 사회정의 등을 주제로 천자에게 풍간이 될 내용을 모아 편집하되, 그 이름을 우선 "새롭게 차례를 정해 찬집한 책"이라는 뜻의 《신서》라 이름 지은 것이다. 그러나 이러한 노력에도 불구하고 역사란 어쩔 수 없는 것이었는지 서한은 유향 사후 13년 만에 외척 왕씨王氏의 세력인 왕망王莽에 의해 제위가 찬탈되고 '신新' 나라가 들어서면서 유씨劉氏 왕조는 일단락되고 만다.

한편 유향은 이 《신서》의 작업이 끝나자, 나머지 방대한 자료를 그냥 둘 수 없어 이번에는 더욱 세분화하고 편장의 주제까지 명확히 하여, 그 유명한 《설원》을 완성하게 된다. 이 《설원》은 학자들의 연구에 의하면 《신서》의 나머지 부분이었던 것으로 여겨진다. 《신서》가 이루어진(B.C. 24년) 7년 뒤인 B.C. 17년(成帝 鴻嘉 4년)에 완성된 것으로 내용이나 편장의 장단·분량 등에 있어서 훨씬 자유롭고 방대하다.

이로 보면 《신서》는 《설원》보다 앞서 초보적이고 표준적인 편찬 의도로 시작된 것이다. 따라서 《신서》의 내용과 체제가 규범적이라면, 《설원》은 그에 비해 다양하고 제한 없는 분량의 파일을 주제에 의해 분류하여 이루어진 것이라 할 수 있다. 그러나 두 책은 실제에 있어서 결국 같은 풍모를 지니고 있다. 그 때문에 《한서》 본전에 두 책을 언급하되 "采傳記行事, 著新序 · 說苑, 凡五十篇"이라 묶어서 거론했던 것이다.

한편 《신서》는 《한서》 예문지藝文志에 유향의 저술 67편에 속한다고만 하고 구체적인 편수가 없었고, 《수서隋書》 경적지經籍志에 30권이라 기록되어 있다. 현존 본은 송대 증공曾鞏이 찬집하면서 10권 166장으로 분류되어 이어져 오고 있다.

내용은 순舜 · 우禹로부터 한대 당시의 사실까지 폭넓게 걸쳐 있으며, 많은 부분은 《좌전》 · 《국어》 · 《전국책》 · 《사기》 · 《설원》 · 《한시외전》 · 《안자춘추》 는 물론 전국戰國 시대부터 한초漢初까지의 제자백가에 널리 기재되어 있는 것들이다. 그리고 찬집 주제는 유가사상에 바탕을 두고 있지만, 실제로는 도가 · 묵가의 장점도 실어 선진先秦과 한대의 사회사상과 인식의 조류를 거부감 없이 수용하고 있는 것이다.

《신서》의 판본으로서 〈사부총간본〉은 명明 가정(嘉靖: 1522~1565) 시기에 송본宋本을 복각復刻한 것이며 그 외에 〈총서집성본叢書集成本〉 · 〈백자전서본〉 · 〈제자백가총서본〉 등이 있다. 현대 역주본으로는 《신서금주금역》(盧元駿, 臺灣 商務印書館, 1975), 《신역신서독본》(葉幼明, 臺灣 三民書局, 1996), 《신서전역》(李華年, 貴州人民出版社, 1994) 등이 있다.

그리고 《고려사》에 의하면 우리나라에서도 일찍이 《신서》 판본이 있어 널리 읽혔던 것으로 짐작할 수 있다. 특히 송나라의 철종(哲宗: 1086~1100 재위)이 고려에 대한 도서 요구에 응한 목록 중에 "新序三卷, 說苑二十卷, 劉向七錄二十卷" 등의 구체적인 기록이 있어 당시 고려는 유향의 편찬서를 모두 보유·소장하고 있었던 것으로 여겨진다(《고려사》 세가 卷十, 宣宗 8年. 이에 대한 것은 林東錫 역주 《설원》 해제 부분을 참고할 것).

그밖에 현재 한국 소장본의 《신서》 고판본으로는 광서光緒 19년(1893)의 중국 목판본 《신서》 10권이 국립도서관(고문서번호: 고2526-25)에 소장되어 있다.

2. 유향劉向

유향은 서한 때의 경학가·문학가·목록학자로 널리 알려져 있으며 생몰
연대는 대체로 B.C. 77년부터 B.C. 6년, 즉 서한 소제(昭帝, 劉弗陵, B.C. 86~74년
재위) 원봉元鳳 4년에 태어나, 선제(宣帝; 劉詢, B.C. 73~49년 재위), 원제(元帝;
劉奭, B.C. 48~33년 재위), 성제(成帝; 劉驁, B.C. 32~7년 재위)를 거쳐 애제(哀帝;
劉欣, B.C. 6~1년 재위) 원년에 72세로 생을 마친 인물이다.

정치적으로 그의 말년에는 외척 왕씨가 집권하여 왕권의 쇠락과 혼란을
거듭한 끝에, 그의 사후 13년 만에는 결국 서한 왕조가 무너지고 왕망의 찬탈로
'신'이 들어서는 시기이기도 하다.

유향의 본명은 경생更生이며 자는 자정子政이었으나, 성제 즉위 초년에 이름을
향向으로 바꾸었으며 이 이름이 지금도 널리 알려져 있다.

그는 한 왕조의 시조인 고조 유방劉邦의 이복동생 초원왕楚元王, 劉交의
4세손인 황족으로서 유덕劉德의 아들이다. 특히 유향의 아들들도 모두 학문에
뜻을 두어 맏이인 유급劉伋은《역易》으로써 교수가 되어 군수郡守에까지 올랐고,
둘째 유사劉賜는 구경승九卿丞을 지냈으며, 막내아들 유흠劉歆은 아버지의 학문
을 그대로 이어받아 중국 학술사에 빛나는《칠략》을 지어 목록학의 한 장을
성취한 것으로도 유명하다.

유향은 선제 때부터 성제에 이르기까지 연랑輦郎·간대부諫大夫·낭중郎中·
급사황문給事黃門·산기간의대부散騎諫議大夫·산기중정급사중散騎中正給事中·
중랑中郎·광록대부光祿大夫·중루교위中壘校尉 등을 지냈으며 한때 임금의 노여움
을 사서 여러 차례 하옥되기도 하였다.

그는 《춘추곡량전春秋穀梁傳》·《춘추좌씨전春秋左氏傳》 등에 밝아 선제 때에는 '명유준재名儒俊材'로 선발되어 〈부송賦頌〉 수십 편을 바치기도 하였으며 석거각회의石渠閣會議에 참여하여 오경이동五經同異에 대한 강론을 펼치기도 하였다.

원제 때에는 음양재이陰陽災異에 대한 문제와, 외척 환관의 탄핵 문제에 연루되어 하옥되었다. 성제 때 다시 비부秘府의 책을 교정하여 유명한 《별록別錄》을 지어 목록학의 개조開祖가 되었으며, 고래의 길흉화복에 대한 징험徵驗을 모아 《홍범오행전론洪範五行傳論》을 썼다. 그리고 《시》·《서》 속의 현비賢妃·정부貞婦와 흥국현가興國顯家의 부녀들 이야기를 모아 《열녀전列女傳》을 완성하기도 하였다. 그리고 유별로 교훈적인 이야기와 문장을 모아 찬집한 《신서》와 《설원》은 오늘날까지 유가의 전범과 방증 자료로 널리 이용되고 있다. 특히 《홍범오행전론》은 당시의 정치 혼란을 재이와 부서符瑞·점험占驗에 맞추어 이론화한 것으로 뒷날 점법占法에 지대한 영향을 미친 저술이기도 하다.

《설원》은 군도君道·신술臣術로 시작하여 수문修文·반질反質에 이르기까지 오늘날 20권으로 되어 있으며 당시까지의 교훈적 일화와 명문을 모아 유가의 정치이론과 가치관을 그대로 반영한 대작이다. 그에 비하여 《신서》는 《춘추》의 근본사상을 바탕으로 상고부터 한대에 이르기까지 가언선행嘉言善行을 포양褒揚하여 태평지기太平之基, 만세지리萬世之利의 사회정의에 대한 관념을 정론화한 것으로 평가받고 있다.

한편 《한서》 예문지에 그의 〈사부〉 33편의 목록이 있으나 지금은 몇몇 잔편단장殘篇斷章 외에는 모두 소실되었고, 다만 〈구탄九嘆〉이 《초사楚辭》 속에 들어 있을 뿐이다. 이는 유향이 경서를 전교典校할 때, 굴원屈原을 추념하기 위해 굴원에 의탁하여 쓴 것으로 그 자신이 교집校輯하면서 《초사》 16편 속에 함께 실은 것이다. 이 《초사》는 동한東漢에 이르러 왕일王逸이 주를 달아 《초사장구》라는 책으로 정리되어, 현존 최고最古의 《초사》 전본으로 귀중한 자료가 되고 있다.

유향은 주소奏疏 문장의 보존과 고서古書에 대한 교수校讐에도 심혈을 기울여 그에 대한 회록을 남겼는데 특히 〈간영창릉소諫營昌陵疏〉와 《전국책회록戰國策廻錄》이 유명하다.

한편 그의 산문은 간약창달簡約暢達하고 종용서완從容舒緩하여 당송唐宋 고문가에게 큰 영향을 끼치기도 하였다. 그 외에도 학술적으로는 고적을 전교하여 이룩한 《별록》은 그의 아들 유흠이 이를 바탕으로 《칠략》으로 완성, 중국 목록학의 선하先河를 개도開導한 것으로 오늘날까지 학술사의 중요한 일문을 차지하고 있다. 이의 대략은 반고班固의 《한서》 예문지로써 알 수 있으며, 원서는 이미 사라졌다. 청대에 이르러 홍이훤洪頤煊, 마국한馬國翰, 요진종姚振宗이 집일한 것이 있어 그 대강을 엿볼 수 있다. 그 외에 《열선전》(이는 송대 陳振孫의 僞作으로 보기도 한다)과 《전국책》 33권 등도 널리 알려져 있다.

그의 문집은 《수서》 경적지에 《유향집》 6권의 목록이 보이나 지금은 없어졌고, 명대 장부(張溥; 1602~1641)가 집일한 《유자정집劉子政集》이 《한위육조백삼가집漢魏六朝百三家集》에 수록되어 있다.

유향의 전기는 《한서》 권36 초원왕전에 유교劉交·유향劉向·유흠劉歆이 함께 실려 있다. 그중 〈유향전〉을 전재하여 참고로 삼는다. (단 원문 중의 〈上書文〉과 〈上疏文〉 등은 생략하였다.)

《漢書》卷36〈楚元王傳〉（〈劉向傳〉節錄）

向字子政, 本名更生. 年十二, 以父德任爲輦郎. 旣冠, 以行修飭擢爲諫大夫
是時, 宣帝循武帝故事, 招選名儒俊材置左右. 更生以通達能屬文辭, 與王襃·
張子僑等並進對, 獻賦頌凡數十篇. 上復興神僊方術之事, 而淮南有《枕中鴻寶
苑秘書》. 書言神僊使鬼物爲金之術, 及鄒衍重道延命方, 世人莫見, 而更生父德
武帝時治淮南獄得其書. 更生幼而讀誦, 以爲奇, 獻之, 言黃金可成. 上令典尙方
鑄作事, 費甚多, 方不驗. 上乃下更生吏, 吏劾更生鑄僞黃金, 繫當死. 更生兄陽
城侯安民上書, 入國戶半, 贖更生罪. 上亦奇其材, 得踰冬減死論. 會初立《穀梁
春秋》, 徵更生受《穀梁》, 講論《五經》於石渠, 復拜爲郎中給事黃門, 遷散騎諫大
夫給事中.

元帝初卽位, 太傅蕭望之爲前將軍, 少傅周堪爲諸吏光祿大夫, 皆領尙書事,
甚見尊任. 更生年少於望之·堪, 然二人重之, 薦更生宗室忠直, 明經有行, 擢爲
散騎宗正給事中, 與侍中金敞拾遺於左右. 四人同心輔政, 患苦外戚許·史在位
放縱, 而中書宦官弘恭·石顯弄權. 望之·堪·更生議, 欲白罷退之. 未白而語泄,
遂爲許·史及恭·顯所譖愬, 堪·更生下獄, 及望之皆免官. 語在《望之傳》. 其春
地震. 夏, 客星見昴·卷舌間. 上感悟, 下詔賜望之爵關內侯, 奉朝請. 秋, 徵堪·
向, 欲以爲諫大夫, 恭·顯白皆爲中郎. 冬, 地復震. 時恭·顯·許·史子弟侍中
諸曹, 皆側目於望之等, 更生懼焉, 乃使其外親上變事, 言: (上疏文, 略)

書奏, 恭·顯疑其更生所爲, 白請考姦詐. 辭果服, 遂逮更生繫獄, 下太傅韋玄
成·諫大夫貢禹, 與廷尉雜考. 劾更生前爲九卿, 坐與望之·堪謀排車騎將軍
高·許·史氏侍中者, 毀離親戚, 欲退去之, 而獨專權. 爲臣不忠, 幸不伏誅, 復蒙
恩徵用, 不悔前過, 而教令人言變事, 誣罔不道. 更生坐免爲庶人. 而望之亦坐使
子上書自冤前事, 恭·顯白令詣獄置對. 望之自殺. 天子甚悼恨之, 乃擢周堪爲

光祿勳, 堪弟子張猛光祿大夫給事中, 大見信任, 恭·顯憚之, 數譖毁焉. 更生見堪·猛在位, 幾己得復進, 懼其傾危, 乃上封事諫曰: (封事諫書, 略)

恭·顯見其書, 愈與許·史比而怨更生等. 堪性公方, 自見孤立, 遂直道而不曲. 是歲夏寒, 日青無光, 恭·顯及許·史皆言堪·猛用事之咎. 上內重堪, 又患衆口之寖潤, 無所取信. 時長安令楊興以材能幸, 常稱譽堪. 上欲以爲助, 乃見問興: 「朝臣齗齗不可光祿勳, 何(也)邪?」興者傾巧士, 謂上疑堪, 因順指曰: 「堪非獨不可於朝廷, 自州里亦不可也. 臣見衆人聞堪前與劉更生等謀毁骨肉, 以爲當誅, 故臣前言堪不可誅傷, 爲國養恩也.」上曰: 「然此何罪而誅? 今宜奈何?」興曰: 「臣愚以爲可賜爵關內侯, 食邑三百戶, 勿令典事. 明主不失師傅之恩, 此最策之得者也.」上於是疑. 會城門校尉諸葛豐亦言堪·猛短, 上因發怒免豐. 語在其傳. 又曰: 「豐言堪·猛貞信不立, 朕閔而不治, 又惜其材能未有所效, 其左遷堪爲河東太守, 猛槐里令.」

顯等專權日甚. 後三歲餘, 孝宣廟闕災, 其晦, 日有蝕之. 於是上召諸前言日變在堪·猛者責問, 皆稽首謝. 乃因下詔曰: 「河東太守堪, 先帝賢之, 命而傅朕. 資質淑茂, 道術通明, 論議正直, 秉心有常, 發憤悃愊, 信有憂國之心. 以不能阿尊事貴, 孤特寡助, 抑厭遂退, 卒不克明. 往者衆臣見異, 不務自修, 深惟其故, 而反晻昧說天, 託咎此人. 朕不得已, 出而試之, 以彰其材. 堪出之後, 大變仍臻, 衆亦嘿然. 堪治未期年, 而三老官屬有識之士詠頌其美, 使者過郡, 靡人不稱. 此固足以彰先帝之知人, 而朕有以自明也. 俗人乃造端作基, 非議詆欺, 或引幽隱, 非所宜明, 意疑以類, 欲以陷之, 朕亦不取也. 朕迫于俗, 不得專心, 乃者天著大異, 朕甚懼焉. 今堪年衰歲暮, 恐不得自信, 排於異人, 將安究之哉? 其徵堪詣行在所.」拜爲光祿大夫, 秩中二千石, 領尚書事. 猛復爲太中大夫給事中. 顯幹尚書(事), 尚書五人, 皆其黨也. 堪希得見, 常因顯白事, 事決顯口. 會堪疾瘖, 不能言而卒, 顯誣奏猛, 令自殺於公車. 更生傷之, 乃著《疾讒》·《摘要》·《救危》及《世頌》, 凡八篇, 依興

古事, 悼己及同類也. 遂廢十餘年.

成帝卽位, 顯等伏辜, 更生乃復進用, 更名向. 向以故九卿召拜爲中郎, 使領
護三輔都水. 數奏封事, 遷光祿大夫. 是時帝元舅陽平侯王鳳爲大將軍秉政, 倚
太后, 專國權, 兄弟七人皆封爲列侯. 時數有大異, 向以爲外戚貴盛, 鳳兄弟用
事之咎. 而上方精於《詩書》, 觀古文, 詔向領校中《五經》秘書. 向見《尙書洪
範》, 箕子爲武王陳五行陰陽休咎之應, 向乃集合上古以來歷春秋六國至秦漢
符瑞災異之記, 推迹行事, 連傳禍福, 著其占驗, 比類相從, 各有條目, 凡十一篇,
號曰《洪範五行傳論》, 奏之. 天子心知向忠精, 故爲鳳兄弟起此論也, 然終不能
奪王氏權.

久之, 營起昌陵, 數年不成, 復還歸延陵, 制度泰奢. 向上疏諫曰: (上疏文, 略)
書奏, 上甚感向言, 而不能從其計.

向睹俗彌奢淫, 而趙·衛之屬起微賤, 踰禮制. 向以爲王教由內及外, 自近者始.
故採取《詩書》所載賢妃貞婦, 興國顯家可法則, 及孽嬖亂亡者, 序次爲《列女傳》,
凡八篇, 以戒天子. 及采傳記行事, 著《新序》·《說苑》凡五十篇奏之. 數上疏言
得失, 陳法戒. 書數十上, 以助觀覽, 補遺闕. 上雖不能盡用, 然內嘉其言, 常嗟歎之.

時上無繼嗣, 政由王氏出, 災異浸甚. 向雅奇陳湯智謀, 與相親友, 獨謂湯曰:
「災異如此, 而外家日(甚)盛, 其漸必危劉氏. 吾幸得同姓末屬, 絫世蒙漢厚恩,
身爲宗室遺老, 歷事三主. 上以我先帝舊臣, 每進見常加優禮, 吾而不言, 孰當言
者?」向遂上封事極諫曰: (上諫書, 略)

書奏, 天子召見向, 歎息悲傷其意, 謂曰:「君且休矣, 吾將思之.」以向爲中壘
校尉.

向爲人簡易無威儀, 廉靖樂道, 不交接世俗, 專積思於經術, 晝誦書傳, 夜觀星
宿, 或不寐達旦. 元延中, 星孛東井, 蜀郡岷山崩雍江, 向惡此異, 語在《五行志》.
懷不能已, 復上奏, 其辭曰: (上奏文, 略)

上輒入之, 然終不能用也. 向每召見, 數言公族者國之枝葉, 枝葉落則本根無所庇廕; 方今同姓疏遠, 母黨專政, 祿去公室, 權在外家, 非所以彊漢宗, 卑私門, 保守社稷, 安固後嗣也.

向自見得信於上, 故常顯訟宗室, 譏刺王氏及在位大臣, 其言多痛切, 發於至誠. 上數欲用向為九卿, 輒不為王氏居位者及丞相御史所持, 故終不遷. 居列大夫官前後三十餘年, 年七十二卒. 卒後十三歲而王氏代漢. 向三子皆好學: 長子伋, 以《易》教授, 官至郡守; 中子賜, 九卿丞, 蚤卒; 少子歆, 最知名.

차 례

❦ 책머리에
❦ 일러두기
❦ 해제

新序 三

卷六 刺奢

卷七 節士

卷八 義勇

卷九 善謀(上)

卷十 善謀(下)

✹ 부록

新序 上

卷一 雜事(一)

卷二 雜事(二)

卷五 雜事(五)

卷六

자사剌奢

(110~120)

〈紅衣舞女壁畵〉(唐) 1957 陝西 長安 唐墓 벽화

110(6-1) 桀作瑤臺
주지육림

걸왕桀王이 요대瑤臺를 짓느라 백성들의 힘을 피폐시켰고, 백성들의 재물 또한 탕진해 버렸다. 그리고 술로 못을 파고 그 술지게미로 제방을 만들어 미미지악靡靡之樂을 연주하면서 방종하게 놀았다.

북을 한 번 울리면 소처럼 엎드려 술을 마시게 하니, 그 수가 3천 인이나 되었다. 이에 많은 신하들은 서로 붙들고 이런 노래를 불렀다.

"강수의 넘실거림이여!
모든 배를 다 삼키도다,
못된 우리 임금.
어서 박薄 땅으로 달려가자,
박 땅은 역시 살 만한 곳일세."

그런가 하면 또 이런 노래도 불렀다.

"즐겁고 즐겁도다,
네 필 수말 잘도 뛰네.
여섯 고삐 좋기도 하지.
악을 버리고 선을 좇아가네,
그러니 어찌 즐겁지 않으랴?"

이에 이윤伊尹은 천명天命이 이미 이르렀음을 알고 술잔을 들어 걸桀에게 이렇게 고하였다.

伊尹《三才圖會》

"임금께서 신하의 말을 듣지 않으니 망할 날이 며칠 남지 않았습니다."

이 말에 걸이 화를 내며 자리를 박차고 일어나 기가 막히다는 듯 웃으며 말하였다.

"그대는 어찌 그리 요망한 말을 하는가? 내가 천하를 가지고 있음은 마치 하늘에 해가 있는 것과 같다. 해가 없어지는 것을 보았느냐? 해가 없어져야 나 또한 망하리라."

이에 이윤이 부리나케 달아났다. 그리고는 탕湯임금에게 가자 탕은 그를 즉시 재상으로 삼았다. 이처럼 이윤이 걸왕의 관직을 버리고 은殷나라로 옮겨가자 은나라는 왕업을 이루었고, 하夏나라는 망하고 만 것이다.

桀作瑤臺, 罷民力. 殫民財, 爲酒池糟隄, 縱靡靡之樂, 一鼓而牛飮者三千人, 群臣相持歌曰:『江水沛沛兮, 舟楫敗兮. 我王廢兮, 趣歸薄兮. 薄亦大兮.』

又曰:『樂兮樂兮, 四牡蹻兮. 六轡沃兮, 去不善而從善, 何不樂兮?』

伊尹知天命之至, 舉觴而告桀曰:「君王不聽臣之言, 亡無日矣.」

桀拍然而作, 啞然而笑曰:「子何妖言? 吾有天下, 如天之有
日也, 日有亡乎? 日亡, 吾亦亡矣.」

　於是接履而趣, 遂適湯, 湯立爲相.

　故伊尹去夏入殷, 殷王而夏亡.

【桀】 夏의 마지막 임금으로 暴君이었다.

【瑤臺】 궁궐 누대 이름.

【靡靡之樂】 음란한 音樂이었다고 한다.

【薄】 亳의 假借字. 湯의 근거지. 殷나라 초기 都邑地.《韓詩外傳》에는 亳으로
　실려 있으며,《史記》殷本紀에『成湯自契至湯, 入遷, 湯始居亳』이라 하였다.

【伊尹】 湯을 도와 夏를 멸하고 殷을 세운 人物. 湯의 宰相이었다.

【接履】 두 신발이 맞닿을 정도로 부리나케 달아나는 것을 말한다.

【湯】 殷의 첫 임금. 聖君.

【殷】 湯이 세운 나라. 뒤에 商丘에 도읍을 정해 商이라고도 불렀다.

【夏】 원래 禹가 세운 나라. 마지막 임금인 桀의 폭정으로 殷에게 망하였다.

참고 및 관련 자료

1.《韓詩外傳》卷三

昔者, 桀爲酒池糟隄, 縱靡靡之樂, 而牛飮者三千. 羣臣皆相持而歌:『江水沛兮!
舟楫敗兮! 我王廢兮! 趣歸於亳, 亳亦大兮!』又曰:『樂兮樂兮! 四牡驕兮! 六轡沃兮!
去不善兮, 善何不樂兮!』伊尹知大命之將至, 擧觴造桀, 曰:「君王不聽臣言, 大命去矣,
亡無日矣.」桀相然而抃, 嗑然而笑, 曰:「子又妖言矣. 吾有天下, 猶天之有日也,
日有亡乎? 日亡, 吾亦亡也.」於是伊尹接履而趣, 遂適於湯, 湯以爲相. 可謂『適彼
樂土, 爰得其所』矣. 詩曰:『逝將去汝, 適彼樂土; 樂土樂土, 爰得我所.』

2.《列女傳》「夏桀末姬」

末喜者, 夏桀之妃也. 美於色, 薄於德, 亂孽無道. 女子行, 丈夫心, 佩劍帶冠. 桀旣棄
禮義, 淫於婦人, 求美女, 積之於後宮. 收倡優‘侏儒‘狎徒, 能爲奇偉戲者, 聚之於旁,

造爛漫之樂, 日夜與末喜及宮女飲酒, 無有休時. 置末喜於膝上, 聽用其言, 昏亂失道, 驕奢自恣. 爲酒池, 可以運舟, 一鼓而牛飲者三千人, 其頭而飲之於酒池, 醉而溺死者, 末喜笑之以爲樂. 龍逢進諫曰:「君無道, 必亡矣.」桀曰:「日有亡乎? 日亡而我亡.」不聽, 以爲妖言而殺之. 造瓊室瑤臺, 以臨雲雨. 殫財盡幣, 意尚不饜, 召湯, 囚之於夏臺, 已而釋之. 諸侯大叛, 於是湯受命而伐之, 戰於鳴條, 桀師不戰, 湯遂放桀, 與末喜・嬖妾同舟, 流於海, 死於南巢之山. 詩曰:「懿厥哲婦, 爲梟爲鴟」此之謂也. 頌曰:「末喜配桀, 維亂驕揚. 桀旣無道, 又重其荒. 姦軌是用, 不恤法常. 夏后之國, 遂反爲商.」

3.《尚書大傳》卷二 商書

夏人飲酒, 醉者持不醉者; 不醉者持醉者. 相和而歌曰:「盍歸於亳, 亳亦大矣!」故伊尹退而閑居, 深聽樂聲. 更曰:「覺兮較兮, 吾大命格兮, 去不善而就善. 何樂兮!」伊尹入告於桀王曰:「大命之亡有日矣.」桀啞笑曰:「天之有日, 猶吾之有民, 日有亡哉? 日亡, 吾亦亡矣!」是以伊尹遂去夏適湯.

4.《十八史略》卷一

孔甲之後, 歷王皐, 王發, 王履癸, 號爲桀, 貪虐, 力能伸鐵鉤索, 伐有施氏, 有施以末喜女焉, 有寵, 所言皆從, 爲傾宮瑤臺, 殫民財, 肉山脯林, 酒池可以運船, 糟堤可以望十里, 一鼓而牛飲者參千人, 末喜以爲樂, 國人大崩. 湯伐夏, 桀走鳴條而死. 夏爲天子一十有七世, 凡四百三十二年.

5.《博物志》卷七

夏桀之時, 爲長夜宮於深谷之中, 男女雜處, 三旬不出聽政. 天乃大風揚沙, 一夕塡此宮谷. 又爲石室瑤臺, 關龍逢諫, 桀言曰:「吾之有民, 如天之有日, 日亡我則亡.」以爲龍逢妖言而殺之. 其後夏於山谷下作宮在上, 耆老相與諫, 桀又以爲妖言而殺之.

6. 기타 참고자료

《韓詩外傳》卷四・《新序》卷七・《韓非子》喻老, 十過・《淮南子》本經訓・《呂氏春秋》過理・《史記》殷本紀, 集解・《說苑》反質篇・《春秋繁露》王道篇・《類說》(38)・《太平御覽》(82)・《群書治要》(31)

111(6-2) 紂爲鹿臺
포락지형

주紂가 녹대鹿臺를 지으면서 7년 만에 완성을 보게 되었다. 그 길이는 3리, 그 높이는 1천 척이나 되었으며 그곳에 오르면 구름과 비를 구경할 수 있을 정도였다. 그는 또 포락지형炮烙之刑이라는 가혹한 형벌을 만들어 무고한 백성을 죽이고 백성의 재물을 빼앗았다.

殷나라 紂임금과 妲己《列女傳》삽화

온갖 포악함을 다 하여 백성을 괴롭혔고, 참독慘毒한 방법으로 대신大臣들을 못살게 굴었다. 이에 천하 사람들이 반기를 들고 모두 문왕文王의 신하가 되기를 갈망하였다.

주周나라 군사가 도착하자 좌우 측근에게조차 주紂의 명령은 먹혀들지 않았다. 슬프도다! 당시에는 필부를 하나 얻고 싶어도 얻을 수가 없었으니, 이는 바로 주紂가 스스로 자초한 결과였다.

紂爲鹿臺, 七年而成, 其大三里, 高千尺, 臨望雲雨. 作炮烙之刑, 戮無辜, 奪民力. 寃暴施於百姓, 慘毒加於大臣, 天下叛之, 願臣文王. 及周師至, 令不行於左右. 悲夫! 當是時, 求爲匹夫, 不可得也. 紂自取之也.

【紂】殷[商]의 마지막 임금. 폭군.

【鹿臺】누대 이름.

【炮烙之刑】紂가 사용했던 極刑의 일종. 불 위에 기름 바른 銅柱를 걸쳐놓고 걷게 하여 결국 미끄러져 죽게 하는 형벌.《列女傳》에 『紂乃爲炮烙之法, 膏銅柱加之炭, 令有罪者, 行其上, 輒墮炭中, 妲己乃笑』라 하였다.

【文王】紂를 멸하고 周나라를 일으킨 聖君. 이름은 發.

참고 및 관련 자료

1.《韓詩外傳》卷四

紂作炮烙之刑. 王子比干曰:「主暴不諫, 非忠也; 畏死不言, 非勇也. 見過卽諫, 不用卽死, 忠之至也.」遂諫, 三日不去朝, 紂因殺之. 詩曰:『昊天太憮, 予愼無辜!』

2.《史記》殷本紀

紂愈淫亂不止. 微子數諫不聽, 乃與大師・少師謀, 遂去. 比干曰:「爲人臣者, 不得不以死爭.」迺强諫紂. 紂怒曰:「吾聞聖人心有七竅.」剖比干, 觀其心. 箕子懼, 乃詳狂爲奴, 紂又囚之.

3.《列女傳》殷紂妲己

妲己者, 殷紂之妃也, 嬖幸於紂. 紂材力過人, 手格猛獸. 智足以距諫, 辯足以飾非. 矜人臣以能, 高天下以聲, 以爲人皆出己之下. 好酒淫樂, 不離妲己. 妲己之所譽, 貴之; 妲己之所憎, 誅之. 作新淫之聲, 北鄙之舞, 靡靡之樂, 收珍物積之於後宮, 諛臣群女, 咸獲所欲. 積糟爲邱, 流酒爲池, 懸肉爲林, 使人裸形相逐其間, 爲長夜之飲. 妲己好之. 百姓怨望, 諸侯有畔者. 紂乃爲炮烙之法, 膏銅柱, 加之炭. 令有罪者行其上, 輒墮炭中, 妲己乃笑. 比于諫曰:「不修先王之典法, 而用婦言, 禍至無日!」

紂怒, 以爲妖言. 妲己曰:「吾聞聖人之心有七竅.」於是剖心而觀之. 囚箕子. 微子去之. 武王遂受命興師伐紂, 戰於牧野. 紂師倒戈. 紂乃登廩臺, 衣寶玉衣而自殺. 於是 武王遂致天之罰, 斬妲己頭, 懸於小白旗, 以爲亡紂者, 是女也. 書曰:「牝雞無晨, 牝雞之晨, 惟家之索.」詩云:「君子信盜, 亂是用暴. 匪其止共, 維王之邛.」此之謂也. 頌曰:「妲己配紂, 惑亂是修. 紂旣無道, 又重相謬. 指笑炮炙, 諫士剖囚. 遂敗牧野, 反商爲周.」

4.《十八史略》卷一

歷太丁·帝乙, 至帝辛, 名受, 號爲紂. 資辯捷疾, 手格猛獸, 智足以拒諫, 言足以飾非, 始爲象箸, 箕子歎曰:「彼爲象箸, 必不盛以土簋; 將爲玉杯, 玉杯象箸, 必不羹藜藿. 衣短褐, 而舍茆茨之下, 則錦衣九重, 高臺廣室, 稱此以求, 天下不足矣.」紂伐有蘇氏, 有蘇以妲己女焉, 有寵, 其言皆從, 厚賦稅, 以實鹿臺之財, 盈鉅橋之粟, 廣沙丘苑臺, 以酒爲池, 縣肉爲林, 爲長夜之飮, 百姓怨望, 諸侯有畔者, 紂乃重刑辟, 爲銅柱以膏 塗之, 加於炭火之上, 使有罪者緣之, 足滑跌墜火中, 與妲己觀之大樂, 名曰炮烙之刑. 淫虐甚, 庶兄微子數諫, 不從, 去之, 比干諫, 三日不去, 紂怒曰:「吾聞聖人之心有七竅.」 剖而觀其心, 箕子佯狂爲奴, 紂囚之, 殷大師, 持其樂器祭器奔周. 周侯昌, 鄂及九侯, 侯, 爲紂三公, 紂殺九侯, 鄂侯爭, 并脯之, 昌聞而歎息, 紂囚昌, 羑里, 昌之臣散宜生, 求美女珍寶進, 紂大悅, 乃釋昌, 昌退而修德, 諸侯多叛紂歸之, 昌卒, 子發立, 率諸 侯伐紂, 紂敗于牧也, 衣寶玉自焚死, 殷亡. 箕子後朝周, 過故殷墟, 傷宮室毀壞生禾黍, 欲哭不可, 欲泣則爲近婦人, 乃作麥秀之歌曰:『麥秀漸漸兮, 禾黍油油兮, 彼狡童兮, 不與我好兮.』殷民聞之, 皆流涕. 殷爲天子三十一世, 六百二十九年.

5. 기타 참고자료

《新序》123(7-3)·《史記》殷本紀·《韓詩外傳》卷四, 卷五, 卷六·《列女傳》卷七· 《管子》形勢解

112(6-3) 魏王將起中天臺
누각을 지을 땅의 넓이

위왕魏王이 중천대中天臺라는 누대를 지을 계획을 세워 놓고 이렇게 영令을 내렸다.

"감히 간언하는 자가 있으면 죽여 버리리라."

그때 허관許綰이 삽을 메고 들어와 이렇게 말하는 것이었다.

"듣자하니 대왕께서는 중천대를 지을 계획이시라기에 저도 힘을 보탤까 해서 찾아왔습니다."

그러자 임금이 물었다.

"그대가 무슨 힘을 보탠다는 것입니까?"

그러자 허관이 이렇게 대답하였다.

"비록 힘은 없으나 누대를 짓는 데에 능히 좋은 의견은 낼 수는 있지요."

"어떻게?"

임금이 되묻자, 허관은 이렇게 설명하였다.

"제가 들으니 하늘과 땅과의 거리는 1만 5천 리라고 합니다. 그런데 지금 왕께서 지으시려는 중천대는 그 이름으로 보아 그의 반, 곧 7천5백 리에 이르는 누대입니다. 그만한 높이의 누대를 세우려면 그 터는 사방이 8천 리씩은 되어야 합니다. 그런데 임금의 땅인 이 나라 국토를 다 써도 이 누대를 짓는 터로는 부족합니다. 옛날 요堯·순舜이 제후를 처음 봉할 때 천하가 사방 5천 리였습니다. 임금께서 필히 이 누대를 짓고자 하신다면 먼저 제후들을 쳐서 그 땅을 다 붙여 모아도 모자랍니다.

그러니 다시 사이四夷 의 땅까지 다 쳐서 모아야 비로소 사방 8천 리의 땅이 되어 겨우 누대를 지을 터가 될 것입니다.

또 재목의 준비, 필요한 인부들, 소요되는 창고의 저장 등은 수만, 수억으로나 헤아릴 수 있습니다. 그러자면 터 8천 리 외에 농사지을 땅이 있어야 누대 짓는 사람들을 먹여 살릴 것이 아닙니까? 누대는 이런 것이 다 갖추어져야 짓기 시작할 수 있습니다."

위왕은 묵연히 아무 말도 못하고 누대 짓는 일을 그만두었다.

魏王將起中天臺, 令曰:「敢諫者死.」

許綰負操鍤入曰:「聞大王將起中天臺, 臣願加一力.」

王曰:「子何力有加?」

綰曰:「雖無力, 能商臺.」

王曰:「若何?」

曰:「臣聞天與地相去萬五千里, 今王因而半之, 當起七千五百里之臺, 高旣如是, 其址須方八千里, 盡王之地, 不足以爲臺址. 古者, 堯舜建諸侯, 地方五千里, 王必起此臺, 先以兵伐諸侯, 盡有其地, 猶不足, 又伐四夷, 得方八千里乃足以爲臺址, 材木之積, 人徒之衆, 倉廩之儲, 數以萬億, 度八千里之外, 當定農畝之地, 足以奉給王之臺者, 臺具以備, 乃可以作.」

魏王黙然無以應, 乃罷起臺.

【魏王】魏나라 襄王을 가리킨다.

【中天臺】누대 이름.

【許綰】戰國時代 魏나라 사람.

【堯】古代의 聖人. 唐의 始祖.

【舜】古代의 聖人. 虞의 始祖.

【四夷】中國 中原 밖의 사방. 北狄·南蠻·東夷·西戎을 가리킨다.

참고 및 관련 자료

1. 《藝文類聚》(62)

新序曰: 魏王將欲爲中天之臺, 許綰負揷而入曰:「聞大王將爲中天之臺, 願加一力. 臣聞, 天與地相去萬九千里. 其趾當方一千里. 盡王之地, 不足爲臺趾.」王默然罷築者.

2. 기타 참고자료

《意林》卷三·《太平御覽》(177, 456)

113(6-4) 衛靈公以天寒鑿池
남의 훌륭함

위衛 영공靈公이 추운 겨울에 못 파는 공사를 벌였다. 그러자 완춘宛春이 나서서 이렇게 만류하였다.

"날씨가 이렇듯 추운데 역사役事를 일으키시다니, 백성들을 상하게 할까 두렵습니다."

그러자 임금이 물었다.

"날씨가 그렇게 춥습니까?"

그러자 완춘이 이렇게 대답하였다.

"임금께서는 좋은 여우 털외투를 입고, 곰 털로 만든 자리에 앉아 있으며 방 귀퉁이에는 아궁이까지 있으니 추운 줄 모르시겠지요. 그러나 지금 백성들은 옷이 해어져도 제대로 기워 입지 못하고, 신발이 닳아도 꿰매 신지 못하고 있습니다. 임금은 춥지 않지만 백성들은 이렇게 추위에 떨고 있습니다."

그제야 임금은 이렇게 말하였다.

"좋습니다."

그리고는 사역을 중지하도록 하였다. 이렇게 되자 좌우 신하들이 들고 나섰다.

"임금께서 못을 파도록 시켜 놓고 날이 추운지도 모른다는 완춘의 말에 의해 공사가 중단되었다는 것을 백성들이 알게 되면, 모든 덕은 완춘에게 갈 것이요, 모든 원망은 임금에게 갈 것입니다."

신하들의 이런 우려에 대해 영공이 이렇게 말하였다.

"그렇지 않소. 완춘은 노魯나라에서 온 필부匹夫에 불과한데 내가 등용해서 썼으나 백성들은 아직 그를 본 일이 없소. 그런데 이제 공사를 중지하라는 영을 내리면 이로써 백성들은 완춘을 알게 될 것이요, 또 완춘은 착하고 과인은 완춘의 착한 점을 들어 썼으니, 이는 곧 과인의 선善이 아니고 무엇이겠소?"

영공이 완춘에 대해서 이렇게 논하였으니, 영공은 군왕의 도를 아는 군주라 하겠다.

衛靈公以天寒鑿池, 宛春諫曰:「天寒起役, 恐傷民.」

公曰:「天寒乎?」

宛春曰:「君衣狐裘, 坐熊席, 隩隅有竈, 是以不寒. 今民衣弊不補, 履決不苴, 君則不寒, 民誠寒矣.」

公曰:「善.」

令罷役. 左右諫曰:「君鑿池, 不知天寒; 以宛春知而罷役, 是德歸宛春, 怨歸於君.」

公曰:「不然. 宛春, 魯國之匹夫, 吾擧之, 民未有見焉, 今將令民, 以此見之. 且春也有善, 寡人有春之善, 非寡人之善與?」

靈公論宛春, 可謂知君之道矣.

【衛 靈公】春秋時代 衛나라의 君主. 재위 42년(B.C. 534~493).
【宛春】人名. 春秋時代 魯나라 출신. 衛 靈公에게 발탁된 인물.

1. 《呂氏春秋》 分職篇

衛靈公天寒鑿池. 宛春諫曰:「天寒起役, 恐傷民.」公曰:「天寒乎?」宛春曰:「公衣
狐裘, 坐熊席, 陬隅有竈, 是以不寒. 今民衣弊不補, 履決不組. 君則不寒矣, 民則寒矣.」
公曰:「善.」令罷役. 左右以諫曰:「君鑿池, 不知天之寒也, 而春也知之. 以春之知之
也而令罷之, 福將歸於春也, 而怨將歸於君.」公曰:「不然. 夫春也, 魯國之匹夫也,
而我擧之, 夫民未有見焉, 今將令民以此見之. 曰春也有善, 於寡人有也, 春之善非
寡人之善歟?」靈公之論宛春, 可謂知君道矣. 君者固無任, 而以職受任. 工拙, 下也,
賞罰, 法也, 君奚事哉? 若是則受賞者無德, 而抵誅者無怨矣, 人自反而已, 此治之
至也.

2. 《鹽鐵論》 取下

衛靈公當隆冬興衆穿池, 海春諫曰:「天寒, 百姓凍餒, 願公之罷役也.」公曰:「天寒哉?
我何不寒哉?」人之言曰:「安者不能恤危, 飽者不能食飢.」故餘粱肉者, 難爲言隱約;
處佚樂者, 難爲言勤苦.

3. 기타 참고자료

《太平御覽》27에 《說苑》을 인용했다고 했으나 지금의 《說苑》에는 없음.

114(6-5) 齊宣王爲大室
올바른 충고

제齊나라 선왕宣王이 큰 궁실을 짓게 되었는데, 그 차지하는 면적이 1백 무畝나 되었고, 보통 사람 3백 호나 살 수 있을 만한 크기였다. 제나라 같은 대국이었건만 이를 준비하고 짓는 데 3년이 지나도록 완성하지 못하고 있었다. 그러나 여러 신하들 가운데 누구 하나 감히 나서서 간하는 자가 없었다. 이에 향거香居라는 사람이 선왕에게 이렇게 물었다.

"형왕荊王이 선왕先王의 예악을 버리고 음란한 음악에 빠져 있습니다. 감히 묻건대 형荊나라에도 임금이 있다고 할 수 있습니까?"

그러자 임금이 말하였다.

"임금이 없는 거나 마찬가지지."

"그렇다면 다시 묻건대, 그 나라에 신하가 있다고 말할 수 있습니까?"

"옳은 신하가 없다고 볼 수 있지."

이 대답에 향거가 이렇게 물었다.

"지금 대왕께서 큰 궁실을 짓고 계신데 3년이 지나도록 완성하지 못하고 있습니다. 그런데 군신들 가운데 누구 하나 감히 나서서 간언하는 자가 없습니다. 감히 여쭙건대 임금께서 옳은 신하를 데리고 있다고 여기십니까?"

그러자 임금이 다시 말하였다.

"없다고 볼 수 있지."

그러자 향거는 이렇게 말하였다.

"좋습니다. 저는 떠나겠습니다."

그리고는 급히 나가 버렸다. 다급해진 임금이 말렸다.

"향자, 잠깐만! 어찌 과인에게 이렇게 늦어서야 충고를 해 주는 것이오?"

그리고는 상서尚書를 불러 이렇게 명하였다.

"기록하시오. 과인이 불초하여 큰 궁실 짓기를 좋아하였는데 향거가 이를 깨우쳐 주어 그쳤다고."

齊宣王爲大室, 大蓋百畝, 堂上三百戶, 以齊國之大, 具之三年而未能成, 群臣莫敢諫者.

香居問宣王曰:「荊王釋先王之禮樂而爲淫樂, 敢問荊邦爲有主乎?」

王曰:「爲無主.」

「敢問荊邦爲有臣乎?」

王曰:「爲無臣.」

居曰:「今主爲大室, 三年不能成, 而群臣莫敢諫者, 敢問王爲有臣乎?」

王曰:「爲無臣.」

香居曰:「臣請避矣.」

趨而出.

王曰:「香子留! 何諫寡人之晚也?」

遽召尚書曰:「書之. 寡人不肖, 好爲大室, 香子止寡人也.」

【齊 宣王】戰國時代 齊나라의 君主. 재위 19년(B.C. 319~301).

【香居】齊나라 大夫. 香車로도 쓴다.

【荊王】荊은 楚나라의 別稱.

【尚書】임금의 말을 기록하는 史官.《漢書》藝文志에『左史記言, 右史記事; 事爲春秋, 言爲尚書』라 하였다.

1. 《呂氏春秋》 驕恣

齊宣王爲大室, 大益百畝, 堂上三百戶, 以齊之大, 具之三年而未能成. 群臣莫敢諫王. 春居問於宣王曰:「荊王釋先王之禮樂而樂爲輕, 敢問荊國爲有主乎?」王曰:「爲無主.」「賢臣以千數而莫敢諫. 敢問荊國爲有臣乎?」王曰:「爲無臣.」「今王爲大室, 其大益百畝, 堂上三百戶, 以齊國之大, 具之三年而弗能成. 群臣莫敢諫. 敢問王爲有臣乎?」王曰:「爲無臣.」春居曰:「臣請辟矣.」趨而出. 王曰:「春子! 春子, 反. 何諫寡人之晩也? 寡人請今止之.」遽召掌書曰:「書之. 寡人不肖而好爲大室. 春子止寡人.」

115(6-6) 趙襄子飮酒五日五夜
망하지 않습니다

조趙나라 양자襄子가 닷새 밤낮을 술만 마시며 그칠 줄 몰랐다. 그러면서 시자侍者에게 이렇게 말하였다.

"나는 진실로 이 나라에 없어서는 안 될 훌륭한 인물이로다. 닷새 밤낮을 술만 먹어도 아무렇지도 않은 것을 보면."

이 말에 우막優莫이란 자가 나섰다.

"주군主께서는 좀 더 힘을 내십시오. 주紂와 비교하면 이틀밖에 차이

商王 湯《三才圖會》

가 나지 않습니다. 주는 이레 밤낮을 먹었는데 주군主께서는 겨우 닷새째 입니다."

이에 양자가 겁이 나서 우막에게 물었다.

"그러면 나도 주처럼 망한다는 말인가?"

우막은 이렇게 말하였다.

"망하다니요?"

이 대답에 양자가 이렇게 말하였다.

"주와 이틀밖에 차이가 나지 않는데 망하지 않고 어쩌리오?"

우막이 그제야 이렇게 비꼬았다.

"걸桀·주紂가 망한 것은 탕湯·무왕武王을 만났기 때문이지요. 지금 천하는 다 걸桀이고 주군主께서는 주紂입니다. 걸·주가 함께 이 세상에 살고 있으니 어찌 서로 망하리오? 그러나 위태로운 것은 틀림없습니다."

趙襄子飲酒五日五夜, 不廢酒, 謂侍者曰:「我誠邦士也. 夫飲酒五日五夜矣, 而殊不病.」

優莫曰:「君勉之, 不及紂二日耳. 紂七日七夜, 今君五日.」

襄子懼, 謂優莫曰:「然則吾亡乎?」

優莫曰:「不亡.」

襄子曰:「不及紂二日耳, 不亡何待?」

優莫曰:「桀紂之亡也遇湯武, 今天下盡桀也, 而君紂也, 桀紂竝世, 焉能相亡? 然亦殆矣.」

【趙 襄子】 春秋時代 晉나라 六卿의 하나. 뒤에 趙나라로 발전하였다.
【優莫】 趙襄子의 대신.
【桀紂】 桀은 湯(商)에게, 紂는 武王(周)에게 망하였다.

[참고 및 관련 자료]

※ 본장의 來源이나 出處는 알 수 없다.

116(6-7) 齊景公飮酒而樂
취하는 즐거움

제齊 경공景公이 술을 마시며 환락에 취해 옷과 관을 다 벗어 제치고 부缶를 치면서 놀았다. 그러면서 시자侍者에게 물었다.

"어진 사람도 이러한 것을 즐거움으로 여길까?"

그러자 이를 들은 양구자梁丘子가 나섰다.

"어진 이의 이목耳目도 보통 사람과 똑같습니다. 어찌 유독 이러한 즐거움을 모르겠습니까?"

이 말에 힘을 얻은 경공이 명하였다.

"그렇다면 어서 가서 안자晏子를 모시고 오너라."

안자가 조복朝服을 입은 채로 나타나자 경공은,

"과인이 너무 즐거워 이러한 즐거움을 그대와 함께 즐기고 싶어 불렀습니다. 청컨대 예를 차리지 말고 놀아봅시다."

이 제의에 안자가 발끈하였다.

"임금의 말씀은 지나치십니다. 우리 제나라에 오척동자, 그 누구도 힘으로 따지면 신臣(嬰)보다, 그리고 임금보다 못한 이가 없습니다. 그런데도 그들이 반란을 일으키지 않는 것은 바로 예禮를 두려워하기 때문입니다. 윗사람에게 예가 없다면 아랫사람을 부릴 수 없고, 아랫사람에게 예가 없다면 윗사람을 섬길 수가 없는 것입니다. 무릇 미록麋鹿은 예가 없는 까닭에 아비와 자식이 그 어미를 함께 합니다. 사람이 금수보다 귀한 이유는 바로 예라는 것이 있기 때문입니다.《시詩》에 '사람으로서 예도 없으면서 어찌 일찍 죽지도 않는가?'라 하였으니, 예란 절대로 벗어 버릴 수가 없는 것입니다."

이에 경공이 말하였다.

"과인이 어질지 못하였습니다. 좌우 신하들이 나를 유혹하여 이 지경에 빠지도록 하였습니다. 그들을 죽여 없애리라."

그러자 안자는 이렇게 말하였다.

"좌우 신하들에게 무슨 죄가 있다는 말입니까? 만약 임금께서 예를 좋아하셨다면 예 있는 자들이 좌우로 모이며, 예를 모르는 자들은 저절로 사라졌을 것입니다. 임금께서 예를 싫어하는 한 앞으로도 똑같을 것입니다."

그러자 경공은 이렇게 말하였다.

"좋습니다. 청컨대 의관을 고쳐 입고 다시 명을 받겠습니다."

그리고는 술상을 치우고 조복을 잘 갖추어 입고 앉았다.

이에 안자는 술 세잔이 돌아간 다음 총총히 그 자리를 떠났다.

齊景公飮酒而樂, 釋衣冠, 自鼓缶, 謂侍者曰:「仁人亦樂是夫?」

梁丘子曰:「仁人耳目亦猶人也. 奚爲獨不樂此也?」

公曰:「速駕迎晏子.」

晏子朝服以至.

公曰:「寡人甚樂. 此樂也, 願與夫子共之, 請去禮.」

晏子對曰:「君之言過矣. 齊國五尺之童子, 力盡勝嬰而又勝君, 所以不敢亂者, 畏禮也. 上若無禮, 無以使其下; 下若無禮, 無以事其上. 夫麋鹿唯無禮, 故父子同麀. 人之所以貴於禽獸者, 以有禮也. 詩曰:『人而無禮, 胡不遄死?』故禮不可去也.」

公曰:「寡人無良, 左右淫湎寡人, 以至於此, 請殺之.」

晏子曰:「左右何罪? 君若好禮, 左右有禮者至, 無禮者去. 君若惡禮, 亦將如之.」

公曰:「善. 請革衣冠, 更受命.」

乃廢酒而更尊, 朝服而坐, 觴三行, 晏子趨出.

【齊 景公】春秋時代 齊나라 君主. 재위 58년(B.C. 547~490).

【缶】토기로 만든 樂器의 일종. 임금의 놀이에 맞지 않는 천한 이들의 악기.

【梁丘子】이름은 據. 春秋時代 齊나라 景公의 臣下.

【晏子】晏嬰, 平仲. 齊 景公 때의 훌륭한 宰相.《史記》管晏列傳 및《晏子春秋》
참조.

【麀】어미 사슴을 일컫는다. 그러나 다른 기록과 일부 판본에는 이 글자가『塵』
으로 되어 있어 흔히 "먼지를 함께 뒤집어쓰다"로 풀이하기도 한다.

【詩曰】《詩經》鄘風 相鼠의 구절.

참고 및 관련 자료

1.《韓詩外傳》卷九

齊景公縱酒, 醉, 而解衣冠, 鼓琴以自樂. 顧左右曰:「仁人亦樂此乎?」左右曰:「仁
人耳目猶人, 何爲不樂乎?」景公曰:「駕車以迎晏子.」晏子聞之, 朝服而至. 景公曰:
「今者, 寡人此樂, 願與大夫同之.」晏子曰:「君言過矣. 自齊國五尺已上, 力皆能勝嬰
與君. 所以不敢者, 畏禮也. 故自天子無禮, 則無以守社稷; 諸侯無禮, 則無以守其國;
爲人上無禮, 則無以使其下; 爲人下無禮, 則無以事其上; 大夫無禮, 則無以治其家;
兄弟無禮, 則不同居;『人而無禮, 不若遄死.』」景公色愧, 離席而謝曰:「寡人不仁,
無良左右, 淫湎寡人, 以至於此, 請殺左右, 以補其過.」晏子曰:「左右無過. 君好禮,
則有禮者至, 無禮者去; 君惡禮, 則無禮者至, 有禮者去. 左右何罪乎?」景公曰:
「善哉!」乃更衣而坐, 觴酒三行, 晏子辭去. 景公拜送. 詩曰:『人而無禮, 胡不遄死.』

2.《晏子春秋》卷七 外篇 重而異者

景公飮酒數日而樂, 去冠披裳, 自鼓盆甕. 謂左右曰:「仁人亦樂是乎?」梁丘據對
曰:「仁人之耳目, 亦猶人也. 夫奚爲獨不樂此也?」公曰:「趣駕迎晏子!」晏子朝服
而至, 受觴, 再拜. 公曰:「寡人甚樂此樂, 欲與夫子共之. 請去禮.」晏子對曰:

「君之言過矣. 羣臣皆欲去禮以事君. 嬰恐君之不欲也. 今齊國五尺之童子, 力皆過嬰. 又能勝君. 然而不敢亂者, 畏禮義也. 上若無禮, 無以使其下. 下若無禮, 無以事其上. 夫麋鹿維無禮, 故父子同麀. 人之所以貴於禽獸者, 以有禮也. 嬰聞之, 人君無禮. 無以臨邦. 大夫無禮. 官吏不恭. 父子無禮. 其家必凶. 兄弟無禮. 不能久同. 詩曰:『人而無禮, 胡不遄死.』故禮不可去也.」公曰:「寡人不敏. 無良左右. 淫蠱寡人. 以至于此. 請殺之.」晏子曰:「左右何罪? 君若無禮, 則好禮者去. 無禮者至. 君若好禮, 則有禮者至. 無禮者去.」公曰:「善! 請易衣革冠, 更受命.」晏子避走立乎門外. 公令人糞灑, 改席. 召晏子, 衣冠以迎. 晏子入門. 三讓. 升階. 用三獻禮焉. 嗛酒嘗膳. 再拜. 告饜而出. 公下拜. 送之門. 反命撤酒去樂. 曰:「吾以彰晏子之教也.」

3. 《晏子春秋》內篇 諫上

齊景公飲酒而樂, 釋衣冠自鼓缶, 謂侍者曰:「仁人亦樂是夫?」梁丘子曰:「仁人耳目亦猶人也. 奚爲獨不樂此也?」公曰:「速駕迎晏子.」晏子朝服以至. 公曰:「寡人甚樂此樂也, 願與夫子共之, 請去禮.」晏子對曰:「君之言過矣, 齊國五尺之童子, 力盡勝嬰而又勝君, 所以不敢亂者, 畏禮也. 上若無禮, 無以使其下; 下若無禮, 無以事其上. 夫麋鹿唯無禮, 故父子同塵. 人之所以貴於禽獸者, 以有禮也, 詩曰:『人而無禮, 胡不遄死?』故禮不可去也.」公曰:「寡人無良, 左右淫涵寡人, 以至於此, 請殺之.」晏子曰:「左右何罪? 君若好禮, 左右有禮者至, 無禮者去, 君若惡禮, 亦將如之.」公曰:「善. 請革衣冠, 更受命.」乃廢酒而更尊朝服而坐, 觴三行, 晏子趨出.

4. 《晏子春秋》內篇 諫上

景公飲酒酣, 曰:「今日願與諸大夫爲樂飲, 請無爲禮.」晏子蹴然改容, 曰:「君之言過矣. 羣臣固欲君之無禮也, 力多足以勝其長, 勇多足以弒其君. 而禮不使也. 禽獸以力爲政, 彊者犯弱, 故日易主, 今君去禮, 則是禽獸也. 羣臣以力爲政, 彊者犯弱, 而日易主, 君將安立矣? 凡人之所以貴於禽獸者, 以有禮也. 故詩曰:『人而無禮, 胡不遄死?』禮不可無也.」公湎而不聽, 少間, 公出, 晏子不起, 公入, 不起. 交舉則先飲. 公怒色變, 抑手疾視, 曰:「曩者, 夫子之教寡人, 無禮之不可也. 寡人出入不起, 交舉則先飲, 禮也?」晏子避席, 再拜稽首而請曰:「嬰敢與君言, 而忘之乎? 臣以致無禮之實. 君若欲齊無禮, 此是已.」公曰:「若是, 孤之罪也. 夫子就席. 寡人聞命矣.」觴三行, 遂罷酒. 蓋是後也, 飭法修禮, 以治國政, 而百姓肅也.

117(6-8) 魏文侯見箕季其墻壞而不築
임금에게 거친 식사를

위魏 문후文侯는 기계箕季란 자가 그 담장이 다 무너져 가는데도 고치지 않는 것을 보고 이렇게 물었다.

"어찌하여 다시 고쳐 쌓지 않는 것입니까?"

그러자 기계가 이렇게 대답하였다.

"아직 담장을 고칠 계절이 아닙니다."

그 담장이 구불구불하고 게다가 똑바르지도 못한 것을 보고 문후가 다시 물었다.

"어째서 똑바르지 못합니까?"

기계는 이렇게 대답하였다.

"땅의 경계가 원래 그렇습니다."

그때 문후를 따라온 종자從者가 그 정원의 복숭아를 따먹으려 하였지만 기계는 이 또한 허락하지 않았다.

잠시 후 저녁때가 되자 기계가 문후에게 등겨로 만든 거친 밥에 박나물로 끓인 거친 국으로 대접하였다. 문후가 밥을 먹고 나오자 그의 신하가 이렇게 비꼬았다.

"임금조차도 역시 기계의 집을 방문해서 아무런 대접을 받지 못하셨 군요. 방금 식사를 대접받으실 때 제가 엿보았더니, 등겨로 만든 거친 밥에 박으로 끓인 국이더이다."

그러자 문후가 이렇게 말하였다.

"과인이 기계의 집에 와서 어찌 얻은 것이 없겠는가? 나는 기계를 한 번 보고 네 가지를 얻었다. 그 담장이 다 무너져 가는데도 때를 기다린다고 말한 것은 과인으로 하여금 백성의 농사 때를 빼앗지 말라는 것을 가르쳐 준 것이요, 담장이 굽고 바르지 못한 것에 대해서 원래 그렇다고 대답한 것은 과인에게 남의 국경을 침범하지 말라는 것을 가르쳐 준 것이며, 종자가 그의 정원에 있는 복숭아를 따먹으려 하자 이를 만류한 것은 그가 어찌 복숭아를 아까워해서 그랬겠는가? 아랫사람이 윗사람을 범해서는 안 된다는 것을 가르쳐 주기 위함이었다.

또 과인에게 거친 음식으로 대접한 것은 어찌 그가 오미五味를 갖출 줄 몰라서 그랬겠는가? 이는 과인으로 하여금 백성에게 너무 많이 거두어들이지 말고 음식을 아껴 먹을 줄 알도록 가르쳐 주기 위함이었다."

魏文侯見箕季其墻壞而不築, 文侯曰:「何爲不築?」

「不時.」

其墻枉而不端, 問曰:「何不端?」

曰:「固然.」

從者食其園之桃, 箕季禁之.

少焉日晏, 進糲餐之食, 瓜瓝之羹.

文侯出, 其僕曰:「君亦無得於箕季矣. 曩者進食, 臣竊窺之, 糲餐之食, 瓜瓝之羹.」

文侯曰:「吾何無得於季也? 吾一見季而得四焉. 其墻壞不築, 云待時者, 教我無奪農時也; 墻枉而不端, 對曰固然者, 是教我無侵封疆也; 從者食園桃, 箕季禁之, 豈愛桃哉? 是教我下無侵上也; 食我以糲餐者, 季豈不能具五味哉? 教我無多斂於百姓, 以省飲食之養也.」

【魏 文侯】戰國 초기 魏나라의 영명한 君主. 재위 50년(B.C. 445~396).
【箕季】人名. 戰國時代 魏나라의 處士.

1. 본장의 來源이나 出處는 알 수 없다.《太平御覽》(457·967·979)에 채록되어
있다.

118(6-9) 士尹池爲荊使於宋
백성의 생업은 보호해야

사윤지士尹池가 형荊나라의 사신으로서 송宋나라에 가게 되었다. 그러자 송나라 재상인 사성자한司城子罕이 그를 자신의 집에 초대하여 술자리를 베풀었다. 그런데 사성자한의 집 남쪽으로 이웃집 담장이 가로막고 있었는데 그나마 구불구불한 채 그대로였고, 서쪽으로는 또 다른 집의 수채 물이 그 집을 통과하여 그치지 않고 흐른다.

이에 사윤지가 어찌 이런 상태를 그대로 두고 사느냐고 묻자, 사성자한이 이렇게 대답하였다.

"남쪽의 앞집 사람은 공인工人입니다. 가죽을 다듬어 신발 만드는 일을 하고 있습니다. 내가 그에게 이사를 가라고 하였더니, 그의 아버지 되는 이가 이렇게 말하였습니다. '내가 가죽으로 신발 만드는 일에 의지해서 살아온 지가 이미 삼 대째입니다. 지금 내가 이사를 가면 송나라 사람 가운데 내게 신발을 사러 오는 이들이 나를 찾지 못할 것입니다. 그렇게 되면 나는 먹고 살 수가 없습니다. 원컨대 상국相國 께서 나의 생업에 대해 불쌍히 여겨 주십시오'라구요.

이러한 까닭으로 내가 그를 이사 보내지 못하고 있습니다.

또 서쪽 집은 우리 집보다 터가 높고 우리 집은 그보다 낮지요. 그 집 수채 물이 우리 집을 지나 흐르게 하는 것이 이롭지요. 그래서 그 집 또한 제가 어쩌지 못하고 있습니다."

사윤지가 송나라에서 사신의 임무를 마치고 돌아오자 형나라에서는 마침 군사를 일으켜 송나라를 치려 하고 있었다. 이를 본 사윤지가 임금에게 이렇게 만류하였다.

"송나라를 쳐서는 안 됩니다. 그 임금은 어질고 그 재상은 인자합니다. 어진 자는 능히 백성을 얻을 수 있고, 인자한 자는 능히 사람을 쓸 줄 압니다. 그런 나라를 쳤다가 공을 이루지 못하면 천하의 웃음거리만 될 것입니다."

마침내 초楚나라가 송나라 치는 것을 포기하고 대신 정鄭나라를 치고 말았다. 공자孔子가 이를 듣고 이렇게 평하였다.

"묘당廟堂에서 정치를 잘 닦아 천리 밖을 절충折衝한 자가 있으니, 바로 사성자한을 두고 한 말이다."

士尹池爲荊使於宋, 司城子罕止而觴之, 南家之墻, 擁於前而不直; 西家之潦, 經其宮而不止.

士尹池問其故, 司城子罕曰:「南家, 工人也, 爲鞔者也. 吾將徙之, 其父曰:『吾恃爲鞔, 已食三世矣. 今徙, 是宋邦之求鞔者, 不知吾處也, 吾將不食. 願相國之憂吾不食也.』爲是故吾不徙. 西家高, 吾宮卑, 潦之經吾宮也利, 爲是故不禁也.」

士尹池歸, 荊適興兵欲攻宋, 士尹池諫於王曰:「宋不可攻也, 其主賢, 其相仁. 賢者得民, 仁者能用人, 攻之無功, 爲天下笑.」

楚釋宋而攻鄭.

孔子聞之曰:「夫修之於廟堂之上, 而折衝於千里之外者, 司城子罕之謂也.」

【士尹池】春秋時代 楚나라 臣下.

【荊】楚나라의 別稱.

【司城子罕】人名. 春秋時代 宋나라의 宰相.

【折衝】꺾어 버림. 싸워서 이김.

1.《呂氏春秋》召類篇

士尹池爲荊使於宋, 司城子罕觴之. 南家之牆犨於前而不直, 西家之潦徑其宮而不止. 士尹池問其故. 司馬子罕曰:「南家工人也, 爲鞍者也. 吾將徙之, 其父曰:『吾恃爲鞍以食三世矣, 今徙之, 是宋國之求鞍者, 不知吾處也. 吾將不食, 願相國之憂吾不食也.』爲是, 故吾不徙也. 西家高, 吾宮庳, 潦之經吾宮也利. 故弗禁也.」士尹池歸荊. 荊王適興兵而攻宋. 士尹池諫於荊王曰:「宋不可攻也. 其主賢, 其相仁. 賢者能得民, 仁者能用人. 荊國攻之, 其無功而爲天下笑乎!」故釋宋而攻鄭. 孔子聞之曰:「夫脩之於廟堂之上, 而折衝乎千里之外者., 其司城子罕之謂乎!」

2. 기타 참고자료

《太平御覽》(419)

119(6-10) 魯孟獻子聘於晉
부유함의 기준

노魯나라 맹헌자孟獻子가 진晉나라에 초빙을 받아 가게 되었다. 진晉
나라 한선자韓宣子가 그에게 술자리를 베풀어 주었는데 세 번이나 자리
를 옮겼음에도 그때마다 종석鐘石의 악기를 옮겨가지 않아도 가는 곳
마다 다 갖추어져 있었다. 이를 본 맹헌자가 놀라 말하였다.

"집안이 매우 부유하십니다."

그러자 헌자가 이렇게 물었다.

"그대의 집과 우리 집 가운데 누가 더 부유합니까?"

헌자가 이렇게 대답하였다.

"저희 집은 매우 가난하여 오직 선비 두 명밖에 없습니다. 안회顏回와
자무령兹無靈이란 자이지요. 나로 하여금 우리나라와 우리 집안을 평안케
하며, 백성들이 화합하고 협동하도록 하는 자들로 오직 이 둘밖에
없습니다. 저희 집 재산이라고는 이것뿐입니다."

맹헌자가 나가자 선자가 이렇게 말하였다.

"저 사람은 군자로다. 어진 이 봉양하는 것을 부富로 여기고 있다.
나는 비루한 자로다. 종석금옥鐘石金玉을 부로 여기고 있으니."

공자孔子가 이에 대해 이렇게 말하였다.

"맹헌자가 여기는 바의 부富는 《춘추春秋》에 기록할 만하다."

顔回(子淵)《三才圖會》

魯孟獻子聘於晉, 宣子觴之, 三徙, 鐘石之懸, 不移而具.

獻子曰:「富哉家!」

宣子曰:「子之家孰與我家富?」

獻子曰:「吾家甚貧, 惟有二士, 曰顏回·茲無靈者, 使吾邦家安平, 百姓和協, 惟此二者耳, 吾盡於此矣.」

客出, 宣子曰:「彼君子也, 以養賢爲富; 我鄙人也, 以鐘石金玉爲富.」

孔子曰:「孟獻子之富, 可著於春秋.」

【孟獻子】 春秋時代 魯나라 大夫인 仲孫蔑.

【韓宣子】 春秋時代 魯나라 六卿의 하나.

【鐘石】 鐘鼓와 石磬. 여기서는 좋은 악기를 말한다.

【顏回】 顏淵. 孔子의 弟子.

【茲無靈】 人名. 魯나라의 賢人. 魯나라 桓公의 曾孫이 아닌가 한다.

【春秋】 역사 기록의 총칭.

참고 및 관련 자료

※ 본장의 來源이나 出處는 알 수 없다. 《太平御覽》(472)에 채록되어 있다.

120(6-11) 鄒穆公有令食鳧鴈
자루는 새는데 자꾸 퍼담네

추鄒 목공穆公이 영令을 내렸는데 궁중에서 기르는 물오리의 먹이로는 반드시 쭉정이만 먹이고 낟알의 곡식은 먹이지 못하도록 한 것이다. 그러자 나라 창고의 쭉정이가 다 떨어져 백성에게 곡식과 쭉정이를 바꾸어 먹이되 곡식 두 섬에 쭉정이 한 섬으로 그 비율을 정하도록 하였다. 이 일을 맡은 관리가 이것이 타산에 맞지 않는다고 여겨 차라리 곡식을 먹여 기를 것을 청하였다. 그러자 목공이 이렇게 설명하였다.

"그래서는 안 된다. 너는 그 이유를 모른다. 무릇 백성들이 소에게 배불리 먹여 밭을 갈고 스스로는 뜨거운 햇볕을 등에 지고 김을 매되, 조금도 게을리 하지 않고 부지런히 하는 것이 어찌 조수鳥獸를 위해서 그렇게 하는 것이겠느냐? 낟알 곡식이란 사람이 먹는 가장 중한 것인데 이를 어찌 새에게 먹일 수가 있겠느냐? 또 너는 작은 계산은 알았지 큰 이치는 모르는구나. 주周나라의 속담에 '자루는 새는데 자꾸 퍼담네'라고 하였는데, 너는 이를 들어보지 못하였느냐? 무릇 임금이란 백성의 부모와 같아, 나라 창고의 곡식을 자꾸 퍼내어 이를 백성에게 나누어 주어야 하는 것이다.

백성에게 퍼 준 곡식이 곧 나의 곡식이 아니고 무엇이냐? 새가 우리 추나라의 쭉정이만 먹는다면 곧 우리 추나라의 알곡에는 아무런 해가 되지 않는다. 그러므로 그 곡식이 나의 창고에 있건 아니면 백성들의 창고에 있건 나에게 무슨 선택이 필요하겠느냐?"

추나라 백성들이 이 소문을 듣자 사적私積과 공가公家가 하나라는 것과 이것이 곧 나라를 부강하게 한다는 것을 알게 되었다.

鄒穆公有令, 食鳧鴈必以粃, 無得而粟. 於是倉無粃, 而求易
於民, 二石粟而得一石粃. 吏以爲費, 請以粟食之.

穆公曰:「去, 非汝所知也. 夫百姓飽牛而耕, 暴背而耘, 勤而
不惰者, 豈爲鳥獸哉? 粟米, 人之上食, 奈何其以養鳥? 且爾知
小計, 不知大會. 周諺曰:『囊漏貯中.』而獨不聞歟? 夫君者,
民之父母, 取倉之粟, 移之於民. 此非吾之粟乎? 鳥苟食鄒之粃,
不害鄒之粟也, 粟之在倉與在民, 於我何擇?」

鄒民聞之, 皆知私積與公家爲一體也, 此之謂知富邦.

【鄒】春秋時代 小國. 孟子가 태어난 나라. 邾, 鄹로도 쓰며 楚에게 망하였다.
【穆公】鄒나라의 君主.
【鳧鴈】궁궐의 원유에서 기르는 관상용 새들. 물오리와 기러기류. 안은 雁과 같음.
【粃】제대로 여물지 않은 낟알의 쭉정이, 혹은 부서진 곡식 낟알.

참고 및 관련 자료

1.《新書》(賈誼) 卷六 春秋

鄒穆公有令食鳧鴈者, 必以粃, 毋敢以粟. 於是倉無粃, 而求易於民,
二石粟得一石粃. 吏以請曰:「粃食鴈爲無費也, 今求粃於民, 二石粟而易一石粃, 以粃食鴈則費甚矣.
請以粟食之.」公曰:「去, 非而所知也! 夫百姓煦牛而耕, 曝背而耘, 苦勤而不敢惰者,
豈爲鳥獸也哉? 粟米, 人之上食也. 奈何其以養鳥也? 且汝知小計, 而不知大會.
周諺曰:『囊漏貯中.』而獨不聞與? 夫君者, 民之父母也, 取倉之粟, 移之於民,
此非吾粟乎? 鳥苟食鄒之粃, 不害鄒之粟而已. 粟之在倉與其在民, 於我何擇?」鄒民
聞之, 皆知其私積之與公家爲一體也.

2. 기타 참고자료

《群書治要》(42)

卷七
절사節士
(121~149)

李家山〈雙牛銅枕〉 1972 雲南 李家山 古墓群 17호 출토

121(7-1) 堯治天下
상형만 베풀어도

요堯임금이 천하를 다스릴 때 백성자고伯成子高는 그의 제후가 되어 있었다. 그런데 요임금은 순舜에게 그리고 순이 다시 우禹에게 천하를 물려주자 백성자고는 제후를 사직하고 농사를 짓고 있었다.

堯임금 宋 馬麟(畫)

우임금이 그를 찾았을 때, 그는 마침 들에서 밭을 갈고 있었다. 우가 달려가 그의 아랫자리에 내려서서 그에게 물었다.

"옛날 요임금이 천하를 다스릴 때 그대는 제후가 되어 주었으며, 다시 요임금이 순임금에게 물려주었을 때에도 그대는 그대로 제후로 있었습니다. 그런데 과인이 재위에 오르자, 그대는 이를 사직하고 밭을 가시니 이는 무슨 연유입니까?"

그러자 백성자고는 이렇게 대답하였다.

"옛날 요임금이 천하를 다스릴 때는 천하의 어진 이를 거용하여 그 자리를 다른 사람에게 물려주었습니다. 이는 지극히 욕심이 없다는 뜻입니다. 또 천하의 어진 이를 뽑아 그를 거용하여 자리에 앉혔습니다. 이는 지극히 공평하다는 뜻입니다.

帝堯 陶唐氏《三才圖會》　　　　夏 禹王《三才圖會》

이처럼 지극히 무욕無欲한 것으로써 지극히 공평하게 행동하여 천하에 이를 보여 주었습니다. 그래서 상을 내리지 않아도 백성들은 부지런히 행하였고, 벌을 내리지 않아도 백성들은 두려움이 무엇인지 알고 있었습니다. 순임금도 역시 마찬가지였습니다.

그런데 지금 임금께서는 상과 벌로써 백성들의 마음에 욕심이 일어나게 하였고, 또 사사로움이 생겨나게 하였습니다. 백성들에게 앎이 있게 되었으니, 탐쟁貪爭의 발단은 여기서부터 시작될 것입니다. 그리고 덕은 이로부터 쇠하기 시작하였으며, 형벌은 이로부터 늘어나기 시작한 것입니다. 나는 차마 이를 두고 볼 수가 없었습니다. 그래서 이렇게 들에 나와 살게 된 것입니다. 그런데 지금 그대는 무엇을 구하려고 나를 만나겠다는 것입니까? 그대는 떠나십시오. 내가 일하는 데 더 이상 머물러 있지 마시오.”

이렇게 말을 뱉어 놓고는 밭을 갈 뿐 더 이상 뒤도 돌아보지 않았다. 《서書》에 “각지에 널리 상형象刑을 베풀어 단지 그가 잘못하였음을 밝힐 뿐이다”라 하였으나 우禹에 이르러 그렇게 하지 못하였다.

또 《춘추春秋》에 “오제五帝는 맹세를 통해 무엇을 하려고 한 적이 없다”라 하였으니 이는 믿음이 두터웠기 때문이었다.

堯治天下, 伯成子高爲諸侯焉. 堯授舜, 舜授禹, 伯成子高辭爲諸侯而耕. 禹往見之, 則耕在野, 禹趨就下位而問焉, 曰:「昔者, 堯治天下, 吾子立爲諸侯焉, 堯授舜, 吾子猶存焉. 及吾在位, 子辭諸侯而耕, 何故?」

伯成子高曰:「昔堯之治天下, 擧天下而傳之他人, 至無欲也, 擇賢而與之其位, 至公也. 以至無欲至公之行示天下, 故不賞而民勸, 不罰而民畏. 舜亦猶然. 今君賞罰而民欲且多私, 是君之所懷者私也. 百姓知之, 貪爭之端, 自此始矣. 德自此衰, 刑自此繁矣. 吾不忍見, 以是處野也. 今君又何求而見我? 君行矣, 無留吾事.」

耕而不顧. 書曰:「旁施象刑維明.」

及禹不能.

春秋曰:「五帝不告誓.」 信厚也.

【伯成子高】 堯舜時代의 人物.
【象刑】 상고시대에는 體刑(肉刑)은 없었으며, 단지 의복으로써 五刑을 정하여 스스로 치욕을 느끼도록 하였다.
【書曰】《尙書》益稷篇의 구절.
【禹】 夏의 始祖.
【春秋曰】《春秋穀梁傳》隱公 八年의 구절. 원문은 『誥誓不及五帝』로 되어 있다.

1.《莊子》天地篇

堯治天下, 伯成子高立爲諸侯. 堯授舜, 舜授禹, 伯成子高辭爲諸侯而耕, 禹往見之. 則耕在野. 禹趨就下風, 立而問焉, 曰:「昔堯治天下, 吾子立爲諸侯. 堯授舜, 舜授予, 而吾子辭爲諸侯而耕, 敢問, 其故何也?」子高曰:「昔堯治天下, 不賞而民勸, 不罰而民畏. 今子賞罰而民且不仁, 德自此衰, 刑自此立, 後世之亂自此始矣. 夫子闔行邪? 无落吾事!」挹挹乎耕而不顧.

2.《呂氏春秋》長利

堯治天下, 伯成子高立爲諸侯. 堯授舜, 舜授禹, 伯成子高辭諸侯而耕. 禹往見之, 則耕在野. 禹趨就下風而問曰:「堯理天下, 吾子立爲諸侯, 今至於我而辭之, 故何也?」伯成子高曰:「當堯之時, 未賞而民勸, 未罰而民畏, 民不知怨, 不知說, 愉愉其如赤子. 今賞罰甚數, 而民爭利且不服, 德自此衰, 利自此作, 後世之亂自此始. 夫子盍行乎? 無慮吾農事.」協而耰, 遂不顧. 夫爲諸侯, 名顯榮, 實佚樂, 繼嗣皆得其澤, 伯成子高不待問而知之, 然而辭爲諸侯者, 以禁後世之亂也.

122(7-2) 桀爲酒池
걸왕의 주지육림

걸桀이 술로써 못을 만들자 족히 배를 띄울 만하였으며, 술지게미로 언덕을 쌓자 그 위에 올라 족히 7리를 바라볼 수 있을 정도였고, 한 번 북을 울리면 소처럼 엎드려 술을 마시는 자가 3천 명이나 되었다. 이를 보다 못한 관룡봉關龍逄이 나서서 이렇게 아뢰었다.

"임금이 되어서는 몸소 예와 의를 행하고, 백성을 사랑하고 재물을

하나라 末姬《列女傳》삽화

아껴야 나라가 편안하고 자신도 장수를 누리는 것입니다. 그런데 지금 임금께서는 재물 쓰기를 마치 무진장한 것처럼 여기고, 사람을 부리되 그들이 죽지 않으면 어쩌나 할 만큼 혹사시키시니 서둘러 고치지 않는다면 하늘의 화가 반드시 내릴 것이며, 하늘의 벌이 반드시 다다를 것입니다. 임금께서는 어서 고치십시오."

그리고 난 후 선 채로 그 조정을 떠나지 않자, 걸은 그를 가두어 버리고 말았다. 군자가 이를 듣고 이렇게 말하였다.

"끝날 운명인저!"

桀爲酒池, 足以運舟; 糟丘, 足以望七里, 一鼓而牛飲者三千人.

關龍逢進諫曰:「爲人君, 身行禮義, 愛民節財, 故國安而身壽也. 今君用財若無盡, 用人若恐不能死, 不革, 天禍必降, 而誅必至矣, 君其革之.」

立而不去朝, 桀因囚拘之.

君子聞之曰:「末之命矣夫!」

【桀】 夏의 末王.

【關龍逢】 夏나라 桀王 때의 賢臣. 봉(逢)은 방(逄)과 글자가 비슷하여 흔히 관룡방(關龍逄)으로 표기하기도 한다. 《說苑》 참조.

참고 및 관련 자료

1. 《韓詩外傳》 卷二

昔者, 桀爲酒池糟隄, 縱靡靡之樂, 而牛飲者三千. 羣臣皆相持而歌:『江水沛兮! 舟楫敗兮! 我王廢兮! 趣歸於亳, 亳亦大兮!』又曰:『樂兮樂兮! 四牡驕兮! 六轡沃兮! 去不善兮, 善何不樂兮!』伊尹知大命之將至, 擧觴造桀, 曰:「君王不聽臣言, 大命去矣, 亡無日矣.」桀相然而抃, 嗑然而笑, 曰:「子又妖言矣. 吾有天下, 猶天之有日也, 日有亡乎? 日亡, 吾亦亡也.」於是伊尹接履而趨, 遂適於湯, 湯以爲相. 可謂『適彼樂土, 爰得其所』矣. 詩曰:『逝將去汝, 適彼樂土; 樂土樂土, 爰得我所.』

2. 《韓詩外傳》 卷四

桀爲酒池, 可以運舟. 糟丘, 足以望十里. 而牛飲者三千人. 關龍逢進諫曰:「古之人君, 身行禮義, 愛民節財, 故國安而身壽. 今君用財若無窮, 殺人若恐弗勝, 君若弗革, 天殃必降, 而誅必至矣. 君其革之!」立而不去朝. 桀因而殺之. 君子聞之曰:「天之命矣!」詩曰:『昊天大憮, 予愼無辜!』

3. 《列女傳》『夏桀末姬』

末喜者, 夏桀之妃也. 美於色, 薄於德, 亂孽無道. 女子行, 丈夫心, 佩劍帶冠. 桀旣棄

禮義, 淫於婦人, 求美女, 積之於後宮. 收倡優·侏儒·狎徒, 能爲奇偉戲者, 聚之於旁, 造爛漫之樂, 日夜與末喜及宮女飮酒, 無有休時. 置末喜於膝上, 聽用其言, 昏亂失道, 驕奢自恣. 爲酒池, 可以運舟, 一鼓而牛飮者三千人, 觴其頭而飮之於酒池, 醉而溺死者, 末喜笑之以爲樂. 龍逢進諫曰:「君無道, 必亡矣.」桀曰:「日有亡乎? 日亡而我亡.」不聽, 以爲妖言而殺之. 造瓊室瑤臺, 以臨雲雨. 殫財盡幣, 意尙不饜. 召湯, 囚之於夏臺, 已而釋之. 諸侯大叛. 於是湯受命而伐之, 戰於鳴條, 桀師不戰, 湯遂放桀, 與末喜·嬖妾同舟, 流於海, 死於南巢之山. 詩曰:『懿厥哲婦, 爲梟爲鴟.』此之謂也. 頌曰:『末喜配桀, 維亂驕揚. 桀旣無道, 又重其荒. 姦軌是用, 不恤法常. 夏后之國, 遂反爲商.』

4. 《尙書大傳》卷二 商書篇

夏人飮酒醉者持不醉者, 不醉者持醉者, 相和而歌曰:「盍歸於亳, 亳亦大矣.」故伊尹退而閑居深德. 樂聲更曰:「覺兮較兮吾大命, 格兮去不善, 而就善何樂兮.」伊尹入告於桀曰:「大命之亡有日矣.」桀啞曰:「天之有日, 猶吾之有民. 日有亡哉? 日亡吾亦亡矣.」是以伊尹遂去夏適湯.

5. 《十八史略》卷一

孔甲之後, 歷王皐, 王發, 王履癸, 號爲桀, 貪虐, 力能伸鐵鉤索, 伐有施氏, 有施以末喜女焉, 有寵, 所言皆從, 爲傾宮瑤臺, 殫民財, 肉山脯林, 酒池可以運船, 糟堤可以望十里, 一鼓而牛飮者參千人, 末喜以爲樂, 國人大崩. 湯伐夏, 桀走鳴條而死. 夏爲天子一十有七世, 凡四百三十二年.

6. 기타 참고자료

《韓詩外傳》卷四·《新序》卷七·《韓非子》喩老, 十過·《淮南子》本經訓·《呂氏春秋》過理·《史記》殷本紀, 集解·《說苑》反質篇·《春秋繁露》王道篇·《類說》(38)·《太平御覽》(82)·《群書治要》(31, 42)

123(7-3) 紂作炮烙之刑
포락지형을 만든 주왕

주紂가 포락지형炮烙之刑을 만들자 왕자王子 비간比干이 말하였다.
"임금이 포악한데도 간언을 하지 않는 것은 충신의 도리가 아니다.
또 죽음이 두렵다고 말을 못 한다면 이는 용사가 아니다. 잘못을 보면
간하여야 하고 받아들여지지 않으면 죽음도 마다하지 않는 것, 이것이
충성의 지극한 길이다."

그리고는 나아가 간언을 하며 사흘 동안 조정을 떠나지 않았다.
그러자 주는 이를 죽여 버리고 말았다. 《시詩》에 "하늘이 아무리
두려워도 나에게는 아무런 죄가 없도다"라고 하였다. 그런데 죄 없이
죽임을 당한다면 이 어찌 안타까운 일이 아니리오!

紂作炮烙之刑, 王子比干曰:「主暴不諫, 非忠臣也; 畏死不言,
非勇士也. 見過則諫, 不用則死, 忠之至也.」

遂進諫, 三日不去朝, 紂因而殺之.

詩曰:『昊天太憮, 予愼無辜.』無辜而死, 不亦哀哉!

【炮烙之刑】紂임금 때 극형의 일종. 《新序》(6) 刺奢 111(6-2)의 註 참조.
【比干】紂임금의 諸父. 紂가 그의 심장을 도려내었다고 한다.
【詩曰】《詩經》小雅 巧言의 구절.

1.《史記》殷本紀

紂愈淫亂不止. 微子數諫不聽, 乃與大師・少師謀, 遂去. 比干曰:「爲人臣者, 不得不以死爭.」迺强諫紂. 紂怒曰:「吾聞聖人心有七竅.」剖比干, 觀其心. 箕子懼, 乃詳狂爲奴, 紂又囚之.

2.《韓詩外傳》卷四

紂作炮烙之刑. 王子比干曰:「主暴不諫, 非忠也; 畏死不言, 非勇也. 見過卽諫, 不用卽死, 忠之至也.」遂諫, 三日不去朝, 紂囚殺之. 詩曰:『昊天太憮, 予愼無辜!』

3.《韓詩外傳》卷六

比干諫而死. 箕子曰: 知不用而言, 愚也, 殺身以彰君之惡, 不忠也. 二者不可, 然且爲之, 不祥莫大焉. 遂解髮佯狂而去. 君子聞之, 曰:「勞矣! 箕子! 盡其精神, 竭其忠愛, 見比干之事, 免其身, 仁知之至.」詩曰:『人亦有言, 靡哲不愚.』

4.《列女傳》卷七「殷紂妲己」

妲己者, 殷紂之妃也, 嬖幸於紂. 紂材力過人, 手格猛獸. 智足以距諫, 辯足以飾非. 矜人臣以能, 高天下以聲, 以爲人皆出己之下. 好酒淫樂, 不離妲己. 妲己之所譽, 貴之; 妲己之所憎, 誅之. 作新淫之聲, 北鄙之舞, 靡靡之樂, 收珍物積之於後宮, 諛臣群女, 咸獲所欲. 積糟爲邱, 流酒爲池, 懸肉爲林, 使人裸形相逐其間, 爲長夜之飲. 妲己好之. 百姓怨望, 諸侯有畔者. 紂乃爲炮烙之法, 膏銅柱, 加之炭. 令有罪者行其上, 輒墮炭中, 妲己乃笑. 比于諫曰:「不修先王之典法, 而用婦言, 禍至無日!」紂怒, 以爲妖言. 妲己曰:「吾聞聖人之心有七竅.」於是剖心而觀之. 囚箕子. 微子去之. 武王遂受命興師伐紂, 戰於牧野. 紂師倒戈. 紂乃登廩臺, 衣寶玉衣而自殺. 於是武王遂致天之罰, 斬妲己頭, 懸於小白旗, 以爲亡紂者, 是女也. 書曰:「牝雞無晨, 牝雞之晨, 惟家之索.」詩云:「君子信盜, 亂是用暴. 匪其止共, 維王之邛.」此之謂也. 頌曰:「妲己配紂, 惑亂是修. 紂旣無道, 又重相謬. 指笑炮炙, 諫士刳囚. 遂敗牧野, 反商爲周.」

5.《十八史略》卷一

歷太丁・帝乙, 至帝辛, 名受, 號爲紂. 資辯捷疾, 手格猛獸, 智足以拒諫, 言足以飾非, 始爲象箸, 箕子歎曰:「彼爲象箸, 必不盛以土簋; 將爲玉杯, 玉杯象箸, 必不羹藜藿. 衣短褐, 而舍茆茨之下, 則錦衣九重, 高臺廣室, 稱此以求, 天下不足矣.」紂伐有

蘇氏, 有蘇以妲己女焉, 有寵, 其言皆從, 厚賦稅, 以實鹿臺之財, 盈鉅橋之粟, 廣沙丘苑臺, 以酒爲池, 縣肉爲林, 爲長夜之飲, 百姓怨望, 諸侯有畔者, 紂乃重刑辟, 爲銅柱以膏塗之, 加於炭火之上, 使有罪者緣之, 足滑跌墜火中, 與妲己觀之大樂, 名曰炮烙之刑. 淫虐甚, 庶兄微子數諫, 不從, 去之, 比干諫, 三日不去, 紂怒曰:「吾聞聖人之心有七竅.」剖而觀其心, 箕子佯狂爲奴, 紂囚之, 殷大師, 持其樂器祭器奔周. 周侯昌, 鄂及九侯, 侯, 爲紂三公, 紂殺九侯, 鄂侯爭, 幷脯之, 昌聞而歎息, 紂囚昌, 羑里, 昌之臣散宜生, 求美女珍寶進, 紂大悅, 乃釋昌, 昌退而修德, 諸侯多叛紂歸之, 昌卒, 子發立, 率諸侯伐紂, 紂敗于牧也, 衣寶玉自焚死, 殷亡. 箕子後朝周, 過故殷墟, 傷宮室毀壞生禾黍, 欲哭不可, 欲泣則爲近婦人, 乃作麥秀之歌曰:『麥秀漸漸兮, 禾黍油油兮, 彼狡童兮, 不與我好兮.』殷民聞之, 皆流涕. 殷爲天子三十一世, 六百二十九年.

6. 기타 참고자료

《韓詩外傳》卷六·《荀子》議兵篇

124(7-4) 曹公子喜時
절의는 지켜야 합니다

조曹나라 공자公子인 희시喜時는 자字가 자장子臧으로 조曹 선공宣公의
아들이다. 그런데 이 조나라가 제후들과 함께 진秦나라를 칠 때, 성공이
출정을 나갔다가 죽고 말았다. 이에 조나라 사람들이 자장으로 하여금
가서 아버지 선공의 시신을 모셔오도록 하고 다른 공자인 부추負芻는
태자와 함께 국내에 남아 나라를 지키도록 하였다. 그런데 부추는
이 기회를 틈타 태자를 죽이고 자립하여 왕위에 오르고 말았다. 이에
자장이 부추가 왕위에 오른 것을 보고 아버지 선공의 장례를 마친
후 국외로 망명하자 많은 백성들이 그를 따라 나서고 말았다.

한편, 부추가 자립하여 왕이 되니, 이가 곧 조曹 성공成公이다. 성공은
왕이 되기는 하였으나 제후들이 자신을 정벌할까 두려웠다.

그리하여 죄를 고하고 자장에게 귀국하도록 청하였다. 이에 자장이
돌아와서 성공을 임금으로 인정해 주고 말았다. 그 뒤에 진후晉侯가
제후들을 모아 회맹을 하면서 조나라 성공을 붙들어 경사京師로 보낸
다음, 대신 자장을 주周나라 천자天子에게 알현시키고 그를 조나라
임금으로 세우도록 하였다. 그러자 자장이 이렇게 사양하였다.

"옛 기록에는 이렇게 실려 있습니다. '성인은 절의에 통달하고 그
다음 사람은 절의를 지킬 줄 알며, 낮은 사람일지라도 절의를 잃지는
않는다'라구요. 왕이 되는 것은 나의 절의가 아닙니다. 내가 비록 성인
聖人은 될 수 없으나, 어찌 감히 절의를 지키는 것조차 잃으려 하겠습니까?"

그리고는 다시 송宋나라로 도망가 버렸다. 조나라 군주인 성공은
진후에게 계속 이렇게 요청하였다.

"자장이 귀국해야 너의 임금을 돌려보내 주겠다."

이에 결국 자장이 귀국하자 진후는 천자에게 말하여 성공을 조나라로
돌려보내 주었다. 자장은 드디어 온 나라 사람들과 함께 성공을 밀어
그를 다시 임금으로 앉히고 자신은 전혀 나타나지 않았다. 조나라는
드디어 안정을 얻게 되었다.

이처럼 자장은 천승지국千乘之國을 양보하였으니, 가히 어질다고 이를
수 있다. 그래서《춘추春秋》에는 그의 어짊을 칭찬하고 그의 후손을
높여 준 것이다.

曹公子喜時, 字子臧, 曹宣公子也. 宣公與諸侯伐秦, 卒於師,
曹人使子臧迎喪, 使公子負芻, 與太子留守, 負芻殺太子而自立,
子臧見負芻之當主也, 宣公旣葬, 子臧將亡, 國人皆從之. 負芻立,
是爲曹成公, 成公懼, 告罪, 且請子臧, 子臧乃反. 成公遂爲君.
其後, 晉侯會諸侯, 執曹成公, 歸之京師, 將見子臧於周天子而
立之. 子臧曰:「前記有之:『聖達節, 次守節, 下不失節.』爲君非
吾節也, 雖不能聖, 敢失守乎?」遂亡奔宋. 曹人數請, 晉侯謂:
「子臧反國, 吾歸爾君.」於是子臧反國, 晉乃言天子歸成公於曹.
子臧遂以國致成公, 成公爲君, 子臧不出, 曹國乃安. 子臧讓千
乘之國, 可謂賢矣. 故春秋賢而褒其後.

【喜時】曹나라 公子. 字는 子臧. 宣公의 아들.《左傳》에는 欣時로 되어 있다.
【曹 宣公】春秋 때 曹나라 君主. 재위 17년(B.C. 594~578).
【諸侯伐秦】《左傳》成公 13年 經에『夏五月, 公自京師遂會晉侯, 齊侯・宋公・
　衛侯・鄭伯・曹伯・邾人・滕人伐秦. 曹伯盧卒於師, 秋七月, 公至自伐秦. 冬, 葬曹
　宣公』이라 하였다.

【負芻】宣公의 아들, 公子. 뒤에 태자를 죽이고 成公이 되었다.《左傳》成公 13年에
『曹人使公子負芻守, 使公子欣時逆曹伯之喪, 秋, 負芻殺其太子而自立也』라
하였다.

【曹 成公】負芻. 재위 23년(B.C. 577〜555).

【敢失守乎】《左傳》에는 下不失節로 되어 있다. 이를 따라 풀이하였다.

【春秋賢而褒其後】《公羊傳》成公 16年에『公子喜時者, 仁人也. 內平其國而
得之』라 하였다.

참고 및 관련 자료

1.《左傳》成公 15年 傳

曹人使公子負芻守, 使公子欣時逆曹伯之喪. 秋, 負芻殺其大子而立也. 諸侯乃請討之.
晉人以其役之勞, 請俟他年. 冬, 葬曹宣公. 旣葬, 子臧將亡, 國人皆將從之. 成公乃懼,
告罪, 且請焉. 乃反, 而致其邑.

2.《左傳》成公 15年 經

癸丑, 公會晉侯, 衛侯·鄭伯·曹伯·宋世子成·齊國佐·邾人同盟于戚. 晉後執曹
伯歸于京師.

3.《左傳》成公 15年 傳

十五年, 春, 會于戚, 討曹成公也. 執而歸諸京師. 書曰:『晉侯執曹伯』, 不及其民也.
凡君不道於其民, 諸侯討而執之, 則曰:『某人執某侯』, 不然則否. 諸侯將見子臧於
王而立之. 子臧辭曰:「前志有之曰:『聖達節, 次守節, 下失節.』爲君非吾節也.
雖不能聖, 敢失守乎?」遂逃, 奔宋.

4.《左傳》成公 13年經

冬, 葬曹宣公.

5.《史記》管蔡世家

二十五年, 晉文公卒. 三十五年, 共公卒, 子文公壽立. 文公二十三年卒, 子宣公彊立.
宣公十七年卒, 弟成公負芻立.

6. 기타 참고자료

《左傳》成公13年, 15年, 16年·《公羊傳》成公16年, 昭公20年·《穀梁傳》昭公20年

125(7-5) 延陵季子者
오나라 연릉계자

연릉계자延陵季子는 오왕吳王의 아들이다. 오왕의 아들 중에는 적계嫡系의 같은 어머니에게서 난 아들 넷이 있었는데, 첫째가 알遏이요, 둘째가 여제餘祭, 그리고 셋째가 이매夷昧, 넷째가 찰札이었다. 이 찰이 바로 계자季子로서 가장 어리면서도 어질어 형제들 모두가 그를 사랑하였다. 임금이 죽고 장례까지 모두 마치자 장차 계자로 하여금 그 뒤를 잇도록 하려 하였지만 계자가 이렇게 사양하는 것이었다.

"조曹나라의 선공宣公이 죽고 성공成公이 스스로 왕이 되자 제후들과 조나라 사람 모두 성공이 옳지 못하다 여겨 자장子臧으로 하여금 뒤를 잇도록 하였지만 자장은 이를 사양하여 끝내 왕위에 오르지 않았습니다. 그리고는 도리어 그 성공을 왕으로 모셨습니다. 그리고 성공에게는 오히려 '군자란 능히 절의를 지킬 줄 아는 인물이다'라고 말하고, 그대는 의에 맞게 왕이 되었으니, 누가 감히 그대에게 간섭하랴? 나라를 갖는 것은 내가 지킬 절의가 아니다'라고 하였습니다. 나 계찰季札이 비록 재주는 없지만 원컨대 자장과 같은 인물이 되어 절의를 잃지 않는 자가 되고자 합니다."

그런데도 형제들이 억지로 그를 세우려 하자, 계찰은 자신의 집을 버리고 들에 나가 농사를 지었다. 그제야 그들이 그를 놓아주고는 첫째인 알이 이렇게 제의하였다.

"지금 우리가 왕위를 급하게 넘겨주려 하면 그는 틀림없이 받지 않을 것이다. 그러니 왕위를 아들에게 넘기지 말고 형제들이 차례로 이어가자. 이렇게 우리 형제들이 이어 가면서 그에게는 제후들이 모두 인정하여 왕위에 오를 수밖에 없도록 하자."

이 제의에 형제들은 모두 좋다고 동의하였다. 그래서 임금이 된 후에는 모두가 죽음을 가벼이 여기는 것을 용기로 알고 음식을 먹을 때면 반드시 이렇게 기원하는 것이었다.

"하늘이여, 만약 우리나라를 계속 이끌어 주시려는 뜻이 있으시다면 어서 이 몸에 화를 내려 죽도록 해 주십시오."

그래서 알이 죽고 여제가 뒤를 이었으며, 다시 여제가 죽자 이매가 뒤를 이었다. 드디어 이매가 죽자 나라는 당연히 계찰에게 돌아갈 차례가 온 것이다. 그런데 계찰이 마침 다른 나라의 사신으로 갔다가 미처 돌아오지 않은 상태였다.

그러나 이때 장자의 서형庶兄인 요僚가 그 사이에 자립하여 오왕吳王이 되어 버렸다. 이윽고 계찰이 사신의 임무를 마치고 돌아왔으나 그대로 요를 왕으로 모시는 것이었다. 한편 알의 아들로서 왕자王子 광光이 있었는데, 호를 합려闔閭라 하였다. 이에 합려는 불만을 품고 이렇게 말하였다.

"선군先君께서 왕위를 아들에게 물려주지 않고 아우에게 물려주기로 한 것은 바로 막내 삼촌인 계찰을 위해서였다. 선군의 명령에 따른다면 왕위는 마땅히 계찰에게 돌아가야 한다. 또 만약 선군의 뜻을 좇지 않고 아들에게 왕위를 물려야 한다면 그런 경우는 당연히 내가 왕이 되어야 마땅하다. 무엇으로 보나 어찌 요가 임금이 될 수 있단 말인가?"

그리고는 전제專諸를 시켜 요를 찔러 죽이고 나라를 계찰에게 맡겼다. 그러자 계찰이 이렇게 거절하였다.

"너는 우리 임금을 죽였다. 내가 너에게 나라를 받으면 이는 나와 네가 공모하여 난을 일으킨 것이 된다. 또 너는 나의 형을 죽였다. 내가 또 이를 이유로 너를 죽인다면 이는 부자형제가 서로 죽이고 죽는 것이 되어 종신토록 끝이 없을 것이다."

延陵季子《三才圖會》

그리고는 연릉延陵 땅으로 가버린 후 다시는 오나라에 발을 들여놓지 않았다. 이 때문에 그를 연릉계자延陵季子라 부른다. 군자들은 그가 나라를 받지 않은 것을 의義라 여겼고, 합려를 죽이지 않은 것을 인仁이라 여겼다. 그래서 《춘추春秋》에는 계자를 어질게 여겨 그를 존귀하게 받드는 것이다.

延陵季子者, 吳王之子也, 嫡同母昆弟四人: 長曰謁, 次曰餘祭, 次曰夷昧, 次曰札. 札卽季子, 最小而賢, 兄弟皆愛之. 旣除喪, 將立季子.

季子辭曰:「曹宣公之卒也, 諸侯與曹人不義曹君, 將立子臧, 子臧去之, 遂不爲也. 以成曹君, 君子曰能守節矣. 君義嗣也, 誰敢干君? 有國非吾節也. 札雖不才, 願附子臧, 以無失節.」

固立之, 棄其室而耕, 乃舍之.

謁曰:「今若是作而與季子, 季子必不受, 請無與子而與弟, 弟兄迭爲君, 而致諸侯乎季子.」

皆曰:「諾.」

故諸其爲君者皆輕死爲勇, 飮食必祝曰:「天若有吾國, 必疾有禍予身.」

故遏也死, 餘祭立; 餘祭死, 夷姓立; 夷昧死, 而國宜之季子也, 季子使而未還. 僚者, 長子之庶兄也, 自立爲吳王. 季子使而還, 至則君事之.

遏之子曰王子光, 號曰闔閭. 不悅曰:「先君所爲, 不與子而與弟者, 凡爲季子也. 將從先君之命, 則國宜之季子也. 如不從先君之命而與子, 我宜當立者也, 僚惡得爲君?」

於是使專諸刺僚, 而致國乎季子.

季子曰:「爾殺我君, 吾受爾國, 是吾與爾爲亂也. 爾殺我兄, 吾又殺爾, 是父子兄弟相殺, 終身無已也.」

去而之延陵, 終身不入吳國, 故號曰延陵季子.

君子以其不受國爲義, 以其不殺爲仁, 是以春秋賢季子而尊貴之也.

【延陵季子】吳나라 季札. 壽夢의 넷째아들.

【吳王】壽夢을 말한다. 재위 25년(B.C. 585~561).

【夷昧】《穀梁傳》에는 夷末.《史記》에는 餘昧로 되어 있다. 재위 4년(B.C. 530~ 527). 이상 앞 장을 참조할 것.

【僚】餘昧의 아들로 餘昧를 이어 王이 되었다가 公子 光에게 죽임을 당하였다. 재위 12년(B.C. 526~515).

【闔閭】公子 光. 僚를 죽이고 왕위에 올랐으며, 遏[諸樊]의 아들. 재위 19년 (B.C. 514~496).

【專諸】伍子胥가 公子 光의 속뜻을 알아차리고 추천한 人物. 주방장으로 꾸며 구운 생선 속에 비수를 숨겨 僚를 죽였다.《史記》참조.

【延陵】지금의 江蘇省 武進縣.

【春秋賢季子】《公羊傳》에 "故君子以其不受爲義, 以其不殺爲仁"이라 하였다.

1. 본장의 배경은 《**史記**》 吳太伯世家에 실려 있다. 여기서 吳나라의 계보를 보면
다음과 같다.(숫자는 왕위의 차례).

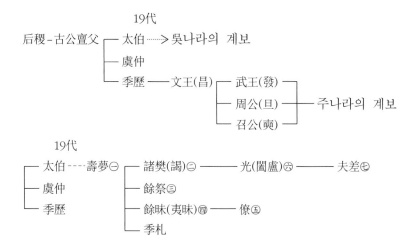

2. 《**左傳**》 襄公 14年 傳

吳子諸樊旣除喪, 將立季札. 季札辭曰:「曹宣公之卒也, 諸侯與曹人不義曹君, 將立
子臧. 子臧去之, 遂弗爲也, 以成曹君. 君子曰:『能守節.』君, 義嗣也, 誰敢奸君?
有國, 非吾節也. 札雖不才, 願附於子臧, 以無失節.」固立之, 棄其室而耕, 乃舍之.
吳子諸樊旣除喪, 將立季札. 季札辭曰:「曹宣公之卒也. 諸侯與曹人不義曹君, 將立
子臧. 子臧去之, 遂弗爲也. 以成曹君. 君子曰能守節. 君義嗣也, 誰敢奸君? 有國非
吾節也, 札雖不才, 願附於子臧以無失節.」固立之, 棄其室而耕, 乃舍之.

3. 《**公羊傳**》 襄公 29年 傳

吳子使札來聘, 吳無君, 無大夫, 此何以有君? 有大夫. 賢李子也, 何賢乎季子?
讓國也, 其讓國奈何? 謁也, 餘祭也, 夷昧也, 與季子, 同母者四. 季子弱而才, 兄弟皆
愛之, 同欲立之以爲君, 謁曰:「今若是迣而與季子. 季子猶不受也, 請無與子而與弟,
弟兄迭爲君, 而致國乎季子.」皆曰:「諾.」故諸爲君者皆輕死爲勇, 飮食必祝. 曰:
「天苟有吳國. 尚速有悔於子身.」故謁也死, 餘祭也立. 餘祭也死, 夷昧也立, 夷昧也死,
則國宜之季子者也, 季子使而亡焉, 僚者長庶也, 卽之. 季子使而反, 至, 而君之爾.
闔廬曰:「先君之所以不與子國, 而與弟者, 凡爲季子故也, 將從先君之命與, 則國宜

之季子者也, 如不從先君之命與, 則我宜立者也, 僚惡得爲君乎?」於是使專諸刺僚. 而致國乎季子, 季子不受, 曰:「爾弑吾君, 吾受爾國, 是吾與爾爲篡也, 爾殺吾兄, 吾又殺爾, 是父子兄弟相殺, 終身無已也.」去之延陵. 終身不入吳國. 故君子以其不受爲義, 以其不殺爲仁. 賢季子, 則吳何以有君有大夫. 以季子爲臣, 則宜有君者也. 札者何? 吳季子之名也, 春秋賢者不名, 此何以名, 許夷狄者, 不壹而足也. 季子者所賢也, 曷爲不足乎季子? 許人臣者必使臣, 許人子者必使子也.

4.《史記》吳太伯世家

二十五年, 王壽夢卒. 壽夢有子四人, 長曰諸樊, 次曰餘祭, 次曰餘眛, 次曰季札. 季札賢, 而壽夢欲立之, 季札讓不可, 於是乃立長子諸樊, 攝行事當國. 王諸樊元年, 諸樊已除喪, 讓位季札. 季札謝曰:「曹宣公之卒也, 諸侯與曹人不義曹君, 將立子臧, 子臧去之, 以成曹君, 君子曰『能守節矣』. 君義嗣, 誰敢干君! 有國, 非吾節也. 札雖不材, 願附於子臧之義.」吳人固立季札, 季札棄其室而耕, 乃舍之. 秋, 吳伐楚, 楚敗我師. 四年, 晉平公初立. 十三年, 王諸樊卒. 有命授弟餘祭, 欲傳以次, 必致國於季札而止, 以稱先王壽夢之意, 且嘉季札之義, 兄弟皆欲致國, 令以漸至焉. 季札封於延陵, 故號曰延陵季子.

5.《史記》刺客列傳

光之父曰吳王諸樊. 諸樊弟三人: 次曰餘祭, 次曰夷眛, 次曰季子札. 諸樊知季子札賢而不立太子, 以次傳三弟, 欲卒致國于季子札. 諸樊既死, 傳餘祭. 餘祭死, 傳夷眛. 夷眛死, 當傳季子札; 季子札逃不肯立, 吳人乃立夷眛之子僚爲王. 公子光曰:「使以兄弟次邪, 季子當立; 必以子乎, 則光眞適嗣, 當立.」故嘗陰養謀臣以求立. 光既得專諸, 善客待之. 九年而楚平王死. 春, 吳王僚欲因楚喪, 使其二弟公子蓋餘·屬庸將兵圍楚之灊; 使延陵季子於晉, 以觀諸侯之變. 楚發兵絕吳將蓋餘·屬庸路, 吳兵不得還. 於是公子光謂專諸曰:「此時不可失, 不求何獲! 且光眞王嗣, 當立, 季子雖來, 不吾廢也.」專諸曰:「王僚可殺也. 母老子弱, 而兩弟將兵伐楚, 楚絕其後. 方今吳外困於楚, 而內空無骨鯁之臣, 是無如我何.」公子光頓首曰:「光之身, 子之身也.」四月丙子, 光伏甲士於窟室中, 而具酒請王僚. 王僚使兵陳自宮至光之家, 門戶階陛左右, 皆王僚之親戚也. 夾立侍, 皆持長鈹. 酒既酣, 公子光詳爲足疾, 入窟室中, 使專諸置匕首魚炙之腹中而進之. 既至王前, 專諸擘魚, 因以匕首刺王僚, 王僚立死. 左右亦殺專諸, 王人擾亂. 公子光出其伏甲以攻王僚之徒, 盡滅之, 遂自立爲王, 是爲闔閭. 闔閭乃封專諸之子以爲上卿.

6. 《說苑》至公

吳王壽夢有四子, 長曰謁, 次曰餘祭, 次曰夷眜, 次曰季札, 號曰「延陵季子.」最賢, 三兄皆知之. 於是王壽夢薨, 謁以位讓季子, 季子終不肯當, 謁乃爲約曰:「季子賢, 使國及季子, 則吳可以興.」乃兄弟相繼, 飲食必祝曰:「使吾早死, 令國及季子.」謁死, 餘祭立; 餘祭死, 夷眜立; 夷眜死, 次及季子. 季子時使行不在. 庶兄僚曰:「我亦兄也.」乃自立爲吳王. 季子使還, 復事如故. 謁子光曰:「以吾父之意, 則國當歸季子, 以繼嗣之法, 則我適也, 當代之君, 僚何爲也? 於是乃使專諸刺僚殺之, 以位讓季子, 季子曰:「爾殺吾君, 吾受爾國, 則吾與爾爲共篡也. 爾殺吾兄, 吾又殺汝, 則是昆弟父子相殺無已時也.」卒去之延陵, 終身不入吳. 君子以其不殺爲仁, 以其不取國爲義. 夫不以國私身, 捐千乘而不恨, 棄尊位而無忿, 可以庶幾矣.

7. 《吳越春秋》吳王壽夢傳

壽夢病將卒, 有子四人, 長曰諸樊, 次曰餘祭, 次曰餘眜, 次曰季札. 季札賢, 壽夢欲立之, 季札讓曰:「禮有舊制, 奈何廢前王之禮, 而行父子之私乎?」壽夢乃命諸樊曰:「我欲傳國及札, 爾無忘寡人之言.」諸樊曰:「周之太王知西伯之聖, 廢長立少, 王之道興. 今欲授國於札, 臣誠耕於野.」王曰:「昔周行之德, 加於四海, 今汝於區區之國, 荊蠻之鄉, 奚能成天子之業乎? 且今子不忘前人之言, 必授國以次及於季札.」諸樊曰:「敢不如命?」壽夢卒, 諸樊以適長攝行事, 當國政.

8. 《吳越春秋》吳王壽夢傳

諸樊驕恣, 輕慢鬼神, 仰天求死. 將死, 命弟餘祭曰:「必以國及季札.」乃封季札於延陵, 號曰延陵季子.

9. 《吳越春秋》吳王壽夢傳

餘祭卒, 餘眜立四年卒, 欲授位季札, 季札讓, 逃去, 曰:「吾不受位, 明矣, 昔前君有命, 己附子臧之義, 潔身清行, 仰高履尚, 惟仁是處, 富貴之於我如秋風之過耳.」遂逃歸延陵.

10. 《淮南子》精神訓

公子札不以有國爲尊, 故讓位.

11. 기타 참고자료

《論衡》書虛篇

126(7-6) 延陵季子將西聘晉
무덤에 보검을 걸어놓고

연릉계자延陵季子가 서쪽의 진晉나라에 초빙을 받아가면서 보검
寶劍을 찬 채로 서徐나라 땅을 지나게 되었다. 그때 서나라 임금이
그 칼을 보고 말은 하지 않았지만 갖고 싶어하는 눈치를 보였다.

연릉계자는 상국上國에 사신으로 가는 터라 줄 수가 없었지만 마음속
으로는 줄 것을 허락하고 있었다. 그런데 진나라의 사신 임무를 마치고
오는 길에 그 칼을 주려고 서나라에 다시 들렀을 때, 서군은 이미
초楚나라에서 죽고 없었다. 이에 그는 칼을 벗어 뒤를 이은 그 아들에게
주었다. 그러자 시종侍從이 이를 만류하였다.

"이 칼은 오吳나라의 보물입니다. 다른 사람에게 줄 수 없습니다."

그러자 연릉계자가 이렇게 말하였다.

"주는 것이 아니다. 지난날 내가 여기 왔을 때, 서군徐君이 이 칼을
보고 말은 하지 않았지만 갖고 싶어하는 눈치였다. 내가 마침 상국의
사신으로 가는 터라 미처 주지는 못하였지만 마음속으로는 이미 줄
것을 허락하였다. 지금 그가 죽고 없다고 해서 주지 않는 것은 내
마음을 속이는 것이다. 칼이 아깝다고 마음을 속이는 것은 염자廉者가
할 짓이 못 된다."

그리고는 마침내 칼을 벗어 그 아들에게 주었다. 그러자 그 아들이
이렇게 거절하는 것이었다.

"저의 선군께서는 아무런 말씀이 없으셨습니다. 저는 감히 이 칼을 받을 수가 없습니다."

이에 계찰이 칼을 풀어서 서군의 묘 옆 나뭇가지에 걸어 놓고 떠나 버렸다. 서나라 사람들이 이를 알고 가상히 여겨 이렇게 노래를 불렀다.

"연릉계자여! 옛 마음을 잊지 않고,
천금의 칼을 풀어 묘 옆에 걸었네."

延陵季子將西聘晉, 帶寶劍以過徐君, 徐君觀劍, 不言而色欲之. 延陵季子爲有上國之使, 未獻也, 然其心許之矣. 致使於晉, 故反, 則徐君死於楚. 於是脫劍致之嗣君.

從者止之曰:「此吳國之寶, 非所以贈也.」

延陵季子曰:「吾非贈之也, 先日吾來, 徐君觀吾劍, 不言而其色欲之, 吾有爲上國之使, 未獻也. 雖然, 吾心許之矣. 今死而不進, 是欺心也. 愛劍僞心, 廉者不爲也.」

遂脫劍致之嗣君.

嗣君曰:「先君無命, 孤不敢受劍.」

於是季子以劍帶徐君墓樹而去.

徐人嘉而歌之曰:「延陵季子兮不忘故, 脫千金之劍兮帶丘墓.」

【延陵季子】季札. 앞장 참조.
【徐】古代 나라 이름. 伯益의 후손으로 周初에 王을 참칭하였다가 穆王에게 망하여 子爵으로 폄하되었다. 지금의 安徽省 泗縣 근처.
【上國之使】《史記》吳世家에 『王餘祭四年, 季札使諸侯』라 하였다.
【徐君死於楚】《史記》吳世家 正義에 《括地志》를 引用하여 『徐君廟, 在泗州徐城縣南一里, 卽延陵季子掛劍之徐君也』라 하였다.

참고 및 관련 자료

1. 《史記》吳太伯世家

季札之初使, 北過徐君. 徐君好季札劍, 口弗敢言. 季札心知之, 爲使上國, 未獻. 還至徐, 徐君已死, 於是乃解其寶劍, 繫之徐君 冢樹而去. 從者曰:「徐君已死, 尙誰予乎?」季子曰:「不然. 始吾心已許之, 豈以死倍吾心哉!」

2. 《十八史略》卷一

吳, 姬姓. 太伯仲雍之所封也. 十九世至壽夢. 始稱王. 壽夢, 四子: 幼曰季札. 札賢. 欲使三子相繼立以及札. 札義不可. 封延陵. 號曰延陵季子. 聘上國過徐. 徐君愛其寶劍. 季子心知之. 使還. 徐君已歿. 遂解劍懸其墓而去.

3. 《藝文類聚》(19)

新序曰: 延陵季子以劍帶徐君墓樹, 徐人歌之曰:「延陵季子兮, 不忘舊故. 脫千金之劍, 以帶丘墓!」

4. 기타 참고자료

《論衡》書虛篇·《太平御覽》(465)

127(7-7) 許悼公疾瘧
아버지의 약

허許 도공悼公이 학질을 앓아 약을 먹다가 그 독 때문에 그만 죽고 말았다. 이에 태자太子 지止는 자신이 그 약을 미리 맛보지 않았다는 죄책감에 왕위에 오르지도 않고 그 아우인 위緯와 함께 오로지 울기만 하는 것이었다. 먹는 것은 오로지 죽이었을 뿐 밥 한 알 삼키는 것조차 용납하지 않았다. 그러면서 계속 자신이 맛보지 않고 부왕父王의 약을 달여 드린 것에 대해 애통해하다가 1년을 넘기지 못하고 그만 죽어 버렸다.

그래서 《춘추春秋》에는 그가 의롭다 한 것이다.

許悼公疾瘧, 飮藥毒而死. 太子止自責不嘗藥, 不立其位. 與其弟緯, 專哭泣, 啜飦粥, 嗌不容粒, 痛己之不嘗藥, 未逾年而死. 故春秋義之.

【許】古代의 나라 이름. B.C. 475에 楚에게 망하였다.
【悼公】許나라의 君主. 이름은 買.
【太子 止】許 悼公의 太子.
【緯】許 悼公의 아들. 止의 아우.

【餰粥】죽을 말함.

【春秋義之】《春秋》昭公 19年에『夏五越, 戊辰, 許世子止弑其君買』라 하였으나
《穀梁傳》에는『曰弑, 正卒也. 正卒, 則止不弑也. 不弑而弑, 責止也. 止曰我與夫
弑者』라 하였다.

참고 및 관련 자료

1.《左傳》昭公 19年 經

夏五月 戊辰, 許世子止弑其君買.

2.《左傳》昭公 19年 傳

夏, 許悼公瘧. 五月 戊辰, 飲大子止之藥卒. 大子奔晉. 書曰:「弑其君」, 君子曰:
「盡心力以事君, 舍藥物可也.」

3.《穀梁傳》昭公 19年

冬, 葬許悼公, 日卒時葬, 不使止爲弑父也, 曰:「子旣生, 不免乎水火, 母之罪也.
羈貫成童, 不就師傅, 父之罪也. 就師學問無方, 心志不通, 身之罪也. 心志旣通,
而名譽不聞, 友之罪也. 名譽旣聞, 有司不擧, 有司之罪也. 有司擧之, 王者不用,
王者之過也. 許世子不知嘗藥, 累及許君也.」

128(7-8) 衛宣公之子
불쌍한 형제

衛 衛 선공宣公에게는 급伋·수壽·삭朔이라는 세 아들이 있었다. 급은 전부인의 아들이요, 수와 삭은 후처의 아들이었다. 그런데 수의 어머니가 삭과 모의하여 태자인 급을 죽이고 수를 왕으로 세우려고 사람을 시켜 급과 배를 타고 물을 건널 때 이를 빠뜨려 죽이도록 하였다. 수는 이 사실을 알고 있었으나 어떻게 손을 쓸 수가 없어 그 배에 함께 타고 말았다. 그래서 뱃사람은 결국 급을 죽일 수가 없었다. 마침 급이 배에 올랐을 때 급의 부모傳母는 급이 죽임을 당할까 두려워 그 슬픔을 시로 지었으니, 〈이자승주二子乘舟〉의 《시詩》가 바로 그것이다. 그 시는 다음과 같다.

"두 형제가 함께 배를 탔네,
끝없이 넘실대는 저 물의 모습.
말해 주고 싶으나 어쩌리오,
이 가슴 답답 견딜 수 없네."

이에 수 역시 형인 급이 살해당할까 불쌍히 여겨 그 슬픔을 시로 지었으니, 〈서리黍離〉의 《시詩》가 바로 그것이다. 그 시는 이렇다.

衛나라 宣姜 《列女傳》 삽화

"나의 발걸음 무겁네,
나의 마음 불안하네.
내 마음 아는 이 너무 근심한다 하겠지,
내 마음 모르는 이 무엇 때문이냐고 하겠지.
아득히 푸른 저 하늘이여,
나는 어쩌면 좋겠소?"

계모는 이 일이 실패하자 이번에는 급을 제齊나라에 사신으로 보내면서 다시 일을 꾸몄다. 즉 강도를 시켜 급이 지나가는 깃발을 보거든 그를 맞이하여 죽여 버리도록 한 것이다. 수가 이를 알고 급의 사신 길을 막았다. 그러나 급은 이렇게 말하는 것이었다.

"아버지의 명령을 어기는 것은 아들의 도리가 아니다. 안 된다. 가야 한다."

수는 할 수 없이 이번에도 같이 길을 따라 나섰다. 수의 어머니는 이를 따라가지 못하게 할 수 없게 되자 대신 이렇게 일렀다.

"너는 앞쪽에 가지 마라."

그런데 수는 그 이유를 알고 도리어 앞에 서서 급의 깃발을 훔쳐 급인 양 나서는 것이었다. 거의 제나라에 도달하였을 때, 도적이 이를 보고 죽여 버렸다. 뒤따르던 급이 그 장소에 이르러 수가 죽은 것을 보고 자기 대신 죽었음을 알고는 통곡하였다. 울고 비통해하다가 결국 그의 시신을 싣고 국경에 이르러 자살해 버리고 말았다. 이렇게 하여 형제가 다 죽어 버린 것이다. 그래서 군자들은 이 두 사람의 죽음을 의롭게 여기는 한편, 선공이 참언을 물리치지 못한 것에 대해서는 못내 애달프게 여기는 것이다.

衛宣公之子伋也, 壽也, 朔也. 伋, 前母子也; 壽與朔, 後母子也.
壽之母與朔謀, 欲殺太子伋而立壽也, 使人與伋乘舟於河中,
將沈而殺之. 壽知, 不能止也, 因與之同舟, 舟人不得殺伋, 方乘

舟時, 伋傅母恐其死也, 閔而作詩, 二子乘舟之詩是也.

　其詩曰:『二子乘舟, 汎汎其景. 願言思子, 中心養養.』

　於是壽閔其兄之且見害, 作憂思之詩, 黍離之詩是也.

　其詩曰:『行邁靡靡, 中心搖搖. 知我者謂我心憂; 不知我者謂我何求? 悠悠蒼天, 此何人哉?』

　又使伋之齊, 將使, 盜見載旌, 要而殺之, 壽止伋,

　伋曰:「棄父之命, 非子道也, 不可.」

　壽又與之偕行, 壽之母不知能止也, 因戒之曰:「壽無爲前也.」

　壽又爲前, 竊伋旌以先行, 幾及齊矣, 盜見而殺之 伋至, 見壽之死, 痛其代己死, 涕泣悲哀, 遂載其屍還, 至境而自殺, 兄弟俱死.

　故君子義此二人, 而傷宣公之聽讒也.

【衛 宣公】春秋時代 衛나라의 君主. 재위 19년(B.C. 718~700).
【伋】宣公의 아들. 宣公 본부인의 아들.
【壽】宣公의 아들. 후처의 소생. 伋의 이복동생.
【朔】역시 宣公의 아들이며 후처 소생.
【傅母】乳母. 伋을 보살피는 어미.
【二子乘舟】《詩經》邶風〈二子乘舟〉序에『二子乘舟, 思伋壽也. 衛宣公之二子, 爭相爲死, 國人傷而思之, 作是詩也』라 하였다.
【黍離】《詩經》王風 黍離 참조.

【참고 및 관련 자료】

1.《左傳》桓公 16年 傳

初, 衛宣公烝于夷姜, 生急子, 屬諸右公子. 爲之娶於齊, 而美, 公取之. 生壽及朔. 屬壽於左公子. 夷姜縊. 宣姜與公子朔構急子. 公使諸齊. 使盜待諸莘, 將殺之.

壽子告之, 使行. 曰:「棄父之命, 惡用子矣? 有無父之國則可也.」及行, 飲以酒.
壽子載其旌以先, 盜殺之. 急至, 曰:「我之求也. 此何罪? 請殺我乎!」又殺之.
二公子故怨惠公. 十一月, 左公子洩, 右公子職立公子黔牟. 惠公奔齊.

2.《史記》衛康叔世家

宣公七年, 魯弑其君隱公. 九年, 宋督弑其君殤公, 及孔父. 十年, 晉曲沃莊伯弑其君
哀侯. 十八年, 初, 宣公愛夫人夷姜, 夷姜生子伋, 以爲太子, 而令右公子傅之. 右公子
爲太子取齊女, 未入室, 而宣公見所欲爲太子婦者好, 說而自取之, 更爲太子取他女.
宣公得齊女, 生子壽·子朔, 令左公子傅之. 太子伋母死, 宣公正夫人與朔共讒惡太
子伋. 宣公自以其奪太子妻也, 心惡太子, 欲廢之. 及聞其惡, 大怒, 乃使太子伋於齊
而令盜遮界上殺之, 與太子白旄, 而告界盜見持白旄者殺之. 且行, 子朔之兄壽, 太子
異母弟也, 知朔之惡太子而君欲殺之, 乃謂太子曰:「界盜見太子白旄, 即殺太子,
太子可毋行.」太子曰:「逆父命求生, 不可.」遂行. 壽見太子不止, 乃盜其白旄而先馳
至界. 界盜見其驗, 即殺之. 壽已死, 而太子伋又至, 謂盜曰:「所當殺乃我也.」盜并殺
太子伋, 以報宣公. 宣公乃以子朔爲太子. 十九年, 宣公卒, 太子朔立, 是爲惠公.

3.《列女傳》卷七「衛宣公姜」

宣姜者, 齊侯之女, 衛宣公之夫人也. 初, 宣公夫人夷姜生伋子, 以爲太子. 又娶於齊
曰宣姜, 生壽及朔. 夷姜旣死, 宣姜欲立壽, 乃與壽弟朔謀構伋子. 公使伋子之齊,
宣姜乃陰使力士待之界上而殺之, 曰:「有四馬, 白旄至者必要殺之.」壽聞之以告太
子曰:「太子其避之.」伋子曰:「不可, 夫棄父之命, 則惡用子也.」壽度太子必行,
乃與太子飲, 奪之旄而行, 盜殺之. 伋子醒, 求旄不得, 遽往追之, 壽已死矣. 伋子痛
壽爲己死, 乃謂盜曰:「所欲殺者乃我也, 此何罪? 請殺我.」盜又殺之. 二子旣死,
朔遂立爲太子. 宣公薨, 朔立是爲惠公, 竟終無後. 亂及五世. 至戴公而後寧. 詩云:
「乃如之人, 德音無良」此之謂也. 頌曰:「衛之宣姜, 謀危太子, 欲立子壽, 陰設力士.
壽乃俱死, 衛果危殆. 五世不寧, 亂由姜起.」

4.《詩經》邶風「二子乘舟」毛序 및 鄭箋

詩序:「二子乘舟, 思伋壽也. 衛宣公之二子, 爭相爲死. 國人傷而思之, 作是詩也.」
鄭箋:「宣公爲伋取於齊女而美, 公奪之, 生壽及朔. 朔與其母愬伋於公. 公令伋
之齊, 使賊先待於隘而殺之. 壽知之, 以告伋, 使去之. 伋曰:『君命也, 不可以逃.』
壽竊其節而先往, 賊殺之. 伋至, 曰:『君命殺我, 壽有何罪?』賊又殺之.」

129(7-9) 魯宣公者
형의 녹을 먹을 수 없습니다

노魯 선공宣公은 노나라 문공文公의 아우이다. 문공이 죽고 문공의 아들인 자적子赤이 왕으로 올라 노후魯侯가 되자, 선공은 자적을 죽이고 나라를 빼앗아 스스로 왕위에 올라 제후가 되어 버렸다.

한편 공자公子 힐肸은 선공의 친동생이었는데 선공이 자적을 죽인 일에 대하여 매우 못마땅하게 여기고 있었다. 선공이 이를 달래기 위하여 그에게 녹祿을 내려 주려 하였다. 그러자 힐이 이렇게 거절하였다.

"나는 지금으로 족합니다. 어찌 형의 식록을 받을 필요가 있겠습니까?"

그리고는 스스로 신을 삼으며 종신토록 선공의 식록을 먹지 않았다. 이처럼 그 인의仁義가 두터웠고 그 수절守節이 굳었다.

그 때문에 《춘추春秋》에 그를 높이고 찬미한 것이다.

魯宣公者, 魯文公之弟也. 文公薨, 文公之子子赤立, 爲魯侯. 宣公殺子赤而奪之國, 立爲魯侯. 公子肸者, 宣公之同母弟也, 宣公殺子赤而肸非之, 宣公與之祿, 則曰:「我足矣, 何以兄之食爲哉?」

織屨而食, 終身不食宣公之食, 其仁恩厚矣, 其守節固矣.

故春秋美而貴之.

【魯 宣公】春秋時代 魯나라 君主. 재위 18년(B.C. 608~591). 文公의 아우.

【魯 文公】春秋時代 魯나라 君主. 재위 18년(B.C. 626~609). 한편 본문에 『魯文公 之子也』로 잘못 실린 기록도 있다.

【子赤】宣公의 형. 왕위에 올랐으나 宣公에게 나라를 빼앗겼다.

【公子 肹】叔儺. 文公의 아들. 宣公의 아우.

【春秋美而貴之】《春秋》宣公 17年에 『冬, 十有一月, 壬午, 公弟叔肹卒』이라 기록 되어 있다.

참고 및 관련 자료

1.《史記》魯世家

十八年二月, 文公卒. 文公有二妃: 長妃齊女爲哀姜, 生子惡及視; 次妃敬嬴, 嬖愛, 生子俀. 俀私事襄仲, 襄仲欲立之, 叔仲曰不可. 襄仲請齊惠公, 惠公新立, 欲親魯, 許之. 冬十月, 襄仲殺子惡及視而立俀, 是爲宣公. 哀姜歸齊, 哭而過市, 曰:「天乎! 襄仲爲不道, 殺適立庶!」市人皆哭, 魯人謂之「哀姜」. 魯由此公室卑, 三桓彊.

2.《左傳》文公 18年 傳

文公二妃, 敬嬴生宣公. 敬嬴嬖, 而私事襄仲. 宣公長, 而屬諸襄仲. 襄仲欲立之, 叔仲不可. 仲見于齊侯而請之, 齊侯新立, 而欲親魯, 許之. 冬十月, 仲殺惡及視, 而立宣公. 書曰:「子卒」, 諱之也. 仲以君命召惠伯, 其宰公冉務人, 止之曰:「入必死.」 叔仲曰:「死君命可也!」公冉務人曰:「若君命, 可死; 非君命, 何聽?」弗聽, 乃入, 殺而埋之馬矢之中. 公冉務人奉其帑以奔蔡, 旣而復叔仲氏.

130(7-10) 晉獻公太子之至靈臺
수레바퀴를 휘감은 뱀

진晉 헌공獻公의 태자가 영대靈臺에 가는 길에 뱀이 왼쪽 수레바퀴를 휘감아 버리는 일이 생겼다. 마부가 이렇게 말하였다.

"태자께서는 내려서 절을 하십시오. 제가 들으니 군주의 아들 된 이는 뱀이라 하였습니다. 뱀이 수레의 왼쪽 바퀴를 휘감으면 곧 나라를 얻게 된다고 하였습니다."

태자는 이 말대로 하지 않고 집으로 되돌아와 버렸다. 마부가 태자를 만나 뵙자 태자는 이렇게 말하는 것이었다.

"내 듣기로 사람의 아들이 된 자는 화순和順을 다해 임금을 모시고 사사로운 욕심을 부려서는 안 되며, 공경하고 엄격하게 명령을 받들어 임금의 안녕을 해치는 일이 없도록 해야 한다고 하였다. 지금 내가 나라를 얻는다는 뜻은 우리 임금이 안녕을 잃는다는 뜻이다. 나라를 얻겠다는 이욕利欲 때문에 임금의 안녕을 잊는다면 이것이 자식 된 도리겠느냐? 나라를 얻는다는 말을 듣고 그러한 소리에 절을 한다면 이는 나의 임금이 바라는 뜻이 아닐 것이다. 자식 된 도리를 폐하는 것은 불효이며, 임금이 바라는 일을 거역하는 것은 불충이다. 네가 나에게 이 일을 시키는 것을 보니, 이 나라가 곧 위기에 처할 때가 되었음이 분명하다."

그리고는 칼을 뽑아 자살하려 하였다. 그러자 마부가 이를 만류하면서 이렇게 말하였다.

"무릇 기상요얼機祥妖孽은 하늘의 도이며, 공엄승명恭嚴承命은 인간의 행동입니다. 또 상서로운 일에는 절을 하고 흉한 일에는 경계를 하는 것이 예禮이며, 공엄승명하여 스스로 임금에게 한恨이 되지 않도록 하는 것이 효孝입니다. 지금 태자께서는 복을 보고도 절을 하지 않았으니, 이는 예를 잃은 것이며, 스스로를 죽여 임금에게 한이 남도록 한다면 이는 효를 잃는 것입니다. 편벽된 마음을 좇아 바른 행동을 포기하신다니, 저는 그런 말을 들어본 적이 없습니다."

이 말에 태자가 다시 이렇게 말하였다.

"그렇지 않다. 내가 나라를 얻는다는 것은 임금에게 불행이 온다는 뜻이다. 임금에게 올 불행을 두고 내가 그에게 절을 한다면 이를 예禮라고 할 수 없다. 또 상서로움을 보느라고 임금의 불행을 잊는다면 이는 나라의 도적이나 마찬가지이다. 도적의 마음을 품고서 임금을 모신다면 이는 효라고 할 수 없다. 거짓된 뜻을 품고 천하를 다스린다거나 도적의 마음을 품고 임금을 모신다면 이것이야말로 사악의 극치이다. 나로 하여금 이런 일을 하도록 하다니 이는 나라를 위험하게 하려는 뜻이 분명하다."

그러자 말을 마친 후 마침내 칼을 껴안고 엎어져 죽어 버렸다. 군자는 이에 대해 이렇게 평하였다.

"진나라 태자는 한갓 마부가 뱀을 보고 절을 하라고 하였다 하여 상서로움일지라도 이를 싫다고 자살에까지 이르렀던 것은 나라를 차지하려는 야심이 있음을 의심받을까 두려워서 한 일이다. 자기가 나라를 차지하려는 뜻이 없다고 하는 것을 보임으로써 임금을 편안히 해 주려는 의도였음이 분명하다. 그러나 어리석은 마부가 지나가는 말처럼 한 것을 가지고 죽음에까지 이르러 자식 된 도리를 저버리고 제사가 끊어지도록 하였으니, 이를 효라고는 할 수 없고, 다만 혐의를 멀리한 하나의 절의 있는 인물이라고는 이를 만하다."

晉獻公太子之至靈臺, 蛇繞左輪, 御曰:「太子下拜. 吾聞國君
之子, 蛇繞左輪者, 速得國.」

太子遂不行, 返乎舍.

御人見太子, 太子曰:「吾聞爲人子者, 盡和順君, 不行私欲;
恭嚴承命, 不逆君安. 今吾得國, 是君失安也. 見國之利而忘君安,
非子道也; 聞得國而拜其聲, 非君欲也. 廢子道, 不孝; 逆君欲,
不忠, 而使我行之, 殆欲吾國之危明也.」

拔劍將死.

御止之曰:「夫禨祥妖孽, 天之道也; 恭嚴承命, 人之行也. 拜
祥戒孽, 禮也; 恭嚴承命, 不以身恨君, 孝也. 今太子見福不拜,
失禮; 殺身恨君, 失孝; 從僻心, 棄正行, 非臣之所聞也.」

太子曰:「不然. 我得國, 君之孽也. 拜君之孽, 不可謂禮. 見禨
祥而忘君之安, 國之賊也, 懷賊心以事君, 不可謂孝. 挾僻意以
御天下, 懷賊心以事君, 邪之大者也, 而使我行之, 是欲國之危
明也.」

遂伏劍而死.

君子曰:「晉太子徒御使之拜蛇祥, 猶惡之至於自殺者, 爲見疑
於欲國也, 己之不欲國以安君, 亦以明矣. 爲一愚御過言之故,
至於身死, 廢子道, 絶祭祀, 不可謂孝, 可謂遠嫌, 一節之士也.」

【晉 獻公】春秋時代 晉나라 君主. 재위 26년(B.C. 676~651).

【靈臺】천문기상을 통해 길흉화복을 알아보는 樓臺.

【禨祥妖孽】冥界의 불가사의한 징조나 吉凶의 실마리. 禨祥은 상서로움을, 妖孽
은 흉조를 뜻함.

【恭嚴承命】공경하고 엄하게 하여 명령을 받듦.

1. 《論衡》 異虛篇

衛獻公太子至靈臺, 蛇遶左輪. 御者曰:「太子下拜. 吾聞: 國君之子, 蛇遶車輪左者速得國.」太子遂不下行, 反乎舍. 御人見太子, 太子曰:「吾聞: 爲人子者, 盡和順於君, 不行私欲, 共嚴承令, 不逆君安. 今吾得國, 是君失安也. 見國之利而忘君安, 非子道也; 得國而拜, 其非君欲. 廢子道者不孝, 逆君欲則不忠, 而欲我行之, 殆吾欲吾國之危明矣.」投殿劍將死, 其御止之, 不能禁, 遂伏劍而死. 夫蛇遶左輪, 審爲太子速得國, 太子宜不死, 獻公宜疾薨. 今獻公不死, 太子伏劍, 御者之占, 俗之虛言也. 或時蛇爲太子將死之妖, 御者信俗之占, 故失吉凶之實. 夫桑穀之生, 與蛇遶左輪相似類也. 蛇至實凶, 御者以爲吉; 桑穀實吉, 祖己以爲凶.

2. 기타 참고자료

《太平御覽》(933)

131(7-11) 申包胥者
피눈물로 얻어낸 구원병

　신포서申包胥라는 초楚나라 사람이 있었다. 오吳나라가 초나라 군대를 백거柏擧 땅에서 패배시키고 드디어 초나라 서울인 영郢까지 쳐들어오자, 초나라 소왕昭王은 수隨 땅으로 도망가야만 하였다. 이때 신포서가 임금에게 명령도 받지 않았는데 스스로 진秦나라로 가서 구원병을 요청하며 이렇게 말하였다.

　"오나라는 무도한 행동을 하고 있습니다. 큰 돼지나 긴 뱀처럼 식성 좋게 천하를 잠식하고 있습니다. 중국의 나라들을 모두 집어 삼키기 위하여 초나라부터 치기 시작하고 있습니다. 그래서 저의 임금은 사직社稷을 잃고 초망草莽을 헤치고 도망하며, 저처럼 낮은 신하에게 이렇게 급히 말씀드리라고 하였습니다. '오나라는 이적夷狄과 같은 무리로서 그 이적의 요구함은 끝이 없습니다. 초나라를 멸하고 나면 서쪽으로 귀국 진나라와 국경을 접할 터인데 만약 그렇게 귀국과 이웃하게 되면 국토의 근심거리가 될 것입니다. 아직 오나라가 자리를 잡지 않은 이때에 귀국께서 힘써 주시기 바랍니다. 만약 귀국의 신령한 힘을 입어 우리 초나라가 다시 살아난다면 대대로 귀국을 섬기겠습니다'라고요."

　이 말에 진나라 임금이 사람을 시켜 이렇게 일러 주도록 하였다.

　"과인은 잘 알아들었습니다. 그대는 관사館舍에 가서 쉬도록 하십시오. 장차 계획을 세워 그대에게 일러 주겠습니다."

　그러나 신포서는 계속 버티었다.

"저희 임금은 초망을 헤치고 뛰어넘느라 아직 휴식조차 취하지 못하고 있을 터인데 신이 어찌 감히 편히 쉬겠습니까?"

그리고는 담장에 기대어 계속 우는 것이었다. 밤낮으로 그 울음을 그치지 않고 물도 음식도 입에 넣지 않은 채 이레 밤낮을 계속하였다. 진秦 애공哀公이 이를 불쌍히 여겨 〈무의無衣〉라는 《시詩》를 지어 주고 곧 군대를 파견하겠다고 말해 주었다. 그제서야 신포서는 아홉 번 절을 하고 바로 앉았다. 이 일을 진나라 애공은 이렇게 말하였다.

"초나라에 이런 신하가 있는데도 망한다면 나는 이런 신하도 없으니 우리나라에 초나라와 같은 곤액이 닥친다면 이 나라가 망하는 것은 시간을 기다릴 것도 없으리라."

그리고는 군대를 출동시켜 초나라를 구원하도록 하였다. 신포서가 진나라 군대를 인도하여 초나라 땅에 이를 때 진나라 대부인 자만子滿, 그리고 자호子虎가 5백 승의 군대를 이끌고 왔다. 자만이 말하였다.

"나는 오나라 군대의 전법을 모른다."

그러자 신포서가 초나라 사람을 시켜 먼저 이들을 인도하여 오나라 군대와 접전을 벌이도록 하였다. 그리하여 오나라 군대를 크게 쳐부수자 오나라 군대는 물러가 버리고 말았다. 초나라 소왕은 나라를 다시 찾은 다음, 신포서에게 상을 내리려 하였다. 그러나 신포서는 이렇게 거절하였다.

"임금을 보필하여 나라를 편안히 하는 것은 내 자신이 영달하고자 한 것이 아니요, 위급을 구원하고 폐해를 없애 버린 것은 명예를 위한 것이 아닙니다. 공을 이루었다고 상을 받는 것은 용기를 팔아먹는 행위입니다. 임금께서 이미 안정을 얻으셨으니, 제가 다시 무엇을 더 바라겠습니까?"

그리고는 상을 피하여 도망해서는 종신토록 나타나지 않았다. 이 일에 대하여 군자는 이렇게 평하였다.

"신포서는 명령을 받지도 않았는데 스스로 진나라에 갔으니 이는 충忠이요, 이레 밤낮 동안 울음소리를 그치지 않았으니 이는 후厚요,

상을 거부한 것은 공을 자랑하지 않음이로다. 그러나 상賞이란, 선善을 권장하기 위한 것인데도 이를 사양한 것은 역시 상법常法이라고는 할 수 없다."

申包胥者, 楚人也. 吳敗楚兵於栢擧, 遂入郢, 昭王出亡在隨.

申包胥不受命而赴於秦乞師, 曰:「吳爲無道, 行封豕長蛇, 蠶食天下, 從上國始於楚. 寡君失社稷, 越在草莽, 使下臣告急曰: 『吳, 夷狄也. 夷狄之求無厭, 滅楚, 則西與君接境, 若鄰於君, 疆場之患也. 逮吳之未定, 君其圖之. 若得君之靈, 存撫楚國, 世以事君.』」

秦伯使辭焉, 曰:「寡君聞命矣. 子其就館, 將圖而告子.」

對曰:「寡君越在草莽, 未獲所休, 下臣何敢卽安?」

倚於庭牆立哭, 日夜不絶聲, 水漿不入口, 七日七夜. 秦哀公爲賦無衣之詩, 言兵今出. 包胥九頓首而坐.

秦哀公曰:「楚有臣若此而亡, 吾無臣若此, 吾亡無日矣.」

於是乃出師救楚. 申包胥以秦師至楚.

秦大夫子滿·子虎帥車五百乘.

子滿曰:「吾未知吳道.」

使楚人先與吳人戰而會之, 大敗吳師. 吳師旣退, 昭王復國, 而賞始於包胥.

包胥曰:「輔君安國, 非爲身也; 救急除害, 非爲名也; 功成而受賞, 是賣勇也. 君旣定, 又何求焉?」

遂逃賞, 終身不見.

君子曰:「申子之不受命赴秦, 忠矣; 七日七夜不絶聲, 厚矣; 不受賞, 不伐矣. 然賞所以勸善也, 辭賞, 亦非常法也.」

【申包胥】春秋時代의 楚나라 大夫. 姓은 公孫, 이름은 包胥. 申 땅에 봉해져서 申包胥라 하였으며, 伍子胥와 친하였다.

【栢擧】지금의 湖北省 麻城縣. 柏擧로도 쓴다.

【郢】楚나라의 首都.

【楚 昭王】戰國時代의 楚나라 君主. 재위 27년(B.C. 515~489).

【隨】地名. 원래 周나라 초기의 나라 이름. 지금의 湖北省 隨縣.

【封豕長蛇】《左傳》定公 4年에는『吳爲封豕長蛇, 以薦食上國, 虐始於楚』라 하였다.

【疆場】疆域과 같음. 국토, 영토.

【秦 哀公】春秋時代의 秦나라 君主. 재위 36년(B.C. 536~501).

【無衣】《詩經》秦風 無衣篇. 원문은『豈曰無衣, 與子同袍. 王于興師, 脩我戈矛. 與子同仇, 豈曰無衣. 與子同澤, 王于興師. 脩我矛戟, 與子偕作. 豈曰無衣, 與子同裳. 王于興師, 脩我甲兵, 與子偕行.』

【子滿】秦나라 將帥. 大夫.

【子虎】역시 秦나라 大夫. 將帥.

【伐】'자랑하다, 뽐내다'의 뜻.

1. 《左傳》定公 4年 傳

初, 伍員與申包胥友. 其亡也, 謂申包胥曰:「我必復楚國.」申包胥曰:「勉之! 子能復之, 我必能興之.」及昭王在隨, 申包胥如秦乞師, 曰:「吳爲封豕, 長蛇, 以荐食上國, 虐始於楚. 寡君失守社稷, 越在草莽, 使下臣告急, 曰:『夷德無厭, 若隣於君, 疆場之患也. 逮吳之未定, 君其取分焉. 若楚之遂亡, 君之土也. 若以君靈撫之, 世以事君.』」秦伯使辭焉, 曰:「寡人聞命矣. 子姑就館, 將圖而告.」對曰:「寡君越在草莽, 未獲所伏, 下臣何敢卽安?」立, 依於庭牆而哭, 日夜不絶聲, 勺飲不入口七日. 秦哀公爲之賦無衣. 九頓首而坐. 秦師乃出.

2. 《說苑》至公篇

子胥將之吳, 辭其友申包胥曰:「後三年, 楚不亡, 吾不見子矣!」申包胥曰:「子其勉之! 吾未可以助子, 助子是伐宗廟也; 止子是無以爲友. 雖然, 子亡之, 我存之, 於是乎觀楚一存一亡也.」後三年, 吳師伐楚, 昭王出走, 申包胥不受命西見秦伯曰:「吳無道, 兵强人衆, 將征天下, 始於楚, 寡君出走, 居雲夢, 使下臣告.」哀公曰:「諾, 固將圖之.」申包胥不罷朝, 立於秦庭, 晝夜哭, 七日七夜不絶聲. 哀公曰:「有臣如此, 可不救乎?」興師救楚, 吳人聞之, 引兵而還. 昭王反, 復欲封申包胥, 申包胥辭曰:「救亡非爲名也, 功成受賜, 是賣勇也.」辭不受, 遂退隱, 終身不見. 詩云:『凡民有喪, 匍匐救之.』

3. 《史記》伍子胥列傳

始伍員與申包胥爲交, 員之亡也, 謂包胥曰:「我必覆楚.」包胥曰:「我必存之.」及吳兵入郢, 伍子胥求昭王. 旣不得, 乃掘楚平王墓, 出其尸, 鞭之三百, 然後已. 申包胥亡於山中, 使人謂子胥曰:「子之報讎, 其以甚乎! 吾聞之: 人衆者勝天, 天定亦能破人. 今子故平王之臣, 親北面而事之, 今至於僇死人, 此豈其無天道之極乎?」伍子胥曰:「爲我謝申包胥:『吾日莫途遠, 吾故倒行而逆施之.』」於是申包胥走秦告急, 求救於秦. 秦不許. 包胥立於秦廷, 晝夜哭, 七日七夜不絶其聲. 秦哀公憐之, 曰:「楚雖無道, 有臣若是, 可無存乎?」乃遣車五百乘救楚擊吳.

4. 기타 참고자료

《戰國策》楚策(一)·《淮南子》脩務訓

132(7-12) 齊崔杼者
올곧은 사관

제齊나라의 최저崔杼란 자는 제나라의 재상으로서 장공莊公을 죽였다. 그리고는 태사太史로 하여금 임금이 시해를 당하였다거나, 신하가 적해賊害하였다고 쓰지 못하도록 하였다. 그러나 태사는 이를 듣지 않고 결국 그 일을 적해하였다고 여겨 "최저가 그 임금을 시해하였다"라고 기록해 버렸다. 최저가 이를 죽이자 태사의 동생이 다시 형의 임무를 이어받아 역시 똑같이 기록해 버렸다. 최저는 그조차 죽여 버려 결국 두 사람이 모두 죽고 말았다. 그런데 그 아우가 또다시 그대로 기록하자 최저는 어쩔 수 없이 이를 놓아주고 말았다.

남사씨南史氏는 그의 친족이었는데, 태사 형제가 모두 죽임을 당하였다는 소식을 듣고 죽간竹簡을 들고 찾아가 똑같이 쓰고 말겠다고 하였으나, 이미 사실대로 기록되었다는 말을 듣고서야 되돌아갔다. 이 사실에 대해 군자는 이렇게 말하였다.

"옛날의 훌륭한 사관史官이다."

齊崔杼者, 齊之相也, 弑莊公. 止太史無書君弑及賊.

太史不聽, 遂書賊曰:「崔杼弑其君.」

崔子殺之, 其弟又嗣書之, 崔子又殺之, 死者二人. 其弟又嗣復書之, 乃舍之.

南史氏是其族也, 聞太史盡死, 執簡以往, 將復書之, 聞旣書矣,
乃還.

君子曰:「古之良史.」

【崔杼】春秋時代 齊나라 大夫. 당시 棠公이 죽자 조문을 갔다가 棠公의 아내(東郭
偃의 누이, 東郭偃은 崔杼의 臣下였다)의 아름다움을 보고 同姓인 그 여자를
아내로 맞아들였는데, 莊公이 崔杼의 아내와 私通하자 莊公을 살해하고 景公을
세워 자신은 宰相이 되었다가 뒤에 목을 매어 자결하였다. 諡號는 武子. 《左傳》
襄公 25年 참조.
【莊公】春秋時代 齊나라 君主. 재위 6년(B.C. 553~548).
【太史】古代 역사를 기록하는 史官.
【南史氏】春秋時代 齊나라 史官.
【竹簡】古代 종이가 없을 때 대나무 등을 깎아 기록하였다. 이를 簡이라 한다.

> 참고 및 관련 자료

1. 《左傳》 襄公 25年 經
夏五月乙亥, 齊崔杼弒其君光.

2. 《左傳》 襄公 二十五年 傳
齊棠公之妻, 東郭偃之姊也. 東郭偃臣崔武子. 棠公死, 偃御武子以弔焉. 見棠姜而
美之, 使偃取之. 偃曰:「男女辨姓, 今君出自丁, 臣出自桓, 不可.」武子筮之, 遇困䷜
之大過䷛. 史皆曰:「吉.」示陳文子, 文子曰:「夫從風, 風隕妻, 不可娶也. 且其繇
曰:『困于石, 據于蒺藜, 入于其宮, 不見其妻, 凶.』困于石, 往不濟也; 據于蒺藜,
所恃傷也; 入于其宮, 不見其妻, 凶, 無所歸也.」崔子曰:「嫠也, 何害? 先夫當之矣.」
遂取之. 莊公通焉, 驟如崔氏, 以崔子之冠賜人. 侍者曰:「不可.」公曰:「不爲崔子,
其無冠乎?」崔子因是, 又以其間伐晉也, 曰:「晉必將報.」欲弒公以說于晉, 而不
獲間. 公鞭侍人賈擧, 而又近之, 乃爲崔子間公. 夏五月, 莒爲且于之役故, 莒子朝
于齊. 甲戌, 饗諸北郭. 崔子稱疾, 不視事. 乙亥, 公問崔子, 遂從姜氏. 姜入于室,

與崔子自側戶出. 公拊楹而歌. 侍人賈舉止眾從者而入, 閉門. 甲興, 公登臺而請,
弗許; 請盟, 弗許; 請自刃於廟, 弗許. 皆曰:「君之臣杼疾病, 不能聽命. 近於公宮,
陪臣干掫有淫者, 不知二命.」公踰牆, 又射之, 中股, 反隊, 遂弒之. 賈舉, 州綽,
邴師, 公孫敖, 封具, 鐸父, 襄伊, 僂堙皆死. 祝佗父祭於高唐, 至, 復命, 不說弁而死
於崔氏. 申蒯, 侍漁者, 退, 謂其宰曰:「爾以帑免, 我將死.」其宰曰:「免, 是反子之
義也.」與之皆死. 崔氏殺鬷蔑于平陰. 晏子立於崔氏之門外, 其人曰:「死乎?」
曰:「獨吾君也乎哉, 吾死也?」曰:「行乎?」曰:「吾罪也乎哉, 吾亡也?」曰:
「歸乎?」曰:「君死, 安歸? 君民者, 豈以陵民? 社稷是主. 臣君者, 豈爲其口實? 社
稷是養. 故君爲社稷死, 則死之; 爲社稷亡, 則亡之. 若爲己死, 而爲己亡, 非其私暱,
誰敢任之? 且人有君而弒之, 吾焉得死之? 而焉得亡之? 將庸何歸?」門啓而入,
枕尸股而哭. 興, 三踊而出. 人謂崔子:「必殺之!」崔子曰:「民之望也, 舍之, 得民.」
盧蒲癸奔晉, 王何奔莒. 叔孫宣伯之在齊也, 叔孫還納其女於靈公, 嬖, 生景公.
丁丑, 崔杼立而相之, 慶封爲左相, 盟國人於大宮, 曰:「所不與崔, 慶者.」晏子仰
天嘆曰:「嬰所不唯忠於君, 利社稷者是與, 有如上帝.」乃歃. 辛巳, 公與大夫及莒
子盟. 大史書曰:「崔杼弒其君.」崔子殺之. 其弟嗣書, 而死者二人. 其弟又書,
乃舍之. 南史氏聞大史盡死, 執簡以往. 聞既書矣, 乃還. 閭丘嬰以帷縛其妻而載之,
與申鮮虞乘而出, 鮮虞推而下之, 曰:「君昏不能匡, 危不能救, 死不能死, 而知匿
其暱, 其誰納之?」行及弇中, 將舍. 嬰曰:「崔, 慶其追我.」鮮虞曰:「一與一,
誰能懼我?」遂舍, 枕轡而寢, 食馬而食, 駕而行. 出弇中, 謂嬰曰:「速驅之! 崔,
慶之眾, 不可當也.」遂來奔. 崔氏側莊公于北郭. 丁亥, 葬諸士孫之里, 四翣, 不蹕,
下車七乘, 不以兵甲.

3. 《韓詩外傳》卷四

齊崔杼之妻美, 莊公通之. (崔杼帥其黨而攻莊公, 莊公請與分國,) 崔杼不許, 欲自
刃於廟, (崔杼又不許,) 莊公走出, 踰於外牆, 射中其股, 遂弒而立其弟景公. 近世
所見: 李兌用趙, 餓主父於沙丘, 百日而殺之. 淖齒用齊, 擢閔王之筋, 而懸之於廟,
宿昔而殺之. 夫癰雖癰腫疕疵, 上比遠世, 未至絞頸射股也; 下比近世, 未至擢筋餓
死也. 夫劫殺死亡之主, 心之憂勞, 形之苦痛, 必甚於癰矣. 由此觀之, 癰雖憐王,
可也.」因爲賦曰:『琁玉瑤珠不知珮, 雜布與錦不知異, 閭娵子都莫之媒, 嫫母力父
是之喜. 以盲爲明, 以聾爲聰, 以是爲非, 以吉爲凶. 嗚呼上天! 曷維其同!』詩曰:
『上帝甚蹈, 無自瘵焉.』

4. 《史記》 齊太公世家

六年, 初, 棠公妻好, 棠公死, 崔杼取之. 莊公通之, 數如崔氏, 以崔杼之冠賜人. 侍者曰:「不可.」崔杼怒, 因其伐晉, 欲與晉合謀襲齊而不得閒. 莊公嘗笞宦者賈舉, 賈舉復侍, 爲崔杼閒公以報怨. 五月, 莒子朝齊, 齊以甲戌饗之. 崔杼稱病不視事. 乙亥, 公問崔杼病, 遂從崔杼妻. 崔杼妻入室, 與崔杼自閉戶不出, 公擁柱而歌. 宦者賈舉遮公從官而入, 閉門, 崔杼之徒持兵從中起. 公登而請解, 不許; 請盟, 不許; 請自殺於廟, 不許. 皆曰:「君之臣杼疾病, 不能聽命. 近於公宮. 陪臣爭趣有淫者, 不知二命.」公踰牆, 射中公股, 公反墜, 遂弒之. 晏嬰立崔杼門外, 曰:「君爲社稷死則死之, 爲社稷亡則亡. 若爲己死己亡, 非其私暱, 誰敢任之!」門開而入, 枕公尸而哭, 三踊而出. 人謂崔杼:「必殺之.」崔杼曰:「民之望也, 舍之得民.」丁丑, 崔杼立莊公異母弟杵臼, 是爲景公. 景公母, 魯叔孫宣伯女也. 景公立, 以崔杼爲右相, 慶封爲左相. 二相恐亂起, 乃與國人盟曰:「不與崔慶者死!」晏子仰天曰:「嬰所不(獲)唯忠於君利社稷者是從!」不肯盟. 慶封欲殺晏子, 崔杼曰:「忠臣也, 舍之.」齊太史書曰:『崔杼弒莊公』, 崔杼殺之. 其弟復書, 崔杼復殺之. 少弟復書, 崔杼乃舍之. 景公元年, 初, 崔杼生子成及彊, 其母死, 取東郭女, 生明. 東郭女使其前夫子無咎與其弟偃相崔氏. 成有罪, 二相急治之, 立明爲太子. 成請老於崔[杼], 崔杼許之, 二相弗聽, 曰:「崔, 宗邑, 不可.」成・彊怒, 告慶封. 慶封與崔杼有郤, 欲其敗也. 成・彊殺無咎・偃於崔杼家, 家皆奔亡. 崔杼怒, 無人, 使一宦者御, 見慶封. 慶封曰:「請爲子誅之.」使崔杼仇盧蒲嫳攻崔氏, 殺成・彊, 盡滅崔氏, 崔杼婦自殺. 崔杼毋歸, 亦自殺. 慶封爲相國, 專權. 三年十月, 慶封出獵. 初, 慶封已殺崔杼, 益驕, 嗜酒好獵, 不聽政令. 慶舍用政, 已有內郤. 田文子謂桓子曰:「亂將作.」田・鮑・高・欒氏相與謀慶氏. 慶舍發甲圍慶封宮, 四家徒共擊破之. 慶封還, 不得入, 奔魯. 齊人讓魯, 封奔吳. 吳與之朱方, 聚其族而居之, 富於在齊. 其秋, 齊人徙葬莊公, 僇崔杼尸於市以說衆. 九年, 景公使晏嬰之晉, 與叔向私語曰:「齊政卒歸田氏. 田氏雖無大德, 以公權私, 有德於民, 民愛之.」十二年, 景公如晉, 見平公, 欲與伐燕. 十八年, 公復如晉, 見昭公. 二十六年, 獵魯郊, 因入魯, 與晏嬰俱問魯禮. 三十一年, 魯昭公辟季氏難, 奔齊. 齊欲以千社封之, 子家止昭公, 昭公乃請齊伐魯, 取鄆以居昭公.

5. 《韓非子》 姦劫弒臣

諺曰:「瘤憐王.」此不恭之言也. 雖然, 古無虛諺, 不可不察也. 此謂劫殺死亡之主言也. 人主無法術以御其臣, 雖長年而美材, 大臣猶將得勢擅事主斷, 而各爲其私急. 而恐

父兄豪傑之士, 借人主之力, 以禁誅於己也. 故弒賢長而立幼弱, 廢正的而立不義. 故春秋記之曰:『楚王子圍將聘於鄭, 未出境, 聞王病而反. 因入問病, 以其冠纓絞王而殺之, 遂自立也. 齊崔杼其妻美, 而莊公通之, 數如崔氏之室. 及公往, 崔子之徒, 賈擧率崔子之徒而攻公. 公入室, 請與之分國, 崔子不許; 公請自刃於廟, 崔子又不聽; 公乃走, 踰於北牆. 賈擧射公, 中其股, 公墜, 崔子之徒以戈斫公而死之, 而立其弟景公.』近之所見: 李兌之用趙也, 餓主父百日而死, 卓齒之用齊也, 擢王之筋, 懸之廟梁, 宿昔而死. 故癘雖癰腫疕瘍, 上比於春秋, 未至於絞頸射股也; 下比於近世, 未至餓死擢筋也. 故劫殺死亡之君, 此其心之憂懼, 形之苦痛也, 必甚於癘矣. 由此觀之, 雖「癘憐王」可也.

6. 《戰國策》 楚策(四)

客說春申君曰:「湯以紐, 武王以句, 皆不過百里以有天下. 今孫子, 天下賢人也, 君籍之以百里勢, 臣竊以爲不便於君. 何如?」春申君曰:「善.」於是使人謝孫子. 孫子去之趙, 趙以爲上卿. 客又說春申君曰:「昔伊尹去夏入殷, 殷王而夏亡. 管仲去魯入齊, 魯弱而齊强. 夫賢者之所在, 其君未嘗不尊, 國未嘗不榮也. 今孫子, 天下賢人也. 君何辭之?」春申君又曰:「善.」於是使人請孫子於趙. 孫子爲書謝曰:「馭人憐王, 此不恭之語也. 雖然, 不可不審察也. 此爲劫弒死亡之主言也. 夫人主年少而矜材, 無法術以知奸, 則大臣主斷國私以禁誅於己也, 故弒賢長而立幼弱, 廢正適而立不義. 春秋戒之曰:『楚王子圍聘於鄭, 未出竟, 聞王病, 反問疾, 遂以冠纓絞王, 殺之, 因自立也. 齊崔陽之妻美, 莊公通之. 崔陽帥其君黨而攻. 莊公請與分國, 崔陽不許; 欲自刃於廟, 崔陽不許. 莊公走出, 踰於外牆, 射中其股, 遂殺之, 而立其弟景公.』近代所見: 李兌用趙, 餓主父於沙丘, 百日而殺之; 榷齒用齊, 擢閔王之筋, 縣於其廟梁, 宿夕而死. 夫襄雖癰腫胞疾, 上比前世, 未至絞纓射股; 下比近代, 未至擢筋而餓死也. 夫劫弒死亡之主也, 心之憂勞, 形之困苦, 必甚於襄矣. 由此觀之, 襄雖憐王可也.」因爲賦曰:「寶珍隋珠, 不知佩兮. 褘布與絲, 不知異兮. 閭姝子奢, 莫知媒兮. 嫫母求之, 又甚喜之兮. 以螺爲明, 以聾爲聰, 以是爲非, 以吉爲凶. 嗚呼上天, 曷惟其同!」詩曰:『上天甚神, 無自瞽也..』

7. 기타 참고자료
《風俗通義》窮通篇

133(7-13) 齊攻魯
가짜 보물

제齊**나라**가 노魯나라를 공격하여 잠정岑鼎이라는 보물을 요구하자, 노나라 임금은 다른 정鼎을 실어 보내 버렸다. 제나라 임금은 이를 믿지 않고 되돌려 보내며 가짜라고 여겨 사람을 시켜 이를 노나라 임금에게 알려 왔다.

"유하혜柳下惠가 이것이 진짜라면 청컨대 받겠습니다."

노나라 임금이 어떻게 하였으면 좋을지 유하혜에게 청하여 묻자, 유하혜가 이렇게 설명하였다.

"임금께서는 잠정을 그대로 가진 채 나라의 화를 면해보고자 하십니까? 저 역시 이 나라의 신하입니다. 제가 살고 있는 나라를 파괴하면서 임금이 가지고 싶어하는 나라의 화를 면하게 해드리기란 저로서는 힘든 일입니다."

이 말에 노나라 임금이 진짜 잠정을 보내 주었다. 이로 보면 유하혜는 믿음을 지키는 인물이라 할 수 있다. 그로 인해 자신이 살아야 할 나라를 존속시켰을 뿐만 아니라

大盂鼎과 銘文(西周) 陝西 郿縣 출토

노나라 임금이 지키고 싶었던 나라
도 존속시켰던 것이다. 사람에게 있
어서 믿음이란 중요한 것으로 마치
수레의 소·말에 연결하는 걸채와
끌채가 있어야 하는 것과 같다.

그래서 공자孔子가 "큰 수레에 소
어깨와 연결하는 끌채가 없다거나,
작은 수레에 말 등과 연결하는 끌채
가 없다면 어찌 그 수레를 끌 수가
있겠느냐?"라고 하였으니 바로 이
를 두고 한 말이다.

毛公鼎

齊攻魯, 求岑鼎, 魯君載岑鼎往, 齊侯不信而反之, 以爲非也.
使人告魯君:「柳下惠以爲是, 因請受之.」

請魯君請於柳下惠.

柳下惠對曰:「君子欲以爲岑
鼎也, 以免國也? 臣亦有國於此,
破臣之國, 以免君之國, 此臣所
難也.」

魯君乃以眞岑鼎往.　柳下惠
可謂守信矣, 非獨存己之國也,
又存魯君之國. 信之於人, 重矣,
猶輿之輗軏也.

故孔子曰:『大車無輗, 小車無
軏, 其何以行之哉?』此之謂也.

柳下惠와 그 아내 《列女傳》 삽화

【岑鼎】鼎은 三足兩耳의 솥으로 禮器이며 보물. 岑鼎은 이러한 솥의 이름.
【柳下惠】春秋時代 魯나라 賢臣. 展禽. 이름은 獲, 字는 季, 諡號는 惠.《論語》
微子篇에『柳下惠爲士師, 三黜. 人曰: ‘子未可以去乎?’曰: ‘直道而事人, 焉往而不
三黜? 枉道而事人. 何必去父母之邦?’』이라 하였고,《孟子》에는 그를『聖之和』
라고 불렀다.
【請魯君請於柳下惠】앞쪽 ‘請’자는 衍文이다.(張國銓)
【孔子曰】《論語》爲政篇의 구절.

참고 및 관련 자료

1.《韓非子》說林下

齊伐魯, 索讒鼎, 魯以其贗往. 齊人曰:「贗也.」魯人曰:「眞也.」齊曰:「使樂正子春來,
吾將聽子.」魯君請樂正子春, 樂正子春曰:「胡不以其眞往也?」君曰:「我愛之.」
答曰:「臣亦愛臣之信.」

2.《呂氏春秋》審己篇

齊攻魯, 求岑鼎, 魯君載他鼎以往. 齊侯弗信而反之, 爲非. 使人告魯侯, 曰:「柳下季以
爲是, 請因受之.」魯君請於柳下季, 柳下季答曰:「君之賂, 以欲岑鼎也?以免國也?
臣亦有國於此, 破臣之國以免君之國, 此臣之所難也.」於是魯君乃以眞岑鼎往也.
且柳下季可謂此能說矣. 非獨存己之國也, 又能存魯君之國.

134(7-14) 宋人有得玉者
불탐이 곧 보물

송宋나라의 어떤 사람이 옥을 얻게 되어 이를 사성자한司城子罕에게 헌납하였으나 사성자한이 받지 않았다. 옥을 바치려던 사람이 이렇게 말하였다.

"옥공에게 보였더니 훌륭한 보물이라고 해서 감히 드리는 것입니다."

그러자 자한이 이렇게 말하였다.

"나는 불탐不貪을 보물로 여기고, 그대는 옥을 보물로 여기고 있습니다. 그대 것을 나에게 주어 내가 받으면 우리는 서로의 보물을 잃는 것이 됩니다. 그러니 각각 자기 것을 그대로 가지고 있는 것만 같지 못합니다."

이 일에 대해 송나라의 어른들은 이렇게 평하였다.

"자한은 보물을 가지지 않은 것이 아니다. 다만 보물로 여기는 것이 다를 뿐이다. 지금 여기에 백금百金과 단서摶黍라는 팔찌가 있다고 치자. 이를 어린아이에게 보이면 그 아이는 팔찌를 갖겠다고 할 것이다. 또 여기에 화씨지벽和氏之璧과 백금을 놓고 비천한 사람에게 보여 준다면 그는 백금을 선택할 것이다. 그러나 여기에 화씨지벽과 지극히 훌륭한 도덕의 말을 놓고 현자賢者에게 보여 준다면 그 현자는 좋은 말 한마디를 택할 것이다. 이처럼 지혜가 정미精微한 사람은 그 취하는 것도 정미하고, 지혜가 추한 사람은 그 취하는 것도 추한 것일 수밖에 없다. 자한이 보배로 여긴 것은 정말 지극한 것이다."

宋人有得玉者, 獻諸司城子罕, 子罕不受.

獻玉者曰:「以示玉人, 玉人以爲寶, 故敢獻之.」

子罕曰:「我以不貪爲寶, 爾以玉爲寶. 若與我者, 皆喪寶也, 不若人有其寶.」

故宋國之長者曰:「子罕非無寶也, 所寶者異也. 今以百金與搏黍以示兒子, 兒子必取搏黍矣; 以和氏之璧與百金以示鄙人, 鄙人必取百金矣, 以和氏之璧與道德之至言, 以示賢者, 賢者必取至言矣. 其知彌精, 其取彌精; 其知彌觕, 其取彌觕. 子罕之所寶者至矣.」

【司城子罕】宋나라의 宰相, 賢臣.
【搏黍】팔찌의 일종[鎛黍]이라 한다. 혹은 곡식을 담는 둥근 그릇이라고도 한다.
【和氏之璧】卞和가 玉璞을 바쳐 얻은 훌륭한 玉. 109(5-32) 참조.
【彌觕】彌는 '더욱'의 뜻, 觕는 『麤, 粗』와 같다. '조악하다, 거칠다, 엉성하다'의 뜻.

> ### 참고 및 관련 자료

1.《左傳》襄公十五年 傳

宋人或得玉, 獻諸子罕. 子罕弗受. 獻玉者曰:「以示玉人, 玉人以爲寶也, 故敢獻之.」子罕曰:「我以不貪爲寶, 爾以玉爲寶. 若以與我, 皆喪寶也, 不若人有其寶.」稽首而告曰:「小人懷璧, 不可以越鄉, 納此以請死也.」子罕寘諸其里, 使玉人爲之攻之, 富而後使復其所.

2.《呂氏春秋》異寶篇

宋之野人耕而得玉, 獻之司城子罕. 子罕不受. 野人請曰:「此野人之寶也. 願相國爲之賜而受之也.」子罕曰:「子以玉爲寶, 我以不受爲寶.」故宋國之長子曰:「子罕非無寶也, 所寶者異也.」

3.《**韓非子**》喻老篇

宋之鄙人, 得璞玉而獻之子罕. 子罕不受. 鄙人曰:「此, 寶也. 宜爲君子器, 不宜爲細人用.」子罕曰:「爾以玉爲寶, 我以不受子玉爲寶.」是鄙人欲玉, 而子罕不欲玉. 故曰:「欲不欲, 而不貴難得之貨.」

4.《**淮南子**》精神訓

堯不以有天下爲貴, 故授舜; 子罕不以玉爲富, 故不受寶; 務光不以生害義, 故自投於淵; 由此觀之:「至貴不待爵, 至富不待財.」

135(7-15) 昔者有餽魚於鄭相者
물고기 뇌물

옛날 어떤 사람이 정鄭나라 재상에게 물고기를 선물하였다. 그러나 재상이 이를 받지 않자 다른 사람이 물었다.

"그대는 물고기를 즐겨 먹지 않습니까? 그런데 왜 이를 받지 않는 것입니까?"

그러자 그가 이렇게 대답하였다.

"나는 물고기를 대단히 좋아합니다. 그래서 받지 않은 것입니다. 물고기를 받았다가 녹祿을 잃으면 그 좋아하는 물고기를 먹을 수가 없습니다. 물고기를 받지 않고 나라의 녹을 받으면 평생토록 물고기를 먹을 수 있습니다."

昔者, 有餽魚於鄭相者, 鄭相不受.

或謂鄭相曰:「子嗜魚, 何故不受?」

對曰:「吾以嗜魚, 故不受魚. 受魚失祿, 無以食魚; 不受得祿, 終身食魚.」

【鄭相】 정나라의 재상. 그러나 《韓非子》에는 『公儀休相魯而嗜魚』라 하였으며, 《韓詩外傳》에도 『公儀休』로 되어 있다.

1.《韓非子》外儲說右下

公儀休相魯而嗜魚, 一國盡爭買魚而獻之, 公儀子不受. 其弟諫曰:「夫子嗜魚而不受者, 何也?」對曰:「夫唯嗜魚, 故不受也. 夫卽受魚, 必有下人之色; 有下人之色, 將枉於法; 枉於法, 則免於相. 免於相, 此不必能致我魚, 我又不能自給魚. 卽無受魚而不免於相, 雖嗜魚, 我能長自給魚.」此明夫恃人不如自恃也; 明於人之爲己者不如己之自爲也.

2.《淮南子》道應訓

公儀休相魯而嗜魚, 一國獻魚, 公儀子不受. 其弟子諫曰:「夫子嗜魚, 弗受何也?」答曰:「夫唯嗜魚, 故弗受. 夫受魚而免於相, 雖嗜魚, 不能自給魚, 毋受魚, 而不免於相, 則能長自給魚.」此明於爲人爲己者也. 故老子曰:「後其身而身先, 外其身而身存, 非以其無私邪, 故能成其私.」

3.《韓詩外傳》卷三

公儀休相魯而嗜魚, 一國人獻魚而不受. 其弟諫曰:「嗜魚不受, 何也?」曰:「夫欲嗜魚, 故不受也. 受魚而免於相, 則不能自給魚; 無受而不免於相, 長自給於魚.」此明於魚爲己者也. 故老子曰:「後其身而身先, 外其身而身存. 非以其無私乎? 故能成其私.」詩曰:『思無邪.』此之謂也.

4.《史記》循吏列傳

公儀休者, 魯博士也. 以高弟爲魯相. 奉法循理, 無所變更, 百官自正. 使食祿者不得與下民爭利, 受大者不得取小. 客有遺相魚者, 相不受. 客曰:「聞君嗜魚, 遺君魚, 何故不受也?」相曰:「以嗜魚, 故不受也. 今爲相, 能自給魚; 今受魚而免, 誰復給我魚者? 吾故不受也.」

5. 기타 참고자료

《太平御覽》(389, 935)·《事類賦注》(29)·《孔叢子》公儀篇·《意林》卷三

136(7-16) 原憲居魯
원헌의 기개

원헌原憲이 노魯나라에 살 때, 그 집은 사방의 담장이 곧 벽이요, 지붕의 이엉에는 쑥이 자랄 정도였으며, 창틀은 깨진 옹기 조각으로 만들어진 것이었고, 뽕나무를 뒤틀어 문틀을 만들었는데, 위는 새고 아래는 젖은 상태였지만 편안히 앉아 거문고를 타며 노래를 부르고 있었다. 자공子贛이 이를 듣고 살찐 말을 타고 가볍고 좋은 털옷에, 속은 감색紺色, 겉은 흰색의 옷을 입은 채로 어지간한 골목에는 들어가지도 못할 큰 수레를 타고 원헌을 찾아갔다.

이에 원헌은 뽕잎으로 만든 모자에, 여장藜杖을 지팡이로 짚고 문에 나와 그를 맞았다. 그 모습이 어찌 초라하였던지, 관을 바로 쓰면 갓끈이 끊어지고 옷깃을 바로 여미면 팔꿈치가 드러나 보이며, 신을 바로 신으면 뒤축이 찢어질 지경이었다. 자공이 이를 보고 물었다.

"아! 선생께서는 무슨 병이라도 있으십니까?"

原憲(子思) 王立忠《精選中華文物石索》

그러자 원헌이 하늘을 쳐다보며 이렇게 응답하였다.

"내가 듣건대 아무런 재물이 없는 것을 빈貧이라 하고, 배우고도 이를 실천하지 못하는 것을 병病이라 한다 하였습니다. 나는 가난할 뿐이지 병이 든 것이 아닙니다. 작당하여 이익 있는 자와 사귀고, 남에게 자랑하기 위하여 학문을 하며, 자기를 돋보이게 하기 위하여 남을 가르치며, 인의仁義를 사특하게 쓰고, 수레나 말에 치장이나 일삼는 일, 이런 짓은 내 차마 할 수 없습니다."

이 말에 자공은 걸음을 머뭇거리며, 얼굴에 부끄러운 기색을 감추지 못하다가 인사도 못한 채 떠나야만 하였다. 이내 원헌은 지팡이를 짚고 신을 끌며, 상송商頌의 노래를 부르면서 돌아섰다. 그 소리는 천지에 가득하였고 마치 금석金石에서 나오는 것과 같았다.

이처럼 천자天子도 그를 신하로 삼을 수 없었고, 제후도 그를 친구로 삼을 수 없었던 것이다. 따라서 지조를 기르는 자는 그 몸을 꾸밀 줄 모르는 것이며, 그 몸조차도 아끼지 않는 것이니, 누가 능히 그를 얽어맬 수 있겠는가?

《시詩》에 "내 마음 돌이 아니니, 굴릴 수도 없지. 내 마음 멍석이 아니니, 말 수도 없지"라 하였으니, 이런 경우를 두고 한 말이다.

原憲居魯, 環堵之室, 茨以生蒿, 蓬戶甕牖, 揉桑以爲樞, 上漏下濕, 匡坐而弦歌.

子贛聞之, 乘肥馬, 衣輕裘, 中紺而表素, 軒車不容巷, 往見原憲. 原憲冠桑葉冠, 杖藜杖而應門, 正冠則纓絶, 衽襟則肘見, 納履則踵決.

子贛曰:「嘻! 先生何病也?」

原憲仰而應之曰:「憲聞之: 無財之謂貧, 學而不能行之謂病. 憲, 貧也, 非病也. 若夫希世而行, 比周而交, 學以爲人, 敎以爲己,

仁義之慝, 輿馬之飾, 憲不忍爲也.」

　子贛逡巡, 面有愧色, 不辭而去. 原憲曳杖拖履, 行歌商頌而反, 聲滿天地, 如出金石, 天子不得而臣也, 諸侯不得而友也. 故養志者忘身, 身且不愛, 孰能累之?

　詩曰:『我心匪石, 不可轉也. 我心匪席, 不可卷也.』此之謂也.

【原憲】春秋時代 魯나라 사람. 字는 子想, 原想이라고도 하였다. 孔子의 弟子이며 淸靜守節하고 安貧樂道하였던 人物.

【環堵】담장이 곧 벽인 초라한 집.

【子贛】孔子의 弟子인 子貢. 贛은 貢과 같다.

【逡巡】첩운연면어로 '걸음을 머뭇거리다'의 뜻.

【商頌】五音의 하나인 商調의 노래, 혹은《詩經》商頌의 어느 노래라고도 한다.

【詩曰】《詩經》凰風 柏舟의 구절.

참고 및 관련 자료

1.《韓詩外傳》卷一

原憲居魯, 環堵之室, 茨以蒿萊, 蓬戶甕牖, 桷桑而無樞, 上漏下濕, 匡坐而絃歌. 子貢乘肥馬, 衣輕裘, 中紺而表素, 軒不容巷, 而往見之. 原憲楮冠黎杖而應門, 正冠則纓絕, 振襟則肘見, 納履則踵決. 子貢曰:「嘻! 先生何病也!」原憲仰而應之曰:「憲聞之; 無財之謂貧, 學而不能行之謂病. 憲, 貧也, 非病也. 若夫希世而行, 比周而友, 學以爲人, 敎以爲己, 仁義之匿, 車馬之飾, 衣裘之麗, 憲不忍爲之也.」子貢逡巡, 面有慙色, 不辭而去. 原憲乃徐步曳杖, 歌商頌而反, 聲淪於天地, 如出金石. 天子不得而臣也, 諸侯不得而友也. 故養身者忘家, 養志者忘身, 身且不愛, 孰能忝之? 詩曰:『我心非石, 不可轉也. 我心非席, 不可卷也.』

2.《莊子》讓王篇

原憲居魯, 環堵之室, 茨以生草; 蓬戶不完, 桑以爲樞; 而甕牖二室, 褐以爲塞; 上漏下淫, 匡坐而弦歌. 子貢乘大馬, 中紺而表素, 軒車不容巷, 往見原憲. 原憲華冠縱履,

杖藜而應門. 子貢曰:「嘻! 先生何病?」原憲應之曰:「憲聞之, 无財謂之貧, 學道而不能行謂之病. 今憲, 貧也, 非病也.」子貢逡巡而有愧色. 原憲笑曰:「夫希世而行, 比周而友, 學以爲人, 敎以爲己, 仁義之慝, 與馬之飾, 憲不忍爲也.」

3.《史記》仲尼弟子列傳

孔子卒, 原憲遂亡在草澤中. 子貢相衛, 而結駟連騎, 排藜藿入窮閻, 過謝原憲. 憲攝敝衣冠見子貢. 子貢恥之, 曰:「夫子豈病乎?」原憲曰:「吾聞之, 無財者謂之貧, 學道而不能行者謂之病. 若憲, 貧也, 非病也.」子貢慙, 不懌而去, 終身恥其言之過也.

4.《高士傳》卷上

原憲, 字子思, 宋人也. 孔子弟子, 居魯, 環堵之室, 茨以生草, 蓬戶不完, 桑以爲樞, 而甕牖二室, 褐以爲塞, 上漏下濕, 匡坐而彈琴. 子貢相衛, 結駟連騎, 排藜藿入窮閻, 巷不容軒, 來見原憲. 原憲華冠縱履, 杖藜而應門. 子貢曰:「嘻! 先生何病也?」憲應之曰:「憲聞之, 無財謂之貧, 學道而不能行謂之病. 若憲, 貧也, 非病也. 夫希世而行, 比周而友, 學以爲人, 敎以爲己. 仁義之慝, 輿馬之飾, 憲不忍爲也.」子貢逡巡而有慚色. 終身恥其言之過也.

5. 기타 참고자료

《初學記》(17)·《孔子家語》七十二弟子解·《史記》仲尼弟子列傳·《淮南子》原道訓

137(7-17) 晏子之晉
안자와 월석보

안자晏子가 진晉나라로 가던 길에 가죽옷을 입고 꼴을 짊어진 채 길가에서 쉬고 있는 어떤 사람을 보게 되었다. 안자가 이를 군자라 여겨 사람을 보내 그에게 이렇게 물어보도록 하였다.

"어찌하여 이런 모습으로 있습니까?"

그의 대답은 이러하였다.

"제齊나라 사람이 나를 못살게 굴고 있습니다. 내 이름은 월석보越石甫라 합니다."

그러자 안자가 탄식하였다.

"아!"

그리고 왼쪽 말을 풀어 그의 죗값을 물어 주고는 그를 함께 태워 집 앞까지 돌아오게 되었다. 그러나 안자가 인사도 아니 하고 홀로 집안으로 들어가 버리자 월석보가 화를 내며 그에게 절교를 청하였다. 그러자 안자가 사람을 보내 이렇게 응답하도록 하였다.

"나는 그대와 이제껏 어떠한 사귐이 없었는데도 지금 그대의 죄를 풀어 주었소. 그런데 내가 그대에게 아직도 옳지 못한 점이 있습니까?"

이에 월석보가 말하였다.

"내 들으니 군자란 자기를 알아주지 않는 자에게는 굽혀도 되지만, 자기를 알아주는 자에게는 펴고 싶은 대로 해야 한다고 하였습니다. 나는 그러한 까닭으로 그대와 절교를 하려는 것입니다."

안자가 쫓아 나와 그를 맞이하며 이렇게 말하였다.

"방금은 내가 그대의 용모만 보았는데 지금은 내가 그대의 속뜻까지 보게 되었습니다. 내가 들으니 남의 진실을 살핌에는 이를 말로 남기는 것이 아니요, 남의 행동을 보고자 하는 말 몇 마디까지도 필요치 않다 라고 하였습니다. 제가 몇 마디 말은 하되 버림받지 않을 수 있도록 해 주실 수 있겠습니까?"

그제야 월석보가 이렇게 말하였다.

"선생께서 예로 대하여 주시니, 어찌 감히 삼가 따르지 않을 수 있겠습니까?"

안자가 드디어 그를 상객上客으로 삼아 주었다.

속인俗人은 공이 있으면 이를 덕으로 내세우고, 덕으로 내세운 다음에는 교만해지기 마련이다. 안자는 공을 들여 남을 액厄으로부터 구해 주고도 도리어 스스로를 굽혀 아래에 처하였으니, 속俗으로부터 벗어남이 멀었던 것이다. 이것이야말로 자기 공을 온전히 하는 도이다.

晏子之晉, 見披裘負芻息於途者, 以爲君子也, 使人問焉.

曰:「曷爲而至此?」

對曰:「齊人累之. 吾名越石甫.」

晏子曰:「嘻!」

遽解左驂以贖之, 載而與歸.

至舍, 不辭而入. 越石甫怒而請絶.

晏子使人應之曰:「嬰未嘗得交也, 今免子於患, 吾於子, 猶未可邪?」

越石甫曰:「吾聞: 君子詘乎不知己, 而信乎知己者, 吾是以請絶也.」

晏子乃出見之, 曰:「向也見客之容, 而今見客之意. 嬰聞: 察實

者不留聲, 觀行者不幾辭, 嬰可以辭而無棄乎?」

越石甫曰:「夫子禮之, 敢不敬從?」

晏者遂以爲上客. 俗人之有功則德, 德則驕. 晏子有功, 免人於厄, 而反詘下之, 其去俗亦遠矣. 此全功之道也.

【晏子】晏嬰, 平仲. 齊나라 景公 때의 훌륭한 宰相.

【越石甫】越石父로도 쓰며 齊나라의 賢士.

【信乎知己者】자신을 알아주는 자에게는 자신의 뜻을 마음 놓고 펴 보임.『信』은『伸』과 같다. 앞 구절의『詘乎不知己』의『詘』도 역시『屈』과 같으며 이에 상대하여 쓰인 것이다.

참고 및 관련 자료

1.《呂氏春秋》觀世篇

晏子之晉, 見反裘負芻息於塗者, 以爲君子也. 使人問焉, 曰:「曷爲而至此?」對曰:「齊人累之, 名爲越石父.」晏子曰:「譆!」遽解左驂以贖之, 載而與歸. 至舍, 弗辭而入. 越石父怒, 請絶. 晏子使人應之曰:「嬰未嘗得父也, 今免子於患, 吾於子猶未邪也?」越石父曰:「吾聞: 君子屈乎不己知者, 而伸乎己知者, 吾是以請絶也.」晏子乃出見之曰:「嚮也, 見客之容而已, 今也見客之志. 嬰聞察實者不留聲, 觀行者不譏辭. 嬰可以辭而無棄乎!」越石父曰:「夫子禮之, 敢不敬從?」晏子遂以爲客. 俗人有功則德, 德則驕, 今晏子功免人於阨矣. 而反屈下之, 其去俗亦遠矣. 此令功之道也.

2.《史記》管晏列傳

越石父賢, 在縲絏中. 晏子出, 遭之塗, 解左驂贖之, 載歸. 弗謝, 入閨. 久之, 越石父請絶. 晏子懼然, 攝衣冠謝曰:「嬰雖不仁, 免子於戹, 何子求絶之速也?」石父曰:「不然. 吾聞君子詘於不知己而信於知己者. 方吾在縲絏中, 彼不知我也. 夫子旣已感寤而贖我, 是知己; 知己而無禮, 固不如在縲絏之中.」晏子於是延入爲上客.

3. 《**晏子春秋**》內篇 雜上

晏子之晉, 至中牟. 睹弊冠, 反裘負芻, 息于塗側者. 以爲君子也. 使人問焉曰:「子何爲者也?」對曰:「我越石父也.」晏子曰:「何爲至此?」曰:「吾爲人臣僕於中牟, 見使將歸.」晏子曰:「何爲爲僕?」對曰:「不免凍餓之切吾身, 是以爲僕也.」晏子曰:「爲僕幾何?」對曰:「三年矣.」晏子曰:「可得贖乎?」對曰:「可!」遂解左驂以贖之. 因載而與之俱歸. 至舍, 不辭而入. 越石父怒而請絶. 晏子使人應之曰:「吾未嘗得交夫子也. 子爲僕三年, 吾迺今日睹而贖之. 吾于子尙未可乎? 子何絶我之暴也?」越石父對曰:「臣聞之, 士者詘乎不知己, 而申乎知己, 故君子不以功輕人之身. 不爲彼功詘身之理. 吾三年爲人臣僕, 而莫吾知也. 今子贖我, 吾以子爲知我矣. 嚮者子乘, 不我辭也, 吾以子爲忘. 今又不辭而入, 是與臣僕我者同矣. 我猶且爲臣, 請鬻于世.」晏子出, 請見. 曰:「嚮者見客之容, 而今也見客之意. 嬰聞之, 省行者不引其過. 察實者不譏其辭. 嬰可以辭而無棄乎? 嬰誠革之.」迺令糞灑改席, 尊醮而禮之. 越石父曰:「吾聞之, 至恭不修途. 尊禮不受擯. 夫子禮之, 僕不敢當也.」晏子遂以爲上客. 君曰:「俗人之有功則德. 德則驕. 晏子有功免人于戹, 而反詘下之. 其去俗亦遠矣. 此全功之道也.」

4. 《**說苑**》雜言篇

越石父曰:「不肖人, 自賢也; 愚者, 自多也; 佞人者, 皆莫能相其心口以出之, 又謂人勿言也. 譬之猶渴而穿井, 臨難而後鑄兵, 雖疾從而不及也.」

5. 《**文選**》卷50 王子淵 四子講德論 註

晏子春秋曰: 晏子之晉, 至於中牟, 睹弊冠皮裘, 負芻息於途側者, 晏子曰:「吾子何爲者?」對曰:「我越石父者也.」晏子曰:「何爲此?」曰:「吾爲人臣僕於中牟, 見使將歸.」晏子曰:「何爲爲僕?」對曰:「吾身不免凍餒之地, 吾是以爲僕也.」晏子曰:「可得以贖乎?」對曰:「可!」遂解左驂而贖之, 因載而與之俱歸. 至舍, 不辭而入. 越石父立而請絶. 晏子使人應之:「子何絶我之暴也?」越石父對曰:「臣聞之: 士者詘乎不知己, 而申乎知己, 吾三年爲人臣. 而莫吾也. 令子贖我, 吾以子爲知我矣. 令不辭而入是與臣僕者, 同矣.」晏子出見之曰:「嚮也, 見客之容而今也見客之意.」

6. 기타 참고자료

《太平御覽》(475, 694)・《北堂書鈔》(39)

138(7-18) 子列子窮
가난에 찌든 열자

자열자子列子는 아주 빈궁하여 용모에 굶주린 기색을 띠고 있었다. 어떤 사람이 이를 보다못해 정鄭나라의 재상인 자양子陽에게 이렇게 귀띔을 하였다.

"자열자 어구禦寇는 아마도 도가 있는 선비 같습니다. 그런 그가 이 나라에 살고 있는데, 저렇듯 궁한 모습을 보이면, 이는 그대가 선비를 좋아하지 않는 것처럼 여겨지지 않을까요?"

이 말에 자양이 관리로 하여금 그에게 곡식 수십 병秉을 가져다 주도록 하였다. 심부름 온 자가 나타나자 열자가 그를 맞아 두 번 절을 하며 사양하였다. 그 자가 돌아가고 열자가 집 안으로 들어오자 아내가 이를 지켜보다가 가슴을 치며 이렇게 원망하였다.

"듣자하니 도 있는 사람의 아내와 자식들은 모두가 신나게 산다 합디다. 지금 당신의 처자가 이처럼 굶주려 있는데 자양이 당신에게 보내 준 것을 당신은 다시 사양하고 말았으니, 우리의 운명이 이렇지 않을 수 있겠습니까?"

이러한 투정에 열자가 웃으면서 이렇게 대답하였다.

"그 자양이란 자는 스스로 나를 아는 자가 아니라, 남의 말을 듣고 나를 아는 자입니다. 다시 말하여 남의 말만 듣고 나에게 곡식을 보내 준 것입니다. 그렇다면 나에게 죄를 씌울 때도 남의 말만 듣고 그럴 수 있는 자인 것입니다. 그래서 내가 그의 곡식을 받지 않은 것입니다.

또 남에게 신세를 지고 나서 그가 어려움에 처할 때 목숨을 바치지 않는다면 이는 의롭다 할 수 없는 것이지요. 그러나 그런 사람을 따라 죽는다면 이는 무도한 사람을 위해 죽는 것이 되니, 이것이 어찌 의로운 일이라 할 수 있겠습니까?"

그 뒤 과연 백성들이 난을 일으켜 자양을 죽이는 일이 생기고 말았다. 이처럼 자열자는 미세한 것을 보고 불의를 제거하는 데에 뛰어났던 인물이다. 또 자열자는 안으로 기한飢寒의 근심에 고통을 당하면서도 구차스럽게 취하지 않고 소득을 보면 의를 생각하고, 이익을 보면 그 때문에 미칠 해악害惡을 생각하였다. 그러니 하물며 부귀에 묻혀 사는 사람에게 있어서이겠는가? 따라서 자열자는 성명지정性命之情에 통달한 인물로서 가히 절의를 지켰다고 말할 수 있다.

子列子窮, 容貌有饑色.

客有言於鄭子陽者, 曰:「子列子禦寇, 蓋有道之士也, 居君之國而窮, 君無乃爲不好士乎?」

子陽令官遺之粟數十秉. 子列子出見使者, 再拜而辭.

使者去, 子列子入, 其妻望以拊心曰:「聞爲有道者, 妻子皆佚樂, 今妻子皆有饑色矣, 君過而遺先生, 先生又辭, 豈非命也哉?」

子列子笑而謂之曰:「君非自知我者也, 以人之言而知我, 以人之言以遺我粟也. 其罪我也, 又將以人之言, 此吾所以不受也. 且受人之養, 不死其難, 不義也; 死其難, 是死無道之人, 豈義哉?」

其後, 民果作難, 殺子陽. 子列子之見微除不義遠矣. 且子列子內有饑寒之憂, 猶不苟取, 見得思義, 見利思害, 況其在富貴乎? 故子列子通乎性名之情, 可謂能守節矣.

【子列子】列禦冦. 列子를 가리킨다. 道家의 人物로 널리 알려졌다.《列子》冊을 남겼다. 앞에 '子'를 붙인 것은 弟子들이 선생님을 높여 부른 것이다.

【子陽】戰國時代 鄭나라 宰相.

【禦冦】列子의 이름.

【秉】다른 기록에는 乘으로 실려 있다. 一乘은 16곡(斛)이라 한다.

【性命】생명, 목숨.

【殺子陽】鄭 繻公 24年에 子陽은 죽임을 당하였다.

참고 및 관련 자료

1.《列子》說符篇

子列子窮, 容貌有饑色. 客有言之鄭子陽者曰:「列禦冦蓋有道之士也, 居君之國而窮, 君無乃爲不好士乎!」鄭子陽卽令官遺之粟. 子列子出見使者, 再拜而辭. 使者擧. 子列子入, 其妻望之而拊心曰:「妾聞爲有道者之妻子, 皆得佚樂. 今有饑色, 君過而遺先生食. 先生不受, 豈不命也哉?」子列子笑謂之曰:「君非自知我也. 以人之言而遺我粟, 至其罪我也, 又且以人之言; 此吾所以不受也.」其卒, 民果作難而殺子陽.

2.《莊子》讓王篇

子列子窮, 容貌有飢色. 客有言之於鄭子陽者曰:「列禦冦, 蓋有道之士也, 居君之國而窮, 君无乃爲不好士乎?」鄭子陽卽令官遺之粟. 子列子見使者, 再拜而辭. 使者去, 子列子入, 其妻望之而拊心曰:「妾聞爲有道者之妻子, 皆得佚樂, 今有飢色. 君過而遺先生食, 先生不受, 豈不命邪!」子列子笑謂之曰:「君非自知我也. 以人之言而遺我粟, 至其罪我也又且以人之言, 此吾所以不受也.」其卒, 民果作難而殺子陽.

3.《呂氏春秋》觀世篇

子列子窮, 容貌有饑色. 客有言之於鄭子陽者, 曰:「列禦冦, 蓋有道之士也. 居君之國而窮, 君無乃爲不好士乎?」鄭子陽令官遺之粟數十秉. 子列子出見使者, 再拜而辭. 使者去, 子列子入, 其妻望而拊心, 曰:「聞爲有道者妻子, 皆得逸樂. 今妻子有饑色矣, 君過而遺先生食, 先生又弗受也, 豈非命也哉?」子列子笑而謂之曰:「君非自知我也, 以人之言而遺我粟也. 至已而罪我也, 有罪且以人言, 此吾所以不受也.」其卒民果

作難, 殺子陽. 受人之養, 而不死其難則不義, 死其難則死無道也. 死無道, 逆也.
子列子除不義, 去逆也, 豈不遠哉! 且方有饑寒之患矣, 而猶不苟取, 先見其化也.
先見其化而已動, 遠乎性命之情也.

139(7-19) 屈原者
멱라수에 몸을 던진 굴원

굴원屈原은 이름이 평平이며, 초楚나라와 동성同姓의 대부大夫였다. 지혜가 박통博通하고 행동이 청결하여 회왕懷王에게 등용되었다. 당시 진秦나라는 모든 제후를 탄멸呑滅하고 천하를 겸병할 꿈을 꾸고 있었다. 굴원이 이를 알고 초나라를 위하여 동쪽의 제齊나라에 사신으로 가서 강력한 동맹을 맺어두었다.

그러자 진나라에서는 이를 두려워하여 장의張儀를 초나라에 보내어 초나라의 귀족·신하·상관들, 즉 대부 근상靳尙의 무리, 위로는 영윤令尹 자란子蘭, 사마자초司馬子椒까지, 또 안으로는 부인 정수鄭袖에게조차 뇌물을 주며 굴원을 참훼하고 다녔다.

그리하여 굴원은 마침내 밖으로 추방당하였고, 이때 굴원은 〈이소離騷〉를 지어 그 심정을 토로하였다.

장의가 제나라와 동맹을 끊는 조건으로 진나라 땅 6백 리를 초나라에게 주기로 약속하자, 회왕은 좌우 신하들의 간사한 꾐에 빠져 장의의 거짓말만 믿고 그만 그 강한 이웃인 제나라의 도움을 끊고 말았다. 이처럼 초나라가 제나라와의 관계를 끊자 진나라에서는 6리를 주기로 하였었다고 속이는 것이었다.

회왕은 크게 노하여 군대를 일으켜 진나라를 치게 되었고, 몇 차례의 큰 싸움에서 진나라는 초나라의 군대를 대패시키고 수만 명의 목숨을 참수하기에 이르렀다. 진나라는 다시 사람을 보내어 한중漢中의 땅을 주는 조건으로 화해를 청하였지만, 회왕은 이를 거부하고 대신 장의를 잡아 분풀이를 할 요량으로 그를 보내 줄 것을 요구하였다.

그러자 장의는 한술 더 떠서 이렇게 말하였다.

"나 장의 하나만 보내 주면 한중 땅을 주지 않아도 된다니 어찌 나 장의를 아까워하십니까?"

그리고는 진나라에게 스스로 가겠다고 청하였다. 드디어 장의가 초나라에 이르자 초나라에서는 그를 잡아 가두어 버렸다.

이렇게 되자 도리어 상관들과 대부의 무리들이 장의를 풀어 주어야 한다고 나서는 것이었다. 왕은 할 수 없이 그를 풀어 주고 말았다. 그때서야 회왕은 굴원의 의견을 듣지 않아서 이런 지경에 이르렀다고 후회하고 다시 굴원을 등용시켰다.

굴원이 다시 제나라에 사신으로 갔다가 돌아와서 장의가 이미 풀려났다는 말을 듣고 장의의 죄를 낱낱이 말하자, 회왕이 사람을 시켜 장의를 추격하게 하였지만 이미 때는 늦고 말았다.

또 뒤에 진나라에서 딸을 초나라 회왕에게 시집보내 주겠다고 제의하자 임금은 신이 나서 이를 위해 남전藍田에서 회맹을 갖자고 하였다. 이를 본 굴원이 진나라는 믿을 수가 없으니, 그 회의에 가지 말아야 한다고 주장하였으나 여러 신하들은 오히려 가도 된다고 부추기는 것이었다. 회왕이 군신들의 말에 따라 그 회의에 참가하였다.

그러나 결국은 붙잡혀 갔었다가 끝내는 진나라에서 객사하여 천하의 웃음거리가 되고 말았다.

이 회왕의 아들이 경양왕頃襄王이었는데, 그 역시 군신들이 회왕에게 아첨하여 잘못에 빠뜨린 것을 알기는 하였지만 그들의 죄를 잘 살피지 않고, 도리어 그들이 굴원을 비방하는 소리를 믿고 또다시 굴원을 축출해 버렸다.

굴원은 경양왕조차 혼암무지하여 나라를 혼란에 빠뜨리고 세상을 온통 흙탕물로 만들며, 옳은 것을 그르다 하고 맑은 것을 탁하다 하는 데 통탄을 금치 못하였다. 그래서 차마 이 세상을 더 이상 볼 수 없다고 여겨 깊은 물에 빠져 죽으려 하였다. 어부가 이를 말리자 굴원이 이렇게 말하였다.

屈原과 《楚辭》

“세상이 다 취해 있으나 나 홀로 깨어 있고, 세상이 다 흐려 있으나 나 홀로 맑으오. 나는 홀로 이런 말을 들었습니다. '새롭게 몸을 씻은 자는 옷을 털고 입는 법이요, 새롭게 머리를 감은 자는 그 모자를 털고 쓰는 법'이라고, 내 어찌 이렇게 차고 깨끗한 몸으로 다시금 세상의 혼암한 자들을 섬길 수 있으리오? 내 차라리 깊은 물에 빠져 죽으리다.”

말을 마치고 상수湘水의 멱라강汨羅江에 빠져 죽고 말았다.

屈原者, 名平, 楚之同姓大夫. 有博通之知, 清潔之行, 懷王用之. 秦欲吞滅諸侯, 幷兼天下. 屈原爲楚東使於齊, 以結强黨. 秦國患之, 使張儀之楚, 貨楚貴臣上官大夫靳尙之屬, 上及令尹子蘭, 司馬子椒; 內賂夫人鄭袖, 共譖屈原.

屈原遂放於外, 乃作離騷. 張儀因使楚絕齊, 許謝地六百里. 懷王信左右之姦謀, 聽張儀之邪說, 遂絕强齊之大輔. 楚旣絕齊, 而秦欺以六里. 懷王大怒, 擧兵伐秦, 大戰者數, 秦兵大敗楚師, 斬首數萬級. 秦使人願以漢中地謝. 懷王不聽, 願得張儀而甘心焉.

張儀曰:「以一儀而易漢中地, 何愛儀?」

請行, 遂至楚, 楚囚之. 上官大夫之屬共言之王, 王歸之.

是時, 懷王悔不用屈原之策, 以至於此, 於是復用屈原. 屈原使齊, 還, 聞張儀已去, 大爲王言張儀之罪. 懷王使人追之, 不及. 後秦嫁女于楚, 與懷王歡, 爲藍田之會. 屈原以爲秦不可信, 願勿會. 群臣皆以爲可會, 懷王遂會, 果見囚拘, 客死於秦, 爲天下笑.

懷王子頃襄王, 亦知群臣諂誤懷王, 不察其罪, 反聽群讒之口, 復放屈原. 屈原疾闇王亂俗, 汶汶嘿嘿, 以是爲非, 以淸爲濁, 不忍見于世, 將自投於淵, 漁父止之.

屈原曰:「世皆醉, 我獨醒; 世皆濁, 我獨淸. 吾獨聞之:『新浴者必振衣, 新沐者必彈冠.』又惡能以其冷冷, 更事世之嘿嘿者哉? 吾寧投淵而死.」

遂自投湘水汩羅之中而死.

【屈原】戰國時代 楚나라 사람. 詩人. 字는 平이며, 號는 靈均이다. 《楚辭》의 많은 作品을 남겼다. 《史記》 屈原賈生列傳 참조.

【同姓大夫】楚나라의 귀족으로는 昭氏・屈氏・景氏가 있어 이를 三閭라 하였으며 굴원은 三閭大夫였다.

【楚 懷王】戰國時代 楚나라의 혼암한 君主. 재위 30년(B.C. 328~299).

【張儀】戰國時代 뛰어난 游說家. 蘇秦과 함께 並稱되었다. 蘇秦이 六國合縱을 맺자 張儀는 秦을 위해 連橫策을 펴서 楚나라를 상대로 공작을 벌였다. 《史記》 蘇秦張儀列傳 참조.

【靳尙】楚나라 大夫.

【子蘭】《楚辭》와 《史記》에는 『子蘭』으로 되어 있다. 楚 懷王의 아들이며 頃襄王의 아우. 令尹을 지냈다.

【司馬子椒】楚나라 大夫. 將軍.

【鄭袖】楚나라 懷王의 애첩. 영악하고 질투와 재치가 있어 많은 故事를 남겼다. 《戰國策》 楚策 등 참조.

【離騷】屈原이 지은《楚辭》의 名文章.

【漢中】地名. 戰國時代 楚나라 땅이었으나 뒤에 秦나라에서 漢中郡을 설치
하였다. 지금의 陝西省 남부와 湖北省 서부 일대.

【藍田】地名.

【頃襄王】懷王의 아들로 뒤를 이어 왕위에 올랐다. 재위 36년(B.C. 298~263).

【新沐者~必彈冠】당시 楚나라의 格言, 民謠. 屈原의〈漁父辭〉를 참조할 것.

【汨羅江】江西省 修水縣에서 출원하여 湘水로 흘러드는 강 이름.

참고 및 관련 자료

1.《史記》屈原列傳

屈原者, 名平, 楚之同姓也. 爲楚懷王左徒. 博聞彊志, 明於治亂, 嫺於辭令. 入則與
王圖議國事, 以出號令; 出則接遇賓客, 應對諸侯. 王甚任之. 上官大夫與之同列,
爭寵而心害其能. 懷王使屈原造爲憲令, 屈平屬草稿未定. 上官大夫見而欲奪之,
屈平不與, 因讒之曰:「王使屈平爲令, 衆莫不知, 每一令出, 平伐其功, 以爲非我莫
能爲也.」王怒而疏屈平. 屈平疾王聽之不聰也, 讒諂之蔽明也, 邪曲之害公也, 方正
之不容也, 故憂愁幽思而作離騷. 離騷者, 猶離憂也. 夫天者, 人之始也; 父母者,
人之本也. 人窮則反本, 故勞苦倦極, 未嘗不呼天也; 疾痛慘怛, 未嘗不呼父母也.
屈平正道直行, 竭忠盡智以事其君, 讒人間之, 可謂窮矣. 信而見疑, 忠而被謗, 能無
怨乎? 屈平之作離騷, 蓋自怨生也. 國風好色而不淫, 小雅怨誹而不亂. 若離騷者,
可謂兼之矣. 上稱帝嚳, 下道齊桓, 中述湯武, 以刺世事. 明道德之廣崇, 治亂之條貫,
靡不畢見. 其文約, 其辭微, 其志絜, 其行廉, 其稱文小而其指極大, 擧類邇而見義遠.
其志絜, 故其稱物芳. 其行廉, 故死而不容自疏. 濯淖汙泥之中, 蟬蛻於濁穢, 以浮游
塵埃之外, 不獲世之滋垢, 皭然泥而不滓者也. 推此志也, 雖與日月爭光可也. 屈平
旣絀, 其後秦欲伐齊, 齊與楚從親, 惠王患之, 乃令張儀詳去秦, 厚幣委質事楚, 曰:
「秦甚憎齊, 齊與楚從親, 楚誠能絶齊, 秦願獻商‧於之地六百里.」楚懷王貪而信張儀,
遂絶齊, 使使如秦受地. 張儀詐之曰:「儀與王約六里, 不聞六百里.」楚使怒去, 歸告
懷王. 懷王怒, 大興師伐秦. 秦發兵擊之, 大破楚師於丹‧淅, 斬首八萬, 虜楚將屈匄,
遂取楚之漢中地. 懷王乃悉發國中兵以深入擊秦, 戰於藍田. 魏聞之, 襲楚至鄧. 楚
兵懼, 自秦歸. 而齊竟怒不救楚, 楚大困. 明年, 秦割漢中地與楚以和. 楚王曰:「不願

得地, 願得張儀而甘心焉.」張儀聞, 乃曰:「以一儀而當漢中地, 臣請往如楚.」如楚, 又因厚幣用事者臣靳尚, 而設詭辯於懷王之寵姬鄭袖. 懷王竟聽鄭袖, 復釋去張儀. 是時屈平旣疏, 不復在位, 使於齊, 顧反, 諫懷王曰:「何不殺張儀?」懷王悔, 追張儀不及. 其後諸侯共擊楚, 大破之, 殺其將唐眛. 時秦昭王與楚婚, 欲與懷王會. 懷王欲行, 屈平曰:「秦虎狼之國, 不可信, 不如毋行.」懷王稚子子蘭勸王行:「奈何絕秦歡!」懷王卒行. 入武關, 秦伏兵絕其後, 因留懷王, 以求割地. 懷王怒, 不聽. 亡走趙, 趙不内. 復之秦, 竟死於秦而歸葬. 長子頃襄王立, 以其弟子子蘭爲令尹. 楚人旣咎子蘭以勸懷王入秦而不反也. 屈平旣嫉之. 雖放流, 睠顧楚國, 繫心懷王, 不忘欲反, 冀幸君之一悟, 俗之一改也. 其存君興國而欲反覆之, 一篇之中三致志焉. 然終無可奈何, 故不可以反, 卒以此見懷王之終不悟也. 人君無愚智賢不肖, 莫不欲求忠以自爲, 擧賢以自佐, 然亡國破家相隨屬, 而聖君治國累世而不見者, 其所謂忠者不忠, 而所謂賢者不賢也. 懷王以不知忠臣之分, 故内惑於鄭袖, 外欺於張儀, 疏屈平而信上官大夫‧令尹子蘭. 兵挫地削, 亡其六郡, 身客死於秦, 爲天下笑. 此不知人之禍也. 易曰:「井泄不食, 爲我心惻, 可以汲. 王明, 並受其福.」王之不明, 豈足福哉! 令尹子蘭聞之大怒, 卒使上官大夫短屈原於頃襄王, 頃襄王怒而遷之. 屈原至於江濱, 被髮行吟澤畔. 顏色憔悴, 形容枯槁. 漁父見而問之曰:「子非三閭大夫歟? 何故而至此?」屈原曰:「擧世混濁而我獨清, 衆人皆醉而我獨醒, 是以見放.」漁父曰:「夫聖人者, 不凝滯於物而能與世推移. 擧世混濁, 何不隨其流而揚其波? 衆人皆醉, 何不餔其糟而啜其醨? 何故懷瑾握瑜而自令見放爲?」屈原曰:「吾聞之: 新沐者必彈冠, 新浴者必振衣, 人又誰能以身之察察, 受物之汶汶者乎! 寧赴常流而葬乎江魚腹中耳, 又安能以皓皓之白而蒙世俗之溫蠖乎!」乃作懷沙之賦.

2. 〈漁父辭〉(屈原)

屈原旣放, 游於江潭, 行吟澤畔. 顏色憔悴, 形容枯槁. 漁父見而問之曰:「子非三閭大夫與? 何故至於斯?」屈原曰:「擧世皆濁, 我獨清; 衆人皆醉, 我獨醒. 是以見放.」漁父曰:「聖人不凝滯於物, 而能與世推移. 世人皆濁, 何不淈其泥而揚其波? 衆人皆醉, 何不餔其糟而歠其醨? 何故深思高擧, 自令放爲?」屈原曰:「吾聞之: 新沐者必彈冠, 新浴者必振衣. 安能以身之察察, 受物之汶汶者乎? 寧赴湘流葬於江魚之腹中, 安能以皓皓之白, 而蒙世俗之塵埃乎.」漁父莞爾而笑, 鼓枻而去. 乃歌曰:「滄浪之水淸兮, 可以濯吾纓. 滄浪之水濁兮, 可以濯吾足.」遂去不復與言.

140(7-20) 楚昭王有士曰石奢
훌륭한 법관

楚 소왕昭王 때 석사石奢라는 선비가 있었다. 그 사람됨이 공정하고 의를 좋아하여 임금은 그를 법관으로 임명하였다. 이때에 조정에 마침 살인사건이 일어났는데 석사가 추격하여 알아보니 바로 자신의 아버지였다. 이에 석사가 조정으로 돌아와서 임금에게 이렇게 아뢰었다.

"살인자는 저의 아버지였습니다. 만약 아버지를 법대로 처리한다면 이는 효를 다하지 못하는 것이 되고, 또 임금의 법을 집행하지 않으면 이는 충성을 다하지 못하는 것이 됩니다. 아버지의 죄를 풀어 주고 임금의 법을 어겨 제 스스로 벌을 받고자 합니다. 부질斧鑕에 엎드려 임금의 명령을 기다립니다."

그러자 초왕이 이렇게 방법을 일러주었다.

"쫓아갔으나 잡지 못하였다고 하면 그것이 어찌 그대의 죄가 되겠는가? 그러니 그대는 그렇게 처리하도록 하라."

그러나 석사는 이렇게 말하였다.

"아버지를 사사롭게 봐주지 못하는 것은 효가 아니요, 임금의 명령을 제대로 집행하지 못하는 것은 충이 아닙니다. 게다가 마땅히 죽어야 할 죄를 저지르고도 살아가는 것은 깨끗한 일이 못 됩니다. 임금께서 저를 용서해 주시는 것은 윗사람이 베풀어야 할 은혜이나, 신하로서 감히 법을 어기지 말아야 하는 것은 아랫사람이 해야 할 행동입니다."

그리고는 그 형틀을 떠나지 않았다. 그러다가 끝내 그 궁정안에서 스스로 목을 찔러 죽고 말았다. 군자가 이 이야기를 듣고 이렇게 말하였다.

"정절하게 법을 지킨 자로다!"

공자孔子는 "아들은 아버지의 잘못을 숨겨 주고 아버지는 아들의 잘못을 숨겨 주는 것, 그 속에 바로 곧음이 있는 것이다"라고 하였고, 《시詩》에는 "저러한 사람이라면, 나라의 법을 바르게 펴리"라고 하였으니 바로 석사 같은 이를 두고 한 말이다.

楚昭王有士曰石奢, 其爲人也, 公正而好義, 王使爲理. 於是廷有殺人者, 石奢追之, 則其父也.

遂反於廷曰:「殺人者, 僕之父也. 以父成政, 不孝; 不行君法, 不忠; 弛罪廢法而伏其辜, 僕之所守也. 伏斧鑕, 命在君.」

君曰:「追而不及, 庸有罪乎? 子其治事矣.」

石奢曰:「不私其父, 非孝也; 不行君法, 非忠也; 以死罪生, 非廉也. 君赦之, 上之惠也; 臣不敢失法, 下之行也.」

遂不離斧鑕. 刎頸而死于廷中.

君子聞之曰:「貞夫法哉!」

孔子曰:「子爲父隱, 父爲子隱, 直在其中矣.」

詩曰:『彼己之子, 邦之司直.』石子之謂也.

【楚 昭王】春秋時代 楚나라 君主. 재위 27년(B.C. 515~489).

【石奢】人名. 楚나라 昭王의 宰相이며 法官.《史記》循吏列傳에는『石奢者, 楚昭王相也. 堅直廉正』이라 하였다.

【孔子曰】《論語》子路篇의 구절.

【詩曰】《詩經》鄭風 羔裘의 구절.

1. 《呂氏春秋》高義篇

荊昭王之時, 有士焉, 曰石渚. 其爲人也, 公直無私, 王使爲政道. 有殺人者, 石渚追之, 則其父也. 還車而返, 立於廷曰:「殺人者, 僕之父也. 以父行法, 不忍, 阿有罪, 廢國法, 不可. 失法伏罪, 人臣之義也.」於是乎伏斧鑕, 請死於王. 王曰:「追而不及, 豈必伏罪哉? 子復事矣.」石渚辭曰:「不私其親, 不可謂孝子. 事君枉法, 不可謂忠臣. 君令赦之, 上之惠也. 不敢廢法, 臣之行也.」不去斧鑕, 歿頭乎王廷. 正法枉必死, 父犯法而不忍, 王赦之而不肯, 石渚之爲人臣也, 可謂忠且孝矣.

2. 《韓詩外傳》卷二

楚昭王有士曰石奢. 其爲人也, 公而好直. 王使爲理. 於是道有殺人者, 石奢追之, 則父也, 還返於廷, 曰:「殺人者, 臣之父也. 以父成政, 非孝; 不行君法, 非忠也. 弛罪廢法, 而伏其辜, 臣之所守也.」遂伏斧鑕, 曰:「命在君.」君曰:「追而不及, 庸有罪乎? 子其治事矣.」石奢曰:「不然. 不私其父, 非孝也. 不行君法, 非忠也. 以死罪生, 不廉也. 君欲赦之, 上之惠也; 臣不能失法, 下之義也.」遂不去鈇鑕, 刎頸而死乎廷. 君子聞之曰:「貞夫法哉! 石先生乎!」孔子曰:「子爲父隱, 父爲子隱, 直在其中矣.」詩曰:『彼己之子, 邦之司直.』石先生之謂也.

3. 《史記》循吏列傳

石奢者, 楚昭王相也. 堅直廉正, 無所阿避. 行縣, 道有殺人者, 相追之, 乃其父也. 縱其父而還自繫焉. 使人言之王曰:「殺人者, 臣之父也. 夫以父立政, 不孝也; 廢法縱罪, 非忠也: 臣罪當死.」王曰:「追而不及, 不當伏罪, 子其治事矣.」石奢曰:「不私其父, 非孝子也; 不奉主法, 非忠臣也. 王赦其罪, 上惠也; 伏誅而死, 臣職也.」遂不受令, 自刎而死.

4. 《藝文類聚》卷49

新序曰:「楚昭王有士曰石奢, 公正而好義. 王使爲理. 於是廷尉, 有殺人者, 石奢追之, 則其父也. 及於廷尉曰:「以父成政, 不孝也; 不行君法, 不忠也. 弛罪法而伏其辜, 僕之所守也.」君曰:「庸有罪乎? 子其治事矣.」石奢曰:「不私其父, 非孝; 不行君法, 非忠. 匡不敢失法, 下之行也.」遂不離斧質, 刎頸而死.

5. 《法苑珠林》(62)

石奢, 楚人, 事親孝. 昭王時爲令尹, 行道遙見有殺人者, 追之, 乃其父也. 奢縱父而

還自繫獄, 使人言於王曰:「夫以父立政不孝, 廢法縱罪不忠, 請死贖父.」遂因自刎.

6. 기타 참고자료

《渚宮舊事》(3)·《冊府元龜》(617)·《太平御覽》(231, 430, 438)·《北堂書鈔》(37)

141(7-21) 晉文公反國李離爲大理
대법관 이리

진晉 문공文公이 귀국하여 이리李離를 대리大理로 삼았다. 그런데 이리가 판결을 잘못 내려 무고한 사람을 사형에 처하는 실수를 저지르자 그 스스로를 묶어 임금에게 와서 이렇게 말하였다.

"신은 마땅히 죽어야 할 죄를 짓고 말았습니다."

그러자 문공이 이렇게 명령하였다.

"관직에는 상하가 있으며, 벌에는 경중輕重이 있습니다. 이는 하급 관리의 죄이지 그대의 과실이 아니오."

이 말에 이리가 이렇게 말하였다.

"신은 한 직책의 장으로서 아랫사람에게 자리도 양보해 준 적이 없고, 받은 녹祿이 많으면서도 아랫사람에게 그 이익을 나누어 준 적이 없습니다. 그런데 잘못 듣고 무고한 자를 죽여 놓고는 그 책임을 아랫사람에게 떠넘기면서, 죽음을 두려워한다면 이는 옳은 일이 아닙니다. 신의 죄는 마땅히 죽어야 하는 것입니다."

문공이 다시 이렇게 말하였다.

"그대가 반드시 그렇게 죽을죄를 지었다면 같은 이치로 과인 또한 잘못이 있는 셈이오."

그러자 이리가 이렇게 대답하였다.

"임금께서는 신하의 능력을 헤아려 관직을 내려 주시는 분이요, 저는 그 관직을 받들어 일을 처리하는 자입니다. 제가 임금으로부터 인수印綬를 받던 날 임금께서는 저에게 이렇게 명하셨지요. '반드시

인의로써 정치를 보필하라. 차라리 죽어야 할 자를 잘못하여 살리는 일이 있을지언정 살아야 할 자를 죽이는 실수는 없도록 하라'라고요.

저는 그런 명을 받잡고 그에 맞게 하지 못하여 임금의 은혜를 옹폐雍蔽하는 죄를 지었습니다. 저와 같은 죄는 마땅히 죽어야 합니다. 그런데 임금께 무슨 잘못이 있다는 말입니까? 또 판결에 있어서의 법이란 잘못 판결하여 죽을 자를 살려 주면 그는 살아 있기 때문에 언제라도 다시 처리할 수 있지만, 실수로 사람을 잘못 죽이면 그 자는 영원히 죽고 맙니다. 임금께서는 제가 미세한 것도 잘 살피고 의심스러운 것도 잘 판결할 수 있는 능력이 있다고 믿으셨기 때문에 저를 법관으로 삼아 일을 맡기셨던 것입니다. 그런데 저는 지금 그런 깊이 있는 판결에서 멀어졌고, 인의를 돌아보지 않으며, 그저 올라온 문서와 먹물 글씨만 믿고 시비도 따져 보지 않은 채 남의 말을 듣고 사실을 정성들여 살피지 않았으며, 무고한 자를 짓눌러 굴복시켜 백성들의 원망을 샀습니다. 이로 인해 천하 사람들이 소문을 듣게 되면 제가 아닌 바로 우리 임금을 상대로 수군거릴 것이며, 제후들이 이를 듣게 되면 우리나라를 가벼이 보게 될 것입니다. 백성에게는 원한을 쌓고, 천하에는 악명을 드날리며, 제후에게는 그 권위를 떨어뜨리게 되었으니, 신의 이와 같은 죄는 거듭 죽음에 해당합니다."

그러자 문공은 이렇게 만류하였다.

"과인이 듣기로 곧기만 하고 굽힐 줄 모르면 함께 살아갈 수 없고, 모나기만 하고 둥글게 할 줄 모르면 길이 함께 존재할 수가 없다고 하였소. 원컨대 그대는 과인의 말을 따라 주시기 바라오."

그러나 이리는 완강하였다.

"임금께서는 사사로운 바로써 공법公法을 깨뜨리거나 무고한 자를 죽임으로써 마땅히 살아야 할 자를 죽게 하는 일. 이 두 가지는 나라에 있어서 가르쳐서는 안 될 사례입니다. 신은 감히 임금의 명령을 들을 수 없습니다."

문공이 다시 달랬다.

"그대는 관중管仲이 신하로서 하였던 일들을 듣지 못하였소? 스스로 치욕을 무릅쓰고 임금이 바르게 하였으며, 스스로의 행동에는 오점이 있었으나 임금으로 하여금 패업을 이루도록 하였소."

그러자 이리는 이렇게 말하였다.

"신은 관중처럼 어질지도 못하면서 치욕과 오점의 이름만 가지고 있습니다. 또 패업을 이루게 하는 능력도 없으면서 도리어 혁대를 쓰는 그릇된 짓을 하고 있습니다. 무릇 능력도 없으면서 관직을 차고 있고, 옳지 못한 명성으로 사람을 다스리고 있는 저를 임금께서 차마 법으로 처단하지 못한다고 해도 저 역시 관직을 더럽히고 정치를 혼란시키면서까지 살아 있고 싶지는 않습니다. 저는 하늘의 명을 따르겠습니다."

그리고는 드디어 칼을 껴안고 엎어져 죽어 버렸다.

晉文公反國, 李離爲大理, 過殺不辜, 自繫曰:「臣之罪當死.」

文公令之曰:「官有上下, 罰有輕重, 是下吏之罪也, 非子之過也.」

李離曰:「臣居官爲長, 不與下讓位; 受祿爲多, 不與下分利. 過聽殺無辜, 委下畏死, 非義也, 臣之罪當死矣.」

文公曰:「子必自以爲有罪, 則寡人亦有過矣.」

李離曰:「君量能而授官, 臣奉職而任事, 臣受印綬之日, 君命曰:『必以仁義輔政, 寧過於生, 無失於殺.』臣受命不稱, 壅惠蔽恩, 如臣之罪乃當死, 君何過之有? 且理有法, 失生卽生, 失殺卽死. 君以臣爲能聽微決疑, 故任臣以理. 今離刻深, 不顧仁義, 信文墨, 不察是非; 聽他辭, 不精事實, 掠服無罪, 使百姓怨. 天下聞之, 必議吾君; 諸侯聞之, 必輕吾國. 積怨於百姓, 惡揚於天下, 權輕於諸侯, 如臣之罪, 是當重死.」

文公曰:「吾聞之也, 直而不枉, 不可與往; 方而不圓, 不可與長存. 願子以此聽寡人也.」

李離曰:「君以所私害公法, 殺無罪而生當死, 二者非所以教
於國也. 離不敢受命.」

文公曰:「子獨不聞管仲之爲人臣邪? 身辱而君肆, 行汙而霸成.」

李離曰:「臣無管仲之賢, 而有辱汙之名; 無霸王之功, 而有射
鉤之累. 夫無能以臨官, 籍汙以治人, 君雖不忍加之於法, 臣亦
不敢汙官亂治以生. 臣聞命矣.」

遂伏劍而死.

【晉 文公】春秋五霸의 하나. 이름은 重耳. 재위 9년(B.C. 636~628).
【李離】晉나라 文公의 臣下.
【大理】大法官.
【管仲】齊나라 桓公의 臣下. 管仲이 公子 糾를 모셨을 때 桓公(小白)이 입국
　하는 것을 막기 위해 활을 쏘아 그의 혁대를 맞혔다. 小白은 죽은 척하고 있다가
　먼저 귀국하여 왕이 되었다.《史記》齊太公世家 참조.
【汙官亂治】官職을 더럽히고 정치 기강을 어지럽게 함을 말한다. 汙는 汚와
　같다.

참고 및 관련 자료

1.《韓詩外傳》卷二

晉文侯使李離爲大理, 過聽殺人, 自拘於廷, 請死於君. 君曰:「官有貴賤, 罰有輕重.
下吏有罪, 非子之罪也.」李離對曰:「臣居官爲長, 不與下吏讓位; 受爵爲多, 不與下
吏分利. 今過聽殺人, 而下吏蒙其死, 非所聞也. 不受命.」君曰:「自以爲罪, 則寡人
亦有罪矣.」李離曰:「法失則刑, 刑失則死. 君以臣爲能聽微決疑, 故使臣爲理. 今過
聽殺人之罪, 罪當死.」君曰:「棄位委祿, 伏法亡國, 非所望也. 趣出, 無憂寡人之心.」
李離對曰:「政亂國危, 君之憂也; 軍敗卒亂, 將之憂也. 夫無能以事君, 闇行以臨官,
是無功以食祿也. 臣不能以虛自誣.」遂伏劍而死. 君子聞之曰:「忠矣乎!」詩曰:
『彼君子兮, 不素餐兮.』李先生之謂也.

2.《史記》循吏列傳

李離者, 晉文公之理也. 過聽殺人, 自拘當死. 文公曰:「官有貴賤, 罰有輕重. 下吏有過,
非子之罪也.」李離曰:「臣居官爲長, 不與吏讓位; 受祿爲多, 不與下分利. 今過聽殺人,
傅其罪下吏, 非所聞也.」辭不受令. 文公曰:「子則自以爲有罪, 寡人亦有罪邪?」
李離曰:「理有法, 失刑則刑, 失死則死. 公以臣能聽微決疑, 故使爲理. 今過聽殺人,
罪當死.」遂不受令, 伏劍而死.

3.《史記》循吏列傳

太史公曰: 孫叔敖出一言, 郢市復. 子産病死, 鄭民號哭. 公儀子見好布而家婦逐.
石奢縱父而死, 楚昭名立. 李離過殺而伏劍, 晉文以正國法.

4.《藝文類聚》(49)

晉文侯使李離爲大理, 過聽殺人, 自拘廷尉, 請死於君. 君曰:「官有貴賤, 罰有輕重,
下吏有罪, 非子之罪也.」李理曰:「法失則刑, 刑失則死.」遂伏劍死.

5. 기타 참고자료

《太平御覽》(231)·《北堂書鈔》(53)·《通典》(25)

142(7-22) 晉文公反國酌士大夫酒
불에 타 죽은 개자추

진晉 문공文公이 나라로 되돌아와서 대부들에게 술자리를 마련해 놓고 구범咎犯을 불러 대장군으로 삼고, 애릉艾陵을 재상으로 삼은 다음, 그들에게 1백 만의 토지까지 상급으로 내렸다. 그런데 개자추介子推는 그 작위의 논공의 반열에 들지 못한 채 나이 순서에 따라 자리를 잡고 앉아야 했다. 술잔이 세 번씩 돌자 개자추는 술잔을 들고 일어나서 이렇게 말하였다.

"용 한 마리가 있었는데 용감하고 뛰어났지요. 그러나 살 곳이 없어 헤맬 때 뱀들이 따라 나서서 천하를 주류周流하며 모셨습니다. 그런데 그 용이 마침내 깊은 못으로 들어가 자기 자리를 찾았지만 뱀은 기름기가 바짝 마르도록 홀로 단비 한번 맞아 보지 못하니, 이것이 어찌된 일입니까?"

이 말에 문공이 이렇게 대답하였다.

"아! 과인의 잘못입니다. 내 그대에게 작위를 내리려고 하였는데 결정하지 못하고 있으나 새벽에 아침을 기다리듯 곧 이루어질 것입니다. 내 그대에게 하수河水와 동양東陽 사이의 땅을 내리겠습니다."

그러자 개자추가 이렇게 말하였다.

"제가 듣건대 군자란 말을 해서 얻을 자리라면 도 있는 선비는 그런 자리에는 거하지 아니하며, 또 다투어야 얻을 수 있는 재물이라면 염치 있는 선비는 받지도 않는다고 하였습니다."

이에 문공이 다시 이렇게 달래었다.

"과인으로 하여금 이렇게 나라를 찾아 귀국할 수 있도록 한 이는

寒食의 고사를 낳은 綿山(介山)과 介子推 사당의 塑像. 지금의 山西省 介休市 남쪽에 있다.

바로 그대입니다. 내 장차 그대의 명예를 성취시켜 드리리다."

그러나 개자추는 이렇게 말하였다.

"제가 듣건대 군자의 도란, 아들 된 자로서 그 아버지의 뜻을 이어받지 못한다면 감히 그 후손이 될 수 없고, 신하된 자로서 그 임금의 뜻을 읽어내지 못한다면 감히 그 조정에 서 있을 수 없다고 하였습니다. 그렇게 보면 저 자추 역시 천하에서 더 이상 찾아볼 것이 없습니다."

그리고는 마침내 개산介山으로 떠나 버렸다.

문공이 사람을 보내어 찾았으나 찾지 못하자 이를 안타깝게 여겨 문공은 3개월 동안이나 자신의 잠자리에서 자지 않았으며, 1년이 넘도록 그의 이름을 불렀다.

《시詩》에 "떠나련다, 너를 두고. 저기 낙원 찾아 가리, 저기 저 낙원 에는 누가 그리 슬피 울리"라고 하였으니, 이러한 경우를 두고 부른 노래이다.

문공은 기다려도 그가 나타나지 않고, 찾으려 해도 찾을 수가 없게 되자 '그 산을 불 지르면 나오려니' 라고 말하였다. 산에 불을 지르자 개자추는 그래도 끝내 나오지 않고 불에 타죽고 말았다.

晉文公反國, 酌士大夫酒, 召咎犯而將之, 召艾陵而相之, 授田百萬. 介子推無爵, 齒而就位, 觴三行, 介子推奉觴而起曰: 「有龍矯矯, 將失其所; 有蛇從之, 周流天下. 龍旣入深淵, 得其安所; 蛇脂盡乾, 獨不得甘雨. 此何謂也?」文公曰: 「嘻! 是寡人之過也. 吾爲子爵, 與待旦之朝也; 吾爲子田, 與河東陽之間.」介子推曰: 「推聞: 君子之道, 謁而得位, 道士不居也; 爭而得財, 廉士不受也.」文公曰: 「使我得反國者, 子也, 吾將以成子之名.」介子推曰: 「推聞: 君子之道, 爲人子而不能承其父者, 則不敢當其後; 爲人臣而不見察於其君者, 則不敢立於其朝, 然推亦無索於天下矣.」遂去而之介山之上. 文公使人求之不得, 爲之避寢三月, 號呼朞年. 詩曰: 『逝將去汝, 適彼樂郊. 適彼樂郊, 誰之永號.』此之謂也. 文公待之不肯出, 求之不能得, 以謂焚其山, 宜出. 及焚其山, 遂不出而焚死.

【晉 文公】春秋五霸의 하나. 重耳. 驪姬의 핍박으로 19년간 망명생활 끝에 귀국하여 왕위에 올랐다. 재위 9년(B.C. 636∼628).

【咎犯】人名. 狐偃을 가리킨다. 晉 文公의 망명시절에 따라 다녔던 人物로 文公의 외삼촌이다. 그래서 舅犯으로도 부른다.

【艾陵】人名이겠으나 뜻으로 보아 출신지, 혹은 封邑을 부른 것으로 여겨진다.

【介子推】文公을 따라다니며 굶주렸을 때 자신의 허벅지 살을 베어 文公을 살린 人物로 알려진다. 이 사건으로『寒食』의 故事를 낳은 人物이다.《說苑》 및《荊楚歲時記》등 참조.

【與待旦之朝也】풀이가 분분하다. "새벽에 해뜨기를 기다리듯 곧 이루어질 것이다."(盧元駿), "아침 조회에 참가하는 관직을 주겠다."(李華年), "아침에 뜨는 해와 같은 대단한 관직을 주고자 기다리고 있다."(葉幼明) 등이다. 여기서는 잠정적으로 노씨의 풀이를 따랐다.

【河水】黃河.

【東陽】地名. 지금의 太行山 동쪽지역.

【介山】介子推가 숨었다가 죽은 山. 지금의 山西省 介休縣 綿山.

【避寢】정침에서 자지 않고 스스로 자책함을 뜻한다.[전출]

【詩曰】《詩經》 魏風 碩鼠의 구절.

참고 및 관련 자료

1.《左傳》僖公 24年 傳

晉侯賞從亡者, 介之推不言祿, 祿亦弗及. 推曰:「獻公之子九人, 唯君在矣. 惠懷無親, 外内棄之. 天未絶晉, 必將有主. 主晉祀者, 非君而誰? 天實置之, 而二三子以爲己力, 不亦誣乎? 竊人之財, 猶謂之盜, 況貪天之功以爲己力乎? 下義其罪, 上賞其姦; 上下相蒙, 難與處矣.」其母曰:「盍亦求之? 以死, 誰懟?」對曰:「尤而效之, 罪又甚焉? 且出怨言, 不食其食.」其母曰:「亦使知之, 若何?」對曰:言, 身之文也. 身將隱, 焉用文之? --是求顯也.」其母曰:「能如是乎? 與女偕隱.」遂隱而死. 晉侯求之不獲. 以綿上爲之田, 曰:「以志吾過, 且旌善人.」

2.《呂氏春秋》介立篇

以貴富有人易, 以貧賤有人難. 今晉文公出亡, 周流天下, 窮矣賤矣, 而介子推不去, 有以有之也. 反國有萬乘, 而介子推去之, 無以有之也. 能其難, 不能其易, 此文公之所以不王也. 晉文公反國, 介子推不肯受賞, 自爲賦詩曰:「有龍于飛, 周徧天下.

五蛇從之, 爲之丞輔. 龍反其鄉, 得其處所. 四蛇從之, 得其露雨. 一蛇羞之, 橋死於中野.」懸書公門, 而伏於山下. 文公聞之曰:「譆! 此必介子推也. 避舍變服.」令士庶人曰:「有能得介子推者, 爵上卿, 田百萬.」或遇之山中, 負釜蓋簦, 問焉曰:「請問介子推安在?」應之曰:「夫介子推苟不欲見而欲隱, 吾獨焉知之?」遂背而行, 終身不見. 人心之不同, 豈不甚哉? 今世之逐利者, 早朝晏退, 焦脣乾嗌, 日夜思之, 猶未之能得, 今得之而務疾逃之, 介子推之離俗遠矣.

3. 《說苑》復恩篇

介子推曰:「獻公之子九人, 唯君在耳, 天未絕晉, 必將有主, 主晉祀者非君而何? 唯二三子者以爲己力, 不亦誣乎?」文公卽位, 賞不及推, 推母曰:「盍亦求之?」推曰:「尤而效之, 罪又甚焉. 且出怨言, 不食其食.」其母曰:「亦使知之.」推曰:「言, 身之文也; 身將隱, 安用文?」其母曰:「能如是, 與若俱隱.」至死不復見推, 從者憐之, 乃懸書宮門曰:「有龍矯矯, 頃失其所, 五蛇從之, 周徧天下, 龍饑無食, 一蛇割股, 龍反其淵, 安其壤土, 四蛇入穴, 皆有處所, 一蛇無穴, 號於中野.」文公出見書曰:「嗟! 此介子推. 吾方憂王室, 未圖其功.」使人召之則亡. 遂求其所在, 聞其入綿上山中. 於是文公表綿上山中而封之, 以爲介推田, 號曰介山.

4. 《說苑》復恩篇

晉文公出亡, 周流天下, 舟之僑去虞而從焉, 文公反國, 擇可爵而爵之, 擇可祿而祿之, 舟之僑獨不與焉, 文公酌諸大夫酒, 酒酣, 文公曰:「二三子盍爲寡人賦乎?」舟之僑進曰:「君子爲賦, 小人請陳其辭.」辭曰:「有龍矯矯, 頃失其所; 一蛇從之, 周流天下, 龍反其淵, 安寧其處, 一蛇耆乾, 獨不得所.」文公瞿然曰:「子欲爵邪? 請待旦日之期; 子欲祿邪? 請今命廩人.」舟之僑曰:「請而得其賞, 廉者不受也; 言盡而名至, 仁者不爲也. 今天油然作雲, 沛然下雨, 則苗草興起, 莫之能禦. 今爲一人言施一人, 猶爲一塊土下雨也, 土亦不生之矣.」遂歷階而去. 文公求之不得, 終身誦甫田之詩.

5. 《史記》晉世家

文公修政, 施惠百姓. 賞從亡者及功臣, 大者封邑, 小者尊爵. 未盡行賞, 周襄王以弟帶難出居鄭地, 來告急晉. 晉初定, 欲發兵, 恐他亂起, 是以賞從亡未至隱者介子推. 推亦不言祿, 祿亦不及. 推曰:「獻公子九人, 唯君在矣. 惠・懷無親, 外內棄之; 天未絕晉, 必將有主, 主晉祀者, 非君而誰? 天實開之, 二三子以爲己力, 不亦誣乎? 竊人之財, 猶曰是盜, 況貪天之功以爲己力乎? 下冒其罪, 上賞其姦, 上下相蒙,

難與處矣!」其母曰:「盍亦求之, 以死誰懟?」推曰:「尤而效之, 罪有甚焉. 且出怨言, 不食其祿.」母曰:「亦使知之, 若何?」對曰:「言, 身之文也; 身欲隱, 安用文之? 文之, 是求顯也.」其母曰:「能如此乎? 與女偕隱.」至死不復見. 介子推從者憐之, 乃懸書宮門曰:「龍欲上天, 五蛇爲輔. 龍已升雲, 四蛇各入其宇, 一蛇獨怨, 終不見 處所.」文公出, 見其書, 曰:「此介子推也. 吾方憂王室, 未圖其功.」使人召之, 則亡. 遂求所在, 聞其入緜上山中, 於是文公環緜上山中而封之, 以爲介推田, 號曰介山, 「以記吾過, 且旌善人」.

6.《荊楚歲時記》

去冬節一百五日, 即有疾風甚雨, 謂之寒食, 禁火三日, 造餳大麥粥, 據曆合, 在清明 前二日, 亦有去冬至一百六日者, 琴操曰:「晉文公與介子綏, 俱亡. 子綏割股以啖文公, 文公復國, 子綏獨無所得, 子綏作龍蛇之歌而隱. 文公求之, 不肯出, 乃爆左右木, 子綏抱木而死, 文公哀之, 令人五月五日, 不得擧火.」又周擧移書及魏武明罰令陸 顈鄴中記, 並云:「寒食斷火, 起於子推, 琴操所云子綏即推也.」又云:「五月五日, 擧今有異, 皆因流俗所傳, 據左傳及史記, 並無介子推被焚之事, 案周書司淘氏, 仲春 以木鐸循火禁于國中, 注云:『爲季春將出火也.』今寒食準節氣是仲春之末, 清明 是三月之初, 然則禁火, 蓋周之舊制.」陸顈鄴中記曰:「寒食三日, 醴酪又煮粳米, 及麥爲酪, 擣杏仁煮作粥.」王燭寶典曰:「今人制爲大麥粥, 研杏仁爲酪, 引餳沃之 孫楚祭子推. 文云千飯一盤醴酪二盂.」是其事也.

7.《十八史略》卷一

文公名重耳, 獻公之次子也, 獻公嬖於驪姬, 殺太子申生, 而伐重耳於蒲, 重耳出奔, 十九年而後反國, 嘗餒於曹, 介子推割股以食之, 及歸賞從亡者, 孤偃, 趙衰, 顚頡, 魏犨, 而不及子推, 子推之從者, 懸書宮門曰, 有龍矯矯, 頃失其所, 五蛇從之, 周流 天下, 龍饑乏食, 一蛇刲股, 龍返於淵, 安其壤土, 四蛇入穴, 皆有處處, 一蛇無穴, 號于中野, 公曰, 噫, 寡人之過也, 使人求之, 不得, 隱綿上山中, 焚其山, 子推死焉, 後人爲之寒食, 文公環綿上田封之, 號曰介山.

8. 기타 참고자료

《莊子》 盜跖篇 ·《韓非子》用人 ·《韓詩外傳》(10) ·《淮南子》說山訓 ·《琴操》(蔡邕) 卷下

143(7-23) 申徒狄非其世
죽음을 택한 신도적

신도적申徒狄이라는 사람이 그 세상이 그르다고 여겨 물에 빠져 죽으려 하였다. 최가崔嘉라는 이가 이를 듣고 그를 만류하면서 이렇게 말하였다.

"내 듣기로 성인이나 어진 선비가 이 천지지간에 살고 있는 것은 백성들의 부모 노릇을 하기 위한 것이라 하였습니다. 지금 그대가 발이 조금 젖는다고 해서 물에 빠진 사람을 구하려 들지 않으니, 그게 옳은 일입니까?"

그러자 신도적이 이렇게 말하였다.

"그렇지 않습니다. 옛날 걸桀은 관룡봉關龍逢을 죽이고, 주紂는 왕자 비간比干을 죽이고 나서 천하를 잃어 버렸습니다. 또 오吳나라는 오자서 伍子胥를 죽이고, 진陳나라는 설야洩冶를 죽이고 나자 그 나라가 망하여 버렸습니다. 이렇게 보면 나라가 망하고 집이 깨지는 것은 성덕이 있거나 지혜가 있는 사람이 없어서가 아니라 그들을 등용하지 않았기 때문입니다."

그리고는 돌을 짊어지고 물에 뛰어들어 버렸다. 군자가 이를 듣고 이렇게 말하였다.

"깨끗하도다! 어짊과 지혜가 이와 같은 사람을 나는 아직 보지 못하였다."

《시詩》에 "하늘이 이를 정하였으니, 무슨 말을 하리오?"라 하였으니, 이런 경우를 두고 한 말이다.

申徒狄非其世, 將自投於河, 崔嘉聞而止之曰:「吾聞聖人仁士之於天地之間, 民之父母也. 今爲濡足之故, 不救溺人, 可乎?」

申徒狄曰:「不然. 昔者, 桀殺關龍逢, 紂殺王子比干, 而亡天下; 吳殺子胥, 陳殺洩冶, 而滅其國. 故亡國殘家, 非無聖智也, 不用故也.」

遂負石沈於河.

君子聞之曰:「廉矣乎! 如仁與智, 吾未見也.」

詩曰:『天實爲之, 謂之何哉?』此之謂也.

【申徒狄】申屠狄으로도 쓰며 돌을 지고 물에 빠져 죽은 이.《新序》049(3-6) 참조.
【崔嘉】人名.
【關龍逢】桀에게 忠諫을 하였다가 죽임을 당한 人物.
【比干】紂에게 諫言을 하다가 죽임을 당한 人物.
【伍子胥】楚나라 출신으로 吳王 闔閭를 섬겼으나 뒤에 夫差에게 죽임을 당하였다.《史記》伍子胥列傳 참조.
【洩冶】春秋時代 陳靈公 때의 大夫. 진영공이 孔寧, 儀行父 등과 함께 夏姬를 사통하자 이를 諫言을 하다가 죽임을 당하였다. 뒤에 진나라는 楚나라에게 망하였다.
【詩曰】《詩經》邶風 北門의 구절.

참고 및 관련 자료

1.《韓詩外傳》卷一

申徒狄非其世, 將自投於河. 崔嘉聞而止之, 曰:「吾聞聖人仁士之於天地之間也, 民之父母也, 今爲儒雅之故, 不救溺人, 可乎?」申徒狄曰:「不然. 桀殺關龍逢, 紂殺王子比干, 而亡天下. 吳殺子胥, 陳殺泄冶, 而滅其國. 故亡國殘家, 非無聖智也, 不用故也.」遂抱石而沉於河. 君子聞之, 曰:「廉矣! 如仁歟! 則吾未之見也.」詩曰: 『天實爲之, 謂之何哉!』

2.《韓詩外傳》卷三

君子行不貴苟難, 說不貴苟察, 名不貴苟傳, 惟其當之爲貴. 夫負石而赴河, 行之難爲者也, 而申徒狄能之, 君子不貴者, 非禮義之中也. 山淵平, 天地比, 齊秦襲, 入乎耳, 出乎口, 鉤有鬚, 卵有毛, 此說之難持者也, 而鄧析惠施能之, 君子不貴者, 非禮義之中也. 盜跖吟口, 名聲若日月, 與舜禹俱傳而不息, 君子不貴者, 非禮義之中也. 故君子行不貴苟難, 說不貴苟察, 名不貴苟傳, 維其當之爲貴. 詩曰:『不競不絿, 不剛不柔.』言當之爲貴也.

3.《莊子》盜跖篇

世之所謂賢士, 莫若伯夷叔齊. 伯夷叔齊辭孤竹之君而餓死於首陽之山, 骨肉不葬. 鮑焦飾行非世, 抱木而死. 申徒狄諫而不聽, 負石自投於河, 爲魚鼈所食. 介子推至忠也, 自割其股以食文公, 文公後背之, 子推怒而去, 抱木而燔死. 尾生與女子期於梁下, 女子不來, 水至不去, 抱梁柱而死. 此六子者, 无異於磔犬流豕操瓢而乞者, 皆離名輕死, 不念本養壽命者也.

4.《荀子》不苟篇

君子行不貴苟難, 說不貴苟察, 名不貴苟傳, 唯其當之爲貴. 負石而赴河, 是行之難爲者也, 而申徒狄能之, 然而君子不貴者, 非禮義之中也. 山淵平, 天地比, 齊秦襲, 入乎耳, 出乎口, 鉤有須, 卵有毛, 是說之難持者也, 而惠施‧鄧析能之, 然而君子不貴者, 非禮義之中也. 盜跖吟口, 名聲若日月, 與舜禹俱傳而不息, 然而君子不貴者, 非禮義之中也. 故曰:「君子行不貴苟難, 說不貴苟察, 名不貴苟傳, 唯其當之爲貴.」詩曰:『物其有矣, 唯其時矣.』此之謂也.

5.《說苑》談叢篇

負石赴淵, 行之難者也, 然申屠狄爲之, 君子不貴之也; 盜跖凶貪, 名如日月, 與舜禹並傳而不息, 而君子不貴.

6.《藝文類聚》(8)

申徒狄非其世, 將自投於河. 崔嘉聞而止之, 曰:「聖仁之人, 民之父母也, 今爲濡足, 不救溺人, 可乎?」申徒狄曰:「昔桀殺龍逢, 紂殺王子比干, 而亡天下. 吳殺子胥, 陳殺泄治, 而滅其國. 非無聖智, 不用故也.」遂抱石而沉於河..

7. 기타 참고자료

《初學記》(6)‧《事類賦注》(6)‧《天中記》(9)‧《太平御覽》(61)‧《莊子》外物篇, 大宗師‧《淮南子》說山訓

144(7-24) 齊大饑
이리 와서 먹어라

제齊**나라**에 큰 기근이 들자 검오黔敖라는 사람은 길가에 밥을 차려 놓고 굶주린 이가 나타나면 그에게 밥을 먹여 주고 있었다.

마침 어떤 한 굶주린 이가 소매로 얼굴을 가리고 신발을 끌며 흐린 눈동자로 기운 없이 다가서는 것이었다. 검오가 왼손에는 밥을 들고 오른손에는 마실 것을 든 채 불렀다.

"아! 어서 와서 들어라!"

그러자 그 굶주린 자가 눈을 부릅뜨고 노려보면서 이렇게 말하였다.

"나는 남이 나를 불쌍히 여겨 '아! 이리 오너라!' 하면서 주는 음식이라면 먹지 않습니다. 그래서 이 지경에 이른 것입니다."

이 말에 검오가 그를 따라가면서 사과한다고 하였다. 그러나 그는 마침내 굶어죽고 말았다.

증자曾子가 이 말을 듣고 이렇게 평하였다.

"하찮은 일이로다. '아!' 하고 불쌍히 여겨 먹여 주는 것이라면 당연히 싫다 할 수 있다. 그러나 '사과한다'고 하였으면 먹을 수도 있는 일인데."

齊大饑, 黔敖爲食於路, 以待餓者而食之, 有餓者蒙袂接屨, 貿貿然來. 黔敖左奉食, 右執飮, 曰:「嗟! 來食!」

餓者揚其目而視之, 曰:「予唯不食『嗟來』之食, 以至於此也.」

從而謝焉, 終不食而死.
曾子聞之曰:「微與, 其『嗟』也可去, 其『謝』也可食.」

【黔敖】人名. 春秋時代 齊나라 사람.
【曾子】曾參. 孔子의 弟子. 孝로써 이름난 人物.
【嗟】불쌍하다고 여겨 내뱉는 감탄사. 굶주린 자가 이러한 태도에 자존심이
강하여 먹지 않은 것이다.

참고 및 관련 자료

1. 《禮記》 檀弓(下)

齊大饑, 黔敖爲食於路, 以待饑者而食之, 有饑者蒙袂輯屨貿貿然來, 黔敖左奉食,
右執飮, 曰:「嗟來食.」揚其目而視之, 曰:「予唯不食嗟來之食, 以至於斯也.」
從而謝焉; 終不食而死, 曾子聞之曰:「微與? 其嗟也可去, 其謝也可食.」

2. 《呂氏春秋》 介立 高誘 注

昔者, 齊饑, 黔敖爲食於路. 有人戢其履, 薵薵以來. 黔敖呼之曰:「嗟來食.」揚其目
而應之曰:「吾惟不食嗟來之食, 以至於此.」黔敖隨而謝之, 遂去, 不食而死. 君子以
爲其嗟也可去, 其謝也可食. 一介相似旌目其類也.

145(7-25) 東方有士曰袁族目
도적이 주는 밥

동방에 한 선비가 있었는데, 그 이름을 원족목袁族目이라 하였다.
어디를 가는 길에 배가 고파 길가에 쓰러지자 호보狐父 땅의 도적인
구丘라는 사람이 이를 보고 국과 밥을 내려놓고 먹여 주었다. 원족목은
세 번째 밥을 넘기고서야 겨우 눈을 뜨고 그를 쳐다보며 이렇게 물었다.
"그대는 뉘신지요?"
이에 구가 자신을 밝혔다.
"나는 호보 땅의 도적인 구라는 사람입니다."
이 말에 그는 눈이 번쩍 뜨여 이렇게 거부하였다.
"아! 그대가 도적이라고? 어찌하여 네가 나에게 밥을 먹여 주는가?
나로서는 먹을 수가 없다."
그리고는 두 손으로 땅을 짚고 이를 토해내는 것이었다. 그러나
나오지 않자 캑캑거리다가 끝내 땅에 엎드려 죽고 말았다.
고을 이름이 '승모勝母'라 해서 증자曾子는 그 고을에 발을 들여놓지
않았고, 읍 이름이 '조가朝歌'라고 해서 묵자墨子는 수레를 돌려 버렸다.
그 때문에 공자孔子는 자리가 바르지 않으면 앉지 않았고, 바르게 썰지
않은 음식은 입에 대지 않았으며, '도천盜泉'의 물은 마시지 않았다.
이는 바름(正)을 쌓기 위한 것이다. 원족목이 끝내 먹지 않고 죽었으니,
이는 결백의 지극함이다.

東方有士曰袁族目, 將有所適, 而饑於道. 狐父之盜丘人也,
見之, 下壺餐以與之. 袁族目三餔而能視, 仰而問焉.

曰:「子, 誰也?」

曰:「我狐父之盜丘人也.」

袁族目曰:「嘻! 汝乃盜也? 何爲而食我? 以吾不食也.」

兩手據地而歐之, 不出, 喀喀然, 遂伏地而死.

縣名爲勝母, 曾子不入; 邑號朝歌, 墨子回車.

故孔子席不正不坐, 割不正不食, 不飲盜泉之水, 積正也. 族目
不食而死, 潔之至也.

【袁族目】人名.《呂氏春秋》에는 爰旌目.《韓詩外傳》에는 袁旌目으로 되어
 있으며 族은 旌의 誤記가 아닌가 한다.
【狐父】地名. 父는 人名, 地名 등에 甫와 같은 글자로 쓰인다.
【丘】 도적의 이름.
【勝母, 朝歌, 貪泉】이 故事는《新書》(3) 049(3-6)를 참조할 것.

> 참고 및 관련 자료

1.《列子》說符篇

東方有人焉, 曰爰旌目, 將有適也, 而餓於道. 狐父之盜曰丘, 見而下壺餐以餔之.
爰旌目三餔而後能視, 曰:「子何爲者也?」曰:「我狐父之人久也.」爰旌目曰:「譆!
汝非盜邪? 胡爲而食我? 吾義不食子之食也.」兩手據地而歐之, 不出, 喀喀然,
遂伏地而死. 狐父之人則盜矣, 而食非盜也. 以人之盜因謂食爲盜而不敢食, 是失名
實者也.

2.《呂氏春秋》介立篇

東方有士焉曰爰旌目, 將有適也, 而餓於道. 狐父之盜曰丘, 見而下壺餐以餔之.

爰旌目三餔之而後能視, 曰:「子何爲者也?」曰:「我狐父之人丘也.」爰旌目曰:
「譆! 汝非盜邪? 胡爲而食我? 吾義不食子之食也.」兩手據地而吐之, 不出, 喀喀然,
遂伏地而死.

3. 기타 참고자료

《後漢書》張衡傳 注・《金樓子》雜記(上)・《太平御覽》(499)

146(7-26) 鮑焦衣弊膚見
세상이 그르다 하여

포초鮑焦란 자는 낡은 옷에 살갗이 다 드러나 보이는 채로 삼태기를 끌고 나물을 뜯으러 나갔다가 길가에서 자공子贛을 만났다.

자공이 물었다.

"그대는 어찌 이런 모습이 되었습니까?"

이에 포초는 이렇게 말하였다.

"천하에 덕과 교화가 있으면서 버림받은 이는 많지요. 그러니 난들 어찌 이런 모습이 아닐 수 있겠습니까? 내 들으니 세상이 자기를 알아주지 않는데도 그러한 행동을 그치지 않는 것은 잘못된 행동이며, 윗사람이 자기를 알아주지 않는데도 간섭을 그만둘 줄 모르는 것은 염직廉直을 훼손하는 짓이라 하였습니다. 행동이 그릇되고 염직을 훼손하면서까지 미련을 버리지 못하는 것, 이는 이익에 미혹하여 그런 것입니다."

子貢

그러자 자공이 이렇게 비꼬았다.

"제가 듣기로 그 세상을 그르다 하는 자는 그 세상에서 이익을 취하지 아니하며, 그 임금을 더럽다고 여기는 자는 그 나라 땅을 밟지 않는다고 하였습니다. 그런데 지금 그대는 그 임금을 더럽다 하면서 그 땅을 밟고, 그 세상을 그르다 하면서 그 땅의 나물을 뜯고 있으니, 그 채소인들 누구의 소유이겠습니까?"

그러자 포초는 이렇게 대답하였다.

"아하! 제가 듣기로 어진 이는 나가는 것은 중히 여기고 물러서는 것은 가벼이 여기며, 청렴한 자는 부끄러움을 쉽게 느끼고 죽음도 가벼이 여긴다 하였습니다."

그리고는 그 나물을 버리고 바로 선 채 낙수洛水 가에서 말라 죽고 말았다. 군자가 이 일에 대해서 이렇게 평하였다.

"청렴하고 강직하도다! 무릇 산이 너무 뾰족하면 높을 수가 없고, 물이 너무 좁으면 깊을 수가 없는 법. 마찬가지로 행동이 너무 특이한 자는 덕이 후할 수가 없으며, 뜻이 천지에까지 뻗쳐 비기고자 하는 자는 그 사람됨이 불상不祥하다. 포자는 불상한 사람이라고 해야 할 것이다. 그 절도의 얕고 깊음이란 알맞은 정도에 다다랐을 때에 그칠 줄도 알아야 하는 것이다."

《시詩》에는 이렇게 노래하였다.

"모든 것이 끝났네! 하늘이 이를 정하시니, 무슨 말을 하리오?"

鮑焦衣弊膚見, 挈畚將蔬, 遇子贛將於道.

子贛曰:「吾子何以至此也?」

焦曰:「天下之遺德教者, 衆矣. 吾何以不至於此也? 吾聞之: 世不己知, 而行之不已者, 是爽行也; 上不己知, 而干之不止者, 是毀廉也. 行爽廉毀, 然且不舍, 惑於利者也.」

子貢曰:「吾聞之: 非其世者, 不生其利, 汙其君者, 不履其土. 今吾子汙其君而履其土, 非其世而將其蔬, 此誰之有哉?」

鮑焦曰:「嗚呼! 吾聞: 賢者重進而輕退; 廉者易醜而輕死.」乃弃其蔬而立, 槁死於洛水之上.

君子聞之曰:「廉夫剛哉! 夫山銳則不高, 水狹則不深, 行特者其德不厚, 志與天地疑者, 其爲人不祥. 鮑子可謂不祥矣. 其節度淺深, 適至而止矣.」

詩曰:『己焉哉! 天實爲之, 謂之何哉?』

【鮑焦】人名. 《莊子》에는 『鮑焦施行非世, 抱木而死』라 하였다. 《新書》(3) 049(3-6) 참조.
【子貢】人名. 孔子의 제자인 子貢.
【洛水】물 이름.
【志與天地疑者】『疑』는 『擬』자로 본다.
【詩曰】《詩經》邶風 北門의 구절.

참고 및 관련 자료

1. 《韓詩外傳》卷一

鮑焦衣弊膚見, 挈畚持蔬, 遇子貢於道. 子貢曰:「吾子何以至於此也?」鮑焦曰: 「天下之遺德教者, 衆矣. 吾何以不至於此也! 吾聞之: 世不己知而行之不已者, 爽行也; 上不己用而干之不止者, 是毀廉也. 行爽毀廉, 然且弗舍, 惑於利者也.」子貢曰: 「吾聞之: 非其世者, 不生其利; 汙其君者, 不履其土. 非其世而持其蔬, 詩曰: 『溥天之下, 莫非王土.』此誰有之哉?」鮑焦曰:「於戲! 吾聞賢者, 重進而輕退, 廉者易愧而輕死.」於是棄其蔬而立槁於洛水之上. 君子聞之, 曰:「廉夫! 剛哉! 夫山銳則不高, 水徑則不深, 行碻者德不厚, 志與天地擬者, 其爲人不祥. 鮑焦可謂不祥矣! 其節度淺深, 適至於是矣!」詩云:『亦己焉哉! 天實爲之, 謂之何哉!』

2.《莊子》盜跖篇

世之所謂賢士, 莫若伯夷叔齊. 伯夷叔齊辭孤竹之君而餓死於首陽之山, 骨肉不葬.
鮑焦飾行非世, 抱木而死. 申徒狄諫而不聽, 負石自投於河, 爲魚鼈所食. 介子推至
忠也, 自割其股以食文公, 文公後背之, 子推怒而去, 抱木而燔死. 尾生與女子期於
梁下, 女子不來, 水至不去, 抱梁柱而死. 此六子者, 无異於磔犬流豕操瓢而乞者,
皆離名輕死, 不念本養壽命者也.

3.《說苑》談叢篇

邑名勝母, 曾子不入; 水名盜泉, 孔子不飲. 醜其名也.

4.《淮南子》說山訓

曾子立孝, 不過勝母之閭; 墨子非樂, 不入朝歌之邑; 曾子立廉, 不飲盜泉. 所謂養志
者也.

5.《史記》鄒陽傳

臣聞: 盛飾入朝者不以利汙義, 砥厲名號者不以欲傷行, 故縣名勝母而曾子不入,
邑號朝歌而墨子回車. 今欲使天下寥廓之士, 攝於威重之權, 主於位勢之貴, 故回面
汙行以事諂諛之人而求親近於左右, 則士伏死堀穴巖藪之中耳, 安肯有盡忠信而
趨闕下者哉!

6.《鹽鐵論》晁錯(第八)

孔子不飲盜泉之流, 曾子不入勝母之閭.

7. 기타 참고자료

《太平御覽》(426, 675)·《冊府元龜》(880)·《史記》魯仲連列傳·《漢書》鄒陽傳

147(7-27) 公孫杵臼
사나이들의 의리

공손저구公孫杵臼와 정영程嬰은 진晉나라 대부인 조삭趙朔의 식객
이었다. 진나라의 조천趙穿이 영공靈公을 시해하였을 때 당시 조돈趙盾은
귀대부貴大夫였는데, 국외로 도망가지 못하고 되돌아와서 그렇다고
조천을 성토하지도 않았다. 이 때문에 《춘추春秋》에는 그를 질책하여
조돈이 임금을 죽였다고 한 것이다.

한편 도안가屠岸賈라는 인물은 영공에게 총애를 받던 자였다. 진晉나
라 경공景公 때에 그는 사구司寇가 되어 영공을 적해한 자를 토벌하고자
하였으나, 조돈이 이미 죽고 없어 대신 그의 아들 조삭을 없애 버리려고
하였다. 그래서 여러 장수들에게 이렇게 통고하였다.

"조돈 자신은 모르지만 임금을 시해한 우두머리였다. 그가 임금을
시해한 것이다. 그런데 그의 자손이 이 조정에 있으니, 그 죄를 어떻게
징벌해야 할 것인가? 그를 죽여 없애기를 청한다."

그러자 한궐韓厥이 나서서 이렇게 반대하였다.

"영공이 시해당할 때 조돈은 국외에 있었습니다. 그 때문에 우리
선군께서 이미 그에게는 죄가 없다고 판결을 내리고 그를 죽이지 아니
하신 것입니다. 그런데 이제 와서 여러 장수들이 마구 죽이려 하다니요.
사람을 마구 죽이는 신하를 난亂이라 합니다. 큰 일이 있는데도 신하
로서 임금에게 알려드리지 않는 것은 임금이 없는 것과 같습니다."

그러나 도안가는 이 말을 듣지 않았다. 한궐은 할 수 없이 조삭에게
얼른 도망가도록 권하였지만 그는 이를 거부하며 이렇게 부탁하였다.

"그대가 우리 조씨 집의 제사를 끊어지지 않게만 해 주신다면 죽어도 한이 없겠습니다."

이에 한궐이 청을 들어 주기로 허락하고 병을 핑계로 조정에 나가지 않았다. 과연 도안가는 아무런 요청도 없이 여러 장수들을 모아 하궁下宮에서 조씨를 공격하여 조삭趙朔·조동趙同·조괄趙括·조영제趙嬰齊 등을 죽여 그 씨족을 멸족시켜 버렸다.

마침 조삭의 처는 성공成公의 누나로 임신 중이었는데 궁궐 깊숙이 숨어 목숨을 부지할 수 있었다. 그때 공손저구가 정영에게 물었다.

"어찌 죽지 않고 살아 있습니까?"

그러자 정영이 이렇게 털어놓았다.

"조삭의 아내는 아이를 갖고 있습니다. 만약 다행히 사내아이를 낳는다면 내 그를 받들어 모실 것이요, 계집아이를 낳는다면 그때 죽어도 늦지 않다고 여기기 때문입니다."

과연 얼마 지나지 않아 조삭의 아내가 아들을 낳았다. 그런데 도안가가 이 소식을 듣고 궁중을 뒤져 이 아이를 찾게 되었다. 조삭의 아내는 그 아이를 바지에 숨기고 이렇게 빌었다.

"조씨 집안의 대를 끊으려는가? 그렇다면 너 울렴. 그러나 끊지 않으려는가? 그렇다면 너 제발 아무 소리도 내지 말려무나."

그들이 들이닥쳤을 때 과연 그 아이는 전혀 아무 소리도 내지 않는 것이었다. 위험에서 벗어나자 정영이 공손저구에게 물었다.

"지금 한번은 찾지 못하였지만 뒤에 반드시 다시 찾으러 올 것입니다. 어찌하면 좋겠습니까?"

이에 저구가 되물었다.

馬踏飛燕 1969 甘肅 武威 雷臺 東漢墓 출토

"지금 이 아이를 끝까지 키우는 일과 옛 주인을 위하여 자살해 버리는 것, 어느 편이 더 어렵습니까?"

이 물음에 정영이 대답하였다.

"아이를 끝까지 키우는 일이 역시 더 어렵겠지요."

그러자 저구가 이렇게 부탁하였다.

"조씨의 선군께서는 그대를 아주 후하게 대우해 주셨지요. 그러니 그대가 더 어려운 일을 맡으십시오. 나는 더 쉬운 쪽을 택하여 먼저 죽겠습니다."

그리하여 두 사람은 모의하여 다른 아기를 하나 구하여 예쁜 무늬의 강보에 싸서 업고 산속으로 숨어들었다. 그리고 나서 정영은 여러 장수들 앞에 나타나 이렇게 말하였다.

"내가 불초하여 더 이상 조씨 집안의 대를 이어 줄 수 없습니다. 누구든지 나에게 천금을 준다면 내 조씨의 고아가 어디 있는지 알려 드리리다."

여러 장수들은 신이 나서 흔연히 이를 허락하였다. 그리고 군대를 풀어 정영을 앞세우고 공손저구 공격에 나섰다. 공손저구는 짐짓 이렇게 소리 질렀다.

"소인이로다, 정영이여! 하궁의 난에 따라 죽지 않고 나와 모의하여 조씨의 고아를 이렇게 숨기자고 하더니 지금 와서 이를 배반하고 팔아먹다니, 설령 대는 이어 주지 못할망정 어찌 차마 팔아먹기까지 하는가?"

그리고 아이를 안고 부르짖었다.

"하늘이여! 조씨의 고아가 무슨 죄가 있습니까? 청컨대 살려 주십시오. 홀로 나 저구만 죽여주십시오."

여러 장수들은 이를 허락하지 않고 드디어 저구와 아이를 함께 죽여 버렸다. 여러 장수들은 조씨의 고아까지 완전히 죽였다고 여기며 기뻐하였다. 그러나 조씨의 진짜 고아는 그대로 살아 있었고, 정영은 마침내 이를 데리고 깊은 산속에 숨어들었다.

그로부터 15년이 흘렀다.

진晉나라 경공景公이 병이 들어 점을 쳤더니, 대업大業의 후손이 빌미가 되어 해코지를 한다는 것이었다. 경공이 한궐에게 물었다. 한궐은 조씨의 후손이 살아 있다는 것을 알고 있었다. 이에 한궐이 이렇게 말하였다.

　"대업의 후손 중에 이 진晉나라에 와서 대가 끊어진 집안이라면 조씨 집안이 아닐는지요? 무릇 중항연中行衍의 집안은 모두가 영씨嬴氏 성이지요. 중항연은 사람 얼굴에 새 부리 모습으로 계속 내려오면서 제帝 태무大戊와 주周나라 천자를 보좌하여 모두가 다 영달하였습니다. 그러나 조씨 집안은 유왕幽王과 여왕厲王이 무도하게 굴자 숙대叔帶가 그 주나라를 떠나 이 진晉나라로 와서는 선군이신 목후繆侯를 섬기며, 성공 때에까지 이르러 대대로 공을 세워 그 후사가 끊겨 본 적이 없습니다. 그런데 지금 당대에 이르러 그 조씨 집안이 멸족당하여 온 나라 사람들이 모두 애처롭게 여기고 있습니다. 그 때문에 점을 치는 거북에 그 괘로 나타내어 보인 것입니다. 임금께서는 잘 헤아려 주시기 바랍니다."

　그러자 경공이 물었다.

　"조씨 집안에 후손이 살아 있는가?"

　이 질문에 한궐이 사실대로 갖추어 설명하였다. 경공은 이에 한궐과 함께 조씨의 후손을 세워 주기로 하고 우선 그 아이를 불러 궁중에 숨겨 놓고 기다렸다. 여러 장군들이 문병차 모여들자 경공은 한궐의 세력을 의지하여 장군들을 다그치며 조씨의 고아를 등장시켰다. 그 아이의 이름은 무武였다. 장군들은 더 이상 어쩔 수 없음을 알고 이렇게 말하였다.

　"옛날 하궁의 난은 도안가가 한 짓입니다. 그가 임금의 명이라 사칭하고 군신들에게 명령하였던 것입니다. 그렇지 않았다면 누가 감히 그런 난을 저질렀겠습니까? 임금께서 병이 나지 아니하셨더라면 여러 신하들은 진실로 조씨의 후손을 세워 주자고 청하였을 것입니다. 지금 임금께서 명하시니 이는 바로 저희들도 원하던 바입니다."

이리하여 조씨의 후손을 다시 불렀다. 그 자리에서 정영은 여러 장군들에게 절을 하고 드디어 그들과 함께 도안가를 쳐서 그 집안을 멸족시켜 버렸으며, 조씨의 옛날 전읍田邑도 되돌려 주었다.

조무趙武가 성인식을 하며 관례冠禮를 치르는 자리에서 정영은 대부들에게 부탁의 말을 한 다음 다시 조무에게 이렇게 일렀다.

"지난날 하궁의 난 때 모두 능히 죽음을 택하였는데, 나 역시 함께 죽을 수 없었던 것이 아닙니다. 그러나 조씨의 후손을 살리겠다는 생각에 이제껏 살아온 것입니다. 지금 그대가 이미 자라서 성인이 되었고 조씨 집안도 옛날처럼 이어지게 되었습니다. 따라서 지금은 내가 지하로 내려가 조맹과 공손저구에게 이 사실을 보고할 때입니다."

이 말에 조무가 울음을 터뜨렸다. 그리고 이렇게 간청하였다.

"저는 근골筋骨이 다하도록 죽을 때까지 그대에게 보답하려 하였는데 그대는 차마 나를 버리고 죽으려 하십니까?"

그러자 정영이 이렇게 말하였다.

"안 됩니다. 지하에 있는 그들은 내가 능히 이 일을 성취시킬 수 있는 인물이라고 여겼기 때문에 모두가 나보다 먼저 죽을 수 있었던 것입니다. 지금 내가 내려가 보고하지 않는다면 그들은 내가 아직 이 일을 성취하지 못한 것으로 여길 것입니다."

그리고는 마침내 자살해 버렸다. 조무는 3년 동안 상복을 입는 한편 그의 제읍祭邑을 정하여 봄가을로 제사를 지내어 대대로 끊어지지 않도록 하였다. 이 일에 대해 군자가 이렇게 평하였다.

"정영과 공손저구는 가히 믿음으로 사귄 훌륭한 선비라 할 수 있다. 그러나 정영이 지하에 가서 보고하겠노라고 자살한 것은 지나치다."

公孫杵臼・程嬰者, 晉大夫趙朔客也. 晉趙穿弑靈公, 趙盾時爲貴大夫, 亡不出境, 還不討賊, 故春秋責之, 以盾爲弑君. 屠岸賈者, 幸於靈公. 晉景公時, 賈爲司寇, 欲討靈公之賊, 盾已死,

欲誅盾之子趙朔.

偏告諸將曰:「盾雖不知, 猶爲首賊, 賊臣弒君, 子孫在朝, 何以懲罪? 請誅之.」

韓厥曰:「靈公遇賊, 趙盾在外, 吾先君以爲無罪, 故不誅. 今諸君將妄誅, 妄誅謂之亂. 臣有大事, 君不聞, 是無君也.」

屠岸賈不聽, 韓厥告趙朔趣亡, 趙朔不肯, 曰:「子必不絕趙祀, 予死不恨.」

韓厥許諾, 稱疾不出. 賈不請而擅與諸將攻趙氏於下宮, 殺趙朔・趙同・趙括・趙嬰齊, 皆滅其族. 趙朔妻, 成公姊, 有遺腹, 走公宮匿.

公孫杵臼謂程嬰:「胡不死?」

嬰曰:「朔之妻有遺腹, 若幸而男, 吾奉之; 卽女也, 吾徐死耳.」

無何而朔妻免, 生男. 屠岸賈聞之, 索於宮. 朔妻置兒袴中, 祝曰:「趙宗滅乎? 若號; 卽不滅乎? 若無聲.」

及索, 兒竟無聲. 已脫, 程嬰謂杵臼曰:「今一索不得, 後必且復之, 奈何?」

杵臼曰:「立孤與死, 孰難?」

嬰曰:「立孤亦難耳.」

杵臼曰:「趙氏先君遇子厚, 子强爲其難者, 吾爲其易者, 吾請先死.」

而二人謀, 取他嬰兒, 負以文褓, 匿山中.

嬰謂諸將曰:「嬰不肖, 不能立孤, 誰能與吾千金, 吾告趙氏孤處.」

諸將皆喜, 許之, 發師隨嬰攻杵臼.

杵臼曰:「小人哉, 程嬰! 下宮之難不能死, 與我謀匿趙氏孤兒, 今又賣之. 縱不能立孤兒, 忍賣之乎?」

抱而呼:「天乎! 趙氏孤兒何罪? 請活之, 獨殺杵臼也.」

諸將不許, 遂幷殺杵臼與兒. 諸將以爲趙氏孤兒已死, 皆喜. 然趙氏眞孤兒乃在, 程嬰卒與俱匿山中.

居十五年, 晉景公病, 卜之, 大業之胄者爲祟, 景公問韓厥, 韓厥知趙孤存, 乃曰:「大業之後, 在晉絶祀者, 其趙氏乎? 夫自中行衍, 皆嬴姓也. 中行衍人面鳥噣, 降佐帝大戊及周天子, 皆有明德, 下及幽厲無道, 而叔帶去周適晉, 事先君繆侯, 至于成公, 世有立功, 未嘗絶祀. 今及吾君, 獨滅之趙宗, 國人哀之, 故見龜, 唯君圖之.」

景公問:「趙尚有後子孫乎?」

韓厥具以實告.

景公乃與韓厥謀立趙氏孤兒, 召匿之宮中. 諸將入問病, 景公因韓厥之衆以脅諸將, 而見趙氏孤兒, 孤兒名武.

諸將不得已, 乃曰:「昔下宮之難, 屠岸賈爲之. 矯以君命, 幷命群臣. 非然, 孰敢作難? 微君之病, 群臣固將請立趙後. 今君有命, 群臣願之.」

於是召趙氏, 程嬰徧拜諸將, 遂俱與程嬰·趙氏攻屠岸賈, 滅其族. 復與趙氏田邑如故.

趙武冠爲成人. 程嬰乃辭大夫, 謂趙武曰:「昔下宮之難, 皆能死. 我非不能死, 思立趙氏後. 今子旣立爲成人, 趙宗復故, 我將下報趙孟與公孫杵臼.」

趙武號泣, 固請曰:「武願苦筋骨以報子至死, 而子忍棄我而死乎?」

程嬰曰:「不可. 彼以我爲能成事, 故皆先我死. 今我不下報之, 是以我事爲不成也.」

遂以殺. 趙武服衰三年, 爲祭邑, 春秋祠之, 世不絶.

君子曰:「程嬰, 公孫杵臼, 可謂信交厚士矣. 嬰之自殺下報, 亦過矣.」

【公孫杵臼】春秋時代 晉나라 사람으로 趙朔의 門客.

【程嬰】역시 趙朔의 친구. 門客.

【趙朔】春秋時代 晉나라 六卿의 하나. 趙盾의 아들로 晉景公 3年에 晉 成公의 누이를 아내로 맞아 武를 낳았다.

【趙穿】晉나라 六卿의 하나인 趙氏의 일족.

【靈公】春秋時代 晉나라의 君主. 재위 14년(B.C. 620~607). 趙穿에게 죽임을 당하였다. 이 사건은 《左傳》宣公 2年 및 《史記》趙世家 참조.

【趙盾】晉나라 六卿의 하나. 趙朔의 아버지. 『盾』은 '돈'으로 읽음. 이 사건은 《左傳》宣公 3年을 볼 것.

【屠岸賈】晉나라의 大夫. 靈公에게 총애를 받았다. 뒤에 이의 원수를 갚기 위해 趙氏 일가의 멸족을 시도하였다.

【晉 景公】晉 成公의 뒤를 이은 君主. 재위 19년(B.C. 599~581). 이름은 據.

【司寇】刑法을 맡은 관리. 三公의 하나.

【韓厥】晉나라 六卿의 하나. 韓 武子의 후손. 諡號는 獻子.

【下宮】晉나라 궁궐 이름.

【趙同】趙盾의 아들.

【趙括】역시 趙盾의 아들.

【成公】靈公의 아들이며 景公의 아버지. 재위 7년(B.C. 606~600).

【免】娩과 같다. 아이를 출산하다의 뜻.

【趙宗滅乎? 若號; 卽不滅乎? 若無聲】이 문장에서 '若'은 모두 '너(汝, 爾)'의 뜻. 아기를 '너'라고 부른 것.

【大業】人名. 秦·趙 두 나라의 始祖. 黃帝의 손자인 高陽氏의 손녀 女婿가 玄鳥의 알을 먹고 大業을 낳았다 한다.

【中衍衍】人名. 즉 孟戲中衍. 역시 大業의 후손으로 秦나라에 뿌리를 내려 嬴氏 先祖가 되었다.

【嬴氏】中行과 秦나라의 성씨. 秦나라는 少昊 金天氏의 후예로 舜이 大業의
아들인 大費에게 嬴氏성을 내렸으며 16代를 지나 大成에 이르러 周 孝王이
이를 秦 땅에 봉하였다. 이에 秦나라는 嬴씨 성을 갖게 되었다. 예로 秦始皇의
성명은 嬴政이다.

【大戊】人名. 太戊. 成湯의 玄孫이며 시호는 中宗. 중항연은 이 태무의 마부였
으며, 그 아들은 孟增, 孟增의 손자가 바로 造父로서 周 穆王의 八駿馬를
다루었다. 이에 趙城을 봉지로 받아 趙父, 造甫 등으로 쓴다. 中行의 선조로서
蜚廉과 惡來가 있으며 趙氏의 先祖로는 앞서의 造父가 있어 周穆王을 섬겼다.
(《史記》趙世家 참조) 이들은 모두 大業의 후손으로 뒤에 秦・趙・中行으로
나뉜다.

【幽王】周나라의 암혼한 君主. 姬宮涅. 제위 11년(B.C. 781~771).

【厲王】역시 西周 말기 周나라 君主. 姬胡. 褒姒의 일로 나라를 망쳤다.

【叔帶】周나라 때 造父의 七世孫. 周 幽王이 무도하게 굴자, 晉 文侯를 섬겨
晉나라 趙氏의 뿌리가 된 人物.

【繆侯】春秋 초기 晉나라 君主. 제위 27년(B.C. 811~785).

【武】趙武. 이 이야기에서처럼 公孫杵曰와 程嬰에 의해 살아난 人物. 諡號는
文子. 그 後孫이 趙나라를 일으켜 戰國七雄의 하나가 되었다.

참고 및 관련 자료

1. 《左傳》宣公 2年 傳

乙丑, 趙穿攻靈公於桃園. 宣子未出山而復. 大史書曰:「趙盾弑其君」, 以示於朝.
宣子曰:「不然.」對曰:「子爲正卿, 亡不越竟, 反不討賊, 非子而誰?」宣子曰:「烏呼!
詩曰『我之懷矣, 自詒伊慼.』其我之謂矣.」孔子曰:「董狐, 古之良史也, 書法不隱.
趙宣子, 古之良大夫也, 爲法受惡. 惜也, 越竟乃免.」宣子使趙穿逆公子黑臀于周而
立之. 壬申, 朝于武宮. 初, 麗姬之亂, 詛無畜群公子, 自是晉無公族. 及成公卽位,
乃宦卿之適而爲之田, 以爲公族. 又宦其餘子, 亦爲餘子; 其庶子爲公行. 晉於是有
公族, 餘子, 公行. 趙盾請以括爲公族, 曰:「君姬氏之愛子也. 微君姬氏, 則臣狄
人也.」公許之. 冬, 趙盾爲旄車之族, 使屛季以其故族爲公族大夫.

2. 《說苑》 復思篇

晉趙盾擧韓厥, 晉君以爲中軍尉; 趙盾死, 子朔嗣爲卿. 至景公三年, 趙朔爲晉將, 朔取成公姊爲夫人, 大夫屠岸賈, 欲誅趙氏, 初趙盾在夢見叔帶持龜要而哭甚悲, 已而笑拊手且歌, 盾卜之占, 兆絶而後好, 趙史援占曰:「此甚惡, 非君之身, 及君之子, 然亦君之咎也.」至子趙朔, 世益衰, 屠岸賈者, 始有寵於靈公, 及至於晉景公, 而賈爲司寇, 將作難, 乃治靈公之賊以致趙盾, 徧告諸將曰:「趙穿弒靈公, 盾雖不知猶爲首賊, 臣殺君, 子孫在朝, 何以懲罪, 請誅之!」韓厥曰:「靈公遇賊, 趙盾在外, 吾先君以爲無罪, 故不誅; 今諸君將誅其後, 是非先君之意而後妄誅; 妄誅謂之亂臣, 有大事而君不聞, 是無君也.」屠岸賈不聽, 厥告趙朔趨亡, 趙朔不肯, 曰:「子必不絶趙祀, 朔死且不恨.」韓厥許諾, 稱疾不出, 賈不請而擅與諸將攻趙氏於下宮, 殺趙朔・趙括・趙嬰齊, 皆滅其族; 朔妻成公姊有遺腹, 走公宮匿, 後生男乳, 朔客程嬰持亡匿山中, 居十五年, 晉景公疾, 卜之曰:「大業之後不遂者爲崇.」景公疾問韓厥, 韓厥知趙孤在, 乃曰:「大業之後, 在晉絶祀者, 其趙氏乎! 夫自中衍皆嬴姓也, 中衍人面鳥喙, 降佐殷帝大戊及周天子, 皆有明德, 下及幽厲無道, 而叔帶去周適晉, 事先君文侯, 至于成公, 世有立功, 未嘗有絶祀; 今及吾君獨滅之, 趙宗國人哀之, 故見龜策, 唯君圖之.」景公問云:「趙尚有後子孫乎?」韓厥具以實對, 於是景公乃與韓厥謀立趙孤兒, 召而匿之宮中, 諸將入問疾, 景公因韓厥之衆, 以脅諸將而見趙孤, 孤名曰武, 諸將不得已乃曰:「昔下宮之難屠岸賈爲之, 矯以君令, 并命群臣, 非然孰敢作難, 微君之疾, 群臣固且請立趙後, 今君有令, 群臣之願也.」於是召趙武・程嬰徧拜諸將軍, 將軍遂返與程嬰趙武攻屠岸賈, 滅其族, 復與趙武田邑如故. 故人安可以無恩? 夫有恩於此攻復於彼; 非程嬰則趙孤不全, 非韓厥則趙後不復. 韓厥可謂不忘恩矣.

3. 《史記》 趙世家

趙朔, 晉景公之三年, 朔爲晉將下軍救鄭, 與楚莊王戰河上. 朔娶晉成公姊爲夫人. 晉景公之三年, 大夫屠岸賈欲誅趙氏. 初, 趙盾在時, 夢見叔帶持要而哭, 其悲; 已而笑, 拊手且歌. 盾卜之, 兆絶而後好. 趙史援占之, 曰:「此夢甚惡, 非君之身, 乃君之子, 然亦君之咎. 至孫, 趙將世益衰.」屠岸賈者, 始有寵於靈公, 及至於景公而賈爲司寇, 將作難, 乃治靈公之賊以致趙盾, 遍告諸將曰:「盾雖不知, 猶爲賊首. 以臣弒君, 子孫在朝, 何以懲罪? 請誅之.」韓厥曰:「靈公遇賊, 趙盾在外, 吾先君以爲無罪, 故不誅. 今諸君將誅其後, 是非先君之意而今安誅. 妄誅謂之亂. 臣有大事而君不聞,

是無君也.」屠岸賈不聽. 韓厥告趙朔趣亡. 朔不肯, 曰:「子必不絶趙祀, 朔死不恨.」
韓厥許諾, 稱疾不出. 賈不請而擅與諸將攻趙氏於下宮, 殺趙朔・趙同・趙括・趙嬰齊,
皆滅其族. 趙朔妻成公姊, 有遺腹, 走公宮匿. 趙朔客曰公孫杵臼, 杵臼謂朔友人程嬰
曰:「胡不死?」程嬰曰:「朔之婦有遺腹, 若幸而男, 吾奉之; 卽女也, 吾徐死耳.」
居無何, 而朔婦免身, 生男. 屠岸賈聞之, 索於宮中. 夫人置兒絝中, 祝曰:「趙宗滅乎,
若號; 卽不滅, 若無聲.」及索, 兒竟無聲. 已脫, 程嬰謂公孫杵臼曰:「今一索不得,
後必且復索之, 柰何?」公孫杵臼曰:「立孤與死孰難?」程嬰曰:「死易, 立孤難耳.」
公孫杵臼曰:「趙氏先君遇子厚, 子彊爲其難者, 吾爲其易者, 請先死」乃二人謀取他人
嬰兒負之, 衣以文葆, 匿山中. 程嬰出, 謬謂諸將軍曰:「嬰不肖, 不能立趙孤. 誰能與
我千金, 吾告趙氏孤處.」諸將皆喜, 許之, 發師隨程嬰攻公孫杵臼. 杵臼謬曰:「小人哉,
程嬰! 昔下宮之難不能死, 與我謀匿趙氏孤兒, 今又賣我. 縱不能立, 而忍賣之乎!」
抱兒呼曰:「天乎天乎! 趙氏孤兒何罪? 請活之, 獨殺杵臼可也.」諸將不許, 遂殺杵臼
與孤兒. 諸將以爲趙氏孤兒良已死, 皆喜. 然趙氏眞孤乃反在, 程嬰卒與俱匿山中.
居十五年, 晉景公疾, 卜之, 大業之後不遂者爲祟. 景公問韓厥, 厥知趙孤在, 乃曰:
「大業之後在晉絶祀者, 其趙氏乎? 夫自中衍者皆嬴姓也. 中衍人面鳥噣, 降佐殷帝
大戊, 及周天子, 皆有明德. 下及幽厲無道, 而叔帶去周適晉, 事先君文侯, 至于成公,
世有立功, 未嘗絶祀. 今吾君獨滅趙宗, 國人哀之, 故見龜策. 唯君圖之.」景公問:
「趙尚有後子孫乎?」韓厥具以實告. 於是景公乃與韓厥謀立趙孤兒, 召而匿之宮中.
諸將入問疾, 景公因韓厥之衆以脅諸將而見趙孤. 趙孤名曰武. 諸將不得已, 乃曰:
「昔下宮之難, 屠岸賈爲之, 矯以君命, 並命群臣. 非然, 孰敢作難! 微君之疾, 群臣固
且請立趙後. 今君有命, 群臣之願也.」於是召趙武・程嬰遍拜諸將, 遂反與程嬰・趙
武攻屠岸賈, 滅其族. 復與趙武田邑如故. 及趙武冠, 爲成人, 程嬰乃辭諸大夫, 謂趙
武曰:「昔下宮之難, 皆能死. 我非不能死, 我思立趙氏之後. 今趙武旣立, 爲成人,
復故位, 我將下報趙宣孟與公孫杵臼.」趙武啼泣頓首固請, 曰:「武願苦筋骨以報子
至死, 而子忍去我死乎!」程嬰曰:「不可. 彼以我爲能成事, 故先我死; 今我不報,
是以我事爲不成.」遂自殺. 趙武服齊衰三年, 爲之祭邑, 春秋祠之, 世世勿絶.

4.《史記》韓世家

韓厥, 晉景公之三年, 晉司寇屠岸賈將作亂, 誅靈公之賊趙盾. 趙盾已死矣, 欲誅其
子趙朔. 韓厥止賈, 賈不聽. 厥告趙朔令亡. 朔曰:「子必能不絶趙祀, 死不恨矣.」
韓厥許之. 及賈誅趙氏, 厥稱疾不出. 程嬰・公孫杵臼之藏趙孤趙武也, 厥知之.

5. 《論衡》吉驗篇

晉屠岸賈作難, 誅趙盾之子. 朔死, 其妻有遺腹子. 及岸賈聞之, 索於宮. 母置兒於袴中,
祝曰:「趙氏宗滅乎? 若當啼; 卽不滅, 若無聲.」及索之, 而終不啼, 遂脫得活. 程嬰齊
負之, 匿於山中. 至景公時, 韓厥言於景公, 景公乃與韓厥共立趙孤, 續趙氏祀, 是爲
文子. 當趙孤之無聲, 若有掩其口者矣. 由此言之, 趙文子立, 命也.

6. 《後漢書》馮衍傳 注

趙盾, 眞卿, 生趙朔, 朔娶晉成公姊爲夫人. 晉景公三年, 大夫屠岸賈誅趙氏, 殺趙朔,
滅其族. 朔妻有遺腹, 走公宮. 趙朔客程嬰·公孫杵臼. 杵臼謂程嬰曰:「胡不死?」
程嬰曰:「朔之婦有遺腹, 若幸而生男, 吾奉之; 卽女也, 吾徐死耳.」居無何, 朔妻生男,
屠岸賈聞之, 乃索於宮中. 夫人置兒於綺中, 祝曰:「趙宗滅乎, 若嗁. 卽不滅, 若無聲.」
及索兒, 竟無聲. 程嬰曰:「今一索不得, 後必復索之.」杵臼乃取它嬰兒負之匿山中.
諸將共攻殺杵臼幷孤兒, 然趙氏眞孤乃在程嬰所, 卽趙武也. 居十五年, 晉景公乃立
趙武爲卿, 而復其田邑.

7. 기타 참고자료

《公羊傳》宣公 6年·《左傳》成公 8年

148(7-28) 吳有士曰張胥鄙
절교했던 친구

오吳**나라**에 장서비張胥鄙와 담부오譚夫吾라는 두 선비가 있었다.
처음에는 잘 사귀었으나 뒤에 절교한 상태였다. 그런데 장서비가 죄를
지어 곧 사형을 당하게 되었다. 담부오는 자기 무리를 이끌고 가서
그를 구출해 주었다. 그들이 함께 밝은 길가에 나와서야 장서비는
자신을 구출해 준 자가 바로 담부오임을 알고 발길을 멈추고 이렇게
사양하였다.

"의義가 그대와 같지 않았기 때문에, 처음에는 그대와 사귀었으나
뒤에는 절교한 것입니다. 내 듣기로 군자란 자기의 위험을 모면하기
위하여 행동을 쉽게 바꾸지 않는다고 하였습니다. 지금 내가 그대를
따른다면 이는 나의 편안을 위하여 뜻을 마구 바꾸고, 위험을 모면하기
위하여 행위를 고치는 것이 됩니다. 내 그대의 도움으로 살아나느니
차라리 되돌아가서 죽음을 맞이하는 것만 못합니다."

이 이야기를 들은 합려闔閭가 이를 가상히 여겨 관리에게 그를 석방
시켜 주도록 하였다. 그러자 장서비는 이것조차 거부하였다.

"나의 의기는 담부오와 다릅니다. 그래서 그의 도움을 거부한 것입니다.
그런데 관리가 이 일로 해서 나를 풀어 준다면 이 역시 담부오 덕분에
내가 살아나는 것과 같습니다. 내 어찌 이런 것을 서둘러 받아들일
수 있겠습니까?"

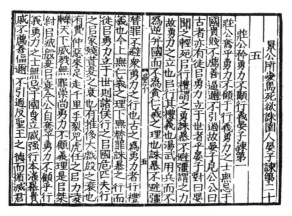

《晏子春秋》四部叢刊本

　　그리고는 끝내 벽에다 머리를 찧어 죽어 버렸다. 담부오가 이 소식을 듣고 이렇게 말하였다.

　　"내가 힘을 썼을 때 그가 받아 주지 않은 것은 내 행동이 환심을 사려는 잘못 때문이며, 그의 인물됨이 어떤지도 모르면서 그를 석방시켜 주려고 한 것은 어리석은 판단 때문이었다. 잘못된 행동으로 선비에게 용납되지도 못하고, 어리석은 판단으로 임금도 잘 섬기지 못하였으니, 나의 행동은 허황한 것이었다. 사람이 내가 힘써 살려 주려는 것을 그토록 싫어하다니, 나 역시 이 세상에 발을 딛고 서 있다는 것이 부끄럽기만 하도다."

　　그리고는 목을 끊고 죽어 버렸다. 군자가 이를 두고 이렇게 평하였다.

　　"담부오는 선비를 잃은 것이요, 장서비 역시 옳았다고 볼 수는 없다. 강직한 용기가 있다고는 말할 수 있을지 모르지만 절의가 있었다고는 말할 수 없다."

吳有士曰張胥鄙・譚夫吾. 前交而後絶. 張胥鄙有罪, 拘將死. 譚夫吾合徒而取之, 出至於道, 而後乃知其夫吾也.

輒行而辭曰:「義不同於子, 故前交而侯絶. 吾聞之: 君子不爲危易行. 今吾從子, 是安則肆志, 危則易行也. 與吾因子而生, 不若反拘而死.」

闔閭聞之, 令吏釋之.

張胥鄙曰:「吾義不同於譚夫吾, 故不受其任矣. 今吏以是出我, 以譚夫吾故免也, 吾庸遽受之乎?」

遂觸墻而死.

譚夫吾聞之曰:「我任而不受, 佞也; 不知而出之, 愚也. 佞不可而接士, 愚不可以事君, 吾行虛矣. 人惡以吾力生, 吾亦恥以此立於世.」

乃絶頸而死.

君子曰:「譚夫吾其以失士矣, 張胥鄙亦未爲得也. 可謂剛勇矣, 未可謂得節也.」

【張胥鄙】 吳나라 사람.
【譚夫吾】 역시 春秋時代 吳나라 사람.
【闔閭】 春秋時代 吳나라의 君主. 재위 19년(B.C. 514~496).

참고 및 관련 자료

※ 본장의 來源이나 出處는 알 수 없다. 《太平御覽》(410)에 採錄되어 있다.

149(7-29) 蘇武者
흉노에게 불복한 소무

소무蘇武란 사람은 우장군右將軍 평릉후平陵侯 소건蘇建의 아들이다. 효무황제孝武皇帝 때에 체중감栘中監이 되어 흉노匈奴에 사신으로 가게 되었다. 이때 흉노의 사신들이 자주 한漢나라에 투항하는 일이 일어나자 흉노 역시 소무를 항복시켜 이에 맞서려고 하였다.

선우單于는 귀인貴人인 한나라 출신의 위율衛律을 시켜 소무를 달래 도록 하였지만 소무는 이에 굴하지 않았다. 그래서 다시 높은 작위, 많은 봉록, 좋은 지위로 그를 유혹하였으나 소무가 끝내 굴복하지 아니하자 위율은 그의 음식을 끊어 버리고 말았다. 그런데도 며칠이 지나도록 소무는 항복하지 않는 것이었다. 다시 더운 여름날 두꺼운 털옷을 입히고 햇볕 아래에 사흘을 묶어 놓았지만 소무는 더욱 마음을 견결히 굳히고 끝내 요동도 하지 않는 것이었다. 그러면서 이렇게 말하였다.

"신하가 임금을 섬기는 것은 자식이 그 어버이를 섬기는 것과 같아 어버이를 위해 죽을 때는 어떠한 한스러움도 없는 것이다. 절개를 지켜 전혀 뜻을 바꾸지 않으리니, 비록 철월鐵鉞이나 탕확湯鑊의 죽음이 온다 할지라도 조금도 두렵지 않다. 높은 벼슬이나 지위는 나에게 있어서 전혀 영화로운 것이 아니다."

이에 흉노 역시 그의 절의를 높이 사게 되었다. 이처럼 소무는 그곳에 10여 년 동안 머물면서 끝내 항복하지 않았으니 가히 절의를 지킨 신하라고 해야 할 것이다. 《시詩》에 "내 마음 돌이 아니니, 굴릴

〈漢并天下〉와 〈單于和親〉 瓦當(한)

수도 없지. 내 마음 멍석이 아니니, 말 수도 없지”라 하였으니, 바로
소무와 같은 경우이다. 흉노는 소무가 죽었다고 거짓 소문을 퍼뜨렸다.

뒤에 한나라에서 소무가 살아 있다는 것을 알고 사자를 보내어 그를
찾아 나서자 흉노 역시 그의 절의를 사모하여 돌려보내 주었다. 이에
한나라에서는 소무를 높여 전속국典屬國을 삼아 그를 다른 신하와 다름을
현창해 주었다.

蘇武者, 故右將軍平陵侯蘇建子也. 孝武皇帝時, 以武爲栘中
監使匈奴.

是時, 匈奴使者數降漢, 故匈奴亦欲降武以取當. 單于使貴
人故漢人衛律說武, 武不從, 乃設以貴爵, 重祿尊位, 終不聽.
於是, 律絶不與飮食, 武數日不降. 又當盛暑, 以旃厚衣幷束,
三日暴, 武心意愈堅, 終不屈撓.

稱曰:「臣事君, 由子事父也. 子爲父死, 無所恨, 守節不移,
雖有鐵鈇湯鑊之誅而不懼也. 尊官顯位而不榮也.」

匈奴亦由此重之.

武留十餘歲, 竟不降下, 可謂守節臣矣.

詩云:『我心匪石, 不可轉也. 我心匪席, 不可卷也.』蘇武之謂也.
匈奴紿言武死, 其後漢聞武在, 使使者求武, 匈奴欲慕義, 歸武,
漢尊武以爲典屬國, 顯異於他臣也.

【蘇武】漢나라 杜陵人. 字는 子卿. 武帝 때 匈奴에 사신으로 가서 19년을 견디고
　　돌아왔다.《漢書》蘇武傳 참조.
【蘇建】蘇武의 부친. 平陵侯.
【杅中監】《漢書》昭帝紀에『杅中監蘇武』라 하였고, 蘇林의 註에『杅, 廐名也』라
　　하였으며, 如淳은『爾雅唐杅, 杅也. 杅, 園之中有馬廐也』라 하였다. 馬監을 말한다.
【匈奴】北쪽 異民族. Hun族. 商周 때에는 鬼方, 昆夷, 獯鬻. 周나라 때에는 玁狁,
　　春秋時代에는 戎狄, 戰國時代에는 匈奴, 또는 胡로 불렀다.
【單于】漢나라 때 匈奴의 君長을『單于』라 부른다.
【衛律】원래 胡人으로 漢나라에서 자랐다. 李延年과 친하였으며, 匈奴에게 사신
　　으로 갔다가 이연년이 피살되는 것을 보고 두려워 匈奴에 남아 丁今王이 되었다.
【由子事父】由는 猶와 같다.
【鐵鉞】즉 斧鉞. 古代의 斬首用 刑具. 다른 판본에는『鈇鉞』로 되어 있다.
【湯鑊】끓는 솥. 古代 烹刑의 刑具.
【詩云】《詩經》邶風 柏舟의 구절.
【紿言】속임. 紿는 속이다의 뜻.〈사고전서〉본에는『紿』가『終』자로 잘못 판각
　　되어 있다.
【典屬國】외국에서 항복해 온 자를 관리하는 직책.《漢書》昭帝紀 註에『典屬國:
　　本秦官, 漢因之. 掌歸義蠻夷. 屬官有九譯令. 後省幷大鴻臚』라고 하였다.

참고 및 관련 자료

1.《漢書》蘇武傳

單于使衛律治其事. 張勝聞之, 恐前語發, 以狀語武. 武曰:「事如此, 此必及我. 見犯乃
死, 重負國.」欲自殺, 勝·惠共止之. 虞常果引張勝. 單于怒, 召諸貴人議, 欲殺漢使者.
左伊秩訾曰:「卽謀單于, 何以復加? 宜皆降之.」單于使衛律召武受辭, 武謂惠等:「屈節

辱命, 雖生, 何面目以歸漢!」引佩刀自刺. 衛律驚, 自抱持武, 馳召醫. 鑿地爲坎, 置熅火,
覆武其上, 蹈其背以出血. 武氣絶, 半日復息. 惠等哭, 輿歸營. 單于壯其節, 朝夕遣人候
問武, 而收繫張勝. 武益愈, 單于使使曉武. 會論虞常, 欲因此時降武. 劍斬虞常己, 律曰:
「漢使張勝謀殺單于近臣, 當死, 單于募降者赦罪.」擧劍欲擊之, 勝請降. 律謂武曰:「副
有罪, 當相坐.」武曰:「本無謀, 又非親屬, 何謂相坐?」復擧劍擬之, 武不動. 律曰:
「蘇君, 律前負漢歸匈奴, 幸蒙大恩, 賜號稱王, 擁衆數萬, 馬畜彌山, 富貴如此. 蘇君今
日降, 明日復然. 空以身膏草野, 誰復知之!」武不應. 律曰:「君因我降, 與君爲兄弟,
今不聽吾計, 後雖欲復見我, 尙可得乎?」武罵律曰:「女爲人臣子, 不顧恩義, 畔主背親,
爲降虜於蠻夷, 何以女爲見. 且單于信女, 使決人死生, 不平心持正, 反欲鬪兩主, 觀禍
敗. 南越殺漢使者, 屠爲九郡; 宛王殺漢使者, 頭縣北闕; 朝鮮殺漢使者, 卽時誅滅. 獨匈
奴未耳. 若知我不降明, 欲命兩國相攻, 匈奴之禍從我始矣.」律知武終不可脅, 白單于.
單于愈益欲降之, 乃幽武置大窖中, 絶不飲食. 天雨雪, 武臥齧雪與旃毛幷咽之, 數日
不死, 匈奴以爲神. 乃徙武北海上無人處, 使牧羝, 羝乳乃得歸. 別其官屬常惠等, 各置
他所. 武旣至海上, 廩食不至, 掘野鼠去中實而食之. 杖漢節牧羊, 臥起操持, 節旄盡落.
積五六年, 單于弟於靬王弋射海上. 武能網紡繳, 檠弓弩, 於靬王愛之, 給其衣食. 三歲
餘, 王病, 賜武馬畜服匿穹廬. 王死後, 人衆徙去. 其冬, 丁令盜武牛羊, 武復窮厄. 初,
武與李陵俱爲侍中, 武使匈奴明年, 陵降, 不敢求武. 久之, 單于使陵至海上, 爲武置酒
設樂, 因謂武曰:「單于聞陵與子卿素厚, 故使陵來說足下, 虛心欲相待. 終不得歸漢,
空自苦亡人之地, 信義安所見乎? 前將軍爲奉車. 從至雍棫陽宮, 扶輦下除, 觸柱折轅,
劾大不敬, 伏劍自刎, 賜錢二百萬以葬. 孺卿從祠河東后土, 宦騎與黃門駙馬爭船, 推墮
駙馬河中溺死, 宦騎亡, 詔使孺卿逐捕不得, 惶恐飲藥而死. 來時, 大夫人已不幸, 陵送葬
至陽陵. 子卿婦年少, 聞已更嫁矣. 獨有女弟二人, 兩女一男, 今復十餘年, 存亡不可知.
人生如朝露, 何久自苦如此! 陵始降時, 忽忽如狂, 自痛負漢, 加以老母繫保宮, 子卿不
欲降, 何以過陵? 且陛下春秋高, 法令亡常, 大臣亡罪夷滅者數十家, 安危不可知, 子卿
尙復誰爲乎? 願聽陵計, 勿復有云.」武曰:「武父子亡功德, 皆爲陛下所成就, 位列將,
爵通侯, 兄弟親近, 常願肝腦塗地. 今得殺身自效, 雖蒙斧鉞湯鑊, 誠甘樂之. 臣事君,
猶子事父也, 子爲父死亡所恨. 願勿復再言.」陵與武飲數日, 復曰:「子卿壹聽陵言.」
武曰:「自分已死久矣! 王必欲降武, 請畢今日之驩, 效死於前!」陵見其至誠, 喟然歎曰:
「嗟乎, 義士! 陵與衛律之罪上通於天.」因泣下霑衿, 與武決去.
陵惡自賜武, 使其妻賜武牛羊數十頭. 後陵復至北海上, 語武:「區脫捕得雲中生口,
言太守以下吏民皆白服, 曰上崩.」武聞之, 南鄉號哭, 歐血, 旦夕臨. 數月, 昭帝卽位.

數年, 匈奴與漢和親. 漢求武等, 匈奴詭言武死. 後漢使復至匈奴, 常惠請其守者與俱, 得夜見漢使, 具自陳道. 教使者謂單于, 言天子射上林中, 得雁, 足有係帛書, 言武等在某澤中. 使者大喜, 如惠語以讓單于. 單于視左右而驚, 謝漢使曰:「武等實在.」於是李陵置酒賀武曰:「今足下還歸, 揚名於匈奴, 功顯於漢室, 雖古竹帛所載, 丹青所畫, 何以過子卿! 陵雖駑怯, 令漢且貰陵罪, 全其老母, 使得奮大辱之積志, 庶幾乎曹柯之盟, 此陵宿昔之所不忘也. 收族陵家, 爲世大戮, 陵尚復何顧乎? 已矣! 令子卿知吾心耳. 異域之人, 壹別長絕!」陵起舞, 歌曰:「徑萬里兮度沙幕, 爲君將兮奮匈奴. 路窮絕兮矢刃摧, 士衆滅兮名已隤. 老母已死, 雖欲報恩將安歸!」陵泣下數行, 因與武決. 單于召會武官屬, 前以降及物故, 凡隨武還者九人.

武以元始[始元]六年春至京師. 詔武奉一太牢謁武帝園廟, 拜爲典屬國, 秩中二千石, 賜錢二百萬, 公田二頃, 宅一區. 常惠・徐聖・趙終根皆拜爲中郎, 賜帛各二百匹. 其餘六人老歸家, 賜錢人十萬, 復終身. 常惠後至右將軍, 封列侯, 自有傳. 武留匈奴凡十九歲, 始以彊壯出, 及還, 須髮盡白.

武來歸明年, 上官桀子安與桑弘羊及燕王・蓋主謀反. 武子男元與安有謀, 坐死. 初桀・安與大將軍霍光爭權, 數疏光過失予燕王, 令上書告之. 又言蘇武使匈奴二十年不降, 還乃爲典屬國, 大將軍長史無功勞, 爲搜粟都尉, 光顓權自恣. 及燕王等反誅, 窮治黨與, 武素與桀・弘羊有舊, 數爲燕王所訟, 子又在謀中, 廷尉奏請逮捕武. 霍光寢其奏, 免武官.

數年, 昭帝崩, 武以故二千石與計謀立宣帝, 賜爵關內侯, 食邑三百戶. 久之, 衛將軍張安世薦武明習故事, 奉使不辱命, 先帝以爲遺言. 宣帝卽時召武待詔宦者署, 數進見, 復爲右曹典屬國. 以武著節老臣, 令朝朔望, 號稱祭酒, 甚優寵之.

武所得賞賜, 盡以施予昆弟故人, 家不餘財. 皇后父平恩侯・帝舅平昌侯・樂昌侯・車騎將軍韓增・丞相魏相・御史大夫丙吉皆敬重武. 武年老, 子前坐事死, 上閔之, 問左右:「武在匈奴久, 豈有子乎?」武因平恩侯自白:「前發匈奴時, 胡婦適産一子通國, 有聲問來, 願因使者致金帛贖之.」上許焉. 後通國隨使者至, 上以爲郎. 又以武弟子爲右曹. 武年八十餘, 神爵二年病卒.(下略)

2.《漢書》昭帝紀

栘中監蘇武前使匈奴, 留單于庭十九歲乃還, 奉使全節, 以武爲典屬國, 賜錢百萬.

3.《蘇武》李白

蘇武在匈奴, 十年持漢節, 白雁上林飛, 空傳一書札. 牧羊邊地苦, 落日歸心絕, 湯飲月窟水, 飢餐天上雪, 東還沙塞遠, 北愴河梁別. 泣把李陵衣. 相看淚成血.

卷八

의용義勇

(150~163)

〈輜車〉畵像磚 1953 四川 成都 출토

150(8-1) 陳恒弑簡公而盟
배신할 수 없는 군신의 예

진항陳恒이 간공簡公을 시해하고 나서 대신들과 맹약을 맺었다. 그리고 나서 맹약에 참가한 집안의 사람은 살려 주고, 참가하지 아니한 집안의 사람은 모두 죽여 버렸다. 이때 석타인石他人이라는 자가 이렇게 말하였다.

"지난날 그 임금을 섬기던 자는 그에 맞는 임금을 만나 그를 섬긴 것이다. 그런데 지금 누가 나에게 '임금을 버리고 나를 섬기도록 하라'라고 한다면 나(他人)는 그렇게 할 수 없다. 비록 그렇기는 하나 맹약에 참가하지 않으면 그 부모까지 죽이겠다는 위협 때문에 그 맹약에 참가한다면, 이는 군신의 예禮가 아님이 분명하다.

난세에 태어났기 때문에 바른 행동을 하지 못하고, 포악한 윗사람에게 협박을 받았기 때문에 도의를 행하지 못하게 되었다. 그러므로 비록 맹약에 참가하여 부모의 죽음을 면하게 되었다 할지라도 이는 물러나 자살함으로써 그 윗사람에게 예로 대하는 것만 같지 못하다."

그리고는 자살하여 버렸다.

陳恒弑簡公而盟, 盟者皆完其家, 不盟者殺之.

石他人曰:「昔之事其君者, 皆得其君而事之, 今謂他人曰: 『舍而君而事我.』他人不能. 雖然, 不盟則殺父母也. 從而盟,

是無君臣之禮也. 生於亂世, 不得正行; 劫於暴上, 不得道義. 故雖盟, 不以父母之死, 不如退而自殺, 以禮其君.」

　乃自殺.

【陳恒】陳氏는 뒤에 田氏로 바꾸어 《史記》에는 田常으로 실려 있다. 闞止와 함께 簡公을 섬기다가 闞止가 簡公의 사랑을 받아 陳氏를 축출하려 하였다. 陳豹가 이 사실을 알고 고하자 陳恒은 闞止와 簡公을 죽이고 平公을 세웠다. 諡號는 成子. 《論語》 憲問篇에 『陳成者弑簡公, 孔子沐浴而朝, 告於哀公曰: ‘陳恒弑其君, 請討之.’ 公曰: ‘告夫三子.’……』라 하였다.

【齊 簡公】春秋時代의 齊나라 君主. 재위 4년(B.C. 484〜481).

【石他人】人名.

〔 참고 및 관련 자료 〕

1. 《左傳》 哀公 14年 經

齊人弑其君壬于舒州.

2. 《左傳》 哀公 14年 傳

甲午, 齊陳恒弑其君壬于舒州. 孔丘三日齊, 而請伐齊三. 公曰:「魯爲齊弱久矣, 子之伐之, 將若之何?」對曰:「陳恒弑其君, 民之不與者半. 以魯之衆加齊之半, 可克也.」公曰:「子告季孫.」孔子辭, 退而告人曰:「吾以從大夫之後也, 故不敢不言.」

3. 《韓詩外傳》 卷六

田常弑簡公, 乃盟於國人, 曰:「不盟者, 死及家」石他曰:「古之事君者, 死其君之事. 舍君以全親, 非忠也; 舍親以死君之事, 非孝也; 他則不能. 然不盟, 是殺吾親也. 從人而盟, 是背吾君也. 嗚呼! 生亂世, 不得正行; 劫乎暴人, 不得全義. 悲夫!」乃進盟, 以免父母; 退伏劍, 以死其君. 聞之者曰:「君子哉! 安之命矣!」詩曰:『人亦有言, 進退惟谷.』石先生之謂也.

4. 기타 참고자료

《太平御覽》(418)

151(8-2) 陳恒弑君
아무리 협박해도

진항陳恒이 그 임금을 시해하고 나서 용사 여섯 명으로 하여금 자연서子淵棲를 협박하여 자신을 지지토록 하였다.

그러자 자연서가 이렇게 말하였다.

"그대는 내가 지지해 주기를 바라는데 그대는 이로써 나를 지혜롭게 하려는가? 신하로서 군주를 죽인 자는 지혜로운 것이 아니다. 그대는 이로써 나를 인의仁義롭게 하려는가? 이익을 보고 군주를 배반하는 이는 인의로운 자가 아니다. 그대는 이로써 나를 용기 있는 사람이 되게 하려는가? 무력으로 나를 겁박하여 그대와 함께 한다 해도 이는 용기 있는 자가 아니다. 나로 하여금 이 세 가지를 잃게 한다면 내가 그대와 함께 한들 그대에게 무슨 도움이 되겠으며, 내게 이 세 가지가 있다면 끝내 그대를 따르지 않을 것임은 분명한 것이다."

이 말에 진항도 그를 풀어 주고 말았다.

陳恒弑君, 使勇士六人劫子淵棲, 子淵棲曰:「子之欲與我, 以我爲知乎? 臣弑君, 非知也; 以我爲仁乎? 見利而背君, 非仁也; 以我爲勇乎? 劫我以兵, 懼而與子, 非勇也. 使吾無此三者, 與何補於子? 若吾有此三者, 終不從子矣.」

乃舍之.

【陳恒】簡公을 죽인 사람. 田常. 陳成子. 본《新序》(8) 150(8-1) 참조.

【子淵棲】子川捷 혹은 子淵捷이 아닌가 한다. 齊나라 景公의 孫子.《太平御覽》
　(347) 참조.

참고 및 관련 자료

※ 본장은 來源과 出處를 알 수 없다.

152(8-3) 宋閔公臣長萬以勇力聞
임금의 뺨을 후려갈겨

宋宋 민공閔公의 신하로서 장만長萬이라는 자가 있었는데 용맹하기로 널리 알려졌다. 그는 노魯나라와의 싸움에 패배하여 사로잡힌 채 노나라 궁중에 갇혔다가 몇 달 뒤 풀려나 송나라로 돌아오게 되었다. 그러던 어느 날 민공과 함께 바둑을 두게 되었다. 부인들이 옆에 지키고 있는데 민공이 장만에게 이렇게 물었다.

"노나라 임금과 나를 비교하면 누가 더 멋진가?"

그러자 장만이 이렇게 말하였다.

"노나라 임금이 멋지지요. 천하에 제후들이 많지만 오직 노나라 임금만이 있을 뿐입니다. 그는 임금이 될 만한 인물입니다."

이 말에 민공은 자신이 더 잘났다고 부인들에게 자랑하면서 이를 질투하였다. 그리고는 민공이 이렇게 빈정댔다.

"너는 한갓 노나라에 포로로 잡혀 있었을 뿐인데 어찌 그렇게 잘 아는가?"

그러자 장만이 노하여 민공의 뺨을 후려갈겨 버렸다. 민공은 이가 빠져 쏟아졌고 목이 꺾여 죽어 버렸다.

이 때 구목仇牧이란 자가 임금이 죽었다는 소식을 듣고 달려오다가 궁문 앞에서 장만과 마주치자 칼을 쥔 채 그를 꾸짖었다. 이에 장만은 팔로 구목도 쳐서 죽여 버렸다. 얼마나 힘이 세었던지 그의 입에서 튀어나온 이빨이 궁문 지붕 위로 날아가 위에 떨어질 정도였다. 구목은 강포함을 두려워하지 아니한 사람이라 할 수 있다. 임금의 난難을 보고 달려가서 발길을 되돌리지 않았던 것이다.

宋閔公臣長萬以勇力聞, 萬與魯戰, 師敗, 爲魯所獲, 囚之宮中, 數月, 歸之宋. 與閔公博, 婦人在側, 公謂萬曰:「魯君孰與寡人美?」

萬曰:「魯君美, 天下諸侯, 唯魯君耳. 宜其爲君也.」

閔公矜婦人妒, 因言曰:「爾魯之囚虜爾, 何知?」

萬怒, 遂搏閔公頰, 齒落於口, 絶吭而死. 仇牧聞君死, 趨而至, 遇萬於門, 携劍而叱之.

萬臂擊仇牧而殺之, 齒著於門闔. 仇牧可謂不畏彊禦矣. 趨君之難, 顧不旋踵.

【宋 閔公】春秋時代 宋나라 君主. 湣公으로도 쓴다. 재위 10년(B.C. 691~682).
【長萬】姓은 南宮, 이름은 萬. 宋萬으로도 쓴다.
【閔公矜婦人妒】이 부분은 "민공이 기분이 상하였고, 부인들조차 노나라 임금을 두고 질투하였다"라고 풀이하기도 한다.
【仇牧】人名. 宋 閔公의 臣下.
【絶吭】"목구멍이 막혀 숨이 끊어지다"로 풀이하기도 한다.

참고 및 관련 자료

1. 《公羊傳》莊公 12年

夏, 四月, 八月, 甲午, 宋萬弑其君接, 及其大夫仇牧, 及者何, 累也, 弑君多矣, 舍此無累者乎, 孔父·荀息皆累也, 舍孔父·荀息無累者乎? 曰:「有.」有則此何以書? 賢也, 何賢乎仇牧? 仇牧可謂不畏彊禦矣. 其不畏彊禦奈何? 萬嘗與莊公戰, 獲乎莊公, 莊公, 歸散舍諸宮中. 數月, 然後歸之. 歸反, 爲大夫於宋, 與閔公博, 婦人皆在側, 萬曰:「甚矣! 魯侯之淑, 魯侯之美也. 天下諸侯宜爲君者, 唯魯侯爾.」閔公矜此婦人, 妒其言. 顧曰:「此虜也, 爾虜焉故, 魯侯之美惡乎至?」萬怒, 搏閔公絶其脰, 仇牧聞君弑, 趨而至, 遇之于門, 手劍而叱之, 萬臂搋仇牧, 碎其首, 齒著乎門闔, 仇牧可謂不畏彊禦矣. 冬, 十月, 宋萬出奔陳.

2. 《韓詩外傳》卷八

宋萬與莊公戰, 獲乎莊公戰. 莊公散舍諸宮中. 數月, 然後歸之. 反爲大夫于宋. 宋萬
與閔公博, 婦人皆在側. 萬曰:「甚矣! 魯侯之淑, 魯侯之美也. 天下諸侯宜爲君者,
惟魯侯耳.」閔公矜此婦人, 妬其言, 顧曰:「爾虜, 焉知魯侯之美惡乎?」宋萬怒,
博閔公, 絶脰. 仇牧聞君弒, 趨而至, 遇之于門中. 手劍而叱之. 萬臂搟仇牧, 碎其首,
齒著乎門闔. 仇牧可謂不畏强禦矣. 詩曰:『惟仲山甫, 柔亦不茹, 剛亦不吐.』

3. 《左傳》莊公 12年

經; 秋八月甲午, 宋萬弒其君捷及其大夫仇牧.

傳; 十二年秋, 宋萬弒閔公于蒙澤. 遇仇牧于門, 批而殺之. 遇大宰督于東宮之西,
又殺之. 立子游. 群公子奔蕭, 公子卿說奔亳. 南宮牛, 猛獲帥師圍亳.

經; 冬十月, 宋萬出奔陳.

4. 《史記》宋微子世家

十年下, 宋伐魯, 戰於乘丘, 魯生虜宋南宮萬. 宋人請萬, 萬歸宋. 十一年秋, 湣公與
南宮萬獵, 因博爭行, 湣公怒, 辱之, 曰:「始吾敬若; 今若, 魯虜也.」萬有力, 病此言,
遂以局殺湣公于蒙澤. 大夫仇牧聞之, 以兵造公門. 萬搏牧, 牧齒著門闔死. 因殺太
宰華督, 乃更立公子游爲君. 諸公子犇蕭, 公子禦說犇亳. 萬弟南宮牛將兵圍亳. 冬,
蕭及宋之諸公子共擊殺南宮牛, 弒宋新君游而立湣公弟禦說, 是爲桓公. 宋萬犇陳.
宋人請以賂陳. 陳人使婦人飲之醇酒, 以革裹之, 歸宋. 宋人醢萬也.

5. 《春秋繁露》王道

宋閔公矜婦人而心妬, 與大夫萬博, 萬譽魯莊公曰:「天下諸侯宜爲君者, 唯魯侯爾.」
閔公妬其言, 曰:「此虜也. 爾虜焉故? 魯侯之美惡乎至.」萬怒, 搏閔公, 絶脰, 此以與
臣博之過也.

153(8-4) 崔杼弑莊公
칼이 목에 들어와도

최저崔杼가 장공莊公을 시해하고, 사대부들로 하여금 맹약을 맺도록 하되, 모두 칼을 풀고 들어오도록 하였다. 그리고 손가락을 잘라 피를 내어 맹약하되 이에 응하지 않은 자는 죽이겠다고 하여, 죽임을 당한 자가 10여 명에 이르게 되었다. 안자晏子의 차례가 되자 안자가 그 피 그릇을 들고 하늘을 향해 이렇게 탄식하였다.

"악독하도다, 최자여! 장차 그토록 무도한 짓을 하려고 임금을 죽였구나."

이에 참가한 자들이 모두 그를 바라보았다. 그러자 최저가 안자에게 이렇게 제의하였다.

"그대가 나를 지지해 준다면 이 나라를 반씩 나누어 갖도록 하겠소. 그러나 그대가 만약 나에게 동조하지 않는다면 그대를 죽여 버리겠소. 곧은 칼로는 찔러 죽이고 굽은 칼로는 베어 죽이겠소. 오직 그대의 뜻대로 하시오."

그러자 안자가 이렇게 대답하였다.

"나는 듣기로 이익에 눈이 어두워 그 임금을 배반하는 것은 인仁이 아니며, 칼날의 협박에 못 이겨 그 지조를 바꾸는 것은 용勇이 아니라고 하였소이다. 《시詩》에 '저 즐거우신 우리 군자, 복을 구하되 양심에 꺾임이 없네'라 하였으니, 나嬰는 결코 뜻을 바꾸지 않을 것이요, 곧은 칼로 찌르고 굽은 칼로 벤다 하여도 내 뜻은 바꿀 수 없소."

이에 최저도 할 수 없이 그를 놓아주었다. 안자가 급히 뛰어나와 말고삐를 마부에게 내려뜨려 주었다. 마부가 급히 말을 몰려 하자 안자가 그의 손을 두드리며 이렇게 말하였다.

"수풀 속의 호표虎豹가 주방에 붙들려 와서 운명을 기다리고 있는 상황이다. 빨리 뛴다고 생명이 연장되는 것도 아니요, 천천히 간다고 죽음이 빨라지는 것도 아니다. 떳떳하게 절도대로 하고 그런 후에 떠나려무나."

《시詩》에 "저런 분이시라면, 어떠한 위기에도 변절 없으리"라 하였으니, 안자 같은 이를 두고 한 말이다.

崔杼弑莊公, 令士大夫盟者, 皆脫劒而入, 言不疾指不至血者死, 所殺十人. 次及晏子.

晏子奉栖血仰天歎曰:「惡乎, 崔子! 將爲無道, 殺其君.」

盟者皆視之. 崔杼謂晏子曰:「子與我, 我與子分國; 子不吾與, 吾將殺子. 直兵將推之, 曲兵將勾之, 唯者圖之.」

晏子曰:「嬰聞: 回以利而背其君者, 非仁也; 劫以刃而失其志者, 非勇也. 詩云:『愷悌君子, 求福不回.』嬰可謂不回矣. 直兵推之, 曲兵鉤之, 嬰之不回也.」

崔子舍之, 晏子趨出, 授綏而垂, 其僕將馳.

晏子拊其手曰:「虎豹在山林, 其命在庖廚. 馳不益生, 緩不益死, 按行成節, 然後去之.」

詩云:『彼己之子, 舍命不渝.』晏子之謂也.

【崔杼】齊나라 大夫. 莊公을 죽였다. 史官에게 弑害하였다고 쓰지 못하게 한 일로 유명하다.《新序》132(7-12) 참조.

【莊公】春秋時代 齊나라 君主. 재위 6년(B.C. 553~548).
【晏子】晏嬰, 晏平仲. 莊公·景公 때의 유명한 宰相.
【詩云】《詩經》大雅 旱麓의 구절.
【詩云】《詩經》鄭風 羔裘의 구절.

1.《左傳》襄公 25年

二十五年夏, 崔杼弑其君光.

2.《呂氏春秋》知分

晏子與崔杼盟, 其辭曰:「不與崔氏, 而與公孫氏者, 受其不祥.」晏子俛而飲血, 仰而
呼天曰:「不與公孫氏而與崔氏者, 受此不祥.」崔杼不說, 直兵造胸, 句兵鉤頸, 謂晏
子曰:「子變子言, 則齊國吾與子共之, 子不變子言, 則今是已.」晏子曰:「崔子!
子獨不爲夫詩乎? 詩曰:『莫莫葛藟, 延于條枚. 凱弟君子, 求福不回.』嬰且可以回
而求福乎? 子惟之矣.」崔杼曰:「此賢者, 不可殺也.」罷兵而去. 晏子授綏而乘,
其僕將馳, 晏子撫其僕之手曰:「安之! 毋失節. 疾不必生, 徐不必死. 鹿生於山而命
懸於廚. 今嬰之命, 有所懸矣.」晏子可謂知命矣. 命也者, 不知所以然而然者也,
人事智巧以舉錯者不得與焉. 故命也者, 就之未得, 去之未失. 國士知其若此也, 故以
義爲之, 決而安處之.

3.《晏子春秋》內篇 雜上

崔杼旣弑莊公而立景公. 杼與慶封相之. 劫諸將軍大夫, 及顯士庶人于太宮之坎上.
令無得不盟者, 爲壇三仞, 埳其下, 以甲千列環其内外. 盟者皆脫劍而入. 維晏子不肯,
崔杼許之. 有敢不盟者, 戟鉤其頸, 劍承其心, 令自盟曰:「不與崔慶而與公室者,
受其不祥. 言不疾, 指不至血者死.」所殺七人. 次及晏子. 晏子奉栖血, 仰天歎曰:
「嗚呼! 崔子爲無道, 而弑其君. 不與公室而與崔慶者, 受此不祥.」俛而飲血. 崔杼謂
晏子曰:「子變子言, 則齊國吾與子共之. 子不變子言, 戟旣在脰, 劍旣在心, 維子圖
之也.」晏子曰:「劫吾以刃而失其志, 非勇也. 回吾以利而倍其君, 非義也. 崔子,
子獨不爲夫詩乎? 詩云:『莫莫葛藟, 施于條枚. 愷悌君子, 求福不回』今嬰且可以回
而求福乎? 曲刃鉤之, 直兵推之, 嬰不革矣.」崔杼將殺之, 或曰:「不可! 子以子之君
無道, 而殺之, 今其臣有道之士也. 又從而殺之, 不可以爲敎矣.」崔杼遂舍之. 晏子曰:

「若大夫爲大不仁, 而爲小仁, 焉有中乎?」趨出, 援綏而乘. 其僕將馳, 晏子撫其手曰:
「徐之.疾不必生, 徐不必死. 鹿生于野, 命縣于廚. 嬰命有繫矣.」按之成節, 而後去.
詩云:「彼己之子, 舍命不渝.」晏子之謂也.

4.《韓詩外傳》卷二

崔杼弒莊公, 合士大夫盟. 盟者皆脫劍而入. 言不疾, 措血至者死. 所殺者十餘人,
次及晏子. 奉杯血, 仰天而嘆曰:「惡乎, 崔杼! 將爲無道, 而殺其君」於是盟者皆視之.
崔杼謂晏子曰:「子與我, 吾將與子分國; 子不與我, 殺子! 直兵將推之, 曲兵將鉤之.
吾願子之圖之也.」晏子曰:「吾聞: 留以利而倍其君, 非仁也; 劫以刃而失其志者,
非勇也. 詩曰:『莫莫葛藟, 延于條枚. 愷悌君子, 求福不回.』嬰其可回矣? 直兵推之,
曲兵鉤之, 嬰不之革也.」崔杼曰:「舍晏子!」晏子起而出, 授綏而乘, 其僕馳, 晏子撫
其手曰:「麋鹿在山林, 其命在庖廚. 命有所懸, 安在疾驅?」安行成節, 然後去之.
詩曰:『羔裘如濡, 洵直且侯; 彼己之子, 舍命不渝.』晏子之謂也.

5.《後漢書》馮衍傳 注

晏子春秋曰: 齊大夫崔杼弒齊莊公. 乃劫諸大夫盟. 有敢不盟者, 戟鉤其頸, 劍承其心.
曰:「不與崔氏而與公室者, 盟神視之, 言不疾, 指不至血者死」所殺七人. 後及晏子.
晏子奉血仰天曰:「崔氏無道而殺其君. 若有能復崔氏而嬰不與, 盟神視之.」遂仰而
飲血. 崔氏曰:「晏子與我, 則齊國吾與共之; 不與我, 則戟在脰, 劍在心, 子圖之.」
晏子曰:「劫吾以刃而失其意, 非勇也. 留吾以利而背其君, 非義也. 詩云:『愷悌君子,
求福不回』嬰可以回而求福乎? 劍刃鉤之, 直兵推之, 嬰不革矣.」崔子遂釋之,

6. 기타 참고자료

《論衡》命義篇

154(8-5) 佛肸以中牟叛
동조하면 벼슬을 주리라

필힐佛肸이 중모中牟 땅에서 반란을 일으킨 다음, 마당에 솥을 걸어놓고 사대부들을 불러 모았다.

"나에게 동조하는 자에게는 읍을 줄 것이요, 반대하는 자는 이 솥에 삶아 죽이리라."

이 말에 대부들이 모두 지지하겠다고 나섰다. 마침내 전비田卑의 차례가 되었다. 전비는 중모 읍 사람이었다. 그는 이렇게 말하였다.

"옳은 죽음일 경우는 부월斧鉞의 형벌도 피하지 않는 법이며, 의가 궁해졌다 해도 벼슬자리 준다는 유혹에는 넘어가지 않는 법입니다. 옳지 못하게 살거나 인仁을 저버리면서까지 부유해지느니 차라리 삶겨 죽는 편이 낫다."

그리고는 옷을 걷어붙이고 솥 안으로 뛰어들려 하였다. 놀란 필힐이 신발을 벗어 던지듯 달려가 이를 살려내었다. 조씨趙氏가 그곳의 반란 소식을 듣고 공격하여 진압시킨 다음, 전비가 그에게 동조하지 않았다는 사실을 듣고 그를 찾아 상을 내리려 하였다. 그러자 전비는 이렇게 말하였다.

"안 됩니다. 한 사람을 돋보이게 하여 1만 사람을 고개 숙이게 하는 일은 지혜로운 자라면 하지 않습니다. 또 한 사람에게 상을 주어 1만 사람을 부끄럽게 하는 일에 대해서는 의로운 사람이라면 동의하지 않습니다. 제가 상을 받으면 중모의 선비들로 하여금 부끄러움을 가슴에 안고 살도록 하는 것이니 옳은 일이 아닙니다."

이렇게 상을 사양하고 그곳을 떠나면서 이렇게 말하였다.

"내가 옳은 일을 하였다고 이를 가지고 남에게 임하면서 눌러 사는 것도 도리가 아니다. 나는 떠나리라."

그리고는 드디어 남쪽의 초楚 땅으로 가 버렸다.

佛肸以中牟叛, 置鼎於庭, 致士大夫曰:「與我者受邑, 不吾與者烹.」

大夫皆從之.

至於田卑. 田卑, 中牟之邑人也.

曰:「義死不避斧鉞之罪, 義窮不受軒冕之服. 無義而生, 不仁而富, 不如烹.」

褰衣將就鼎, 佛肸脫屨而生之. 趙氏聞其叛也, 攻而取之. 聞田卑不肯與也, 求而賞之.

田卑曰:「不可也, 一人擧而萬夫俛首, 智者不爲也; 賞一人以慙萬夫, 義者不取也. 我受賞, 使中牟之士懷恥, 不義.」

辭賞從處, 曰:「以行臨人, 不道, 吾去矣.」

遂南之楚.

【佛肸】人名. 春秋時代 晉나라 中牟의 大夫. 일찍이 孔子를 불렀으나 공자가 가지 않았다.

【中牟】地名.

【田卑】《說苑》에는 田基. 《水經注》에는 田英으로 되어 있다.

【軒冕】軒車와 冕服. 높은 벼슬자리를 말한다.

【脫屨】헌 신발 버리듯 망설임 없이 급히 포기함을 말한다. 그러나 '너무 급박하여 신발이 벗겨져도 달려 나감'을 뜻한다고도 한다.

【從處】盧文弨는 《群書拾補》에서 『從』은 『徙』로 보아야 한다고 하였다.

1. 《論語》陽貨篇

佛肸召, 子欲往. 子路曰:「昔者由也聞諸夫子曰:『親於其身爲不善者, 君子不入也.』佛肸以中牟畔, 子之往也, 如之何?」子曰:「然, 有是言也. 不曰『堅乎, 磨而不磷; 不曰白乎, 涅而不緇.』吾豈匏瓜也哉? 焉能繫而不食?」

2. 《說苑》立節篇

佛肸用中牟之縣畔, 設祿邑炊鼎曰:「與我者受邑, 不與我者其烹.」中牟之士皆與之. 城北餘子田基獨後至, 袪衣將入鼎曰:「基聞之, 義者軒冕在前, 非義弗乘; 斧鉞於後, 義死不避.」遂袪衣將入鼎, 佛肸播而之趙, 簡子屠中牟, 得而取之, 論有功者, 用田基爲始, 田基曰:「吾聞廉士不恥人, 如此而受中牟之功, 則中牟之士終身慚矣.」襁負其母, 南徙於楚, 楚王高其義待以司馬.

3. 《水經注》卷22 渠水

中牟縣; 趙襄子時, 佛肸以中牟叛, 置鼎於庭, 不與己者烹之, 田英將褰裳赴鼎處也.

4. 기타 참고자료

《太平御覽》(633, 645)

155(8-6) 楚太子建
비굴해지지 않겠다

초楚나라의 태자太子 건建이 비무극費無極의 참소를 입어 추방을 당하였다. 그때 태자 건의 아들 승勝은 마침 국외에 있었다. 훗날 자서 子西는 승을 불러 백白 땅을 다스리게 하면서 백공白公이라 부르는 등 그를 달래었다. 그러나 승은 초나라가 자신의 아버지를 축출한 것에 대해 원한을 품고 장차 혜왕惠王과 자서를 죽일 계획을 세웠다. 그런데 역갑易甲이란 자가 문제였다. 이에 병사를 풀어 역갑의 집을 둘러싼 후 이렇게 제의하였다.

"그대가 내 편을 들어준다면 부귀에 대해서는 걱정하지 않아도 된다. 그러나 거부할 경우 여기서 결판을 내리라."

이 제의에 역갑이 웃으면서 이렇게 말하였다.

"일찍이 그대는 나를 의로운 사람이라고 하였는데 지금 잊었는가? 천하를 준다 해도 의롭지 않은 일은 내 할 수 없다. 또 나를 아무리 무력으로 위협한다 해도 의롭지 않은 일이라면 역시 나는 복종할 수 없다. 지금 그대는 장차 임금을 죽이려 하면서 나로 하여금 편을 들어 달라고 하는데 이는 이전에 나를 의롭다 한 말과 거리가 멀다.

그대가 비록 이익으로써 나를 유혹하거나 무력으로 나를 위협한다 해도 나는 차마 할 수 없다. 그대가 그대의 위세를 가지고 나를 대한다면 나도 나의 의義를 밝히는 길로 맞설 수밖에 없다. 그대를 맞아 똑같이 무기로 싸우는 것은 다투는 짓이요, 그대의 말에 응대하는 것은 비루한 행동이다. 내 들으니 선비란 의를 세울 때는 다투지 아니하며, 죽음에 이르러서는 말로 비루하게 굴지 않는다고 하였다."

그리고는 팔짱을 끼고 칼을 기다리며 얼굴색 하나 변함이 없었다.

楚太子建以費無極之譖見逐. 建有子曰勝, 在外, 子西召勝, 使治白, 號曰白公. 勝怨楚逐其父, 將弑惠王及子西. 欲得易甲, 陳士勒兵, 以示易甲曰 : 「與我, 無患不富貴; 不吾與, 則此是也.」

易甲笑曰 : 「嘗言吾義矣, 君子忘之乎? 立得天下, 不義, 吾不敢也; 威吾以兵, 不義, 吾不從也. 今子將弑子之君, 而使我從子, 非吾前義也. 子雖告我以利, 威我以兵, 吾不忍爲也. 子行子之威. 則吾亦得明吾義也. 逆子以兵, 爭也; 應子以聲, 鄙也. 吾聞 : 士立義不爭, 行死不鄙.」

拱而待兵, 顏色不變也.

【太子 建】楚나라 平王의 아들. 費無極이 太子를 위해 秦나라 공주를 보고 와서 미인인 것을 알고 平王에게 대신 바치고 나서, 그 후환이 두려워 太子를 참훼하여 城父로 쫓아 버렸다.

【費無極】《史記》에는 費無忌로 되어 있다.

【勝】太子 建의 아들. 伍子胥의 도움을 받아 楚나라에 들어왔다.

【子西】惠王의 叔父. 태자 건의 아우. 당시 令尹이었다. 〈四庫全書〉 夾註에 「子西, 太子建之弟, 勝之叔父也」라 하였다.

【白公】勝을 달래기 위하여 白 땅을 주고 白公이라 부른 것.

【惠王】春秋 말기 戰國 초의 楚나라 君主. 재위 57년(B.C. 488~432).

【易甲】人名. 楚나라 대신. '이갑'으로도 읽음.

1. 《左傳》昭公 19年 傳

楚子之在蔡也, 溴陽封人之女奔之, 生大子建. 及卽位, 使伍奢爲之師, 費無極爲少師, 無寵焉. 欲讒諸王曰:「建可室矣.」王爲之聘於秦, 無極與逆, 勸王娶之. 正月, 楚夫人嬴氏至自秦.

2. 《左傳》昭公 20年 傳

費無極言於楚子曰:「建與伍奢將以方城之外叛, 自以爲猶宋·鄭也. 齊·晉又交輔之, 將以害楚,其事集矣.」王信之, 問五奢. 伍奢對曰:「君一過多矣, 何信於讒?」王執伍奢, 使城父司馬奮揚殺大子. 未至, 而使遣之. 三月, 大子建奔宋. 王昭奮揚, 使城父人執己以至. 王曰:「言出於余口, 入於爾耳, 誰告建也?」對曰:「臣告之. 君王命臣曰:『事建如事余.』臣不佞, 不能苟貳. 奉初以還, 不忍後命, 故遣之. 旣而悔之, 亦無及已.」王曰:「而敢來, 何也?」對曰:「使而失命, 召而不來, 是再奸也. 逃無所入.」王曰:「歸, 從政如他日.」無極曰:「奢之子材, 若在吳, 必憂楚國, 盍以免其父召之. 彼仁, 必來. 不然, 將爲患.」王使召之, 曰:「來, 吾免而父.」棠君尙謂其弟員曰:「爾適吳, 我將歸死. 吾知不逮, 我能死, 爾能報. 聞免父之命, 不可以莫之奔也; 親戚爲戮, 不可以莫之報也. 奔死免父, 孝也; 度功而行, 仁也; 擇任而往,知也; 知死不辟, 勇也. 父不可棄, 名不可廢, 爾其勉之! 相從爲愈.」伍尙歸. 奢聞員不來, 曰:「楚君, 大夫其旰食乎!」楚人皆殺之. 員如吳, 言伐楚之利於州于. 公子光曰:「是宗爲戮, 而欲反其讎, 不可從也.」員曰:「彼將有他志, 余姑爲之求士, 而鄙以待之.」乃見鱄設諸焉, 而耕於鄙.

3. 기타 참고자료

《左傳》哀公 16年 (157, 8-8의 참고란을 볼 것)·《渚宮舊事》(2)

156(8-7) 白公勝將弑楚惠王
나를 지지하지 않으면

백공白公 승勝이 장차 초楚 혜왕惠王을 시해하려 하자, 왕은 도망가 버리고 영윤令尹과 사마司馬는 모두 죽임을 당하였다. 백공은 칼을 빼어 들고 굴려屈廬에게 들이대면서 이렇게 협박하였다.

"그대가 나를 지지해 주면 그대를 살려 주려니와 나에게 동조하지 않으면 그대를 죽여 버리리라."

이에 굴려가 이렇게 말하였다.

"너는 너의 숙부를 죽이고 나에게 그 복을 구하려 하니 이것이 옳은 일이냐? 내 듣기로 천명을 아는 선비는 이익을 보고도 움직이지 아니 하며, 위기에 임해서도 두려워하지 않는다고 하였다. 남의 신하 노릇 하는 자는 살게 되면 살고 죽게 되면 죽는 것, 이를 일컬어 신하의 예禮라 하는 것이다. 그러므로 위로 하늘의 명을 알고 아래로 신하의 도를 아는 나에게 협박한다고 될 일이겠느냐? 그대는 어찌 나를 어서 칼로 찌르지 않는가?"

이에 백공 승은 그 칼을 거두어 집어넣고 말았다.

白公勝將弑楚惠王, 王出亡, 令尹·司馬皆死, 拔劍而屬之於屈廬曰:「子與我, 將舍子; 子不與我, 必殺子.」

廬曰:「子殺叔父而求福於廬也, 可乎? 吾聞: 知命之士, 見利

不動, 臨危不恐; 爲人臣子, 時生則生, 時死則死, 是謂人臣之禮.
故上知天命, 下知臣道, 其有可劫乎? 子胡不推之?」

　　白公勝乃內其劍.

【白公 勝】앞 장 참조.
【楚 惠王】앞 장 참조.
【令尹】楚나라의 최고 관직. 당시 子西가 令尹이었다.
【司馬】군사 책임자.
【屈廬】人名. 楚나라 대신.
【廬曰】이 다음에 『詩有之, 曰莫莫葛芸, 肆於條枝, 愷悌君子, 求福不回, 令』
　　등 21字가 더 있는 것으로 여기고 있다. 孫詒讓은 《後漢書》와 《太平御覽》 348을
　　근거로 보충해 넣어야 한다고 주장하였다.

　　참고 및 관련 자료

1. 《後漢書》 左周黃列傳 및 註
昔白公作亂於楚, 屈廬冒刃而前; 崔杼弑君於齊, 晏嬰不懼其盟.

2. 기타 참고자료
《渚宮舊事》(2)·《太平御覽》(421, 438)

157(8-8) 白公勝旣殺令尹司馬
나라를 가질 욕심으로

백공白公 승勝이 이미 영윤令尹과 사마司馬를 살해한 다음, 왕자王子 여閭를 세워 왕으로 앉히려 하였다. 왕자 여가 이에 응하지 않자 칼을 들고 이를 협박하였다. 그러자 왕자 여가 이렇게 말하였다.

"왕손으로서 이 초楚나라를 잘 보필하여 왕실을 바로잡고 그렇게 한 연후에 스스로 보호를 삼는 것, 이것이 저의 소원입니다. 그런데 지금 그대는 위엄을 빌려 폭력으로 왕실을 휘저으며, 살벌하게 이 나라를 어지럽히고 있으니, 저는 비록 죽는다 하여도 그대의 의견을 따를 수 없습니다."

그러자 백공 승이 이렇게 물었다.

"이 초나라만큼 큰 나라는 천하에 없다. 하늘이 그대에게 주었는데 그대는 어찌하여 마다하는 것인가?"

그래도 왕자 여가 이렇게 거부하였다.

"내가 듣건대 천하를 사양하는 자는 그 이익을 가벼이 여겨서가 아니라 그 덕을 밝히기 위함이라 하였습니다. 또 제후 자리를 마다하는 자는 그 자리가 싫어서가 아니라 그 행위를 깨끗하게 하기 위함이라 하였습니다. 지금 내가 코앞의 나라를 가질 욕심에 사로잡혀 임금을 잊는다면 이는 어진 행동이라 할 수 없습니다. 또 흰 칼날에 위협을 당하여 의를 잃는다면 이는 용勇을 저버리는 처사입니다. 그대가 비록 이익으로 나를 유혹하고 무력으로 나를 위협한다 해도 나는 할 수 없습니다."

이에 백공은 더 이상 강요해도 굴복하지 아니하자 끝내 그를 죽여 버리고 말았다. 뒤에 섭공葉公 고高가 무리를 이끌고 백공을 주벌하여 혜왕惠王을 귀국시키게 되었다.

白公勝旣殺令尹司馬, 欲立王子閭以爲王. 王子閭不肯, 劫之 以刃, 王子閭曰:「王孫輔相楚國, 匡正王室, 而后自庇焉, 閭之 願也. 今子假威以暴王室, 殺伐以亂國家, 吾雖死, 不子從也.」

　　白公勝曰:「楚國之重, 天下無有. 天以與子, 子何不受也?」

　　王子閭曰:「吾聞: 辭天下者, 非輕其利也, 以明其德也; 不爲 諸侯者, 非惡其位也, 以潔其行也. 今吾見國而忘主, 不仁也; 劫白刃而失義, 不勇也. 子雖告我以利, 威我以兵, 吾不爲也.」

　　白公强之, 不可, 遂殺之. 葉公高率衆誅白公, 而反惠王於國.

【白公 勝】《新序》(8) 155(8-6) 참조.

【王子 閭】楚나라 惠王의 아들.

【后自庇焉】后는 後와 같다.

【葉公 高】葉 땅의 子高.

【楚 惠王】《新序》(8) 155(8-6) 참조.

> ### 참고 및 관련 자료

1.《左傳》哀公 16年 傳

楚大子建之遇讒也, 自城父奔宋; 遇辟華氏之亂魚鄭. 鄭人甚善之. 又適晉, 與晉人 謀襲鄭, 乃求復焉. 鄭人復之如初. 晉人使諜於子木, 請行而期焉. 子木暴虐於其私邑, 邑人訴之. 鄭人省之, 得晉諜焉, 遂殺子木. 其子曰勝, 在吳, 子西欲召之. 葉公曰:

「吾聞勝也詐而亂, 無乃害乎?」子西曰:「吾聞勝也信而勇, 不爲不利. 舍諸邊竟, 使衛藩焉.」葉公曰:「周仁之謂信, 率義之謂勇, 吾聞勝也好復言, 而求死士, 殆有私乎? 復言, 非信也; 期師, 非勇也. 子必悔之.」弗從. 召之, 使處吳竟, 爲白公. 請伐鄭, 子西曰:「楚未節也. 不然, 吾不忘也.」他日, 又請, 許之, 未起師. 晉人伐鄭, 楚救之, 與之盟. 勝怒, 曰:「鄭人在此, 讎不遠矣.」勝自厲劍, 子期之子平見之, 曰:「王孫何自厲也?」曰:「勝以直聞, 不告女, 庸爲直乎? 將以殺爾父.」平以告子西, 子西曰:「勝如卵, 余翼而長之. 楚國, 第我死, 令尹, 司馬, 非勝而誰?」勝聞之, 曰:「令尹之狂也! 得死, 乃非我.」子西不悛. 勝謂石乞曰:「王與二卿士, 皆五百人當之, 則可矣.」乞曰:「不可得也.」曰:「市南有熊宜僚者, 若得之, 可以當五百人矣.」乃從白公而見之. 與之言, 說. 告之故, 辭, 承之以劍, 不動. 勝曰:「不爲利諂, 不爲威惕, 不洩人言以求媚者, 去之.」吳人伐愼, 白公敗之. 請以戰備獻, 許之, 遂作亂. 秋七月, 殺子西, 子期于朝, 而劫惠王. 子西以袂掩面而死. 子期曰:「昔者, 吾以力事君, 不可以弗終.」抉豫章以殺人而後死. 石乞曰:「焚庫, 弑王. 不然, 不濟.」白公曰:「不可. 弑王, 不祥; 焚庫, 無聚, 將何以守矣?」乞曰:「有楚國而治其民, 以敬事神, 可以得祥, 且有聚矣, 何患?」弗從. 葉公在蔡, 方城之外皆曰:「可以入矣.」子高曰:「吾聞之, 以險徼幸者, 其求無饜, 偏重必離.」聞其殺齊管脩也, 而後入. 白公欲以子閭爲王, 子閭不可, 遂劫以兵. 子閭曰:「王孫若安靖楚國, 匡正王室, 而後庇焉, 啓之願也, 敢不聽從? 若將專利以傾王室, 不顧楚國, 有死不能.」遂殺之, 而以王如高府. 石乞尹門. 圉公陽穴宮, 負王以如昭夫人之宮. 葉公亦至, 乃北門, 或遇之, 曰:「君胡不胄? 國人望君如望慈父母焉. 盜賊之矢若傷君, 是絶民望也, 若之何不胄?」乃胄而進. 又遇一人曰:「君胡胄? 國人望君如望歲焉, 日日以幾, 若見君面, 是得艾也. 民知不死, 其亦夫有奮心, 猶將旌君以徇於國; 而又掩面以絶民望, 不亦甚乎!」乃免胄而進. 遇箴尹固帥其屬, 將與白公. 子高曰:「微二子者, 楚不國矣. 棄德從賊, 其可保乎?」乃從葉公. 使與國人以攻白公, 白公奔山而縊. 其徒微之. 生拘石乞而問白公之死焉. 對曰:「余知其死所, 而長者使余勿言.」曰:「不言, 將烹.」乞曰:「此事克則爲卿, 不克則烹, 固其所也, 何害?」乃烹石乞. 王孫燕奔頯黃氏. 諸梁兼二事, 國寧, 乃使寧爲令尹, 使寬爲司馬, 而老於葉.

2. 기타 참고자료

《渚宮舊事》(2)・《太平御覽》(421)

158(8-9) 白公之難
백공의 난

백공白公의 난 때 초楚나라에 장선莊善이라는 자가 있었다. 그는 장차 어머니를 사직하고 그 난에 맞서서 싸우다가 죽으려고 하였다. 그때 그 어머니가 이렇게 물었다.

"어버이를 버리고 임금을 위해서 죽는 것이 가히 의義라고 할 수 있느냐?"

그러자 장선이 이렇게 대답하였다.

"제가 듣기로 임금을 섬기는 자는 안으로는 임금의 봉록으로 집을 다스리며, 밖으로는 임금을 위해 목숨을 바친다고 하였습니다. 지금 이렇게 어머니를 봉양해 드릴 수 있는 것은 바로 임금의 봉록 때문입니다. 그런데 어찌 이 몸이 죽지 않을 수 있겠습니까?"

그리고는 드디어 인사를 하고 집을 나섰다. 그런데 그가 싸움터 공문公門에 다다르는 동안 세 번이나 수레에서 넘어지는 것이었다. 이를 본 그의 마부가 물었다.

"그대는 두려워하는 것이 아닙니까?"

그가 솔직히 대답하였다.

"두렵다."

마부가 다시 이렇게 물었다.

"그렇게 두렵다면 어찌 되돌아가지 않습니까?"

장선이 이렇게 대답하였다.

"두려움이란 나의 사사로운 감정이다. 의롭게 죽는다는 것은 나의 공적인 의무이다. 듣건대 군자란 사사로운 감정 때문에 공적인 의무를 저버려서는 안 된다고 하였다."

그리고는 그 공문에 이르러 목을 찔러 죽어 버렸다. 군자가 이를 이렇게 평하였다.

"의를 좋아하였도다!"

白公之難, 楚人有莊善者, 辭其母將往死之.

其母曰:「棄其親而死其君, 可謂義乎?」

莊善曰:「吾聞: 事君者, 內其祿而外其身. 今所以養母者, 君之祿也. 身安得無死乎?」

遂辭而行.

比至公門, 三廢車中, 其僕曰:「子懼矣.」

曰:「懼.」

「旣懼, 何不返?」

莊善曰:「懼者, 吾私也; 死義, 吾公也. 聞君子不以私害公.」

及公門, 刎頸而死.

君子曰:「好義乎哉!」

【白公之難】太子 建의 아들 勝이 일으킨 亂. 앞장 참조.
【莊善】人名. 楚나라 臣下.
【公門】궁궐 문.

1. 《韓詩外傳》 卷一

楚白公之難, 有仕之善者, 辭其母, 將死君. 其母曰:「棄母而死君, 可乎?」曰:「聞事君者, 內其祿而外其身. 今之所以養母者, 君之祿也, 請往死之.」比至朝, 三廢車中. 其僕曰:「子懼, 何不反?」曰:「懼, 吾事也, 死君, 吾公也. 吾聞君子不以私害公.」遂死之. 君子聞之曰:「好義哉! 必濟矣夫!」詩云:『深則厲, 淺則揭.』此之謂也.

2. 《藝文類聚》(22)

楚白公之難, 有社之善者, 辭其母, 將死君難. 其母曰:「弃母死君, 可乎?」社之善曰:「聞事君者, 內其祿而外其身. 今之所養母者, 君之祿也, 請往死之.」比至朝, 三廢車中. 其僕曰:「子懼, 何不反也?」社之善曰:「懼, 吾私也, 死君, 吾公也. 吾聞君子不以私害公.」遂死之.

3. 기타 참고자료

《太平御覽》(429, 439, 499)·《渚宮舊事》(2)·《冊府元龜》(927)

159(8-10) 齊崔杼弑莊公也
인자로서의 용기

제齊나라 최저崔杼가 장공莊公을 시해하였을 때였다. 진부점陳不占이란 자가 있었는데, 임금이 시해되었다는 소식을 듣고 찾아 나서려 하였다. 그런데 떠나면서 밥을 먹을 때는 숟가락을 놓치고 수레에 오르면서는 난간을 제대로 잡지 못하는 등 겁을 먹은 눈치였다. 그러자 그의 마부가 물었다.

"이렇게 겁을 먹고서야 찾아간들 무슨 일을 하겠습니까?"

그러자 부점이 이렇게 대답하였다.

"임금을 위해서 죽는 것은 의義이다. 용기가 없는 것은 나의 사사로움 이다. 사사로움으로 공公을 그르칠 수는 없다."

그러나 그 싸우는 곳까지 가서 그만 전투소리를 듣고 놀라 죽어 버렸다. 사람들이 이렇게 말하였다.

"부점은 인자仁者로서의 용기를 가진 사람이라고 할 만하다."

齊崔杼弑莊公也, 有陳不占者, 聞君難, 將赴之, 比去, 餐則失匕, 上車失軾.

御者曰:「怯如是, 去有益乎?」

不占曰:「死君, 義也; 無勇, 私也. 不以私害公.」
遂往, 聞戰鬪之聲, 恐駭而死.
人曰:「不占可謂仁者之勇也.」

【齊崔杼弑莊公】 齊나라 崔杼가 莊公을 죽인 일. 《新序》(7) 132(7-12) 참조.
【陳不占】 人名. 《孟子》 趙岐 註에는 『陳不瞻』으로 되어 있다.

<!-- 참고 및 관련 자료 -->
참고 및 관련 자료

1. 《左傳》 襄公 25年

본장은 《太平御覽》 418·499에 《韓詩外傳》에서 引用하였다고 하였으나 今本 《韓詩
外傳》에는 없음.

160(8-11) 知伯囂之時
절교한 옛 군주

지백효知伯囂 때에 장아자어長兒子魚라는 선비가 있었는데 지백과 절교를 선언하고 떠나 버렸다. 3년이 지난 후, 그는 장차 동쪽의 월越 나라로 가는 길에 마침 지백효가 살해당하였다는 소식을 듣고 자신의 마부에게 이렇게 일렀다.

"수레를 돌려라. 내 장차 지백을 위하여 죽으리라."

그러자 마부가 물었다.

"선생께서는 지백과 절교하고 만나지 않은 지가 이미 3년이나 됩니다. 그런데 지금 돌아가 그를 위해 죽겠다니, 그렇다면 절교와 사귐의 구별이 되지 않는군요."

이에 장아자어가 이렇게 설명하였다.

"그렇지 않다. 내 듣기로 어진 이는 사랑을 남김없이 쓰고, 충신은 그 녹祿을 남김없이 쓴다고 하였다. 내 지금 지백이 죽었다는 소식을 듣고 마음이 움직였다. 나에게 더 많이 베풀었던 그의 여록(은혜)이 지금껏 나에게 남아 있으니, 내 장차 그를 좇아가리라."

그리고는 그를 위해 찾아가 죽었다.

知伯罃之時, 有士曰長兒子魚, 絶知伯而去之.

三年, 將東之越, 而道聞知伯罃之見殺也, 謂御曰:「還車反, 吾將死之.」

御曰:「夫子絶知伯而去之, 三年矣. 今反死之, 是絶屬無別也.」

長兒子魚曰:「不然. 吾聞: 仁者無餘愛, 忠臣無餘祿. 吾聞知伯之死而動吾心, 餘祿之加於我者, 至今尚存, 吾將往依之.」

反而死.

【知伯罃】春秋時代 晉나라 六卿의 하나. 知罃.《戰國策》趙策(一) 참고.
【長兒子魚】人名.
【依】從과 같음. '따르다'의 뜻으로 본다.

※ 이 고사는 柱厲叔의 사건과 매우 흡사하다.

1.《呂氏春秋》恃君篇

柱厲叔事莒敖公, 自以爲不知, 而去居於海上, 夏日則食菱芡, 冬日則食橡栗. 莒敖公有難, 柱厲叔辭其友而往死之. 其友曰:「子自以爲不知故去, 今又往死之, 是知與不知無異別也.」柱厲叔曰:「不然. 自以爲不知故去. 今死而弗往死, 是果知我也. 吾將死之以醜後世主之不知其臣者也, 所以激君人者之行, 而厲人主之節也.」行激節厲, 忠臣幸於得察. 忠臣察則君道固矣.

2.《列子》說符篇

柱厲叔事莒敖公, 自爲不知己, 去, 居海上. 夏日則食菱芰, 冬日則食橡栗. 莒敖公有難, 柱厲叔辭其友而往死之. 其友曰:「子自以爲不知己, 故去. 今往死之, 是知與不知無辨也.」柱厲叔曰:「不然! 自以爲不知, 故去. 今死, 是果不知我也. 吾將死之, 以醜後世之人主不知其臣者也.」凡知則死之, 不知則弗死, 此直道而行者也; 柱厲叔可謂戇以忘其身者也.

3.《說苑》立節篇

莒穆公有臣曰朱厲附, 事穆公, 不見識焉, 冬處於山林食杼栗, 夏處洲澤食菱藕. 穆公以難死, 朱厲附將往死之. 其友曰:「子事君而不見識焉, 今君難吾子死之, 意者其不可乎!」朱厲附曰:「始我以爲君不吾知也, 今君死而我不死, 是果不知我也; 吾將死之, 以激天下不知其臣者.」遂往死之.

4. 기타 참고자료

《太平御覽》(418)・《戰國策》趙策(一)

161(8-12) 衛懿公有臣曰弘演
홍연의 충성

위衛나라 의공懿公의 신하 중에 홍연弘演이라는 자가 있었다. 마침 멀리 사신으로 갔을 때 적인狄人들이 이 위나라를 공격해 왔다. 그런데 위나라 백성들은 이렇게 빈정댔다.

"임금에게 봉록과 직위를 받은 자는 학鶴뿐이며, 임금 때문에 부자가 된 자는 궁중 사람들뿐이다. 그러니 임금께서 학이나 궁중 사람들을 시켜 싸우게 하면 되지, 우리가 어찌 나가 싸우겠는가?"

그리고는 모두 흩어지고 말았다.

적인들은 의공을 형택滎澤까지 추격하여 죽인 후, 그 살은 다 먹고 간만 남겨 놓은 채 떠나 버렸다.

홍연은 그곳에 이르러 그 간에게 자신이 사신으로 다녀온 임무의 보고를 마치자 하늘을 향해 울부짖으며 그 슬픔이 다한 후에야 그쳤다. 그리고 나서 이렇게 말하였다.

"신은 청컨대 임금의 몸뚱이가 되어 드리겠습니다."

그리고는 자신의 배를 갈라 그 속에 의공의 간을 집어넣고는 죽어 버렸다. 제齊 환공桓公이 이 소문을 듣고 말하였다.

"위나라가 망한 것은 그 임금이 무도하였기 때문이다. 그러나 그의 신하 중에 이런 자가 있으니, 그런 나라는 망하게 그냥 둘 수 없다."

그리하여 초구楚丘에서 위나라를 구해 주었다.

衛懿公有臣曰弘演, 遠使未還.

狄人攻衛, 其民曰:「君之所與祿位者, 鶴也; 所富者, 宮人也. 君使宮人與鶴戰, 余焉能戰?」

遂潰而去. 狄人追及懿公於榮澤, 殺之, 盡食其肉, 獨捨其肝. 弘演至, 報使於肝, 畢.

呼天而號, 盡哀而止. 曰:「臣請爲表.」

因自刺其腹, 乃懿公之肝而死.

齊桓公聞之曰:「衛之亡也以無道, 今有臣若此, 不可不存.」

於是救衛於楚丘.

【衛 懿公】春秋時代 衛나라 君主. 惠公의 아들. 이름은 赤. 재위 8년(B.C. 668~661). 학을 좋아하였다 한다.

【弘演】懿公의 臣下.

【狄人】북방 異民族.

【榮澤】地名. 지금의 河南省 榮陽縣.

【表】겉, 즉 懿公의 몸이 없어져 간만 남아 있음을 두고 자신의 몸으로 의공의 간을 담아 줌을 비유한 말로 풀이하였다.

【齊 桓公】春秋五霸의 하나. 재위 43년(B.C. 685~643).

【楚丘】地名. 지금의 河南省 滑縣.

참고 및 관련 자료

1. 《左傳》 閔公 2年 傳

冬十二月, 狄人伐衛. 衛懿公好鶴, 鶴有乘軒者. 將戰, 國人受甲者皆曰:「使鶴! 鶴實有祿位, 余焉能戰?」

2. 《呂氏春秋》 忠廉篇

衛懿公有臣曰弘演, 有所於使. 翟人攻衛, 其民曰:「君之所予位祿者, 鶴也; 所貴富者,

宮人也. 君使宮人與鶴戰, 余焉能戰?」遂潰而去. 翟人至, 及懿公於榮澤, 殺之, 盡食其肉, 獨捨其肝. 弘演至, 報使於肝. 畢, 呼天而啼, 盡哀而止, 曰:「臣請爲禠.」因自殺, 先出其腹實, 内懿公之肝. 桓公聞之曰:「衛之亡也, 以爲無道也. 今有臣若此, 不可不存.」於是復立衛於楚丘. 弘演可謂忠矣, 殺身出生以徇其君. 非徒徇其君也, 又令衛之宗廟復立, 祭祀不絶, 可謂有功矣.

3. 《韓詩外傳》卷七

衛懿公之時, 有臣曰弘演者, 受命而使未反, 而狄人攻衛. 於是懿公欲興師迎之. 其民皆曰:「君之所貴而有禄位者, 鶴也; 所愛者, 宮人也. 亦使鶴與宮人戰, 余安能戰?」遂潰而皆去. 狄人至, 攻懿公於熒澤, 殺之, 盡食其肉, 獨舍其肝. 弘演至, 報使於肝, 辭畢, 呼天而號. 哀止, 曰:「若臣者, 獨死可耳.」於是, 遂自剡出腹實, 内懿公之肝, 乃死. 桓公聞之, 曰:「衛之亡也, 以無道也, 今有臣若此, 不可不存.」於是復立衛於楚丘. 如弘演, 可謂忠士矣. 殺身以捷其君, 非徒捷其君, 又令衛之宗廟復立, 祭祀不絶, 可謂有大功矣. 詩曰:『四方有羨, 我獨居憂, 民莫不穀, 我獨不敢休.』

4. 《新書》(賈誼) 卷六 春秋

衛懿公喜鶴, 鶴有飾以文繡, 賦斂繁多而不顧其民, 貴優而輕大臣. 群臣或諫則面叱之. 及翟伐衛, 寇挾城堞矣. 衛君垂淚而拜其臣民曰:「寇迫矣. 士民其勉之.」士民曰:「君亦使君之貴優, 將君之愛鶴以爲君戰矣. 我儕棄人也. 安能守戰?」乃潰門而出走, 翟寇遂入, 衛君奔死, 遂喪其國.

5. 《史記》衛康叔世家

懿公卽位, 好鶴, 淫樂奢侈. 九年, 翟伐衛, 衛懿公欲發兵, 兵或畔. 大臣言曰:「君好鶴, 鶴可令擊翟.」翟於是遂入, 殺懿公.

6. 《史記》衛康叔世家 正義

左傳云: 衛懿公好鶴, 鶴有乘軒者. 狄伐衛, 公欲戰, 國人受甲者, 皆曰:「使鶴, 鶴實有禄位, 余焉能戰!」

7. 《論衡》儒增

儒書言:「衛有忠臣弘演, 爲衛哀公使, 未還, 狄人攻哀公而殺之, 盡食其肉, 獨捨其肝. 弘演使還, 致命於肝. 痛哀公之死, 身肉盡, 肝無所附, 引刀自剡其腹, 盡出其腹實, 乃内哀公之肝而死.」言此者, 欲稱其忠矣. 言其自剡内哀公之肝而死, 可也; 言盡出其腹實乃内哀公之肝, 增之也.

8. 《藝文類聚》(20)

狄人殺衛懿公, 盡食其肉, 獨舍其肝, 弘演使還, 哭畢呼天, 因自出其肝, 內懿公之肝,
齊桓公聞之曰:「弘演可謂忠矣.」

9. 기타 참고자료

《冊府元龜》(739)

162(8-13) 羋尹文者
깃폭을 잘라버린 천윤문

천윤문羋尹文이라는 자는 형荊나라에서 사슴이나 쫓고 돼지나 모는 그러한 인물이었다. 사마자기司馬子期가 운몽雲夢에 사냥을 가면서 그 깃발의 천이 너무 길어 땅에 질질 끌릴 지경이었다. 천윤문이 이를 보자 칼을 뽑아 그 길이를 식軾까지 맞춘 다음 베어 버렸다.

그러자 뒤따르던 수레의 부하들이 활을 뽑아들고 전통箭篰에서 화살을 꺼낸 다음 그를 향해 겨누면서 막 쏘려고 하였다. 그러자 사마자기가 식軾에 엎드려 그에게 물었다.

"내가 선생에게 무슨 죄라도 지었습니까?"

그러자 천윤문이 이렇게 대답하였다.

"그대의 깃발이 땅에 끌리기에 이를 잘라 버려 일이 벌어진 것입니다. 임금의 깃발이라면 그 길이가 진軫까지 닿을 수 있으나, 대부의 깃발은 식軾까지만 닿아야 합니다. 지금 그대는 형나라의 이름 있는 대부로서 세 단 정도는 줄여야겠기에 제가 잘라 버린 것입니다. 그래서는 안 되는 것입니까?"

자기가 이 말을 듣고 기뻐하며 그를 수레에 태우고 함께 임금이 있는 곳까지 데리고 갔다. 임금은 자세한 내용을 모른 채 이렇게 말하였다.

"내 듣자하니 그대의 깃발을 자른 자가 있다면서요. 그 자가 지금 어디 있습니까? 내 그 자를 죽여 버리겠습니다."

자기가 천윤문이 하였던 말을 임금에게 들려주었다.

그러자 임금은 대단히 기뻐하며 그를 강남령江南令에 봉하였는데 그 곳은 잘 다스려졌다.

芊尹文者, 荊之歐鹿彘者也. 司馬子期獵於雲夢, 載旗之長拖地. 芊尹文拔劍齊諸軾而斷之, 貳車抽弓於韔, 援矢於箭, 引而未發也.

司馬子期伏軾而問曰:「吾有罪於夫子乎?」

對曰:「臣以君旗拽地故也. 國君之旗齊於軫, 大夫之旗齊於軾. 今子荊國有名大夫, 而減三等, 文之斷也, 不亦可乎?」

子其悅, 載之王所.

王曰:「吾聞有斷子之旗者, 其人安在? 吾將殺之.」

子期以文之言告, 王悅, 使文爲江南令, 而大治.

【芊尹文】《拾補》에서는 『芊』자는 『芋』로 써야 한다고 주장하였다.

【荊】楚나라를 말한다.

【司馬子期】楚나라의 大夫. 군사 책임자.

【雲夢】澤 이름.

【軾】수레의 손잡이 부분.

【貳車】副車. 뒤따르는 수레.

【吾有罪於夫子乎】司馬子期가 芊尹文의 행동을 불쾌히 여겨 힐문한 것임.

【三等】"천자, 제후, 대부의 세 등급이 있는데도 그대는 이를 무시하고 있다"로 풀이하기도 한다.

【軫】수레의 아랫부분.

【江南令】長江 남쪽을 관할하는 책임을 맡았다.

1.《左傳》昭公 7年 傳

楚子之爲令尹也, 爲王旌以田. 芊尹無宇斷之, 曰:「一國兩君, 其誰堪之!」及卽位,
爲章華之宮, 納亡人以實之. 無宇之闇入焉. 無宇執之, 有司弗與, 曰:「執人於王宮,
其罪大矣.」執而謁諸王. 王將飮酒, 無宇辭曰:「天子經略, 諸侯正封, 古之制也.
封略之內, 何非君土? 食土之毛, 誰非君臣? 故詩曰:『普天之下, 莫非王土; 率土之濱,
莫非王臣.』天有十日, 人有十等. 下所以事上, 上所以共神也. 故王臣公, 公臣大夫,
大夫臣士, 士臣皂, 皂臣輿, 輿臣隸, 隸臣僚, 僚臣僕, 僕臣臺. 馬有圉, 牛有牧,
以待百事. 今有司曰:『女胡執人於王宮?, 將焉執之?』周文王之法曰:『有亡荒閱』,
所以得天下也. 吾先君文王, 作僕區之法, 曰:『盜所隱器, 與盜同罪』, 所以封汝也.
若從有司, 是無所執逃臣也. 逃而舍之, 是無陪臺也. 王事無乃闕乎? 昔武王數紂之罪,
以告諸侯曰:『紂爲天下逋逃主, 萃淵藪.』故夫致死焉. 君王始求諸侯而則紂, 無乃
不可乎? 若以二文之法取之, 盜有所在矣.」王曰:「取而臣以往, 盜有寵, 未可得也.」
遂赦之.

2. 기타 참고자료

《渚宮舊事》(2)

163(8-14) 卞莊子好勇
어머니 때문에 못다한 용맹

변장자卞莊子는 용맹을 좋아한다면서 어머니를 봉양하느라 전쟁에 나가 세 번이나 패하고 오자 친구들이 모두 그의 용맹을 의심하며 비난하였고, 임금조차 그를 모욕하였다. 그의 어머니가 돌아가신 지 3년이 지난 후의 겨울, 노魯나라에 전쟁이 일어났다. 이에 변장자가 그 싸움에 참가하기를 요청하면서 노나라 장군을 만나 이렇게 말하였다.

"지난번에는 어머니가 살아 계셨기 때문에 세 번씩이나 패하였던 것입니다. 지금은 어머니께서 돌아가시고 안 계십니다. 청컨대 지난날의 책임을 메우고 제 정신이 안심할 수 있도록 해 주십시오."

그리고 드디어 적과 맞닥뜨리자 한 적병의 머리를 잘라서 바치며

"이것이 첫 번째 싸움에서 패배하였던 것을 메우는 것입니다."

그리고는 다시 또 달려 나가 머리 하나를 잘라 왔다.

"이것이 두 번째 싸움에서 패배한 것을 때우는 것입니다."

다시 똑같이 하고는 이렇게 말하였다.

"이것이 세 번째 몫입니다."

장군이 안쓰러워 이렇게 만류하였다.

"그러다가 그대가 죽는다면 대가 끊기겠습니다. 이제 그만 하십시오. 청컨대 나와 형제를 맺읍시다."

그러자 변장자는 이렇게 말하는 것이었다.

"세 번 패하면서까지 어머니를 모셨습니다. 이는 자식 된 도리였기 때문입니다. 지금 절의가 조금 갖추어져서 이제 겨우 책임을 막은 상태입니다. 제가 듣건대 절사는 욕되게 살지 않는다 하였습니다."

그리고는 달려 나가 열 명을 더 죽이고 자신도 죽어 버렸다. 군자가 이 일에 대해 이렇게 평하였다.

"세 번 패하였다고 그 비난을 막기 위해 집안의 대가 끊기게 하였으니, 효도의 입장에서 보면 이를 끝까지 해낸 것은 아니다."

卞莊子好勇, 養母, 戰而三北, 交遊非之. 國君辱之.

及母死三年, 冬與魯戰, 卞莊子請從, 見於魯將軍曰:「初與母處, 是以三北, 今母死, 請塞責而神有所歸.」

遂赴敵, 獲一甲首而獻之.

曰:「此塞一北.」

又入, 獲一甲首而獻之.

曰:「此塞再北.」

又入, 獲一甲首而獻之.

曰:「此塞三北.」

將軍曰:「毋沒爾家, 宜止之, 請爲兄弟.」

莊子曰:「三北以養母也, 是子道也; 今士節小具而塞責矣. 吾聞之: 節士不以辱生.」

遂反敵, 殺十人而死.

君子曰:「三北又塞責, 滅世斷家, 於孝不終也.」

【卞莊子】春秋時代 魯나라 卞邑의 大夫로 힘이 세다고 알려진 人物이다.《論語》
憲問篇에『子路問成人. 子曰: '若臧武仲之知, 公綽之不欲, 卞莊子之勇, 廉求之藝,
文之以禮樂, 亦可以爲成人者, 見利思義, 見危授命. 久要不忘平生之言, 亦可以爲
成人矣.'』라 하였다.

【冬與魯戰】冬은 齊로 보아야 한다는 주장이 있다. 후한서에 인용된 문장은
『齊與魯戰』으로 되어 있다.

【神有所歸】 '자신의 불편했던 정신이 귀착될 수 있도록 해달라'는 뜻.

참고 및 관련 자료

1.《韓詩外傳》卷十

傳曰: 卞莊子好勇, 母無恙時, 三戰而三背. 交游非之, 國君辱之, 卞莊子受命, 顔色
不變. 及母死三年, 魯興師, 卞莊子請從. 至, 見於將軍. 曰:「前猶與母處, 是以戰而
背也. 辱吾身. 今母沒矣, 請雪責.」遂走敵而鬪, 獲甲首而獻之,「請以此雪一背.」
又獲甲首而獻之,「請以此雪再背.」將軍止之曰:「足.」不止, 又獲甲首而獻之, 曰:
「請以此雪三背.」將軍止之曰:「足, 請爲兄弟.」卞莊子曰:「夫背, 以養母也. 今母歿矣,
吾責雪矣. 吾聞之: 節士不以辱生.」遂奔敵, 殺七十人而死. 君子聞之, 曰:「三背已雪,
又滅世斷宗. 國家義不衰, 而神保有所歸, 是子道也. 士節小具矣, 而於孝未終也.」
詩曰:『靡不有初, 鮮克有終.』

2.《後漢書》崔駰傳 注

新序曰: 卞莊子養母, 戰而三北, 交游非之, 國君辱之. 及母死三年, 齊與魯戰, 莊子請從,
遂赴敵而鬪, 三獲甲首. 曰:「夫三北, 以養母也. 今志節小具, 而責塞矣. 吾聞之,
節士不以辱生.」遂反敵, 殺十人而死. 君子曰:「三北已塞, 滅世斷宗, 於孝未終」也.

3.《論語》憲問篇

子路問成人. 子曰:「若臧武仲之知, 公綽之不欲, 卞莊子之勇, 冉求之藝, 文之以禮樂,
亦可以爲成人矣.」曰:「今之成人者何必然? 見利思義, 見危授命, 久要不忘平生之言,
亦可以爲成人矣.」

4. 기타 참고자료

《尸子》(《太平御覽》496에 인용)·《荀子》大略篇·《韓非子》五蠹篇

卷九

선모善謀(上)

(164~174)

畵像磚(漢) 〈車騎圖〉

164(9-1) 齊桓公時
관중의 혜안

제齊나라 환공桓公 때였다. 강江나라와 황黃나라는 소국으로 강수
江水와 회수淮水 사이에 위치한 나라였다. 그 두 나라는 초楚나라에
가까운 거리였다. 초나라는 대국으로 자주 이 두 나라를 침범하여
차지하려고 하였다. 그래서 강과 황 두 나라는 초나라가 가장 큰 근심
거리였다. 그런데 제나라 환공은 망해가는 나라는 존속시켜 주고,
끊어져 가는 나라는 이어 주며, 위험은 구하여 주고 침벌侵伐당하는
나라는 도와 일으켜 주며, 주실周室을 높이고 이적夷狄을 물리쳤다.

그래서 그는 양곡陽穀의 회맹會盟과 관택貫澤의 맹약盟約을 통해 제후
들과 함께 바야흐로 초나라를 칠 셈이었다. 게다가 강·황 두 나라
백성들은 환공의 의를 사모하여 일부러 관택의 회맹에 참가하려고
찾아오기까지 하였다. 그러나 관중管仲이 난색을 표하였다.

"강·황 두 나라는 제나라에서는 멀고 초나라에서는 가까운 위치입니다.
초나라는 강·황 두 나라와 가까이 있어 멀리 있는 우리 제나라보다
유리합니다. 그런데 지금 그 초나라를 쳐서 이를 구해내지 못하면
우리가 제후의 우두머리 자리를 누릴 수 없습니다. 그들을 회맹에
참가시켜서는 안 됩니다."

환공은 관중의 말을 듣지 않고 그들을 맹방으로 참가시켰다. 관중이
죽고 나서 초나라가 강나라를 치고 황나라도 멸하였다. 환공이 이를
막아 주려고 나섰으나 결국 실패하고 말았다. 군자들은 관중의 말을
떠올리며 환공을 불쌍히 여겼다. 이로써 환공의 신의는 무너지고 덕은

쇠하여졌다. 제후들도 그의 영향력에서 멀어졌으며, 마침내 차차 쇠퇴하여져 다시는 부흥하지 못하였다.

무릇 훌륭한 모책이란 일을 당해 볼수록 점차 깊어지는 것이다. 힘만으로는 구해낼 수 없는 것이 있게 마련이니, 그 바탕만 보고 받아들여서는 안 된다. 환공이 그들을 받아들인 것은 과실이요, 관중은 가히 훌륭한 모책을 아는 자라 할 수 있다.

《시詩》에 "그래도 이를 받아들이지 않으니, 하늘의 명이 기울어 버렸지"라 하였으니 이러한 경우이다.

齊桓公時, 江國·黃國, 小國也, 在江淮之間. 近楚. 楚, 大國也, 數侵伐, 欲滅取之, 江人·黃人患楚. 齊桓公方存亡繼絶, 救危扶侵; 尊周室, 攘夷狄. 爲陽穀之會, 貫澤之盟, 與諸侯將伐楚. 江人·黃人慕桓公之義, 來會盟於貫澤.

管仲曰:「江·黃遠齊而近楚, 楚爲利之國也, 若伐而不能救, 無以宗諸侯, 不可受也.」

桓公不聽, 遂與之盟.

管仲死, 楚人伐江滅黃, 桓公不能救, 君子閔之. 是後桓公信壞德衰, 諸侯不附, 遂陵遲不能復興. 夫仁智之謀, 卽事有漸, 力所不能救, 未可以受其質, 桓公受之, 過也. 管仲可謂善謀矣.

詩云:『曾是莫聽, 大命以傾.』此之謂也.

【齊 桓公】 春秋五霸의 하나.
【江】 小國 이름. 春秋 때 楚나라에게 멸망당하였다. 지금의 河南省 息縣 근처.
【黃】 小國. 지금의 河南省 潢川縣 근처.
【救危扶侵】 〈四部叢刊〉본에는 『救危扶傾』으로 되어 있다.

【陽穀】地名. 春秋時代 齊나라의 邑. 지금의 山東省 聊城縣.

【貫澤】地名. 원래 宋나라 땅. 지금의 山東省 曹縣.

【管仲】齊 桓公의 宰相.

【近楚】《左傳》僖公 12年에『黃人恃諸侯之睦於齊也, 不共楚職, 曰:‘自郢及我九百里, 焉能害我?’夏, 楚滅黃』이라 하였다.

【詩云】《詩經》大雅 湯의 구절.

참고 및 관련 자료

1.《左傳》僖公 12年 經, 傳

經; 楚人滅黃.

傳; 黃人恃諸侯之睦于齊也, 不共楚職, 曰:「自郢及我九百里, 焉能害我?」夏, 楚滅黃.

2.《公羊傳》僖公 12年

秋, 九月, 齊侯, 宋公, 江人, 黃人盟于貫澤, 江人黃人者何, 遠國之辭也, 遠國至矣, 則中國曷爲獨言齊宋至爾, 大國言齊宋, 遠國言江黃, 則以其餘爲莫敢不至也. 冬, 十月, 不雨, 何以書, 記異也. 楚人侵鄭, 三年, 春, 王正月, 不雨. 夏, 四月, 不雨, 何以書, 記異也. 徐人取舒, 其言取之何, 易也. 六月, 雨, 其言六月雨何, 上雨而不甚也. 秋, 齊侯, 宋公, 江人, 黃人會于陽穀, 此大會也, 曷爲末言爾, 公曰, 無障谷, 無貯粟, 無易樹子, 無以妾爲妻. 冬, 公子友如齊莅盟, 莅盟者何, 往盟乎彼也, 其言來盟者何, 來盟于我也.

3. 기타 참고자료

《穀梁傳》僖公 12年

165(9-2) 晉文公時
진문공의 모신

진晉 문공文公 때였다. 주周 양왕襄王은 아우인 태숙太叔이 난을 일으키자 정鄭나라로 도망가고자 하였으나, 정나라에서 이를 받아 주지 않았다. 그러자 양왕은 사람을 노魯나라·진晉나라·진秦나라에 보내어 도움을 요청하였다. 그 이듬해 봄, 진秦나라 임금이 군대를 이끌고 하수河水 가에 이르러 양왕을 도와주려고 나서게 되었다. 이때에 문공의 신하인 호언狐偃이 문공에게 이렇게 말하였다.

"제후들에게 인정받는 일은 천자를 잘 모시는 것 만한 것이 없습니다. 또 그것은 대의大義이기도 합니다. 제후들로부터 믿음을 얻게 되면 이는 문후文侯의 업을 잇는 것으로서 그 믿음을 제후들에게 더욱 널리 펼 수 있습니다. 지금이 바로 그 기회입니다."

이에 문공이 점을 치도록 하였다. 호언이 거북 등을 구워 점을 치고 나서 말하였다.

"길합니다. 황제黃帝가 판천阪泉에서 강씨羌氏와 싸울 때 나타난 것과 같은 징조와 같은 점괘입니다."

그러나 문공은 망설였다.

"나는 감당할 수 없다."

"주례周禮가 아직 바뀌지 않았습니다. 지금 주周나라 임금은 고대의 황제와 같습니다."

이 말에 문공은 다시 이렇게 말하였다.

"그렇다면 다시 숫대점을 쳐보아라."

호언이 다시 점을 치자 대유大有 괘卦가 규睽 괘로 변하는 것이었다.
"길합니다. 천자가 임금에게 향연을 베풀어 준다는 괘입니다. 전쟁에
이기고 임금께서 잔치를 받는다니, 길한 것 중에 이보다 더한 것이
없습니다. 또 이 괘는 하늘이 수택水澤으로 햇볕을 받게 해 주는 것으로
천자가 마음을 낮추어 대왕을 맞아 준다는 뜻이니 또한 길한 괘가
아닙니까? 대유괘는 사라지고 규괘가 다시 나타났으니 또한 길吉한
점괘입니다."

이에 문공은 진나라 군대와 헤어져서 독자적으로 하류 쪽으로 내려
갔다. 3월 갑진甲辰날, 양번陽樊에 이르러 오른쪽 군대는 온溫 땅을
포위케 하고, 왼쪽 군대는 양왕을 영접토록 하였다.

여름, 4월 정사丁巳날에 양왕은 드디어 서울로 돌아갈 수 있게 되었다.
그리고 태숙을 온 땅에서 잡아 습성隰城에서 죽여 버렸다. 무오戊午날에
문공이 양왕을 조견하자 왕은 잔치를 열어 그를 훌륭한 빈객으로 모셨다.
그리고 그에게 양번·온溫·원原·찬모攢茅의 토지를 내려 주었다. 진
나라는 이에 비로소 남양南陽의 땅을 개척하게 된 것이다.

그로부터 3년 후, 문공은 드디어 여러 제후들을 불러 모아 함께
천자를 조견하였다. 이 자리에서 천자는 궁시弓矢와 거창秬鬯을 하사
하며 그를 방백方伯으로 삼았다. 진 문공의 운명은 이때부터 드디어
패업을 완성시키게 되었으니 바로 호언의 훌륭한 모책 때문이었다.

무릇 진秦나라·노魯나라는 모두가 진나라가 호언의 모책 때문에
패업을 이룬 것에 대해 잘 모르고 있었다. 그래서 모책이란 장막 안에서
은밀히 하되 그 공은 천하에 드러나는 것이니, 바로 호언 같은 경우이다.

晉文公時, 周襄王有弟太叔之難, 出亡, 居於鄭, 不得入, 使告
難于魯·于晉·于秦. 其明年春, 秦伯師于河上, 將納王.

狐偃言於晉文公曰:「求諸侯, 莫如勤王, 且大義也, 諸侯信之.
繼文之業, 而信宣於諸侯, 今爲可矣.」

〈黃帝蚩尤戰鬪圖〉

卜, 偃卜之曰:「吉. 遇黃帝戰於阪泉之兆.」

公曰:「吾不堪也.」

對曰:「周禮未改, 今之王, 古之帝也.」

公曰:「筮之.」

筮之, 遇大有之睽, 曰:「吉. 遇公用享于天子之卦, 戰克而王享, 吉孰大焉? 且是卦也, 天爲澤以當日, 天子降心以迎公, 不亦可乎? 大有去睽而復, 亦其所也.」

晉侯辭秦師而下, 三月甲辰, 次于陽樊, 右師圍溫, 左師逆王.

夏, 四月丁巳, 王入于王城. 取太叔于溫, 而殺之于隰城.

戊午, 晉侯朝王, 王享醴, 命之侑, 予之陽樊·溫·原·攢茅之田. 晉於是始開南陽之地.

其後三年, 文公遂再會諸侯以朝天子, 天子錫之弓矢秬鬯, 以爲方伯. 晉文公之命是也, 卒成霸道, 狐偃之謀也. 夫秦·魯皆疑, 晉有狐偃之善謀以成霸功. 故謀得於帷幄, 則功施於天下, 狐偃之謂也.

【晉 文公】 春秋五霸의 하나. 重耳. 재위 9년(B.C. 636~628).

【周 襄王】 東周의 襄王. 姬鄭. 당시 명의상 천자였음. 재위 33년(B.C. 651~619).

【太叔】 襄王의 아우. 그러나 《史記》 周本紀에는 『初, 惠后欲立王子帶, 故以黨開翟人. 翟人遂入周, 襄王出奔鄭』이라 하였다. 태숙의 난은 《左傳》 僖公 24년을 볼 것.

【秦伯】 秦 穆公을 가리킨다. 당시 秦나라는 백작이었다.

【狐偃】 晉 文公의 重臣.

【文侯】 春秋初期 晉나라를 부흥시킨 君主. 이름은 仇. 재위 35년(B.C. 780~746). 文侯가 平王을 도와 洛邑으로 천도하여 동주를 일으키도록 한 일을 말한다.

【黃帝戰於阪泉】 黃帝와 神農의 後孫인 羌氏가 阪泉에서 싸운 일. 阪泉은 《括地志》 에 『今名黃帝泉, 在嬀州懷戎縣東』이라 하였으며, 지금의 河北省 保安縣 근처.

【吾不堪也】 黃帝는 天子였고 자신은 諸侯에 불과하므로, 黃帝 때와 같은 점괘가 나왔더라도 감당치 못하겠다는 뜻.

【周禮】 周代의 관직. 官僚體系. 원문 『周禮未改』는 〈四部叢刊〉에는 『周禮未 故』로 되어 있다.

【大有】 《周易》의 제 14번째의 卦. 그 上九에 『自天祐之, 吉, 無不利』라 하였다.

【睽】 《周易》의 제 38번째의 괘. 『睽小事吉. 象曰: 「睽火動而上, 澤動而火」』라 하였다.

【陽樊】 地名. 지금의 河南省 濟源縣 동남쪽.

【溫】 地名. 나라 이름. 지금의 河南省 溫縣.

【隰城】 地名. 지금의 河南省 武涉縣.

【王城】 당시 東周의 수도인 洛邑을 가리킨다.

【原】 지금의 河南省 濟源縣 북쪽.

【攢茅】 地名. 지금의 河南省 修武縣.

【南陽】 지역. 黃河 이북과 太行山 이남 지역.

【秬鬯】 술의 일종. 고대 제사용의 降神酒. 귀한 술로 흔히 천자의 하사용으로 사용되었다.

【方伯】 諸侯. 地方官.

1. 《左傳》 僖公 25年 傳

秦伯師於河上, 將納王. 狐偃言於晉侯曰:「求諸侯, 莫如勤王. 諸侯信之, 且大義也. 繼文之業, 而信宣於諸侯, 今爲可矣.」使卜偃卜之, 曰:「吉. 遇黃帝戰于阪泉之兆.」公曰:「吾不堪也.」對曰:「周禮未改, 今之王, 古之帝也.」公曰:「筮之!」筮之, 遇大有☰之睽☷, 曰:「吉. 遇『公用享于天子』之卦. 戰克而王饗, 吉孰大焉? 且是卦焉, 天爲澤以當日, 天子降心以逆公, 不亦可乎? 大有去睽而復, 亦其所也.」晉侯辭秦師而下. 三月甲辰, 次于陽樊, 右師圍溫, 左師逆王, 夏四月丁巳, 王入于王城.

2. 《史記》 周本紀

初, 惠后欲立王子帶, 故以黨開翟人, 翟人遂入周. 襄王出汰鄭, 鄭居王于氾. 子帶立爲王. 取襄王所太翟后與居溫. 十七年, 襄王告急于晉, 晉文公納王而誅叔帶. 襄王乃賜晉文公珪竣弓矢, 爲伯, 以河內地與晉. 二十年, 晉文公召襄王, 襄王會之河陽·踐土, 諸侯畢朝, 書諱曰「天王狩于河陽.」

3. 《呂氏春秋》 不廣篇

晉文公欲合諸侯. 咎犯曰:「不可! 天下未知君之義也.」公曰:「何若?」咎犯曰:「天子避叔帶之難, 出居于鄭. 君奚不納之, 以定大義? 且以樹譽.」文公曰:「吾其能乎?」咎犯曰:「事若能成, 繼文之業, 定武之功. 闢土安疆, 於此乎在矣; 事若不成, 補周室之闕, 勤天子之難. 成教垂名, 於此乎在矣. 君其勿疑!」文公聽之, 遂與草中之戎, 驪土之翟, 定天子于成周. 於是天子賜之南陽之地. 遂霸諸侯. 舉事義且利以立大功. 文公可謂智矣. 此咎犯之謀也. 出亡十七年, 反國四年而霸, 其聽皆如咎犯者邪!

4. 기타 참고자료

《左傳》 僖公 24年, 28年

166(9-3) 虞虢皆小國也
순망치한

우虞**나라**와 괵虢나라는 모두 조그만 나라이다. 우나라에는 하양夏陽의 요새가 있었는데, 이곳을 우·괵 두 나라가 함께 지키고 있어 진晉나라가 이를 점령할 수가 없었다. 그래서 진晉나라 헌공獻公이 우·괵 두 나라를 치려하였을 때, 순식荀息이 이러한 꾀를 일러 주었다.

"임금께서는 왜 굴屈에서 나는 명마名馬와 수극垂棘의 구슬을 이용하지 않습니까? 그것을 우나라에 주고 괵나라 칠 길을 빌려 달라고 하면 될 텐데요."

그러자 헌공이 말하였다.

"그것들은 우리 진나라의 보물입니다. 우나라가 우리의 보물만 받고 길을 열어 주지 않으면 어찌하겠습니까?"

그러자 순식이 이렇게 설명하였다.

"이는 작은 나라가 큰 나라를 섬길 때의 상황입니다. 저들이 길을 빌려 줄 의사가 없다면 우리의 보물도 감히 받지 않을 것입니다. 또 그들이 우리의 보물을 받고 길을 빌려 준다고 합시다. 이는 그 옥을 우리의 집 안 창고에서 꺼내어 바깥 창고에 잠시 보관하는 것과 같고, 그 말 역시 집 안 마구간에서 꺼내어 바깥 마구간에 잠시 매어 두는 것과 같습니다."

그래도 헌공이 미심쩍어 이렇게 물었다.

"우나라에는 궁지기宮之奇라는 인물이 있습니다. 그가 틀림없이 그것을 받지 못하게 할 것입니다."

그러자 순식이 다시 이렇게 말하였다.

"궁지기가 지혜롭기는 하지만 그것은 고집스러운 지혜에 불과합니다. 그의 사람됨이 마음은 화통하나 나약하지요. 게다가 어려서부터 임금과 같이 컸습니다. 마음이 화통하면 그 말이 홀략忽略스럽게 되고, 겁이 많으면 강력한 충간을 못 하지요. 특히 어려서부터 같이 자랐기 때문에 임금이 그를 쉽게 대하고 있습니다. 게다가 훌륭한 보물이 눈앞에 펼쳐져 있고, 근심은 위치로 보아 자신의 뒤에 있는 나라가 당할 일인데 그들이 어찌 망설이겠습니까? 이러한 경우는 머리가 중간 이상은 되어야 알아차릴 수 있습니다. 제가 판단하건대 우나라 임금의 지혜는 중간 이하입니다."

헌공이 드디어 이를 실현하여 길을 빌려 괵나라를 치려고 사신을 우나라에 보냈다. 그러자 우나라의 궁지기가 나섰다.

"진나라에서 보낸 사신을 보니, 그 보물은 많고 그들의 언사 또한 겸손합니다. 이는 틀림없이 우리 우나라를 불편하게 여기고 있는 것입니다. 속담에 '입술이 없으면 이가 시리다'라고 하였습니다. 그러므로 우리 우나라와 괵나라는 서로 도울 관계이지 누가 더 많은 선물을 받느냐는 싸움을 벌여서는 안 됩니다. 오늘 괵나라가 망한다면, 내일은 바로 우리 우나라가 망할 차례입니다."

그러나 우나라 임금은 듣지 않았다. 드디어 그 선물을 받고 길을 터 주어 진나라로 하여금 괵나라를 치고 돌아갈 수 있도록 해 주었다.

그로부터 4년 후, 우나라까지 쳐서 함락시키고 나자 순식이 말과 구슬을 되찾아 돌아와서는 임금 앞에 나타났다.

"저의 책략이 어떻습니까?"

그러자 헌공이 이렇게 말하였다.

"구슬은 여전한데 말은 이빨이 더 자랐군."

이처럼 진나라 헌공은 순식의 책략을 써서 우나라를 차지하였고, 우나라는 궁지기의 말을 듣지 않아서 망하게 된 것이다. 그러나 순식은 패왕霸王의 신하에 불과한 인물로 뒤에 전국戰國시대, 나라를 병탄하는 정도의 일에나 뛰어난 신하라고 할 수 있을 뿐이다. 오히려 궁지기 같은 이야말로 충신이 가져야 할 모책을 편 인물이라 할 수 있다.

虞·虢, 皆小國也. 虞有夏陽之阻塞, 虞·虢共守之, 晉不能禽也. 故晉獻公欲伐虞·虢.

荀息曰:「君胡不以屈産之乘, 與垂棘之璧, 假道於虞?」

公曰:「此晉國之寶也. 彼受吾璧, 不借吾道, 則如之何?」

荀息曰:「此小之所以事大國也. 彼不借吾道, 必不敢受吾幣; 受吾幣而借吾道, 則是我取之中府, 置之外府; 取之中廐, 置之外廐.」

公曰:「宮之奇存焉, 必不使受也.」

荀息曰:「宮之奇知固知矣. 雖然, 其爲人也, 通心而懦, 又少長於君. 通心則其言之略, 懦則不能強諫; 少長於君, 則君輕之. 且夫玩好在耳目之前, 而患在一國之後, 中知以上, 乃能慮之. 臣料虞君, 中知之下也.」

公遂借道而伐虢.

宮之奇諫曰:「晉之使者, 其幣重, 其辭卑, 必不便於虞. 語曰:『唇亡則齒寒』矣. 故虞·虢之相救, 非相爲賜也. 今日亡虢; 而明日亡虞矣.」

公不聽, 遂受其幣而借之道, 旋歸.

四年, 反取虞. 荀息牽馬抱璧而前曰:「臣之謀如何?」

獻公曰:「璧則猶是, 而吾馬之齒加長矣.」

晉獻公用荀息之謀而禽虞, 虞不用宮之奇謀而亡.

故荀息非霸王之佐, 戰國幷兼之臣也; 若宮之奇則可謂忠臣之謀也.

【虞】古代의 작은 나라. 지금의 山西省 平陸縣 근처.

【虢】역시 古代의 小國. 지금의 山西省 平陸縣 근처.

【夏陽】虞·虢 두 나라가 공동으로 지키는 요새가 있는 곳.《左傳》에는『下陽』으로 되어 있다.

【晉 獻公】春秋時代의 晉나라 君主. 재위 26년(B.C. 676~651).

【荀息】晉나라의 公族이었으며, 食邑이 荀이었다. 字는 叔. 獻公 때 大夫가 되었다.

【屈】地名. 良馬가 나는 곳. 지금의 山西省 吉縣 근처.

【垂棘】美玉이 나는 곳. 지금의 山西省 潞城縣.

【宮之奇】春秋時代 虞나라 大夫. 賢臣.

【戰國】여기서는 권모술수가 통하는 시대에나 알맞은 人物이라는 뜻.

참고 및 관련 자료

1.《公羊傳》僖公 2年

虞師, 晉師滅夏陽, 虞, 微國也, 曷爲序乎大國之上, 使虞首惡也, 曷爲使虞首惡, 虞受賂, 假滅國者道, 以取亡焉, 其受賂奈何, 獻公朝諸大夫, 而問焉, 曰寡人夜者寢而不寐, 其意也何, 諸大夫有進對者, 曰, 寢不安與, 其諸侍御有不在側者與, 獻公不應, 荀息進, 曰, 虞郭見與, 獻公揖而進之, 遂與之入, 而謀, 曰, 吾欲攻郭, 則虞救之, 攻虞, 則郭救之, 如之何, 願與子慮之, 荀息對曰, 君若用臣之謀, 則今日取郭而明日取虞爾, 君何憂焉, 獻公曰, 然則奈何, 荀息曰, 請以屈産之乘, 與垂棘之白璧, 往, 必可得也, 則寶出之內藏, 藏之外府, 馬出之內廐, 繫之外廐爾, 君何喪焉, 獻公曰, 諾, 雖然, 宮之奇存焉, 如之何, 荀息曰, 宮之奇知, 則知矣, 雖然, 虞公貪而好寶, 見寶必不從其言, 請終以往, 於是終以往, 虞公見寶, 許諾, 宮之奇果諫, 記曰, 脣亡則齒寒, 虞郭之相救, 非相爲賜, 則今日取郭, 而明日虞從而亡爾, 君請勿許也, 虞公不從其言, 終假之道以取郭, 還四年, 反取虞, 虞公抱寶牽馬而至, 荀息見, 曰, 臣之謀何如, 獻公曰子之謀則已行矣, 寶則吾寶也, 雖然, 吾馬之齒亦已長矣, 蓋獻之也, 夏陽者何, 郭之邑也, 曷爲不繫于郭, 國之也, 曷爲國之, 君存焉爾.

2.《穀梁傳》僖公 2年

虞師, 晉師滅夏陽, 非國而曰滅, 重夏陽也, 虞無師, 其曰師何也, 以其先晉, 不可以不言師也, 其先晉何也, 爲主乎滅夏陽也, 夏陽者, 虞虢之塞邑也, 滅夏陽而虞虢擧矣, 虞之爲主乎滅夏陽何也, 晉獻公欲伐虢, 荀息曰, 君何不以屈産之乘, 垂棘之璧而借道乎虞也, 公曰, 此晉國之寶也, 如受吾幣而不借吾道, 則如之何, 荀息曰, 此小國之所以事大國也, 彼不借吾道, 必不敢受吾幣, 如受吾幣而借吾道, 則是我取之中府而藏之外府, 取之中廄而置之外廄也, 公曰, 宮之奇存焉, 必不使受之也, 荀息曰, 宮之

奇之爲人也, 達心而懦, 又少長於君, 達心則其言略, 懦則不能强諫, 少長於君則君輕之,
且夫玩好在耳目之前而患在一國之後, 此中知以上乃能慮之, 臣料虞君, 中知以下也,
公遂借道而伐虢, 宮之奇諫曰, 晉國之使者, 其辭卑, 而幣重, 必不便於虞, 虞公弗聽,
遂受其幣而借之道, 宮之奇諫曰, 語曰, 脣亡則齒寒, 其斯之謂與, 挈其妻子以奔曹,
獻公亡虢, 五年而後舉虞, 荀息牽馬操璧而前, 曰, 璧則猶是也, 而馬齒加長矣.

3.《左傳》僖公 2年

晉荀息請以屈産之乘與垂棘之璧, 假道於虞以伐虢. 公曰:「是吾寶也.」對曰:「若得
道於虞, 猶外府也.」公曰:「宮之奇存焉.」對曰:「宮之奇之爲人也, 懦而不能强諫.
且少長於君, 君暱之; 雖諫, 將不聽.」乃使荀息假道於虞, 曰:「冀爲不道, 入自顚軨,
伐鄍三門. 翼之旣病, 則亦唯君故. 今虢爲不道, 保於逆旅, 以侵敝邑之南鄙. 敢請假道,
以請罪于虢.」虞公許之, 且請先伐虢. 宮之奇諫, 不聽, 遂起師. 夏, 晉里克, 荀息帥
師會虞師, 伐虢, 滅下陽. 先書虞, 賄故也.

4.《左傳》僖公 5年

晉侯復假道於虞以伐虢. 宮之奇諫曰:「虢, 虞之表也; 虢亡, 虞必從之. 晉不可啓,
寇不可翫. 一之謂甚, 其可再乎? 諺所謂『輔車相依, 脣亡齒寒』者, 其虞, 虢之謂也.」
公曰:「晉, 吾宗也, 豈害我哉?」對曰:「大伯, 虞仲, 大王之昭也; 大伯不從, 是以不嗣.
虢仲, 虢叔, 王季之穆也, 爲文王卿士, 勳在王室, 藏於盟府. 將虢是滅, 何愛於虞?
且虞能親於桓, 莊乎? 其愛之也, 桓, 莊之族何罪? 而以爲戮, 不唯逼乎? 親以寵逼,
猶尙害之, 況以國乎?」公曰:「吾享祀豐絜, 神必據我.」對曰:「臣聞之, 鬼神非人實親,
惟德是依. 故周書曰:『皇天無親, 惟德是輔.』又曰:『黍稷非馨, 明德惟馨.』又曰:
『民不易物, 惟德繄物.』如是, 則非德, 民不和, 神不享矣. 神所馮依, 將在德矣.
若晉取虞, 而明德以薦馨香, 神其吐之乎?」弗聽, 許晉使. 宮之奇以其族行, 曰:
「虞不臘矣. 在此行也, 晉不更舉矣.」八月甲午, 晉侯圍上陽.

5.《韓非子》十過篇

奚謂顧小利? 昔者, 晉獻公欲假道於虞以伐虢. 荀息曰:「君其以垂棘之璧與屈産
之乘, 賂虞公, 求假道焉, 必假我道.」君曰:「垂棘之璧, 吾先君之寶也; 屈産之乘,
寡人之駿馬也. 若受吾幣不假之道, 將奈何?」荀息曰:「彼不假我道, 必不敢受我幣.
若受我幣而假我道, 則是寶猶取之內府而藏之外府也, 馬猶取之內廐而著之外廐也.
君勿憂.」君曰:「諾.」乃使荀息以垂棘之璧與屈産之乘賂虞公而求假道焉. 虞公貪
利其璧與馬而欲許之. 宮之奇諫曰:「不可許. 夫虞之有虢也, 如車之有輔. 輔依車,

車亦依輔, 虞·虢之勢正是也. 若假之道, 則虢朝亡而虞夕從之矣. 不可, 願勿許.」
虞公弗聽, 遂假之道. 苟息伐虢之還. 反處三年, 興兵伐虞, 又剋之. 苟息牽馬操璧而
報獻公, 獻公說曰:「璧則猶是也. 雖然, 馬齒亦益長矣.」故虞公之兵殆而地削者,
何也? 愛小利而不慮其害. 故曰:「顧小利, 則大利之殘也.」

6. 《呂氏春秋》權勳

昔者, 晉獻公使苟息假道於虞以伐虢, 苟息曰:「請以垂棘之璧與屈產之乘, 以賂虞公,
而求假道焉, 必可得也.」獻公曰:「夫垂棘之璧, 吾先君之寶也. 屈產之乘, 寡人之駿也.
若受吾幣而不吾假道, 將奈何?」苟息曰:「不然. 彼若不吾假道, 必不吾受也. 若受
我而假我道, 是猶取之內府而藏之外府也, 猶取之內皁而著之外皁也. 君奚患焉?」
獻公許之. 乃使苟息以屈產之乘為庭實, 而加以垂棘之璧, 以假道於虞而伐虢. 虞公
濫於寶與馬而欲許之. 宮之奇諫曰:「不可許也. 虞之與虢也, 若車之有輔也, 車依輔,
輔亦依車, 虞, 虢之勢是也. 先人有言曰:『脣竭而齒寒.』夫虢之不亡也恃虞, 虞之不
亡也亦恃虢也. 若假之道, 則虢朝亡而虞夕從之矣. 奈何其假之道也?」虞公弗聽,
而假之道. 苟息伐虢, 克之. 還反伐虞, 又克之. 苟息操璧牽馬而報. 獻公喜曰:「璧則
猶是也, 馬齒亦薄長矣.」故曰:「小利, 大利之殘也.」

7. 《史記》晉世家

是歲也, 晉復假道於虞以伐虢. 虞之大夫宮之奇諫虞君曰:「晉不可假道也, 是且滅虞.」
虞君曰:「晉我同姓, 不宜伐我.」宮之奇曰:「太伯·虞仲, 太王之子也, 太伯亡去,
是以不嗣. 虢仲·虢叔, 王季之子也, 為文王卿士, 其記勳在王室, 藏於盟府. 將虢是滅,
何愛於虞? 且虞之親能親於桓·莊之族乎? 桓·莊之族何罪, 盡滅之. 虞之與虢,
脣之與齒, 脣亡則齒寒.」虞公不聽, 遂許晉. 宮之奇以其族去虞. 其冬, 晉滅虢,
虢公醜奔周. 還, 襲滅虞, 虜虞公及其大夫井伯百里奚以媵秦穆姬, 而修虞祀. 苟息
牽曩所遺虞屈產之乘馬奉之獻公, 獻公笑曰:「馬則吾馬, 齒亦老矣!」

8. 《淮南子》人間訓

何謂與之而反取之? 晉獻公欲假道於虞以伐虢. 遺虞垂棘之璧與屈產之乘, 虞公惑
於璧與馬, 而欲與之道. 宮之奇諫曰:「不可. 夫虞之與虢, 若車之有輪. 輪依於車,
車亦依輪. 虞之與虢, 相恃而勢也. 若假之道, 虢朝亡而虞夕從之矣.」虞公弗聽.
遂假之道. 苟息伐虢, 遂克之. 還反伐虞, 又拔之. 此所謂與之而反取者也.

9. 기타 참고자료
《戰國策》秦策·《韓非子》內儲說下

167(9-4) 晉文公秦穆公共圍鄭
늦게나마 알아차린 모책

진晉 문공文公과 진秦 목공穆公이 함께 정鄭나라를 포위하였다. 정나라가 진 문공에게 무례하게 굴고 그만 초楚나라 편을 들었기 때문이었다. 이에 정나라 대부인 일지호佚之狐가 정나라 임금에게 이렇게 아뢰었다.

"촉지무燭之武란 사람으로 하여금 진秦나라 임금을 만나도록 한다면 이 포위를 풀 수 있을 것입니다."

이윽고 정나라 임금이 그 말에 따라 촉지무를 불러 부탁하였다. 그러자 촉지무가 이를 사양하였다.

"저는 한창 나이 때조차 남만 못한 인물이었습니다. 지금은 나이까지 들어 더욱 무능합니다."

그러자 정나라 임금이 이렇게 달래었다.

"내가 일찍이 그대를 등용하지 못하였다가 지금 이렇듯 급하게 되어서야 그대를 찾게 된 것을 용서하십시오. 이는 바로 과인의 실책이었습니다. 그러나 정나라가 망한다면 그대에게도 유리할 게 없습니다."

이에 촉지무는 허락하고 밤에 진秦나라 임금을 찾아갔다.

"귀국 진나라가 우리 정나라를 포위하고 있는데 우리도 망할 것을 알고는 있습니다. 만약 우리나라가 망한다면 귀국에게 유리하다고 생각하실 것 같아 이렇게 감히 찾아와 번거롭게 해드리는 것입니다.

우리 정나라는 진晉나라의 동쪽에 있습니다. 그리고 귀국 진秦나라는 진晉나라의 서쪽에 있고요. 따라서 귀국이 우리나라를 차지하려면 진나라 땅을 거쳐야 합니다. 임금께서도 그 어려움은 알고 계실 터인데 어찌 정나라를 멸망시켜 진晉나라에게 갖다 주는 일을 하십니까? 또 진晉나라는 진秦나라의 이웃입니다. 이웃이 강해지면 그것은 임금의 걱정거리입니다. 만약 우리 정나라를 그대로 존속시켜 동쪽의 군주로 그대로 있도록 한다면 행리行李가 오가고 함께 물자와 식량이라도 갖다 바칠 터인데, 그렇게 되면 귀국에게도 손해나는 일은 없을 것입니다. 게다가 일찍이 임금께서는 진晉나라 임금을 세워 주셔서 덕을 베풀었 건만 진나라 임금은 겨우 초焦·하瑕의 땅만 선사하고 말았습니다. 그러나 그 땅도 아침에 주었다가 저녁때에 국경을 만들어 경계선을 긋고 말았습니다. 이는 임금께서도 잘 알고 계시겠지요.

무릇 진晉나라가 소유에 대해 무슨 싫증을 느끼겠습니까? 동쪽으로 우리 정나라를 삼키고 나면 다시 서쪽으로 그 땅을 넓히려 들 것입니다. 그땐 그 대상이 진나라 땅을 빼놓고 어디이겠습니까? 귀국 진나라를 떼어 진晉나라를 이롭게 하는 일, 임금께서는 잘 헤아려 보시기 바랍니다."

진나라 임금이 이 설명을 듣고 매우 기뻐하며 군대를 이끌고 돌아가 버렸다. 그러자 진晉나라 구범咎犯이 문공에게 그 진나라 군대를 추격 하여 칠 것을 요청하였다. 그러나 문공이 이렇게 만류하였다.

"안 된다. 남의 힘을 빌리지 않고는 정나라를 칠 수 없다. 또 남의 힘을 빌려 다른 나라를 친다는 것은 인의仁義가 아니며, 동맹이 깨어질 수밖에 없도록 한 것은 지혜롭지 못하였기 때문이다. 또 다 깨어진 것을 힘으로 되돌리겠다고 하는 것은 명분상 무력을 옳게 사용한다고 할 수 없다. 나도 되돌아가련다."

그리고는 역시 떠나 버렸다.

그리하여 정나라는 드디어 포위에서 풀려날 수 있게 되었다. 촉지무는 가히 훌륭한 모책을 쓸 줄 아는 인물이라 할 수 있다. 말 한 마디로 정나라를 존속시키고 진나라를 편안히 해 주었던 것이다.

정나라 임금은 훌륭한 모책을 쓰지 않았기 때문에 나라가 그렇게 깎인 것이요, 늦게나마 깨달았기 때문에 그나마 나라를 존속시킬 수 있었던 것이다.

晉文公·秦穆公共圍鄭, 以其無禮而附於楚.

鄭大夫佚之狐言於鄭君曰:「若使燭之武見秦君, 圍必解.」

鄭君從之, 召燭之武, 使之.

辭曰:「臣之壯也, 猶不如人. 今老矣, 無能爲也.」

鄭君曰:「吾不能蚤用子, 今急而求子, 是寡人之過也. 然鄭亡, 子亦有不利焉.」

燭之武許諾.

夜出, 見秦君曰:「秦晉圍鄭, 鄭知亡矣. 若亡而有益於君, 敢以煩執事. 鄭在晉之東, 秦在晉之西, 越晉而取鄭, 君知其難也, 焉用亡鄭以陪晉? 晉, 秦之鄰也, 鄰之強, 君之憂也. 若舍鄭以爲東道主, 行李之往來, 共其資糧, 亦無所害. 且君立晉君, 晉君許君焦·瑕, 朝得入, 而夕設版而畫界焉, 君之所知也. 夫晉何厭之有? 旣東取鄭, 又欲廣其西境, 不闕秦, 將焉取之? 闕秦而利晉, 願君圖之.」

秦君說, 引兵而還. 晉咎犯請擊之.

文公曰:「不可, 微夫人之力不能弊鄭, 因人之力以弊之, 不仁; 失其所與, 不知; 以亂易整, 不武. 吾其還矣.」

亦去, 鄭圍遂解.

燭之武可謂善謀, 一言存鄭而安秦. 鄭君不蚤用善謀, 所以削國也. 困而覺焉, 所以得存.

【晉 文公】이름은 重耳. 春秋五霸의 하나. 재위 9년(B.C. 636~628).

【秦 穆公】繆公으로도 쓰며 역시 春秋五霸의 하나. 재위 39년(B.C. 659~621).

【圍鄭】《左傳》僖公 30년에『九月, 甲午, 晉侯秦伯圍鄭. 以其無禮於晉. 且貳於楚也. 晉軍函陵秦軍氾南』이라 하였다.

【佚之狐】 春秋時代 鄭나라 大夫.

【燭之武】 역시 鄭나라 大夫.

【行李】 사신을 뜻한다. 李는 吏의 가차이다.

【焦】 地名. 지금의 河南省 三門峽 근처.

【焦瑕】 地名. 지금의 河南省 陝縣 근처.

【咎犯】 晉 文公의 삼촌. 舅犯.

참고 및 관련 자료

1. 《左傳》僖公 30年 經

晉人秦人圍鄭.

2. 《左傳》僖公 30年 傳

九月甲午, 晉侯, 秦伯圍鄭, 以其無禮於晉, 且貳於楚也. 晉軍函陵, 秦軍氾南. 佚之狐言於鄭伯曰:「國危矣, 若使燭之武見秦君, 師必退.」公從之. 辭曰:「臣之壯也, 猶不如人; 今老矣, 無能爲也已.」公曰:「吾不能早用子, 今急而求子, 是寡人之過也. 然鄭亡, 子亦有不利焉.」許之. 夜, 縋而出. 見秦伯曰:「秦晉圍鄭, 鄭旣知亡矣. 若亡鄭而有益於君, 敢以煩執事. 越國以鄙遠, 君知其難也, 焉用亡鄭以陪隣? 隣之厚, 君之薄也. 若舍鄭以爲東道主, 行李之往來, 共其乏困, 君亦無所害. 且君嘗爲晉賜矣, 許君焦瑕, 朝濟而夕設版焉, 君之所知也. 夫晉, 何厭之有? 旣東封鄭, 又欲肆其西封. 不闕秦, 將焉取之? 闕秦以利晉, 唯君圖之.」秦伯說, 與鄭人盟, 使杞子逢孫楊孫戍之, 乃還. 子犯請擊之. 公曰:「不可. 微夫人之力不及此. 因人之力而敝之, 不仁; 失其所與, 不知; 以亂易整, 不武. 吾其還也.」亦去之. 初, 鄭公子蘭出奔晉, 從於晉侯伐鄭, 請無與圍鄭. 許之, 使待命于東. 鄭石甲父, 侯宣多逆以爲大子, 以求成于晉, 晉人許之.

168(9-5) 楚靈王卽位
무기 하나 쓰지 않고

楚초 영왕靈王이 즉위하자 스스로 패자가 되겠다고 나서서 제후들과의 회맹을 서둘렀다. 그리하여 초거椒擧로 하여금 진晉나라에 가서 제후들을 불러 모으는 일을 맡기도록 부탁하였다. 초거가 진나라에 가서 이렇게 말하였다.

"우리 임금께서 저로 하여금 '귀국 임금께서 덕이 있으시니 송宋나라 땅에서 회맹을 맺을 수 있도록 주선해 주십시오'라고 하셨습니다. 그러면서 '귀국 진나라와 우리 초나라는 일찍이 맹약에 따라 서로 만나기로 하였으며, 이것이 여러 해 오면서 바뀌지 않았으니, 그 때문에 지금 두서너 명의 제후를 더 불러 결맹을 맺고 싶다'라고 하였습니다. 그리하여 저를 보내어 이렇게 임금의 바쁜 사이를 틈타 요청을 드리게 된 것입니다. 임금께서 만약 사방의 근심이 없이 한가한 때라면 원컨대, 그 총애를 다른 제후들에게 베풀어 대신 부탁을 해 주셨으면 합니다."

이를 진나라 임금이 불쾌히 여겨 거절하려 하였다. 그러자 사마후司馬侯가 나서서 이렇게 아뢰었다.

"안 됩니다. 초나라 임금은 지금 한창 자신이 잘난 줄 알고 있습니다. 하늘이 혹시 그의 욕심을 다 채워 주고, 뒤에 더 큰 형벌을 내리려 하고 있는지도 모릅니다. 나아가 하늘이 그를 아주 없애 버리려 하는지도 우리는 알지 못하고 있습니다. 오직 하늘만 알고 있는 일이니,

그와 지금 다투어서는 안 됩니다. 임금께서는 이를 허락하시고 덕을 닦으며 기다리는 것입니다. 그 모든 결과가 덕으로만 귀착된다면 그때 우리가 일을 벌이면 되는 것입니다. 하물며 다른 제후들이야 그를 어떻게 보겠습니까? 만약 그가 음학淫虐에 빠져 백성을 못살게 굴면 자기 초나라 사람들이 장차 그를 버릴 터인데 그때 우리가 누구와 다툴 일이 있겠습니까?"

그러자 임금이 이렇게 말하였다.

"우리 진나라는 크게 믿을 만한 것이 세 가지나 있습니다. 그러니 우리에게 대적할 나라가 어디 있겠습니까? 즉 나라의 지형은 험하고 많은 말을 가지고 있습니다. 게다가 이웃인 제齊나라와 초나라는 안정되지 못하고 늘 시끄럽습니다. 이 세 가지가 있는데 어디를 향한들 건너지 못할 곳이 있겠습니까?"

이 말에 사마후가 이렇게 말하였다.

"말과 험한 지형을 믿고 이웃 나라의 불안정을 좋아하는 것은 오히려 세 가지의 위태로움입니다. 사악四嶽과 삼도三塗, 양성陽城의 대실大室, 그리고 형산荊山과 종남산終南山, 이런 것들이 구주九州 내의 험한 곳입니다. 그러나 이 모든 것을 한 나라가 혼자 차지하고 있지는 않습니다. 또 기주冀州의 북쪽은 좋은 말이 나는 곳입니다. 그러나 그 땅을 근거로 하여 흥하였던 나라는 없습니다. 이로 보면 지형의 험함이나 말이 많음을 믿는 것은 결코 옳은 것이 아님은 예로부터 내려오면서 밝혀진 것입니다. 이러한 까닭으로 선왕先王들께서는 덕음德音에 힘써 신과 사람을 믿고 향유하였지, 말과 지형을 믿기에 힘썼다는 이야기는 들어보지 못하였습니다. 혹 어려움이 많음으로 해서 도리어 그 나라를 공고鞏固히 하고 강토를 넓힌 경우와, 혹 아무런 어려움이 없음으로 해서 그 나라를 잃고 그 땅을 잃은 경우가 있으니, 어찌 남의 나라 어려움을 우리의 즐거움으로 삼을 수 있겠습니까? 제齊나라에는 중손仲孫의 난이 있었기 때문에 환공桓公이 날 수 있었으며, 아직도 그 영향은 크기만 합니다. 또 우리 진晉나라에는 이극里克의 난이 있음으로 해서

문공文公이 나왔으며, 그 때문에 지금도 맹주의 자리를 지키고 있는 것입니다. 그런가 하면 위衛나라와 형邢나라는 아무런 어려움이 없었기에 오랑캐조차 그들을 쓰러뜨릴 수 있었던 것입니다. 따라서 남의 어려움을 우리의 즐거움이나 안전으로 여겨서는 안 되는 것입니다. 앞서 말씀하신 세 가지를 믿고 정덕政德을 쌓지 않는다면 망할 날을 기다릴 필요도 없습니다. 그런데 무슨 건너고 말고 할 것이 있겠습니까? 임금께서는 초나라의 요구를 허락하십시오. 옛 주紂임금이 음학淫虐하게 굴자 문왕文王이 그 덕을 보게 된 것입니다. 은殷나라는 그 때문에 기울어졌고, 주周나라는 그 때문에 흥하게 된 것이니, 어찌 다른 제후들과 다툴 겨를이 있었겠습니까?"

이에 진晉나라 임금은 초나라 영왕의 요구를 들어주어 드디어 신申 땅에서 회맹을 갖고, 제후들과 함께 오吳나라를 쳤다. 초나라 영왕은 더욱 기세를 올려 장화대章華臺라는 누대를 짓고, 간계乾谿의 전쟁을 일으키는 등 백성을 괴롭혔다. 백성들이 아래에서는 피로에 지쳐 원망이 드높았고, 신하들은 신하들대로 위에서 임금의 명령을 배반하기에 이르 렀다. 끝내 공자公子 기질棄疾이 난을 일으키자 영왕은 도망하여 들에서 죽고 말았다. 그러므로 "진나라는 창 하나 쓰지 않고 초나라로 하여금 스스로 망하게 하였다"라고 하였으니, 이는 바로 사마후의 모책이었다.

楚靈王卽位, 欲爲霸, 會諸侯, 使椒擧如晉求諸侯.

椒擧致命曰:「寡君使擧曰:『君有惠, 賜盟于宋.』曰:『晉·楚 之從, 交相見也. 以歲之不易, 寡人願結驩於二三君.』使擧請間, 君若苟無四方之虞, 則願假寵以請於諸侯.」

晉君欲勿許.

司馬侯曰:「不可. 楚王方侈, 天其或者欲盈其心, 以厚其毒而 降之罰, 未可知也. 其使能終, 亦未可知也. 唯天所相, 不可與爭,

君其許之, 修德以待, 其歸. 若歸於德, 吾猶將事之, 況諸侯乎? 若適淫虐, 楚將棄之, 吾誰與爭?」

公曰:「晉有三不殆, 其何敵之有? 國險而多馬, 齊·楚多難, 有是三者, 何嚮而不濟?」

對曰:「恃馬與險, 而虞鄰之難, 是三殆也. 四嶽三塗, 陽城大室, 荊山終南, 九州之險也, 是不一姓; 冀之北土, 馬之所生也, 無興國焉. 恃險與馬, 不足以爲固也. 從古以然, 是以先王務德音以享神人, 不聞其務險與馬也. 或多難以固其國, 開其疆土, 或無難以喪其國. 失其守宇. 若何虞難? 齊有仲孫之難而獲桓公, 至今賴之; 晉有里克之難而獲文公, 是以爲盟主. 衛·邢無難, 狄亦喪之, 故人之難, 不可虞也. 恃此三者而不修政德, 亡於不暇, 有何能濟? 君其許之. 紂作淫虐, 文王惠和, 殷是以隕, 周是以興. 夫豈爭諸侯哉?」

乃許楚靈王, 遂爲申之會, 與諸侯伐吳, 起章華之臺, 爲乾谿之役, 百姓罷勞, 怨懟於下, 群臣倍畔於上, 公子棄疾作亂, 靈王亡逃, 卒死於野.

故曰:「晉不頓一戟, 而楚人自亡.」司馬侯之謀也.

【楚 靈王】春秋時代의 楚나라 君主. 재위 12년(B.C. 540~529).

【椒擧】伍擧, 그 先祖가 椒 땅의 邑長을 지내어 椒氏가 되었다.

【司馬侯】人名. 晉 景公 때의 臣下.

【四嶽】泰山(東)·華山(西)·衡山(南)·恒山(北)을 말한다.

【三塗】산 이름. 지금의 河南省 嵩山縣에 있다.

【陽城】산 이름. 지금의 河南省 登封縣에 있다.

【大室】산 이름. 지금의 河南省 陽城縣에 있다.

【荊山】 지금의 湖北省 南漳縣에 있는 산.

【終南】 산 이름. 西安 근처 長安縣에 있는 산.

【九州】 古代 中國을 크게 九州로 나누었다.

【冀州】 九州의 하나. 지금의 河北, 山西 전역 및 遼寧 일대. 이곳에서 나는 良馬를 驥라 한다.

【仲孫之難】 公孫無知가 齊襄公을 죽인 사건. 이일로 小白이 莒로 피신하였다가 돌아와 桓公이 되었다.(B.C. 686) 이 사건은 《左傳》 莊公 9年을 참조할 것.

【獲】 '기회를 잡다'의 뜻.

【里克】 《左傳》 莊公 九年條에는 『里克』이라 하였으나, 《左傳》 昭公 4年條에는 『里丕』라고 하였으며, 《史記》 晉世家에는 역시 『里克』이라 하였다.

【里克之難】 晉獻公이 죽은 후 대부 里克이 헌공의 아들 奚齊와 卓子를 죽인 사건. 이 일로 重耳가 망명 끝에 돌아와 文公이 되었다.(B.C. 651) 《左傳》 僖公 9年을 참조할 것.

【衛·邢】 衛는 지금의 河南省 淇縣 근처. 邢은 河北省 邢臺縣 근처에 있었다. 魯閔公 元年(B.C. 661)에 狄人이 邢을 침범하고, 이듬해 衛를 침범하자, 齊桓公이 형은 夷儀로, 위는 楚丘로 옮겨 다시 나라를 일으켜 준 사건을 말한다. 《左傳》 閔公 2年 및 僖公 25年을 참조할 것.

【申】 地名. 나라 이름. 지금의 河南省 南陽縣.

【章華臺】 지금의 湖北省 監利縣에 세운 큰 누대. 이 누대를 지은 사건은 《左傳》 昭公 7年을 참조할 것.

【乾谿之役】 楚靈王이 乾谿에 주둔하면서 蕩侯, 潘子 등을 시켜 徐를 포위, 吳나라를 위협한 사건. 乾谿는 지금의 安徽省 亳縣 동남쪽. 이는 《左傳》 昭公 12年을 참조할 것.

【棄疾作亂】 公子 比가 晉에서 楚로 귀국하여 靈王의 태자와 공자들을 죽이고 왕위에 오르자, 영왕은 스스로 목을 매어 죽고 말았다. 다시 공자 비의 아우인 棄疾이 공자 비를 죽이고 왕위(이가 곧 楚 平王)에 오른 사건이다. 《左傳》 昭公 13年에 『夏五月, 癸亥. 王縊于尹申亥氏』라 하였다.

1. 《左傳》昭公 4年 傳

四年春王正月, 許男如楚, 楚子止之; 遂止鄭伯, 復田江南, 許男與焉. 使椒擧如晉求
諸侯, 二君待之. 椒擧致命曰:「寡君使擧曰: 日君有惠, 賜盟于宋, 曰:『晉楚之從交
相見也.』以歲之不易, 寡君願結驩於二三君, 使擧請間. 君若苟無四方之虞, 則願假
寵以請於諸侯.」晉侯欲勿許. 司馬侯曰:「不可. 楚王方侈, 天或者欲逞其心, 以厚其毒,
而降之罰, 未可知也. 其使能終, 亦未可知也. 晉楚唯天所相, 不可與爭. 君其許之,
而脩德以待其歸. 若歸於德, 吾猶將事之, 況諸侯乎? 若適淫虐, 楚將棄之, 吾又誰
與爭?」公曰:「晉有三不殆, 其何敵之有? 國險而多馬, 齊楚多難; 有是三者, 何鄉而
不濟?」對曰:「恃險與馬, 而虞隣國之難, 是三殆也. 四嶽, 三塗, 陽城, 大室, 荊山,
中南, 九州之險也, 是不一姓. 冀之北土, 馬之所生, 無興國焉. 恃險與馬, 不可以爲
固也, 從古以然. 是以先王務修德音以亨神人, 不聞其務險與馬也. 隣國之難, 不可
虞也. 或多難以固其國, 啓其疆土; 或無難以喪其國, 失其守宇, 若何虞難? 齊有仲
孫之難, 而獲桓公, 至今賴之. 晉有里丕之難, 而獲文公, 是以爲盟主. 衛邢無難,
敵亦喪之. 故人之難, 不可虞也. 恃此三者, 而不修政德, 亡於不暇, 又何能濟? 君其
許之! 紂作淫虐, 文王惠和, 殷是以隕, 周是以興, 夫豈爭諸侯?」乃許楚使. 使叔向
對曰:「寡君有社稷之事, 是以不獲春秋時見. 諸侯, 君實有之, 何辱命焉?」椒擧遂
請昏, 晉侯許之. 楚子問於子産曰:「晉其許我諸侯乎?」對曰:「許君. 晉君少安,
不在諸侯. 其大夫多求, 莫匡其君. 在宋之盟又曰如一. 若不許君, 將焉用之?」王曰:
「諸侯其來乎?」對曰:「必來. 從宋之盟, 承君之歡, 不畏大國, 何故不來? 不來者,
其魯衛曹邾乎! 曹畏宋, 邾畏魯, 魯衛偪於齊而親於晉, 唯是不來. 其餘, 君之所及也,
誰敢不至?」王曰:「然則吾所求者, 無不可乎?」對曰:「求逞於人, 不可; 與人同欲,
盡濟.」

2. 기타 참고자료

《左傳》昭公 5年, 7年, 12年 · 《史記》楚世家

169(9-6) 楚平王殺伍子胥之父
오자서

初楚 평왕平王이 오자서伍子胥의 아버지를 죽이자, 오자서는 도망하여 활을 찬 채 오吳나라 합려闔閭를 찾아갔다. 오왕은 그 계획이 원대하며 용기가 있다고 여기고는 오자서를 위하여 군대를 일으켜 초楚나라를 치려고 하였다. 그러나 오자서가 이렇게 만류하였다.

"안 됩니다. 제가 듣건대 군자는 하나의 필부를 위해 군대를 일으키지 않는다고 하였습니다. 또한 임금을 섬기는 것은 아버지를 섬기는 것과 같습니다. 임금의 의를 어그러뜨리면서까지 아버지의 원수를 갚는 일이라면 저는 할 수가 없습니다."

이에 오왕도 초나라 칠 일을 그만두었다.

그런데 채蔡 소공昭公이 초나라를 방문하였을 때 좋은 가죽 외투를 입고 있었는데, 초나라 영윤令尹인 낭와囊瓦가 이를 탐내어 달라고 요구하였다. 소공이 이를 거부하자 그를 그만 초나라 서울인 영郢에다 몇 년을 잡아 가두었다가 풀어 주는 횡포를 부렸다. 풀려난 소공이 한수漢水를 건널 때 구슬을 물에다 던지면서 이렇게 말하였다.

"제후 중에 누구라도 초나라를 벌하겠다는 자가 있으면 나는 그 맨 앞에 서서 쳐들어가리라."

이 말에 초나라 사람들이 크게 노하여 군사를 일으켜 채나라를 공격하였다. 채나라는 급해지자 오나라에게 도움을 청하였다. 그제서야

伍子胥《三才圖會》

오자서가 이렇게 말하였다.

"채나라는 죄가 없는데도 초나라가 무도한 짓을 하는 것입니다. 임금께서 중국中國을 걱정하는 마음이 있으시다면, 지금이 곧 그 기회입니다."

이에 군대를 내어 초나라를 쳐서 그들을 백거柏擧에서 대패시키고 드디어 패도를 성취시켰다. 이는 바로 오자서의 모책을 따랐기 때문이다. 그래서 《춘추春秋》에는 이를 찬미하며 높이 여겼던 것이다.

楚平王殺伍子胥之父, 子胥出亡, 挾弓而干闔閭, 大之甚, 勇之. 爲是而欲興師伐楚.

子胥諫曰:「不可, 臣聞之: 君子不爲匹夫興師, 且事君猶事父也, 虧君之義, 復父之讐, 臣不爲也.」

於是止.

蔡昭公朝於楚, 有美裘, 楚令尹囊瓦求之, 昭公不予. 於是拘昭公於郢. 數年而后歸之.

昭公濟漢水, 沈璧曰:「諸侯有伐楚者, 寡人請爲前列.」

楚人聞之, 怒, 於是興師伐蔡, 蔡請救于吳, 子胥諫曰:「蔡非有罪也, 楚人無道也, 君若有憂中國之心, 則若此時可矣.」

於是興師伐楚, 遂敗楚人於柏擧而成霸道, 子胥之謀也.

故春秋美而褒之.

【楚 平王】春秋時代 楚나라 君主. 재위 13년(B.C. 528~516).

【伍子胥】楚나라 출신으로 吳나라에 가서 공을 세운 人物.《史記》伍子胥列傳 및 吳太伯世家 참조.

【闔閭】吳나라 君主. 재위 19년(B.C. 514~496).《新序》(7) 125(7-5) 참조.

【大之甚, 勇之】다른 기록을 비교해 보면 합려가 한 말로 직접 인용문에 해당한다.

【蔡 昭公】春秋時代 蔡나라 君主. 昭侯를 가리킨다. 재위 28년(B.C. 518~491).

【囊瓦】春秋時代 楚 莊王의 후손인 子囊의 후예. 字는 子常. 平王 때에 令尹이 되었으며 平王이 죽자 昭王을 세웠다. 蔡 昭侯의 외투를 빼앗으려 하였고, 唐 成公의 말을 차지하려 하였다. 뒤에 이들이 옥과 말을 바치고 풀려난 후, 吳나라와 함께 楚나라를 쳤으며, 囊瓦는 이기지 못하자 鄭나라로 도망하였다.

【漢水】물 이름.

【中國】中原 지역. 곧 中原 지역을 제패하여 패자가 되려는 뜻을 가졌다는 의미이다.

【柏擧】地名. 吳·楚의 격전지.『栢擧』로도 쓴다.

【春秋美而褒之】《公羊傳》에『吳可以稱子. 夷狄也, 而憂中國. 其憂中國奈何? 伍子胥父誅乎楚, 挾弓而去楚而干闔閭』라 하였고,《穀梁傳》에는『吳其稱子何也? 以蔡侯之以之, 擧其貴者也. 蔡侯之以之, 則擧其貴者何也? 吳信中國而攘夷狄, 吳進矣. 其信中國而攘夷狄何? 子胥父誅于楚也. 挾弓持矢而干闔閭』라 함.

1.《穀梁傳》定公 4年

子胥父誅于楚也, 挾弓持矢而于闔廬, 闔廬曰, 大之甚, 勇之甚, 爲是欲興師而伐楚, 子胥諫曰, 臣聞之, 君不爲匹夫興師, 且事君猶事父也, 虧君之義, 復父之讎, 臣弗爲也, 於是止, 蔡昭公朝於楚, 有美裘, 正是日, 囊瓦求之, 昭公不與, 爲是拘昭公於南郢, 數年然後得歸, 歸乃用事乎漢, 曰, 苟諸侯有欲代楚者, 寡人請爲前列焉, 楚人聞之而怒, 爲是興師而伐蔡, 蔡請救于吳, 子胥曰, 蔡非有罪, 楚無道也, 君若有憂中國之心, 則若此時可矣, 爲是興師而伐楚, 何以不言救也, 救大也, 楚囊瓦出奔鄭, 庚辰, 吳入楚, 日入, 易無楚也, 易無楚者, 壞宗廟, 徙陳器, 撻平王之墓.

2.《公羊傳》定公 4年

伍子胥父誅乎楚, 挾弓而去楚, 以干闔廬, 闔廬曰, 士之甚, 勇之甚, 將爲之興師而復讎于楚, 伍子胥復曰, 諸侯不爲匹夫興師, 且臣聞之, 事君猶事父也, 虧君之義, 復父之讎, 臣不爲也, 於是止, 蔡昭公朝乎楚, 有美裘焉, 囊瓦求之, 昭公不與, 爲是拘昭公於南郢, 數年然後歸之, 於其歸焉, 用事乎河, 曰, 天下諸侯苟有能伐楚者, 寡人請爲之前列, 楚人聞之怒, 爲是興師, 使囊瓦將而伐蔡, 蔡請救于吳, 伍子胥復曰, 蔡非有罪也, 楚人爲無道, 君如有憂中國之心, 則若時可矣, 於是興師而救蔡, 曰, 事君猶事父也, 此其爲可以復讎奈何, 曰, 父不受誅, 子復讎可也, 父受誅, 子復讎, 推刃之道也, 復讎不除害, 朋友相衛, 而不相迿, 古之道也.

3. 기타 참고자료

《史記》伍子胥列傳·《國語》吳語·《左傳》昭公 12年, 13年, 定公 4年·《呂氏春秋》首時·《吳越春秋》卷一, 卷二

170(9-7) 秦孝公欲用衛鞅之言
거열형에 처해진 상앙

진秦 효공孝公이 위앙衛鞅의 말에 따라 형법을 더욱 엄하게 하고 옛날 삼대三代의 제도를 바꾸고 싶었으나 대신들이 이를 따라 주지 않을까 걱정이었다. 그래서 위앙·감룡甘龍·두지杜摯 등 세 명의 대부들을 함께 불러 세상의 변화에 대한 걱정과 정법正法의 근본, 백성을 부리는 방법 등에 대해 계책을 논의하게 되었다. 이에 임금이 먼저 입을 열었다.

"대대로 자리를 이어 오면서 사직을 잘 지켜내는 것, 이는 임금의 임무이며, 법을 잘 갖추어서 명석한 임금이 되도록 힘써 주는 것, 이는 훌륭한 신하의 행동입니다. 지금 나는 법을 고쳐서 백성들을 가르치고 싶은데 천하 사람들이 나를 두고 의론거리로 삼을까 두렵습니다."

〈商鞅車裂刑圖〉

그러자 공손앙公孫鞅이 가장 먼저 나섰다.

"제가 듣건대 의심을 품은 채 행동을 하면 아무런 명예를 얻지 못하고, 의심을 품은 채 일을 하면 아무런 공을 얻지 못한다고 하였습니다. 임금께서는 어서 변법을 결정함에 근심을 털어 버리십시오. 실행에 대하여 의심하지 마십시오. 천하의 의론거리는 돌아볼 가치도 없습니다. 또 뛰어난 사람의 행동은 세상 사람의 비난을 짊어질 수밖에 없고, 독특한 견해를 가진 사람은 무식한 사람의 비난을 당할 수밖에 없는 것입니다. 속담에 '우매한 사람은 그 일이 이루어지고 나서도 그 일이 어떻게 이루어졌는지 알지 못하고, 지혜로운 사람은 일이 드러나기 전에도 미리 안다'라고 하였습니다. 이처럼 백성이란 시작을 함께 걱정할 대상이 아니라 그 이루어진 결과를 함께 즐길 대상일 뿐입니다. 그래서 곽언郭偃의 법에 '지극한 덕을 논하는 자는 세속과 다 화합할 수 있는 것은 아니며, 큰 공을 이루는 자는 여러 사람의 의견을 다 맞추어 주는 것은 아니다'라고 하였습니다. 법法이란 백성을 사랑하고자 하는 것이요, 예禮란 일을 편하게 하기 위한 것입니다. 이러한 까닭으로 성인은 진실로 나라를 다스리는 데에 중요하다면 구태여 옛 법에 얽매이지 않았고, 진실로 백성에게 이롭기만 하다면 구차스럽게 그 예를 지키려들지는 않았던 것입니다."

이 말에 효공이 힘을 얻어 허락하였다.

"좋습니다."

그러자 감룡이 나섰다.

"그렇지 않습니다. 제가 듣건대 성인은 그 백성을 바꾸지 아니하고 가르쳤고, 지혜로운 자는 그 법을 바꾸지 아니하고 다스린다고 하였습니다. 자기 백성을 그대로 가르치는 것은 노고를 덜어서 공을 이루려 함이요, 그 법에 그대로 근거하여 다스리는 것은 관리가 쉽게 익혀 백성을 편안히 하고자 함입니다. 지금 임금께서 법을 고쳐 옛것을 따르지 않고, 예를 바꾸어 백성을 가르치고자 하시는데 제 생각으로는 천하 사람들이 임금에게 이의를 제기할 것은 뻔하다고 여깁니다. 원컨대 임금께서는 깊이 헤아려 보시기 바랍니다."

이 말에 공손앙이 다시 반박하고 나섰다.

"그대가 말한 것은 세상의 속된 사람들이 모두 아는 일입니다. 보통 사람은 자기의 습관에 안주하기를 원하고, 학자는 자기가 들은 바에만 빠져 있게 마련입니다. 이런 두 종류의 사람들이 관직을 차고 앉아 법을 붙들고 있으니, 그들과 더불어 법전法典 밖의 일은 논의조차 해

볼 수가 없는 것입니다. 삼대三代는 도가 각각 달랐지만 왕도王道를 이루었고, 오패五霸는 법이 달랐지만 패업霸業을 이루었습니다. 지자知者는 법을 만들고, 우자愚者는 그 법에 매이는 것이며, 현자賢者는 예를 바꾸고 불초한 자는 거기에 구속을 받는 것입니다. 예에 구속을 받는 자와는 더불어 일을 논할 수 없고, 법에 제약을 받는 자와는 더불어 정치를 논할 수가 없는 것입니다. 임금께서는 더 이상 의심을 하지 마십시오."

다시 두지가 나섰다.

"이로움이 1백 곱절이 되지 않는다면 법을 바꿀 필요가 있겠으며, 그 공이 10배 이상 나지 않는다면 구태여 그 그릇을 바꿀 필요가 있겠습니까? 제가 듣건대 법은 옛것을 따르면 허물이 없고, 예도 옛것을 좇으면 잘못됨이 없다고 하였습니다. 임금께서는 잘 헤아려 주십시오."

그러자 공손앙이 다시 이렇게 말하였다.

"옛날에 이미 교화가 달랐는데 무슨 고법古法이 있으며, 제왕帝王이 거듭나지도 않았는데 따라야 할 무슨 예가 있다는 말입니까? 복희伏犧와 신농神農은 가르치되 죽이는 일은 없었고, 황제黃帝와 요堯·순舜은 죽이기까지는 하되 화를 내지는 않는다고 하였으며, 문왕文王·무왕武王 때에 이르러서는 각각 그 시대에 맞게 법을 정하였고, 그 일에 맞추어서 예를 정하였습니다. 예와 법, 이 두 가지의 결정은 각각 그 마땅함에 따라 제정된 것이며, 군대나 무기도 각각 그 쓰임에 따라 편리하게 바뀐 것입니다. 그래서 저는 세상을 다스리는 데에는 한 가지 길만 있는 것이 아니며, 나라를 편하게 하는 것이 목적이지 반드시 옛 법을 고집해야 할 필요는 없다고 말씀드리는 것입니다. 때문에 탕湯이나 무왕이 옛 법을 따랐기 때문이 왕이 된 것은 아니며, 은殷나라·하夏나라가 예를 바꾸었기 때문에 망한 것은 아니라는 것입니다. 이렇게 보면 옛것을 뒤집는다고 반드시 잘못된 것은 아닙니다. 옛날의 예를 고집한 자가 그토록 많은 것은 아닙니다. 임금께서는 더 이상 의심하실 일이 없습니다."

마침내 효공이 결론을 내렸다.

"옳습니다. 내 듣자하니 궁벽한 시골에는 괴벽한 일도 많고, 학문을 곡해하는 자는 말도 많다고 하였습니다. 어리석은 자가 웃는 것을 지혜로운 자는 불쌍히 여기고, 미친 이의 즐거움을 어진 이는 근심으로 보게 마련입니다. 세속의 의견에 얽매이는 자라면 누구도 그런 일에 의심조차 해보지 않는 것입니다."

이에 효공이 감룡과 두지의 훌륭한 모책을 뿌리치고 대신 위앙의 잘못된 말에 혹하

秦始皇

여 따르게 되었다. 그리하여 법은 엄하여 가혹해졌고, 형刑은 깊어 반드시 처리되었으며 공법公法이라 하여 반드시 지켜냈다. 이에 효공이 위앙을 상군商君에까지 봉하게 되었지만 효공이 죽고 나자, 온 백성들은 상군을 원망하여 마침내 그는 거열형車裂刑에 처해지고 말았다. 그렇지만 그가 남긴 환난은 흐르고 흘러 진시황秦始皇에게까지 내려가 붉은 옷이 길을 막을 정도였고, 도적의 무리는 산에 가득 차서 마침내 난망亂亡의 지경에 이르고 말았던 것이다. 이는 바로 각박刻剝과 무은無恩이 초래한 결과였다. 삼대는 덕을 쌓았기 때문에 왕업을 이룬 것이며, 제齊나라 환공桓公은 남의 끊어지는 나라를 이어 주었기 때문에 패자가 될 수 있었던 것이다. 그리고 진秦 시황始皇과 항우項羽는 엄혹하고 포악하였기 때문에 망한 것이며, 한왕漢王은 어짊을 내려 펼 줄 알았기 때문에 제왕帝王이 된 것이다. 따라서 어짊과 은혜로움만이 모책의 근본이다.

秦孝公欲用衛鞅之言, 更爲嚴刑峻法, 易古三代之制度, 恐大臣不從, 於是召衛鞅·甘龍·杜摯三大夫御於君, 慮世事之變, 計正法之本, 使民之道.

君曰:「代位不亡社稷, 君之道也; 錯法務明主長, 臣之行也. 今吾欲更法以教民, 吾恐天下之議我也.」

公孫鞅曰:「臣聞: 疑行無名, 疑事無功, 君亟定變法之慮, 行之無疑, 殆無顧天下之議. 且夫有高人之行者, 固負非於世; 有獨知之慮者, 必見警於民. 語曰:『愚者暗成事, 知者見未萌.』民不可與慮始, 可與樂成功. 郭偃之法曰:『論至德者, 不和於俗; 成大功者, 不謀於眾.』法者, 所以愛民也; 禮者, 所以便事也. 是以聖人苟可以治國, 不法其故; 苟可以利民, 不循其禮.」

孝公曰:「善.」

甘龍曰:「不然. 臣聞: 聖人不易民而教, 知者不變法而治. 因民而教者, 不勞而功成; 據法而治者, 吏習而民安之. 今君變法不循故, 更禮以教民, 臣恐天下之議君, 願君熟慮之.」

公孫鞅曰:「子之所言者, 世俗之所知也. 常人安於所習, 學者溺於所聞, 此兩者所以居官而守法也, 非所與論於典法之外也. 三代不同道而王, 五霸不同法而霸. 知者作法, 而愚者制焉; 賢者更禮, 不肖者拘焉. 拘禮之人, 不足與言事; 制法之人, 不足與論治. 君無疑矣.」

杜摯曰:「利不百, 不變法; 功不什, 不易器. 臣聞之: 法古無過, 循禮無邪, 君其圖之.」

公孫鞅曰:「前世不同教, 何古之法? 帝王者不相復, 何禮之循? 伏犧神農, 教而不誅; 黃帝堯舜, 誅而不怒; 及至文武, 各當其時而立法, 因事而制禮. 禮法兩定, 制令各宜, 甲兵器備, 各便其用. 臣故曰: 治世不一道, 便國不必古. 故湯武之王也, 不循古; 殷夏之滅也, 不易禮. 然則反古者未可非也, 循禮者未足多也, 君無疑矣.」

孝公曰:「善. 吾聞: 窮鄕多怪, 曲學多辯. 愚者之笑, 知者哀焉; 狂夫之樂, 賢者憂焉. 拘世之議. 人心不疑矣.」

於是孝公違龍摯之善謀, 遂從衛鞅之過言, 法嚴而酷, 刑深而必, 守之以公, 當時取強. 遂封鞅爲商君.

及孝公死, 國人怨商君, 至於車裂之, 其患流漸, 至始皇, 赤衣塞路, 群盜滿山, 卒以亂亡, 削刻無恩之所致也. 三代積德而王, 齊桓繼絶而霸, 秦項嚴暴而亡, 漢王垂仁而帝, 故仁恩, 謀之本也.

【秦 孝公】 戰國時代 法家의 사상을 받아들인 君主. 재위 23년(B.C. 361~339).

【衛鞅】 商鞅, 公孫鞅, 商君. 衛나라의 庶孽 公子로 刑名(法家) 사상을 익혀 처음에 魏나라 宰相인 公叔痤를 섬겼으나, 뒤에 秦나라로 들어가 法家思想을 실제로 시행하여 보았다. 그 공으로 상(商)·오(於) 땅을 받아 商君이라 불렸으나, 죄를 짓고 車裂刑(사지를 찢어 죽이는 형벌)에 처해졌다. 《尙君書》가 전해지고 있다. 《史記》 商君列傳 참조.

【三代】 夏·殷·周의 德治政治.

【甘龍】 秦 孝公의 大夫.

【杜摯】 秦 孝公의 大夫.

【郭偃】 卜偃. 晉 文公 때 점치는 일을 관장하던 大夫.

【伏義】 古代의 帝王. 牧畜時代를 연 것으로 알려졌다.

【神農】 古代의 君主. 농업을 처음으로 연 것으로 알려졌다. 烈山氏라고도 하였다.

【黃帝】 軒轅氏. 五帝의 첫 임금. 中國 民族의 始祖로 일컬어지며, 많은 器用物件을 만든 것으로 여겨진다.

【文武】 周나라를 일으킨 文王(姬昌)과 武王(姬發).

【商君】 衛勞가 商·於 땅을 받고 商君으로 불렸다.

【秦始皇】 이름은 磧政. 中國을 통일한 秦나라 君主. 재위 37년(B.C. 246~210). 《史記》 秦始皇本記 참조.

【赤衣】 죄를 지어 피를 흘린 사람이 많았다는 뜻. 혹은 죄인의 신분을 나타내는 붉은 옷을 뜻한다고도 한다. 漢書 食貨志에 『赭衣半道, 斷獄歲以千萬數』라 하였다.

【齊 桓公】春秋五霸의 가운데 하나이며 이름은 小白.

【秦項】秦始皇과 項羽(楚霸王)를 가리킨다.〈四庫全書〉·〈四部叢刊〉모두
『秦夏』로 잘못되어 있다. 이에 대해 盧文弨는《群書拾補》에서 『夏』는 『項』의
오기라 하였다. 이를 따랐다.

【漢王】漢 高祖 劉邦을 가리킨다.

참고 및 관련 자료

1.《史記》商君列傳

商君者, 衛之諸庶孽公子也, 名鞅, 姓公孫氏, 其祖本姬姓也. 鞅少好刑名之學, 事魏
相公叔座爲中庶子. 公叔座知其賢, 未及進. 會座病, 魏惠王親往問病, 曰:「公叔病
有如不可諱, 將奈社稷何?」公叔曰:「座之中庶子公孫鞅, 年雖少, 有奇才, 願王舉
國而聽之.」王嘿然. 王且去, 座屏人言曰:「王卽不聽用鞅, 必殺之, 無令出境.」
王許諾而去. 公叔座召鞅謝曰:「今者, 王問可以爲相者, 我言若, 王色不許我. 我方
先君後臣, 因謂王卽弗用鞅, 當殺之. 王許我. 汝可疾去矣, 且見禽.」鞅曰:「彼王不
能用君之言任臣, 又安能用君之言殺臣乎?」卒不去. 惠王旣去, 而謂左右曰:「公叔
病甚, 悲乎, 欲令寡人以國聽公孫鞅也, 豈不悖哉!」公叔旣死, 公孫鞅聞秦孝公下令
國中求賢者, 將修繆公之業, 東復侵地, 迺遂西入秦, 因孝公寵臣景監以求見孝公.
孝公旣見衛鞅, 語事良久, 孝公時時睡, 弗聽. 罷而孝公怒景監曰:「子之客妄人耳,
安足用邪!」景監以讓衛鞅. 衛鞅曰:「吾說公以帝道, 其志不開悟矣.」後五日, 復求
見鞅. 鞅復見孝公, 益愈, 然而未中旨. 罷而孝公復讓景監, 景監亦讓鞅. 鞅曰:「吾說
公以王道而未入也. 請復見鞅」鞅復見孝公, 孝公善之而未用也. 罷而去. 孝公謂景
監曰:「汝客善, 可與語矣.」鞅曰:「吾說公以霸道, 其意欲用之矣. 誠復見我, 我知
之矣.」衛鞅復見孝公. 公與語, 不自知膝之前於席也. 語數日不厭. 景監曰:「子何以中
吾君? 吾君之驩甚也.」鞅曰:「吾說君以帝王之道比三代, 而君曰:『久遠, 吾不能待.
且賢君者, 各及其身顯名天下, 安能邑邑待數十百年以成帝王乎?』故吾以彊國之
術說君, 君大說之耳. 然亦難以比德於殷周矣.」孝公旣用衛鞅, 鞅欲變法, 恐天下
議己. 衛鞅曰:「疑行無名, 疑事無功. 且夫有高人之行者, 固見非於世; 有獨知之慮者,
必見敖於民. 愚者闇於成事, 知者見於未萌. 民不可與慮始而可與樂成. 論至德者不和
於俗, 成大功者不謀於衆. 是以聖人苟可以彊國, 不法其故; 苟可以利民, 不循其禮.」

孝公曰:「善.」甘龍曰:「不然. 聖人不易民而教, 知者不變法而治. 因民而教, 不勞而成功; 緣法而治者, 吏習而民安之.」衛鞅曰:「龍之所言, 世俗之言也. 常人安於故俗, 學者溺於所聞. 以此兩者居官守法可也, 非所與論於法之外也. 三代不同禮而王, 五伯不同法而霸. 智者作法, 愚者制焉; 賢者更禮, 不肖者拘焉.」杜摯曰:「利不百, 不變法; 功不十, 不易器. 法古無過, 循禮無邪.」衛鞅曰:「治世不一道, 便國不法古. 故湯武不循古而王, 夏殷不易禮而亡. 反古者不可非, 而循禮者不足多.」孝公曰: 「善.」以衛鞅爲左庶長, 卒定變法之令. 令民爲什伍, 而相牧司連坐. 不告姦者腰斬, 告姦者與斬敵首同賞, 匿姦者與降敵同罰. 民有二男以上不分異者, 倍其賦. 有軍功者, 各以率受上爵; 爲私鬪者, 各以輕重被刑大小. 僇力本業, 耕織致粟帛多者復其身. 事末利及怠而貧者, 舉以爲收孥. 宗室非有軍功論, 不得爲屬籍. 明尊卑爵秩等級, 各以差次名田宅, 臣妾衣服以家次. 有功者顯榮, 無功者雖富無所芬華. 令既具, 未布, 恐民之不信, 已乃立三丈之木於國都市南門, 募民有能徙置北門者予十金. 民怪之, 莫敢徙. 復曰「能徙者予五十金」. 有一人徙之, 輒予五十金, 以明不欺. 卒下令. 令行於民朞年, 秦民之國都言初令之不便者以千數. 於是太子犯法. 衛鞅曰:「法之不行, 自上犯之.」將法太子. 太子, 君嗣也, 不可施刑, 刑其傅公子虔, 黥其師公孫賈. 明日, 秦人皆趨令. 行之十年, 秦民大說, 道不拾遺, 山無盜賊, 家給人足. 民勇於公戰, 怯於私鬪, 鄉邑大治. 秦民初言令不便者有來言令便者, 衛鞅曰「此皆亂化之民也」, 盡遷之於邊城. 其後民莫敢議令.

於是以鞅爲大良造. 將兵圍魏安邑, 降之. 居三年, 作爲築冀闕宮庭於咸陽, 秦自雍徙都之. 而令民父子兄弟同室內息者爲禁. 而集小(都)鄉邑聚爲縣, 置令・丞, 凡三十一縣. 爲田開阡陌封疆, 而賦稅平. 平斗桶權衡丈尺. 行之四年, 公子虔復犯約, 劓之. 居五年, 秦人富彊, 天子致胙於孝公, 諸侯畢賀.

其明年, 齊敗魏兵於馬陵, 虜其太子申, 殺將軍龐涓. 其明年, 衛鞅說孝公曰:「秦之與魏, 譬若人之有腹心疾, 非魏并秦, 秦卽并魏. 何者? 魏居領阨之西, 都安邑, 與秦界河而獨擅山東之利. 利則西侵秦, 病則東收地. 今以君之賢聖, 國賴以盛. 而魏往年大破於齊, 諸侯畔之, 可因此時伐魏. 魏不支秦, 必東徙. 東徙, 秦據河山之固, 東鄉以制諸侯, 此帝王之業也.」孝公以爲然, 使衛鞅將而伐魏. 魏使公子卬將而擊之. 軍既相距, 衛鞅遺魏將公子卬書曰:「吾始與公子驩, 今俱爲兩國將, 不忍相攻, 可與公子面相見, 盟, 樂飲而罷兵, 以安秦魏.」魏公子卬以爲然. 會盟已, 飲, 而衛鞅伏甲士而襲虜魏公子卬, 因攻其軍, 盡破之以歸秦. 魏惠王兵數破於齊秦, 國內空, 日以削, 恐, 乃使使割河西之地獻於秦以和. 而魏遂去安邑, 徙都大梁. 梁惠王曰:「寡人恨不用

公叔座之言也.」衛鞅旣破魏還, 秦封之於・商十五邑, 號爲商君.

商君相秦十年, 宗室貴戚多怨望者. 趙良見商君. 商君曰:「鞅之得見也, 從孟蘭皋, 今鞅請得交, 可乎?」趙良曰:「僕弗敢願也. 孔丘有言曰:『推賢而戴者進, 聚不肖而王者退.』僕不肖, 故不敢受命. 僕聞之曰:『非其位而居之曰貪位, 非其名而有之曰貪名.』僕聽君之義, 則恐僕貪位貪名也. 故不敢聞命.」商君曰:「子不說吾治秦與?」趙良曰:「反聽之謂聰, 內視之謂明, 自勝之謂彊. 虞舜有言曰:『自卑也尚矣.』君不若道虞舜之道, 無爲問僕矣.」商君曰:「始秦戎翟之教, 父子無別, 同室而居. 今我更制其教, 而爲其男女之別, 大築冀闕, 營如魯衛矣. 子觀我治秦也, 孰與五羖大夫賢?」趙良曰:「千羊之皮, 不如一狐之掖; 千人之諾諾, 不如一士之諤諤. 武王諤諤以昌, 殷紂墨墨以亡. 君若不非武王乎, 則僕請終日正言而無誅, 可乎?」商君曰:「語有之矣, 貌言華也, 至言實也, 苦言藥也, 甘言疾也. 夫子果肯終日正言, 鞅之藥也. 鞅將事子, 子又何辭焉!」趙良曰:「夫五羖大夫, 荊之鄙人也. 聞秦繆公之賢而願望見, 行而無資, 自粥於秦客, 被褐食牛. 期年, 繆公知之, 舉之牛口之下, 而加之百姓之上, 秦國莫敢望焉. 相秦六七年, 而東伐鄭, 三置晉國之君, 一救荊國之禍. 發教封內, 而巴人致貢; 施德諸侯, 而八戎來服. 由余聞之, 款關請見. 五羖大夫之相秦也, 勞不坐乘, 暑不張蓋, 行於國中, 不從車乘, 不操干戈, 功名藏於府庫, 德行施於後世. 五羖大夫死, 秦國男女流涕, 童子不歌謠, 舂者不相杵. 此五羖大夫之德. 今君之見秦王也, 因嬖人景監以爲主, 非所以爲名也. 相秦不以百姓爲事, 而大築冀闕, 非所以爲功也. 刑黥太子之師傅, 殘傷民以駿刑, 是積怨畜禍也. 教之化民也深於命, 民之效上也捷於令. 今君又左建外易, 非所以爲教也. 君又南面而稱寡人, 日繩秦之貴公子. 詩曰:『相鼠有體, 人而無禮; 人而無禮, 何不遄死.』以詩觀之, 非所以爲壽也. 公子虔杜門不出已八年矣, 君又殺祝懽而黥公孫賈. 詩曰:『得人者興, 失人者崩.』此數事者, 非所以得人也. 君之出也, 後車十數, 從車載甲, 多力而駢脅者爲驂乘, 持矛而操闟戟者旁車而趨. 此一物不具, 君固不出. 書曰:『恃德者昌, 恃力者亡.』君之危若朝露, 尚將欲延年益壽乎? 則何不歸十五都, 灌園於鄙, 勸秦王顯巖穴之士, 養老存孤, 敬父兄, 序有功, 尊有德, 可以少安. 君尚將貪商於之富, 寵秦國之教, 畜百姓之怨, 秦王一旦捐賓客而不立朝, 秦國之所以收君者, 豈其微哉? 亡可翹足而待.」商君弗從. 後五月而秦孝公卒, 太子立. 公子虔之徒告商君欲反, 發吏捕商君. 商君亡至關下, 欲舍客舍. 客人不知其是商君也, 曰:「商君之法, 舍人無驗者坐之.」商君喟然歎曰:「嗟乎, 爲法之敝一至此哉!」去之魏. 魏人怨其欺公子卬而破魏師, 弗受. 商君欲之他國. 魏人曰:「商君, 秦之賊. 秦彊而賊入魏, 弗歸, 不可.」遂內秦. 商君旣復入秦, 走商邑, 與其徒屬發邑兵北出擊鄭. 秦發兵攻商君,

殺之於鄭澠池. 秦惠王車裂商君以徇, 曰:「莫如商鞅反者!」遂滅商君之家.

太史公曰:「商君, 其天資刻薄人也. 跡其欲干孝公以帝王術, 挾持浮說, 非其質矣.
且所因由嬖臣, 及得用, 刑公子虔, 欺魏將卬, 不師趙良之言, 亦足發明商君之少恩矣.
余嘗讀商君開塞耕戰書, 與其人行事相類. 卒受惡名於秦, 有以也夫!」

2. 《商君書》 更法篇

孝公平畫, 公孫鞅·甘龍·杜摯, 三大夫御於君, 慮世事之變, 討正法之本, 求使民之道.
君曰:「代立不忘社稷, 君之道也; 錯法務明主長, 臣之行也. 今吾欲變法以治, 更禮
以教百姓, 恐天下之議我也.」公孫鞅曰:「臣聞之, 『疑行無成, 疑事無功.』君亟定變
法之慮, 殆無顧天下之議之也. 且夫有高人之行者, 固見負於世; 有獨知之慮者, 必見
訾於民. 語曰:『愚者闇於成事, 知者見於未萌. 民不可與慮始, 而可與樂成.』郭偃之
法曰:『論至德者, 不和於俗; 成大功者, 不謀於眾.』法者, 所以愛民也; 禮者, 所以便
事也. 是以聖人苟可以強國, 不法其故; 苟可以利民, 不循其禮.」孝公曰:「善!」
甘龍曰:「不然. 臣聞之, 聖人不易民而教, 知者不變法而治. 因民而教者, 不勞而功成;
據法而治者, 吏習而民安. 今若變法, 不循秦國之故, 更禮以教民, 臣恐天下之議君,
願孰察之.」公孫鞅曰:「子之所言, 世俗之言也. 夫常人安於故習, 學者溺於所聞.
此兩者所以居官守法, 非所與論於法之外也. 三代不同禮而王, 五霸不同法而霸,
故知者作法, 而愚者制焉; 賢者更禮, 而不肖者拘焉. 拘禮之人, 不足與言事; 制法之人,
不足與論變. 君無疑矣.」杜摯曰:「臣聞之, 利不百, 不變法; 功不十, 不易器. 臣聞法
古無過, 循禮無邪. 君其圖之.」公孫鞅曰:「前世不同教, 何古之法? 帝王不相復,
何禮之循? 伏羲神農教而不誅, 黃帝堯舜誅而不怒, 及至文武, 各當時而立法, 因事
而制禮. 禮法以時而定, 制令各順其宜, 兵甲器備各便其用. 臣故曰:『治世不一道,
便國不必法古.』湯武之王也, 不循古而興; 殷夏之滅也, 不易禮而亡. 然則反古者未
可必非, 循禮者未足多是也. 君無疑矣.」孝公曰:「善. 吾聞窮巷多怪, 曲學多辨.
愚者之笑, 智者哀焉; 狂夫之樂, 賢者憂焉. 拘世以議, 寡人不之疑矣.」

171(9-8) 秦惠王時
명예를 다투는 자는 조정으로

진秦 혜왕惠王 때에 촉蜀나라에서 난이 일어나 서로 죽이고 공격하는 일이 발생하였다. 그러자 그 나라 사람들이 급히 진나라에 도움을 요청해 왔다. 혜왕은 군대를 일으켜 촉나라를 치고자 하였으나 길이 험하고 좁아 가기가 어렵다고 여기고 있었는데, 마침 한韓나라 사람들이 진나라를 공격해 들어오는 것이었다. 혜왕은 한나라를 먼저 치고자 하였으나 촉나라의 난이 염려되고, 그렇다고 촉을 먼저 치자니 한나라 의 공격이 걱정이었다. 그래서 머뭇거리면서 아무런 결정을 못하고 있었다. 이 일을 두고 사마착司馬錯과 장의張儀가 혜왕 앞에서 쟁론을 펼쳤다. 사마착이 촉을 먼저 쳐야 한다고 주장하자 장의가 반대하고 나섰다.

"한나라를 먼저 쳐야 합니다."

혜왕이 물었다.

"그 이유를 들어봅시다."

장의는 이렇게 설명하였다.

"우리가 위魏나라와 초楚나라를 친하게 붙들어 놓고, 군대를 삼천三川 으로 내려 보내어 십곡什谷의 입구를 막고 둔류屯留의 길을 지키는 것입 니다. 그 때 위나라는 남양南陽을 끊고 초나라는 남정南鄭에 다다르게 해놓고는 우리 진나라가 신성新城·의양宜陽을 공격하여 이주二周의 교외 에 이르러 주왕周王의 죄를 물은 다음, 다시 초와 위의 땅을 차지해 버리는 것입니다. 이렇게 되면 주나라는 스스로 어쩔 수 없음을 알고 구정九鼎의 보물을 내놓을 것입니다. 이 구정을 근거로 하고, 지도와 호적을 거머쥔 채 천자天子를 끼고 천하를 호령한다면 천하가 감히 듣지 않을 수가 없을 것입니다. 이렇게 되면 왕업王業을 이루는 것입니다. 그런데 지금 촉나라는 서쪽에 편벽된 나라로 융적戎狄의 일부일 뿐입니다. 그런 나라를 치느라 군대를 피폐시키고 백성을 노고롭게 해보았자 명예를 얻을 수도 없고 그 땅을 얻는다 해도 이익 될 게 없습니다. 제가 듣건대 '명예를 다투는 자는 조정으로, 이익을 다투는 자는 시장으로'라고 하였습니다. 지금 삼천과 주실은 천하의 조정이요, 시장인 셈입니다. 그런데 왕께서 이를 상대로 다투지 않고 융적을 바라보고 계시니 왕업을 이루기에는 너무나 먼 일입니다."

그러자 사마착이 반박하고 나섰다.

"그렇지 않습니다. 제가 듣건대 부유해지고자 하는 자는 그 땅을 넓히는 데 힘써야 하고, 강하게 되고자 하는 자는 그 백성을 부유하게 해 주는 데 힘써야 하며, 왕업을 이루고자 하는 자는 그 덕을 널리 펴는 데 힘써야 한다고 하였습니다. 이 세 가지만 갖추어지면 왕업은 저절로 따라오는 것입니다. 지금 왕께서는 땅은 좁고 백성은 가난합니다. 그래서 저는 원컨대 먼저 쉬운 일부터 좇아 하시기를 바랍니다. 무릇 촉나라는 서쪽의 편벽된 나라이기는 하나 융적의 우두머리입니다. 그 나라에 걸桀이나 주紂와 같은 난이 일어났는데 이때에 우리 진나라가 치는 것은 비유컨대 시랑豺狼이 양떼를 쫓는 것처럼 쉽습니다. 그 땅을 얻으면 나라를 넓힐 수 있고, 그 재물을 취하면 백성을 부유하게 할 수 있습니다. 군대도 그저 훈련시키는 정도로만 부려도 많이 다치지 않고 항복시킬 수 있습니다. 작은 나라 하나 굴복시켰다고 해서 천하가 포악하다 할 리도 없으며, 서해西海의 이익을 다 차지하였다고 해서 제후들이 우리를 탐욕스럽다고 하지도 않습니다. 이는 한 번의 행동으로 명예와 실리를 다 차지하는 것입니다. 게다가 폭군을 막아 혼란을 바로잡아 주었다는 명예도 얻게 됩니다. 지금 한韓나라를 쳐서 천자를 위협하면 이름만 더럽혀질 뿐 이익 될 것은 없습니다. 불의한 이름만 뒤집어쓰고 천하가 치기 싫어하는 바를 치는 꼴이 되어 위험하기만 합니다. 신이 청컨대 그 이유를 말씀드리지요. 주周나라는 어쨌거나 천하의 종실宗室입니다. 게다가 제齊나라는 한나라의 동맹국입니다. 주나라가 스스로 구정을 잃을 수밖에 없다고 깨닫게 되고, 한나라가 스스로 삼천의 땅을 잃을 수밖에 없다는 것을 알게 되면 두 나라는 힘을 합하고 꾀를 모으게 될 것입니다. 그리하여 제齊·조趙를 중개자로 하여 초·위로부터 벗어나기 위하여 구정은 초나라에게 주고 땅은 위나라에게 주어 버릴 것입니다. 이렇게 구정은 초나라에, 땅은 위나라 에게 주면 왕께서는 이를 막을 길이 없습니다. 제가 위험하다고 한 것이 바로 이것입니다. 그러니 촉을 쳐서 완전하게 하는 것만 못합니다."

이에 진 혜왕은 이렇게 결정하였다.

"좋습니다, 내 그대의 의견을 따르겠습니다."

그리고는 드디어 군대를 일으켜 촉을 공격하여 열 달 만에 이를 취하여 평정시켰다. 촉왕은 스스로 후侯라 칭호를 낮추었고, 진숙陳叔을 재상으로 삼아 진나라의 속국이 되었다. 이로써 진나라는 날로 부강해 져서 제후들을 제압하게 되었으니, 이는 바로 사마착의 모책에서 비롯 된 것이다.

秦惠王時, 蜀亂, 國人相攻擊, 告急於秦. 惠王欲發兵伐蜀, 以爲道險峽難至, 而韓人來侵秦. 秦惠王欲先伐韓, 恐蜀亂; 先伐 蜀, 恐韓襲秦之弊, 猶與未決.

司馬錯與張子爭論於惠王之前, 司馬錯欲伐蜀, 張子曰:「不如 伐韓.」

王曰:「請聞其說.」

對曰:「親魏善楚, 下兵三川, 塞什谷之口, 當屯留之道; 魏絶 南陽, 楚臨南鄭, 秦攻新城·宜陽, 以臨二周之郊, 誅周王之罪,

侵楚·魏之地. 周自知不救, 九鼎寶器必出. 據九鼎, 按圖籍, 挾天子以令於天下, 天下莫敢不聽, 此王業也. 今夫蜀, 西僻之國, 而戎狄之倫也, 弊兵勞衆, 不足以成名, 得其地不足以爲利. 臣聞: 『爭名者於朝, 爭利者於市.』今三川周室, 天下之朝市也, 而王不爭焉, 顧爭於戎狄, 去王遠矣.」

司馬錯曰:「不然. 臣聞之: 欲富者務廣其地, 欲強者務富其民, 欲王者務博其德. 三資者備而王隨之矣. 今王地小民貧, 故臣願先從事於易. 夫蜀, 西僻之國, 而戎狄之長也, 有桀紂之亂, 以秦攻之, 譬如以豺狼逐群羊也. 得地, 足以廣國; 取其財, 足以富民, 繕兵不傷衆而服焉. 服一國而天下不以爲暴, 利盡西海而諸侯不以爲貪, 是我一擧而名實附也, 又有禁暴正亂之名. 今攻韓劫天子, 惡名也, 而未必利也. 有不義之名, 而攻天下所不欲, 危矣. 臣請謁其故. 周, 天下之宗室也; 齊, 韓之與國也. 周自知失九鼎, 韓自知亡三川, 將二國幷力合謀, 以因乎齊·趙, 而求解乎楚·魏, 以鼎予楚, 以地予魏. 以鼎予楚, 以地予魏, 王不能止, 此臣所謂危也. 不如伐蜀完.」

秦惠王曰:「善. 寡人請聽子.」

卒起兵伐蜀, 十月取之, 遂定蜀. 蜀王更號爲侯, 而使陳莊相蜀. 蜀旣屬秦, 秦日益強富厚而制諸侯, 司馬錯之謀也.

【秦 惠王】戰國時代 秦나라 王. 惠文王을 가리킨다. 재위 27년(B.C. 337~311).
【蜀】나라 이름. 지금의 四川省 일대.
【猶與】『猶豫』와 같다. 쌍성연면어로 '머뭇거리다'의 뜻.
【司馬錯】秦나라의 將軍. 蜀을 멸한 후 惠王이 그를 蜀의 郡守로 삼았다.
【張儀】戰國時代 策士·유세가. 蘇秦과 병칭되었다.《史記》蘇秦張儀列傳 참조.

【三川】秦나라 때 郡 이름. 그 지역에 河水·洛水·伊水의 세 물이 있어 이를 三川이라 하였다. 지금의 河南省 북부.

【什谷】地名. 侯氏縣이라고도 한다.

【屯留】地名. 太行山 羊腸阪을 말한다.

【南陽】地名. 《史記》 正義에 上黨과 가까운 곳이라 하였다.

【南鄭】地名. 지금의 河南省 沁陽縣. 韓나라 땅.

【新城】地名. 지금의 河南省 商丘縣. 韓나라 땅.

【宜陽】地名. 지금의 河南省 宜陽縣. 韓나라 땅.

【二周】당시 洛陽을 중심으로 東周·西周가 있었다. 《戰國策》 참조.

【周王】명색은 天子이나 힘이 없었다.

【九鼎】古代 국가의 상징이며, 周나라가 보관하였다. 《史記》 東周策 참조.

【西海】서쪽 지역이라는 뜻.

【侯】公·侯·伯·子·男의 爵位. 公에서 侯로 낮추었다는 뜻.

【陳叔】秦나라 사람. 《史記》에는 '陳莊'으로 되어 있다.

참고 및 관련 자료

1. 《戰國策》 秦策(一)

司馬錯與張儀爭論於秦惠王前. 司馬錯欲伐蜀, 張儀曰:「不如伐韓.」王曰:「請聞其說.」 對曰:「親魏善楚, 下兵三川, 塞轘轅·緱氏之口, 當屯留之道, 魏絶南陽, 楚臨南鄭, 秦攻新城·宜陽, 以臨二周之郊, 誅周主之罪, 侵楚·魏之地. 周自知不救, 九鼎寶器必出. 據九鼎, 桉圖籍, 挾天子以令天下, 天下莫敢不聽, 此王業也. 今夫蜀, 西辟之國, 而戎狄之長也, 弊兵勞衆不足以成名, 得其地不足以爲利. 臣聞:『爭名者於朝, 爭利者於市.』 今三川·周室, 天下之市朝也, 而王不爭焉, 顧爭於戎狄, 去王業遠矣.」 司馬錯曰;「不然. 臣聞之: 欲富國者, 務廣其地; 欲强兵者, 務富其民; 欲王者, 務博其德. 三資者備, 而王隨之矣. 今王之地小民貧, 故臣願從事於易. 夫蜀, 西辟之國也, 而戎狄之長也, 而有桀·紂之亂. 以秦攻之, 譬如使豺狼逐群羊也. 取其地, 足以廣國也; 得其財, 足以富民; 繕兵不傷衆, 而彼已服矣. 故拔一國, 而天下不以爲暴; 利盡西海, 諸侯不以爲貪. 是我一擧而名實兩附, 而又有禁暴正亂之名. 今攻韓劫天子, 劫天子, 惡名也, 而未必利也, 又有不義之名, 而攻天下之所不欲,

危! 臣請謁其故: 周, 天下之宗室也; 齊, 韓·周之與國也. 周自知失九鼎, 韓自知亡三川, 則必將二國幷力合謀, 以因于齊·趙, 而求解乎楚·魏. 以鼎與楚, 以地與魏, 王不能禁. 此臣所謂危, 不如伐蜀之完也.」惠王曰:「善! 寡人聽子.」卒起兵伐蜀, 十月取之, 遂定蜀. 蜀主更號爲侯, 而使陳莊相蜀. 蜀旣屬, 秦益强富厚, 輕諸侯.

2. 《史記》 張儀列傳

苴蜀相攻擊, 各來告急於秦. 秦惠王欲發兵以伐蜀, 以爲道險狹難至, 而韓又來侵秦, 秦惠王欲先伐韓, 後伐蜀, 恐不利, 欲先伐蜀, 恐韓襲秦之敝, 猶豫未能決. 司馬錯與張儀爭論於惠王之前, 司馬錯欲伐蜀, 張儀曰:「不如伐韓.」王曰:「請聞其說.」儀曰:「親魏善楚, 下兵三川, 塞什谷之口, 當屯留之道, 魏絶南陽, 楚臨南鄭, 秦攻新城·宜陽, 以臨二周之郊, 誅周王之罪, 侵楚·魏之地. 周自知不能救, 九鼎寶器必出. 據九鼎, 案圖籍, 挾天子以令於天下, 天下莫敢不聽, 此王業也. 今夫蜀, 西僻之國而戎翟之倫也, 敝兵勞衆不足以成名, 得其地不足以爲利. 臣聞爭名者於朝, 爭利者於市. 今三川·周室, 天下之朝市也, 而王不爭焉, 顧爭於戎翟, 去王業遠矣.」司馬錯曰:「不然. 臣聞之: 欲富國者務廣其地, 欲彊兵者務富其民, 欲王者務博其德, 三資者備而王隨之矣. 今王地小民貧, 故臣願先從事於易. 夫蜀, 西僻之國也, 而戎翟之長也, 有桀紂之亂. 以秦攻之, 譬如使豺狼逐羣羊. 得其地足以廣國, 取其財足以富民繕兵, 不傷衆而彼已服焉. 拔一國而天下不以爲暴, 利盡西海而天下不以爲貪, 是我一擧而名實附也, 而又有禁暴止亂之名. 今攻韓, 劫天子, 惡名也, 而未必利也, 又有不義之名, 而攻天下所不欲, 危矣. 臣請謁其故: 周, 天下之宗室也; 齊, 韓之與國也. 周自知失九鼎, 韓自知亡三川, 將二國幷力合謀, 以因乎齊·趙而求解乎楚·魏, 以鼎與楚, 以地與魏, 王弗能止也. 此臣之所謂危也. 不如伐蜀完.」惠王曰:「善, 寡人請聽子.」卒起兵伐蜀, 十月, 取之, 遂定蜀, 貶蜀王更號爲侯, 而使陳莊相蜀. 蜀旣屬秦, 秦以益彊, 富厚, 輕諸侯.

172(9-9) 楚使黃歇於秦
춘신군 황헐

　초楚**나라**가 황헐黃歇을 진秦나라에 사신으로 보냈을 때, 진 소왕
昭王은 백기白起로 하여금 한韓나라와 위魏나라를 공격하게 하여 한·위
가 진나라에 복종하자, 다시 백기로 하여금 이 한·위의 병사들을 합해
초나라를 치게 할 셈이었다. 황헐이 진나라에 이르러 마침 이 계획을
듣게 되었다. 그러나 진나라 백기는 이미 초나라를 공격하여 몇 개
현을 탈취하였고, 초나라의 경양왕頃襄王은 동쪽으로 피난을 간 상태
였다. 황헐은 진 소왕에게 글을 올려 진나라로 하여금 멀리 초나라와는
평화를 유지하고 대신 한나라와 위나라를 치도록 하여 자신의 초나라는
이 위기에서 벗어나게 하려고 서둘렀다. 그 글은 다음과 같다.

　"천하에 진·초만큼 강한 나라는 없습니다. 그런데 지금 왕께서는
초나라를 치고자 하신다고 들었습니다. 이는 비유컨대 두 마리의 호랑
이가 싸우는 것과 같습니다. 두 마리의 호랑이가 서로 싸우면 늙은
개가 그 지친 틈을 이용하여 이익을 얻게 됩니다. 그러니 초나라와
친하게 지내는 것만한 것이 없습니다. 청컨대 그 이유를 말씀드리겠습
니다. 제가 듣건대 사물은 끝까지 가면 되돌아온다고 하였으니, 겨울과
여름이 바로 그런 것이요, 또 너무 높이 올라가면 위험밖에 없다 하였
으니, 바로 바둑알을 포개어 쌓는 것이 그런 비유일 것입니다. 지금
대국인 이 진나라는 그 땅이 천하를 덮고 있습니다. 천하의 양쪽 끝까지
다 늘어뜨려져 있지요. 세상에 백성이 생겨난 이래 이와 같은 만승지지
萬乘之地는 없었습니다. 또 지금 왕께서는 성교盛橋로 하여금 한나라를

지키며 관리하는 일을 시켜 놓고 있습니다. 성교가 그 땅을 이 진나라에 갖다 붙여 왕께서는 군사도 쓰지 않고 위세도 펴지 않은 채 1백 리의 땅을 얻었으니, 과연 능력이 있으십니다. 왕께서는 또 군대를 일으켜 위나라를 공격하여 대량大梁의 문을 막고 하내河內를 점령하였으며, 다시 연燕나라를 공격해서는 산조酸棗·허虛·도桃를 거쳐 형邢 땅까지 뽑아 버렸습니다. 위나라 군사가 구름 떼처럼 몰렸건만, 감히 스스로를 구원해 내지 못하고 있는 것을 보면 왕께서는 공도 역시 대단하다고 할 수 있습니다. 다시 왕께서는 2년 동안 군대와 백성을 휴식시킨 다음 만滿·연衍·수首·원垣을 점령하고 인仁·평구平丘·황黃·제양濟陽· 견성甄城에 임하자 위나라가 복종하고 말았습니다. 다시 복력櫟歷의 북쪽을 할거하여 진나라와 제齊나라 사이의 길을 트게 하였고, 초나라· 조趙나라 사이의 등뼈를 끊어 버리시니 천하 제후들이 다섯 번 회합을 하고 여섯 번 모여 보았지만 결국 서로를 구해 내지 못하고 있습니다. 이로 보면, 왕의 위엄 또한 지극함에 이르게 되었습니다.

　이때에 왕께서 만약 능히 공과 위엄을 지키시며 전공戰功의 마음을 잘 간직한 채 인의仁義로 세상을 살지게 하여 후환만 없게 한다면, 삼왕三王이 넷으로도 부족하고, 오백五伯이 여섯이어도 불족할 것입니다. 그러나 왕께서 만약 무리의 많음과 병력의 강함, 그리고 위나라를 무너뜨린 위세 등을 믿고 힘으로 천하의 임금들을 굴복시키려 하신다면 아마도 후환이 따르지 않을까 신은 걱정됩니다. 《시詩》에 '처음을 잘하지 않은 것은 아니련만 끝이 다 좋기만 하란 법은 없다'라고 하였고, 《역易》에는 '여우가 물을 다 건너놓고 그만 그 꼬리를 적신다'라고 하였습니다. 이는 처음은 쉬우나 끝을 잘 마무리하기가 어렵다는 뜻입니다. 어떻게 그런 것을 아느냐구요? 지난날 지백智伯은 조나라를 치는 이익에 눈이 어두워 유차楡次의 화근을 알지 못하였고, 오吳나라는 제나라를 치는 편함만 알았지 간수干遂의 패배를 예측하지 못하였던 것입니다. 이 두 나라는 큰 공을 세우지 아니한 것이 아니건만, 눈앞의 이익에만 빠져 뒤에 다가올 환난에 대해서는 가볍게 여겼던 것입니다.

오나라는 월越나라가 친한 이웃이라 믿고 제나라를 애릉艾陵에서 이긴 다음, 돌아오다가 삼도三渚의 포구浦口에서 그 월나라에게 발목을 잡히고 말았습니다. 또 지백은 한씨韓氏와 위씨魏氏를 믿고 그들과 함께 조씨趙氏의 진양晉陽 성성城을 공격하여 승리를 며칠 앞두고 있을 때, 그만 한·위가 반기를 들어 총대叢臺 가에서 지백요知伯瑤는 죽임을 당하고 말았습니다. 왕께서는 지금 우리 초나라가 무너지지 않는 것을 미워하고 계신데 초나라가 망하고 나면 도리어 한·위가 강해지는 것을 알지 못하고 계십니다. 제가 임금을 위하여 염려하건대 임금께서는 그렇게 하셔서는 안 됩니다. 《시詩》에 '대군은 멀리까지 가서 전쟁을 벌이지 않는다'라고 하였습니다. 이로써 보건대 초나라는 도움을 주는 나라요, 이웃 나라가 바로 적국인 것입니다. 《시詩》에 '펄펄 뛰는 저 토끼, 사냥개 한테는 잡히고 말지. 다른 사람 가진 마음, 나도 헤아려 살펴야지'라고 하였습니다. 왕께서는 지금 한·위가 임금에게 잘 해 주는 것으로 믿고 있지만, 이는 오나라가 월나라를 믿는 격입니다. 제가 듣건대 적에게는 틈을 주어서는 안 되고, 때를 놓쳐서는 안 된다고 하였습니다. 한·위가 겸손하여 환난이 없어진 줄로 알고 계시지만, 그것이 오히려 사실은 귀국을 속이고 있는 것이 아닌가 걱정됩니다. 그 이유를 들어볼까요? 왕께서는 한·위에게 대대로 무슨 큰 은덕을 베푼 적이 없습니다. 도리어 대대로 그들에게 원한만 심어 놓았지요. 무릇 한·위 두 나라는 부자·형 제가 서로 발꿈치를 밟을 정도로 차례로 귀국 진나라 때문에 죽어 온 지가 이미 십세十世에 이릅니다. 그 나라들은 잔폐해졌고, 사직은 무너졌으며, 종묘는 깨어지고, 배와 창자가 끊어지고, 이마와 목이 부러지며, 몸과 머리가 분리된 자, 초택에 나뒹굴며 볕에 마르고 있는 뼈, 머리와 이마를 거꾸로 처박고 죽은 자, 이런 참상들이 그 경내에 서로 바라보고 있을 지경입니다. 게다가 꽁꽁 묶인 채 포로로 끌려가는 자가 길가에 서로 부딪치며 죽어 귀신이 된 자도 아무 것도 얻어먹을 것이 없는 상태입니다. 백성들은 살 길이 없어졌고, 가족들은 흩어져 떠돌다가 복첩僕妾이 된 자들이 해내海內에 가득합니다. 이렇게 보면 한·위가 완전히 망하지 않는 한 진나라 사직의 걱정 또한 끊이지 않을 것입니다. 이런 때에 왕께서 모든 돈을 다 들여 초나라를 치는 데 온 힘을 쏟고 계시니 이 어찌 잘못이 아니겠습니까? 게다가 왕께서 초나라를 공격하시면서 장차 어느 길로 군대를 출병시키려 하십니까? 왕께서는 원수의 나라인 한·위의 길을 빌려 나가시렵니까? 그 길로 군대를 출병시킨 그날, 임금께서는 다시는 되돌아올 수 없으리라는 것을 염려하셔야 할 것입니다. 이는 왕께서 원수인 한·위에게 군대와 물자를 대어주는 꼴이 될 것입니다. 그렇다고 왕께서 원수인 한·위의 길을 빌리지 않으려면 틀림없이 수수隨水의 오른쪽 땅을 통과해야 할 것입니다. 그러나 그 곳은 광천대수廣川大水에 산림계곡山林溪谷으로 아무 것도 먹을 게 없는 그러한 땅입니다. 왕께서 비록 그 땅을 차지한다고 해도 아무런 쓸모도 없어 초나라를 공격하였다는 오명만 뒤집어쓸 뿐 땅을 차지하는 실리는 얻지 못할 것입니다. 또 왕께서 초나라를 공격하시는 날에는 네 나라가 군대를 일으켜, 기다렸다는 듯이 왕에게 도전하고 나설 것입니다. 진·초가 얽혀 떨어지지 못하고 있을 때, 한·위는 군대를 몰아 유留·방여方與·질질鉒·호릉胡陵·탕碭·소蕭·상相을 치고 나올 것입니다. 그렇게 되면 옛 송宋 땅은 다 빼앗기고 맙니다. 그런가 하면 제나라에서는 남쪽으로 방향을 잡아 사수泗水의 북쪽을 다 들어먹을 것입니다. 그 곳은 넓은 들에 사방이 다 통하는 기름진 땅으로 제나라에게 홀로 먹어치우도록 고스란히 드리는 꼴이 됩니다. 이처럼 왕께서 초나라를 치게 되면 중국中國에서 한·위를 살찌게 해 주고, 제나라를 강하게 해 주는 격이 됩니다. 한·위가 강해지면 귀국 진나라와 힘이 대등해집니다. 한편 제나라가 남쪽으로 사수를 경계로 하고 동쪽으로는 바다를 등지고 북으로 하수河水를 의지하게 되면, 그 나라는 더 이상 후환이 없어지게 됩니다. 그렇게 되면 천하에 제·위 만큼 강한 나라가 없게 됩니다. 이 제·위가 땅을 얻고 이익을 지킨 채 아래 관리에게 일을 잘 시키면 1년 후에는 그들은 제왕은 못 되더라도, 그 사이에 오히려 초나라는 제왕이 되고도 남음이 있을 것입니다.

무릇 왕께서 땅은 넓고 백성은 많으며, 병력도 강하지만 한번 잘못하여 초나라에 원한을 심고, 한·위로 하여금 제나라가 제왕이 되도록 돕는 일을 하신다면 이는 큰 실수입니다.

제가 왕을 위해 염려하건대 초나라와는 친교를 맺는 것이 제일입니다. 진과 초가 하나가 되어 한나라를 상대한다면 한나라는 꼼짝 못합니다. 그때 왕께서는 동산東山의 요새와 곡하曲河의 이익을 거머쥐면 한나라는 틀림없이 관내지후關內之侯로 전락하고 말 것입니다. 이와 같이 해놓고 왕께서는 10만의 병력으로 정鄭나라를 치시면 양씨梁氏(魏)는 마음을 졸이게 됩니다. 이에 허許·언릉鄢陵을 고수하면 상채上蔡와 소릉召陵은 서로 왕래할 수 없게 됩니다. 이렇게 되면 위나라 역시 관내후關內侯가 되고 마는 것입니다. 왕께서 한번 초나라에게 잘하면 관내후가 둘에다 만승의 왕이 되어 제나라 쪽으로 땅을 넓히려 들기만 하면, 제나라의 오른쪽 땅은 팔짱을 끼고 있어도 차지할 수 있게 됩니다. 왕은 이 하나의 일로 그 땅이 두 바다를 꿰뚫어 천하를 하나로 묶을 수 있습니다. 그때는 연과 조에게는 제·초의 도움이 끊기고, 제·초는 연·조의 도움을 잃게 되지요. 그런 다음 연·조를 뒤흔들고 제·초를 요동시키는 것입니다. 그렇게 되면 이 네 나라는 급히 서두르지 않아도 항복하고 말 것입니다."

소왕은 이 글을 보고 나서 이렇게 결정하였다.

"좋다."

이에 백기의 공격을 중지시키고 한·위의 도움을 사절하고, 대신 초나라에게 사신을 보내어 선물을 주며 동맹을 맺었다. 황헐은 약속을 맺은 다음 초나라로 귀국하여 약한 초나라의 화근을 해결하였으며, 강한 진나라의 군대도 움직이지 않고 온전히 있도록 하였다. 이는 바로 황헐의 모책에서 비롯된 것이다.

楚使黃歇於秦, 秦昭王使白起攻韓‧魏, 韓‧魏服事秦, 昭王方令白起與韓‧魏共伐楚. 黃歇適至, 聞其計. 是時, 秦已使白起攻楚取數縣, 楚頃襄王東徙.

黃歇上書於秦昭王, 欲使秦遠交楚而攻韓‧魏以解楚.

其書曰:「天下莫強於秦‧楚, 今聞王欲伐楚, 此猶兩虎相與鬪. 兩虎相與鬪, 而駑犬受其弊也. 不如善楚. 臣請言其說: 臣聞之: 物至則反, 冬夏是也; 致高則危, 累基是也. 今大國之地偏天下, 有其二垂, 此從生民以來, 萬乘之地, 未嘗有也. 今王使盛橋守事於韓, 盛橋以其地入秦, 是王不用甲不信威, 而得百里之地也, 王可謂能矣. 王又擧甲而攻魏, 杜大梁之門, 擧河內, 攻燕‧酸棗‧虛‧桃, 入邢, 魏之兵雲翔而不敢救, 王之功亦多矣. 王休甲息衆, 二年而復之, 有取滿‧衍‧首‧垣, 以臨仁‧平丘‧黃‧濟陽‧甄城, 而魏氏服, 王又割濮歷之北, 注之秦‧齊之要, 絕楚‧趙之脊, 天下五合六聚而不敢相救, 王之威亦單矣. 王若能持功守威, 挾戰功之心, 而肥仁義之地, 使無後患, 三王不足四, 五伯不足六也. 王若負人徒之衆, 兵革之彊, 乘毀魏之威, 而欲以力臣天下之主, 臣恐其有後患也. 詩曰:『靡不有初, 鮮克有終.』易曰:『狐涉水, 濡其尾.』此言始之易, 終之難也. 何以知其然也? 智伯見伐趙之利, 不知楡次之禍; 吳見伐齊之便, 而不知干遂之敗. 此二國者, 非無大功也, 沒利於前, 而易患於後也. 吳之親越也, 從而伐齊, 旣勝齊人於艾陵, 爲越人所禽於三渚之浦. 知伯之信韓‧魏也, 從而伐趙, 攻晉陽之城, 勝有日矣, 韓‧魏畔之, 殺知伯瑤於叢臺之上. 今王妬楚之不毀也, 而忘毀楚之强韓‧魏也, 臣爲王慮而不取也. 詩曰:『大武遠宅而不涉.』從此觀之, 楚國, 援也;

鄰國, 敵也. 詩曰:『躍躍毚兔, 遇犬獲之. 他人有心, 予忖度之.』
今王中道而信韓・魏之善王也, 此吳之親越也. 臣聞之: 敵不可假,
時不可失. 臣恐韓・魏卑辭除患, 而實欺大國也. 何則? 王無重
世之德於韓・魏, 而有累世之怨焉. 夫韓・魏父子兄弟, 接踵而
死于秦者, 將十世矣, 本國殘, 社稷壞, 宗廟墮, 剖腹絕腸, 折頸
摺頤, 身首分離, 暴骨草澤, 頭顱僵仆, 相望于境, 係臣束子爲群
虜者, 相及於路, 鬼神潢洋無所食, 民不聊生, 族類離散, 流亡爲
僕妾者, 盈海內矣. 故韓・魏之不亡, 秦社稷之憂也. 今王齎之
與攻楚, 不亦過乎? 且王攻楚, 將惡出兵? 王將藉路於仇讎之
韓・魏乎? 出兵之日, 而王憂其不反也. 是王以兵資於仇讎之
韓・魏也. 王若不藉路於仇讎之韓・魏, 必攻隨水右壤, 此皆廣
川大水, 山林谿谷, 不食之地也. 王雖有之, 不爲得地, 是王有毀
楚之名, 而無得地之實也. 且王攻楚之日, 四國必悉起兵以應王,
秦楚之兵構而不離, 韓・魏氏將出兵而攻留・方與・銍・胡陵・
碭・蕭・相, 故宋必盡; 齊人南面, 泗北必擧, 此皆平原四達膏
腴之地也, 而使獨攻. 王破楚以肥韓・魏於中國而勁齊. 韓・魏
之彊, 足以枝於秦, 齊南以泗水爲境, 東負海, 北倚河而無後患.
天下之國, 莫彊於齊・魏, 齊・魏得地保利而詳事下吏, 一年之後,
爲帝未能, 其於禁王之爲帝有餘矣. 夫以王壤土之博, 人徒之衆,
兵革之彊, 一擧事而樹怨於楚, 出令韓・魏歸帝重齊, 是王失計也.
臣爲王慮, 莫若善楚, 秦・楚合爲一而以臨韓, 韓必拱手. 王施
之以東山之險, 帶以曲河之利, 韓必爲關內之侯, 若是而王以
十萬伐鄭, 梁氏寒心, 許・鄢陵嬰城, 而上蔡・召陵不往來也.
如此而魏亦關內侯矣. 王一善楚而關內兩萬乘之王, 注入地於齊,

齊右壤可拱手而取也. 王之地一桎兩海, 要約天下, 是燕·趙無齊·楚; 齊·楚無燕·趙, 然後危動燕·趙, 直搖齊·楚, 此四國者, 不待痛而服也.」

昭王曰:「善.」

於是乃止白起, 謝韓·魏, 發使賂楚, 約爲與國.

黃歇受約歸楚, 解弱楚之禍, 全彊秦之兵, 黃歇之謀也.

【黃歇】戰國 後期 楚나라의 宰相인 春申君. 孟嘗君(齊)·信陵君(魏)·平原君(趙)과 함께 戰國 四公子 가운데 하나. 楚나라 宰相으로 20여 년간 있을 때 식객이 3천 인이었다. 뒤에 李園의 여동생을 임신시켜 後嗣가 없는 考烈王에게 주어 그 일로 죽임을 당하였다. 《戰國策》 楚策 및 《史記》 春申君列傳 참조.

【昭王】戰國時代 秦나라 君主. 재위 56년(B.C. 306~251).

【白起】戰國時代 秦나라 將帥. 《史記》 白起王翦列傳 참조.

【頃襄王】戰國時代 楚나라 君主. 재위 36년(B.C. 298~263).

【盛橋】人名. 《史記》 索隱 참조.

【大梁】魏나라의 서울. 지금의 河南省 開封市 근처.

【河內】黃河의 안쪽.

【酸棗】地名. 지금의 河南省 延津縣 근처.

【虛】역시 地名. 지금의 河南省 安陽市 근처.

【桃】地名. 《史記》 集解 참조.

【邢】지금의 河南省 溫縣. 《史記》 正義 참조.

【滿·衍·首·垣】地名. 《史記》 集解 및 索隱 참조. 滿은 蒲가 아닌가 한다.

【平丘·黃·濟陽·甄城】모두 地名. 《史記》 참조.

【濮歷】地名. 《史記》에는 『濮磨』로 되어 있다.

【詩曰】《詩經》 大雅 蕩의 구절.

【易曰】《周易》 未濟卦에 『小狐汔濟, 濡其尾』라 하였다. 《史記》 正義에는 『言狐惜其尾, 每涉水, 擧尾不令濕, 比至極困, 則濡之, 譬不可力之』라 하였다.

【智伯】春秋 후기 晉나라 六卿의 하나로 가장 세력이 컸으나, 韓·魏·趙에게 반격을 받아 망하였다. 『知伯』으로도 쓴다.

【楡次】知伯이 패한 곳. 조나라 읍. 지금의 山西省 楡次縣.

【干遂】干隧로도 쓰인다. 吳나라 地名. 지금의 江蘇省 吳縣 서북쪽. 吳王 夫差가 黃池에서 제후들을 불러 회맹을 하자, 越王 勾踐이 이를 틈타 돌아오는 오나라 군대를 기다렸다가 대패시키고 부차를 사로잡은 곳이다.

【艾陵】齊나라 땅. 지금의 山東省 萊蕪縣 북쪽.

【三塗】지역. 《戰國策》秦策에는 『三江』으로 되어 있으며, 婁江, 東江, 松江을 가리킨다.

【叢臺】《史記》·《戰國策》에는 『鑿臺』로 되어 있다.

【詩曰】일시(逸詩)이다. 《史記》正義에 『言大軍不遠跋涉攻伐』이라 하였다.

【詩曰】《詩經》小雅 巧言의 구절.

【隨水】물 이름. 隨나라 근처의 물.

【留·方與·銍·胡陵·碭·蕭·相】모두 地名이다. 옛 宋나라 땅.

【泗水】齊나라 영토 내의 물 이름.

【中國】中原 지역.

【東山】地名. 《戰國策》에는 『山東』으로 되어 있다.

【曲河】地名.

【關內之侯】秦나라의 속국이 된다는 뜻.

【梁氏】魏나라를 말한다. 首都는 大梁. 이 때문에 梁나라라고도 부른다.

【鄢陵·郢城】楚나라의 큰 도시. 郢은 楚나라 수도.

【上蔡】地名. 지금의 河南省 上蔡縣.

【召陵】地名. 지금의 河南省 漯河市.

【不待痛】여기서의 『痛』은 '급히 서두르다'의 뜻. 《戰國策》주에 『痛, 急也』라 하였다.

1.《史記》春申君列傳

春申君者, 楚人也, 名歇, 姓黃氏. 游學博聞, 事楚頃襄王. 頃襄王以歇爲辯, 使於秦.
秦昭王使白起攻韓‧魏, 敗之於華陽, 禽魏將芒卯, 韓‧魏服而事秦. 秦昭王方令白
起與韓‧魏共伐楚, 未行, 而楚使黃歇適至於秦, 聞秦之計. 當是之時, 秦已前使白
起攻楚, 取巫‧黔中之郡, 拔鄢郢, 東至竟陵, 楚頃襄王東徙治於陳縣. 黃歇見楚懷王之
爲秦所誘而入朝, 遂見欺, 留死於秦. 頃襄王, 其子也, 秦輕之, 恐壹擧兵而滅楚.
歇乃上書說秦昭王曰:

「天下莫彊於秦‧楚. 今聞大王欲伐楚, 此猶兩虎相與鬪. 兩虎相與鬪而駑犬受其獘,
不如善楚. 臣請言其說: 臣聞物至則反, 冬夏是也; 致至則危, 累棊是也. 今大國之地,
徧天下有其二垂, 此從生民已來, 萬乘之地未嘗有也. 先帝文王‧莊王之身, 三世不
妄接地於齊, 以絶從親之要. 今王使盛橋守事於韓, 盛橋以其地入秦, 是王不用甲,
不信威, 而得百里之地. 王可謂能矣. 王又擧甲而攻魏, 杜大梁之門, 擧河內, 拔燕‧
酸棗‧虛‧桃, 入邢, 魏之兵雲翔而不敢捄. 王之功亦多矣. 王休甲息衆, 二年而後復之;
又幷蒲‧衍‧首‧垣, 以臨仁‧平丘, 黃‧濟陽嬰城而魏氏服; 王又割濮磨之北, 注齊
秦之要, 絶楚趙之脊, 天下五合六聚而不敢救. 王之威亦單矣. 王若能持功守威, 絀攻
取之心而肥仁義之地, 使無後患, 三王不足四, 五伯不足六也. 王若負人徒之衆, 仗兵
革之彊, 乘毀魏之威, 而欲以力臣天下之主, 臣恐其有後患也. 詩曰: 『靡不有初,
鮮克有終』. 易曰: 『狐涉水, 濡其尾』. 此言始之易, 終之難也. 何以知其然也? 昔智
氏見伐趙之利而不知楡次之禍, 吳見伐齊之便而不知干隧之敗. 此二國者, 非無大
功也, 沒利於前而易患於後也. 吳之信越也, 從而伐齊, 旣勝齊人於艾陵, 還爲越王
禽三渚之浦. 智氏之信韓‧魏也, 從而伐趙, 攻晉陽城, 勝有日矣, 韓‧魏叛之, 殺智
伯瑤於鑿臺之下. 今王妒楚之不毀也, 而忘毀楚之彊韓‧魏也, 臣爲王慮而不取也.
詩曰: 『大武遠宅而不涉』. 從此觀之, 楚國, 援也; 鄰國, 敵也. 詩云: 『趯趯毚兔,
遇犬獲之. 他人有心, 余忖度之』. 今王中道而信韓‧魏之善王也, 此正吳之信越也.
臣聞之: 敵不可假, 時不可失. 臣恐韓‧魏卑辭除患而實欲欺大國也. 何則? 王無重世
之德於韓‧魏, 而有累世之怨焉. 夫韓‧魏父子兄弟接踵而死於秦者將十世矣. 本國殘,
社稷壞, 宗廟毀, 刳腹絶腸, 折頸摺頤, 首身分離, 暴骸骨於草澤, 頭顱僵仆, 相望於境,
父子老弱係脰束手爲羣虜者相及於路. 鬼神孤傷, 無所血食. 人民不聊生, 族類離散,
流亡爲僕妾者, 盈滿海內矣. 故韓‧魏之不亡, 秦社稷之憂也, 今王資之與攻楚, 不亦

過乎! 且王攻楚將惡出兵? 王將借路於仇讎之韓·魏乎? 兵出之日而王憂其不返也,
是王以兵資於仇讎之韓·魏也. 王若不借路於仇讎之韓·魏, 必攻隨水右壤. 隨水
右壤, 此皆廣川大水, 山林谿谷, 不食之地也, 王雖有之, 不爲得地. 是王有毁楚之名
而無得地之實也. 且王攻楚之日, 四國必悉起兵以應王. 秦·楚之兵構而不離, 魏氏將
出而攻留·方與·銍·湖陵·碭·蕭·相, 故宋必盡. 齊人南面攻楚, 泗上必擧. 此皆
平原四達, 膏腴之地, 而使獨攻. 王破楚以肥韓·魏於中國而勁齊. 韓·魏之彊, 足以
校於秦. 齊南以泗水爲境, 東負海, 北倚河, 而無後患, 天下之國莫彊於齊·魏, 齊·
魏得地葆利而詳事下吏, 一年之後, 爲帝未能, 其於禁王之爲帝有餘矣. 夫以王壤土
之博, 人徒之衆, 兵革之彊, 壹擧事而樹怨於楚, 遲令韓·魏歸帝重於齊, 是王失計也.
臣爲王慮, 莫若善楚. 秦·楚合而爲一以臨韓, 韓必斂手. 王施以東山之險, 帶以曲
河之利, 韓必爲關內之侯. 若是而王以十萬戍鄭, 梁氏寒心, 許·鄢陵嬰城, 而上蔡·
召陵不往來也, 如此而魏亦關內侯矣. 王壹善楚, 而關內兩萬乘之主注地於齊, 齊右
壤可拱手而取也. 王之地一經兩海, 要約天下, 是燕·趙無齊·楚, 齊·楚無燕·趙也.
然後危動燕·趙, 直搖齊·楚, 此四國者不待痛而服矣.」

昭王曰:「善.」於是乃止白起而謝韓·魏. 發使賂楚, 約爲與國.

2. 《戰國策》 秦策(四)

頃襄王二十年, 秦白起拔楚西陵, 或拔鄢·郢·夷陵, 燒先王之墓. 王徙東北, 保于陳城.
楚遂削弱, 爲秦所輕. 於是白起又將兵來伐. 楚人有黃歇者, 游學博聞, 襄王以爲辯,
故使於秦. 說昭王曰:「天下莫强於秦·楚, 今聞大王欲伐楚, 此猶兩虎相鬪而駑犬受
其弊, 不如善楚. 臣請言其說. 臣聞之:『物至而反, 冬夏是也; 致至而危, 累棋是也.』
今大國之地半天下, 有二垂, 此從生民以來, 萬乘之地未嘗有也. 先帝文王·莊王,
王之身, 三世而不接地於齊, 以絕從親之要. 今王三使盛橋守事於韓, 成橋以北入燕.
是王不用甲, 不伸威, 而出百里之地, 王可謂能矣. 王又擧甲兵而攻魏, 杜大梁之門,
擧河內, 拔燕·酸棗·虛·桃人, 楚·燕之兵云翔不敢校, 王之功亦多矣. 王申息
衆二年, 然後復之, 又取蒲·衍·首垣, 以臨仁·平丘, 小黃·濟陽嬰城, 而魏氏服矣.
王又割濮磨之北屬之燕, 斷齊·秦之要, 絕楚·魏之脊. 天下五合·六聚而不敢救也,
王之威亦憚矣. 王若能持功守威, 省攻伐之心而肥仁義之誠, 使無復後患, 三王不足四,
五伯不足六也.

王若負人徒之衆, 材兵甲之强, 壹毁魏氏之威, 而欲以力臣天下之主, 臣恐有後患.
詩云:『靡不有初, 鮮克有終.』易曰:『狐濡其尾.』此言始之易, 終之難也. 何以知其

然也？智氏見伐趙之利，而不知榆次之禍也；吳見伐齊之便，而不知干隧之敗也．此二國者，非無大功也．設利於前，而易患於後也．吳之信越也，從而伐齊，既勝齊人於艾陵，還爲越王禽於三江之浦．智氏信韓‧魏，從而伐趙，攻晉陽之城，勝有日矣，韓‧魏反之，殺智伯瑤於鑿臺之上．今王妒楚之不毀也，而忘毀楚之强魏也．臣爲大王慮而不取．詩云：『大武遠宅不涉．』從此觀之，楚國，援也；鄰國，敵也．詩云：『他人有心，予忖度之．躍躍毚兔，遇犬獲之．』今王中道而信韓‧魏之善王也，此正吳信越也．臣聞：敵不可易，時不可失．臣恐韓‧魏之卑辭慮患，而實欺大國也．此何也？王既無重世之德於韓‧魏，而有累世之怨矣．韓‧魏父子兄弟接踵而死於秦者，百世矣．本國殘，社稷壞，宗廟隳，剖腹折頤，首身分離，暴骨草澤，頭顱僵仆，相望於境；父子老弱係虜，相隨於路；鬼神狐祥，無所食．百姓不聊生，族類離散，流亡爲臣妾，滿海內矣．韓‧魏之不亡，秦社稷之憂也．今王之攻楚，不亦失乎！是王攻楚之日，則惡出兵？王將藉路於仇讎之韓‧魏乎？兵出之日而王憂其不反也，是王以兵資於仇讎之韓‧魏．王若不藉路於仇讎之韓‧魏，必攻陽‧右壤．隨陽‧右壤，此皆廣川大水，山林谿谷不食之地，王雖有之，不爲得地．是王有毀楚之名，無得地之實也．且王攻楚之日，四國必應悉起應王．秦‧楚之構而不離，魏氏將出兵而攻留‧方與‧銍‧胡陵‧碭‧蕭‧相，故宋必盡．齊人南面，泗北必舉．此皆平原四達，膏腴之地也，而王使之獨攻．王破楚於以肥韓‧魏於中國而勁齊，韓‧魏之强足以校於秦矣．齊南以泗爲境，東負海，北倚河，而無後患，天下之國，莫强於齊．齊‧魏得地葆利，而詳事下吏，一年之後，爲帝若未能，於以禁王之爲帝有餘．夫以王壤土之博，人徒之衆，兵革之强，一舉衆而注地於楚，詘令韓‧魏，歸帝重於齊，是王失計也．臣爲王慮，莫若善楚．秦‧楚合而爲一，臨以韓，韓必授首．王襟以山東之險，帶以河曲之利，韓必爲關中之候．若是，王以十成鄭，梁氏寒心，許‧鄢陵嬰城，上蔡‧召陵不往來也．如此，而魏亦關內候矣．王一善楚，而關內二萬乘之主注地於齊，齊之右壤可拱手而取也．是王之地一任兩海，要絕天下也．是燕‧趙無齊‧楚，無燕‧趙也．然後危動燕‧趙，持齊‧楚，此四國者，不待痛而服矣．」

173(9-10) 秦趙戰於長平
아들이 죽었는데 울지 않는 어머니

진秦나라와 조趙나라가 장평長平에서 싸움을 벌여 조나라가 패하였다. 그리고 조나라는 도위都尉 계급의 군관 한 명을 잃게 되었다. 이에 조나라 임금이 누창樓昌과 우경虞卿을 불러 이렇게 말하였다.

"싸움에서 지고 도위만 잃었습니다. 과인이 장차 갑옷을 입고 싸움터에 나가겠습니다."

그러자 누창이 만류하였다.

"아무런 도움도 되지 않습니다. 차라리 많은 보물을 진나라에게 주어 강화講和를 맺느니만 못합니다."

그러자 이에 우경이 반대하고 나섰다.

"누창은 강화를 성공시키지 못하면 우리 군대가 반드시 패배하고 말 것이라고 여기기 때문에 한 말입니다. 그러나 강화의 성사 여부는 진나라가 그 열쇠를 쥐고 있습니다. 임금께서 보시기에 진나라가 우리 군대를 끝까지 패배시키려고 한다고 보십니까? 아니면 그렇지 않다고 보십니까?"

임금이 이렇게 대답하였다.

"진나라는 온 힘을 다하여 우리를 공격하고 있습니다. 이로써 보건대 우리 조나라를 반드시 쳐부수고야 말겠다고 하는 것 같습니다."

그러자 우경이 이렇게 설명하였다.

"임금께서는 신의 말을 듣고 사신을 파견하여 중한 보물을 꺼내어 초楚나라와 위魏나라에게 갖다 주십시오. 초나라와 위나라는 임금의 중한 보물을 갖고 싶어서라도 틀림없이 우리 사신을 받아 줄 것입니다. 우리 사신이 초나라와 위나라에 들어가기만 하면 진나라는 천하를 의심할 것입니다. 즉 천하가 합종하여 한마음으로 합치는 것이 아닌가 하구요. 이렇게만 되면 진나라와의 대등한 강화가 가능합니다."

그러나 조왕은 우경의 말을 듣지 않고 평양군平陽君과 상의하여 강화를 위해 정주鄭朱를 사신으로 삼아 진나라로 보냈다. 진나라에서는 이를 받아들였다. 그러고 나서 조왕이 우경을 불러 자랑스럽게 물었다.

"과인이 평양군을 시켜 진나라와 강화를 위해 정주를 사신으로 진나라에 보냈더니 진나라에서 받아 주었습니다. 우경 그대는 이 일을 어떻게 생각하십니까?"

그러자 우경이 이렇게 말하였다.

"강화는 이루어지지 않을 것이며 조나라 군대는 패배하고 말 것입니다. 천하에 승전을 축하해 주는 자들이 진나라로 모여들 것입니다. 정주는 이 나라의 영향력 있는 귀인입니다. 그가 진나라에 갔으니, 진나라 임금과 응후應侯는 틀림없이 그를 크게 환대하여 천하가 알도록 할 것입니다. 이를 본 위나라와 초나라에서는 진나라와 조나라가 강화하여 동맹을 맺은 것으로 여기고 더 이상 임금을 구해 주려 나서지 않을 것입니다. 그렇게 되는 한 이번의 강화는 성사될 수 없습니다."

응후가 과연 정주를 크게 대접하여 천하의 다른 나라들이 알도록 하였다. 그러자 모두 진나라의 승리를 축하할 뿐 누구 하나 조나라와 맹약을 맺겠다고 나서는 곳이 없었다. 마침내 조나라는 장평에서 크게 패하여 서울인 한단邯鄲까지 포위를 당하였고, 천하의 웃음거리가 되고 말았다. 이는 모두가 우경의 책략을 듣지 않았기 때문이다. 뒤에 진나라가 한단의 포위를 풀어 주자 조왕이 입조하여 조석趙郝으로 하여금 진나라를 섬기겠다는 약속을 하고 여섯 개의 현을 떼어 주는 조건으로 강화를 맺도록 하였다. 이때 우경이 다시 조왕에게 이렇게 말하였다.

"진나라가 임금을 공격하다가 지쳐서 돌아간 것입니까? 아니면 힘을 다 쏟기는 하였지만 그래도 공격할 능력이 있는데 임금을 사랑하기 때문에 공격을 하지 않는 것입니까?"

이 물음에 조왕이 이렇게 답하였다.

"진나라는 우리를 공격하는 데 온 힘을 다 쏟았습니다. 틀림없이 지쳐서 되돌아간 것일 것입니다."

그러자 우경이 이렇게 말하였다.

"그렇다면 진나라는 그 힘을 다해 공격하였다가 함락시키지 못하자 지쳐서 돌아갔는데 임금께서는 도리어 그들이 빼앗으려 해도 빼앗지 못하는 땅을 주고 있으니, 이는 진나라를 도와 자기 자신을 공격하는 것과 같습니다. 내년에 진나라가 다시 공격해 온다면 무엇으로 자구책을 삼겠습니까?"

그러자 임금은 우경의 말을 조석에게 전해 주었다. 그러자 조석이 이렇게 말하였다.

"우경은 정말 진나라의 힘이 어느 정도인지 알고 있는 것일까요? 진실로 진나라가 힘이 없어서 더 이상 진격을 못하는 것이라면 탄환이 꽂힐 만한 작은 땅도 주어서는 안 됩니다. 그러나 진나라가 내년에 다시 임금에게 공격해 온다면 땅을 떼어 주지 않고도 강화를 맺을 수 있겠습니까?"

그러자 임금이 말하였다.

"그대에게 지금 땅을 떼어 주는 권한을 준다면 그대는 능히 진나라가 내년에 우리를 공격하지 않도록 해줄 수 있겠습니까?"

그러자 조석은 겁이 나서 얼른 이렇게 말하였다.

"그것은 신이 감히 맡을 수 있는 일이 아닙니다. 지난날에는 진나라가 우리 삼진三晉, 즉 한韓·위魏·조趙에 대하여 동등하게 대하더니 지금은 한·위와는 친하면서 유독 우리만 공격하는 것을 보면 임금께서 진나라를 섬김이 한·위만 못하였기 때문은 아닐는지요.

지금 친한 줄 알았는데 공격당하는 부담을 풀어 드리건대 성문을 열고 물건을 갖다 바쳐 한·위처럼 하십시오. 그리고 내년에도 홀로 진나라로부터 공격을 받더라도 임금께서는 여전히 진나라를 섬기는 한 임금께서는 그 순서가 한·위 다음으로 미루어질 것입니다. 따라서 이런 일이라면 모를까 다른 일은 맡을 수가 없습니다."

임금이 이 이야기를 우경에게 전하자 우경이 이렇게 말하였다.

"조석이 지금 '강화를 하지 않았다가 내년에 다시 공격해 오면 그때는 땅을 떼어 주지 않고 강화를 맺을 수 있겠느냐?'고 하였다고요. 지금 강화를 한다고 해도 내년에 다시 공격해 오는 것을 막아 줄 보장이 없다면 지금 땅을 떼어 준들 무슨 소용이 있겠습니까? 내년에 다시 공격해 온다는 염려 때문에 그들이 스스로 빼앗아갈 수도 없는 땅을 우리가 알아서 미리 떼어 준다면, 이는 우리 스스로 망해 가겠다는 술책입니다. 지금 강화를 맺을 필요가 없습니다. 진나라가 비록 공격에 능하다 해도 여섯 개나 되는 현을 빼앗아 갈 수 없으며, 우리 조나라가 비록 수비에 약하다 해도 역시 여섯 개의 현을 그렇게 쉽게 잃지는 않습니다. 진나라가 지쳐서 돌아간 것을 보면 그 군대는 피로에 지쳐 있습니다. 우리가 다섯 개의 현만 천하의 다른 제후들에게 주고 그들과 동맹하여 이 지친 진나라를 친다면 우리가 천하에 준 다섯 개의 현을 진나라에게서 보상받을 수 있습니다. 우리나라에 오히려 이익이 되는데 어찌 앉아서 땅을 주면서 스스로는 약해지고 진나라는 강하게 해 줄 필요가 있습니까? 지금 또 조석이 '진나라가 한·위는 친하면서 유독 우리 조나라만 공격하는 것은 임금께서 한·위처럼 진나라를 잘 섬기지 않았기 때문'이라고 하였다지요? 이는 임금으로 하여금 한 해에 여섯 개씩의 성을 바쳐, 앉아서 땅을 다 잃으라는 말입니다. 내년에 진나라가 다시 공격하여 땅을 떼어 달라고 하면 임금께서는 줄 수 있습니까? 주지 않으면 지금 준 것은 아무런 효과가 없고, 대신 다시 진나라에 도전하는 꼴이 됩니다. 그럼 준다고 해 보십시오. 그러다가는 더 이상 줄 땅이 없어집니다. 속담에 '강한 자가 계속 공격하면 약한 자는 더 이상 지켜내지 못한다'라고 하였습니다. 지금 앉아서 진나라의 요청을 들어주다 보면 진나라는 군사 하나 쓰지 않고 많은 땅을 얻게 되어 그는 강해지고 우리 조나라는 약해집니다. 진나라가 강해질수록 약한 조나라의 땅은 깎여만 갈 것입니다. 이런 경우는 병법으로 보아도 그 요구는 끝날 수가 없습니다. 게다가 임금의 땅은 한계가 있는데 진나라의 요구는 끝이 없습니다. 한계 있는 땅으로 끝없는 요구를 채워 주려면 결국 조나라가 없어져야만 해결되겠지요."

이렇게 결정을 내리지 못하고 있을 때, 누완樓緩이 진나라로부터 돌아왔다. 조왕은 누완을 보자 물었다.

"진나라에게 땅을 떼어 주는 것과 주지 않는 것, 어느 편이 낫겠습니까?"

누완이 이 말을 사양하며 발을 뺐다.

"이는 신이 능히 알 수 있는 바가 아닙니다."

그러자 임금이 대답을 재촉하였다.

"그렇지만 그대의 사견이라도 시험 삼아 말해 보십시오."

그제야 누완이 이렇게 말하였다.

"임금께서도 공보문백公父文伯의 어머니 이야기를 알고 계시겠지요. 공보문백이 노魯나라에 벼슬을 하다가 병들어 죽자 그 부인들 중에 그를 따라 죽은 자가 두 명이나 되었습니다. 그의 어머니가 이 소식을 듣고 슬퍼하기를 거절하였습니다. 그러자 상실相室이 그 이유를 물었습니다. '아들이 죽었는데 어찌 울지 않습니까?' 그러자 그 어머니가 이렇게 대답하였다 합니다. '공자孔子는 어진 분이시다. 그가 노나라로부터 쫓겨날 때에 내 아들 녀석은 따라가지 않았다. 그런데 지금 그 녀석이 죽자 그를 위해 따라 죽은 아내가 두 명이나 된다. 이로써 보건대 그 녀석이 어른에게는 박정하게 굴고 여자들에게는 후하게 대하여 준 것임을 알 수 있다.' 그러나 그 말은 그 어머니가 하였기 때문에 그 어머니는 현모라는 소리를 들었지만, 만약 그의 따라 죽지 않은 다른 아내가 그런 말을 하였다면 그 아내는 질투 많은 아내라는 평가를 면할 수 없었을 것입니다. 그러므로 그 말은 하나지만 말한 자가 누구냐에 따라 듣는 사람의 마음도 변하게 마련입니다. 지금 저는 방금 진나라로

부터 돌아왔습니다. 그래서 제가 주지 말아야 한다고 하면 이는 좋은 계책이 아닐 것입니다. 주어야 한다고 하면 이는 임금께서 제가 진나라 편이 된 것이 아닌가 의심하실 것입니다. 그래서 감히 대답을 할 수 없는 것입니다. 그러나 결국 신으로 하여금 대왕을 위하여 계획을 세우라 하신다면 역시 주어야 한다고 말씀드릴 수 있습니다."

이에 임금은 허락하고 말았다.

"좋습니다, 허락합니다."

우경이 이 사실을 듣고 나타났다.

"이는 지나치게 꾸민 말입니다. 임금께서는 주지 마십시오."

다시 누완이 이 소식을 듣고 임금을 만나러 나타나자 임금은 우경의 말을 누완에게 들려주었다. 그러자 누완이 이렇게 말하였다.

"그렇지 않습니다. 우경은 하나만 알고 둘은 모르는 것입니다. 무릇 진나라와 우리 조나라가 얽혀 싸우는 것을 보고 천하가 모두 즐거워하고 있습니다. 왜 그렇겠습니까? '우리는 진나라의 강해진 힘을 이용하여 약해진 조나라를 공략하자'라고 여기기 때문입니다. 지금 우리 조나라는 진나라 때문에 지칠 대로 지쳐 있습니다. 그래서 천하의 모든 승리 축하 사절들은 틀림없이 진나라로 모여들 것입니다. 그러므로 어서 진나라에게 땅을 떼어 주고 화친을 맺어 천하로 하여금 의심을 갖도록 하는 한편, 진나라의 마음도 달래야 합니다. 그렇게 하지 않으면 천하가 진나라의 노기를 등에 업고 우리 조나라의 피폐함을 틈타 우리 땅을 분할해 가질 것입니다. 조나라가 망하고 나면 그 땐 진나라와 협상할 거리가 무엇이 있겠습니까? 그래서 우경은 하나만 알지 둘은 모른다고 한 것입니다. 원컨대 임금께서는 이것으로 결정하시고 다시는 더 이상 망설이지 마십시오."

다시 우경이 이 말을 듣고 임금을 찾아왔다.

"위태롭습니다, 누완의 말대로 진나라에게 해 주었다가는 더욱 천하의 의심을 받을 것이니 어찌 진나라의 마음을 달랜다는 말입니까? 어찌 우리 홀로 천하에 약함을 보인다는 말은 하지 않고 있습니까?

신이 주지 말라고 한 것은 진실로 주지 말라는 뜻이 아닙니다. 진나라가 여섯 개 성을 달라고 할 때 임금께서는 이를 제齊나라에 주는 것입니다. 제·진 두 나라는 원한이 깊은 사이입니다. 제나라는 임금으로부터 여섯 개의 성을 받고 힘을 모아 서쪽 진나라를 칠 것입니다. 제나라가 임금의 요청을 들어주는 일은 요청의 말이 끝나기도 전에 이미 허락할 것입니다. 이렇게 되면 임금께서는 제나라에게 잃은 땅을 진나라로 부터 보상받을 수 있습니다. 뿐만 아니라 제·조의 원수도 갚고, 임금의 유능함을 천하에 드러내 보일 수도 있습니다. 그때 임금께서 명령을 내리시면 우리 조나라 군대가 아직 진나라 국경을 들여다보기도 전에 진나라는 중한 보물에, 거꾸로 그들이 임금께 강화를 맺자고 요청해 올 것이라고 여깁니다. 그때서야 진나라의 요구대로 강화를 들어주면 한·위가 이를 듣고 반드시 임금을 높이 볼 것이며 누구보다 먼저 중한 보물을 임금께 갖다 바칠 것입니다. 이는 임금께서 한 가지 행동 으로 세 나라와 화친을 맺고 진나라와의 관계는 길이 뒤바뀌는 결과를 얻게 되는 것입니다."

조왕이 이 말을 듣고 말하였다.

"좋습니다."

그리고는 우경을 동쪽 제나라에 파견하여 함께 진나라에 대응할 모책을 짜도록 하였다. 우경의 모책이 실행되어 드디어 조나라는 패자 가 되었다. 이는 국가 존망의 추기樞機와 같았다. 추기가 한 번 발사되면 발길을 돌릴 틈도 없듯이, 우경의 한 마디에 진나라가 놀라 바람에 휩쓸리듯 달려와 강화를 요청하게 하였으니, 모책에 뛰어난 신하가 어떤 나라에서건 중요하지 않을 수 있겠는가? 이처럼 우경이 아니었더 라면 조나라는 망하고 말았을 것이다.

秦·趙戰於長平, 趙不勝, 亡一都尉.

趙王召樓昌與虞卿曰「軍戰不勝, 尉係死, 寡人將束甲而赴之」

樓昌曰:「無益也, 不如發重寶使而爲構.」

虞卿曰:「昌言構者, 以爲不構, 軍必破也, 而制構者在秦, 且王之論秦也, 欲破王之軍乎? 不邪?」

王曰:「秦不遺餘力矣. 必且破趙軍.」

虞卿曰:「王聽臣發使, 出重寶以附楚‧魏, 楚‧魏欲王之重寶, 必內吾使, 吾使入楚‧魏, 秦必疑天下, 恐天下之合從必一心, 如此, 則構乃可爲也.」

趙王不聽, 與平陽君爲構, 發鄭朱入秦, 秦內之.

趙王召虞卿曰:「寡人使平陽君爲構秦, 秦已內鄭朱矣. 虞卿以爲如何?」

對曰:「王不得構, 軍必破矣. 天下之賀戰勝者, 皆在秦. 鄭朱, 貴人也. 而入秦, 秦王與應侯必顯重以示天下, 楚‧魏以趙爲構, 必不救王. 則構不可得也.」

應侯果顯鄭朱以示天下, 賀戰勝者終不肯構, 長平大敗, 遂圍邯鄲, 爲天下笑, 不從虞卿之謀也. 秦旣解圍邯鄲, 而趙王入朝, 使趙郝約事於秦, 割六縣而構.

虞卿謂趙王曰:「秦之攻王也, 倦而歸乎? 亡其力, 尚能進之, 愛王而不攻乎?」

王曰:「秦之攻我也, 不遺餘力矣, 必以倦歸也.」

虞卿曰:「秦以其力攻其所不能取, 倦而歸, 王又攻其力之所不能取以送之, 是助秦自攻也. 來年秦復攻王, 王無救矣.」

王以虞卿之言告趙郝, 曰:「虞卿能量秦力之所至乎? 誠知秦力之所不能進, 此彈丸之地不予, 令秦年來復攻於王, 王得無割其內而構乎?」

王曰:「請聽子割矣, 子能必來年秦之不復攻乎?」

趙郝曰:「此非臣之所敢任也. 他日, 三晉之交於秦相若也, 今秦善韓·魏而攻王, 王之所以事秦者, 必不如韓·魏也. 今臣之爲足下解負親之攻. 開關通幣, 齊交韓·魏, 至來年而獨取攻於秦, 王之所以事秦, 必在韓·魏之後也. 此非臣之所敢任也.」

王以告虞卿, 虞卿對曰:「郝言:『不構, 來年秦復攻王, 王得無復割其內而構乎?』今構, 郝又不能必秦之不復攻也, 雖割何益? 來年復攻, 又割其力之所不能取以構, 此自盡之術也. 不如無構. 秦雖善攻, 不能取六縣; 趙雖不能守, 亦不失六城. 秦倦而歸, 兵必疲, 我以五縣收天下以攻罷秦, 是我失之於天下, 而取償於秦也. 吾國尚利, 孰與坐而割地, 自弱以强秦? 今郝曰:『秦善韓·魏而攻趙者, 必王之事秦不如韓·魏也.』是使王歲以六城事秦也, 坐以地盡. 來年, 秦復來割, 王將予之乎? 不予, 是棄前功而挑秦禍也; 予之, 卽無地而給之. 語曰:『彊者善攻, 而弱者不能守.』今坐而聽秦, 秦兵不弊而多得地, 是彊秦而弱趙也. 以益彊之秦, 而割愈弱之趙, 兵計固不止矣. 且王之地有盡, 而秦之求無已, 以有盡之地, 給無已之求, 其勢必無趙矣.」

計未定, 樓緩從秦來, 趙王與樓緩計之曰:「予秦地與無予, 孰吉?」

緩辭讓曰:「此非臣之所能知也.」

王曰:「雖然, 試言公之私.」

樓緩對曰:「亦聞夫公父文伯母乎? 公父文伯仕於魯, 病死, 女子爲自殺於房中者二人. 其母聞之, 不肯哭也. 其相室曰:『焉有子死而不哭者乎?』其母曰:『孔子, 賢人也. 逐於魯, 而是人不隨也. 今死而婦人爲自殺者二人, 若是者, 必其於長者薄, 而於婦人

厚也』故從母言, 是爲賢母; 從妻言, 是必不免爲妬婦. 故其言一也, 言者異, 則人心變矣. 今臣新從秦來而言勿予, 則非計也; 言予之, 恐王以臣爲秦也, 故不敢對. 使臣得爲大王計, 不如予之.」

王曰:「諾.」

虞卿聞之曰:「此飾說也. 王愼勿予.」

樓緩聞之, 往見王, 王又以虞卿之言告樓緩.

樓緩對曰:「不然. 虞卿得其一, 不得其二. 夫秦·趙構難而天下皆說, 何也? 曰:『吾且因彊而乘弱矣.』今趙兵困於秦, 天下之賀戰勝者, 必盡在於秦矣. 故不如亟割地爲和, 以疑天下而慰秦之心. 不然, 天下將因秦之怒, 乘趙之弊而瓜分之, 趙見亡, 何秦之圖乎? 故曰虞卿得其一, 不得其二. 願王以此決之, 勿復計也.」

虞卿聞之, 往見王曰:「危哉! 樓子之所以爲秦者, 是愈疑天下, 而何慰秦之心哉? 獨不言示天下弱乎? 且臣言勿予, 非固勿予而已也. 秦索六城於王, 而王以六城賂齊. 齊, 秦之深讐也. 得王之六城, 幷力而西擊秦, 齊之聽王, 不待辭之畢也. 則是王失之於齊, 而取償於秦也. 而齊·趙之讐可以報矣, 而示天下有能爲也. 王以此爲發聲, 兵未窺於境, 臣見秦之重賂, 而反構於王也. 從秦爲構, 韓·魏聞之, 必盡重王, 重王, 必出重寶以先於王, 則是王一擧而結三國之親, 而與秦易道也.」

趙王曰:「善.」

卽發虞卿東見齊王, 與之謀秦. 虞卿之謀行而趙霸, 此存亡之樞機. 樞機之發, 間不及旋踵. 是故虞卿一言, 而秦之震懼, 趨風馳指而請備.

故善謀之臣, 其於國豈不重哉? 微虞卿, 趙以亡矣.

【長平】 地名. 戰國時代 趙나라 邑. 秦나라 昭王 47年(B.C. 260) 白起가 趙나라 군사를 대패시키고 항복한 군사 40만을 생매장한 戰國時代 가장 큰 규모의 싸움. 지금의 山西省 高平縣.

【樓昌】 趙나라의 臣下.

【虞卿】 趙나라 孝成王이 그에게 上卿 벼슬을 주어 虞卿이라 불렀다.《虞氏春秋》의 저서를 남겼다 한다.(失傳)

【構】 『媾』,『講』과 같다. 求和. 講和, 和親條約을 뜻한다.

【平陽君】 趙豹. 平原君 趙勝의 아우.

【鄭朱】 趙나라의 臣下.

【應侯】 范雎. 秦나라의 宰相.《史記》范雎蔡澤列傳 참조.

【趙郝】 趙나라의 臣下. 『郝』은 원음이 『학』이지만《史記》索隱에는 ‘조석’으로 읽도록 되어 있다.

【樓緩】 먼저 趙나라에서 벼슬을 하였다가 秦나라로 가서 宰相이 되었다.

【公父文伯】 人名. 公甫文伯으로도 쓴다.《史記》索隱 참조.

【相室】 保姆. 혹은 傅姆.《史記》定義에 『謂傅姆之類』라 하였다.

【樞機】 쇠뇌의 발사 장치. 방아쇠 뭉치. 혹은 사물의 긴하고 중요한 데나 기관, 또는 가장 중요한 점이라고도 풀이한다.

참고 및 관련 자료

1.《戰國策》趙策(三)

秦·趙戰於長平, 趙不勝, 亡一都尉. 趙王召樓昌與虞卿曰:「軍戰不勝, 尉復死, 寡人使卷甲而趨之, 何如?」樓昌曰:「無益也, 不如發重使而爲媾.」虞卿曰:「夫言媾者, 以爲不媾者軍必破, 而制媾者在秦. 且王之論秦也, 欲破王之軍乎? 其不邪?」王曰:「秦不遺餘力矣, 必且破趙軍.」虞卿曰:「王聊聽臣, 發使出重寶以附楚·魏. 楚·魏欲得王之重寶, 必入吾使. 趙使入楚·魏, 秦必疑天下合從也, 且必恐. 如此, 則媾乃可爲也.」趙王不聽, 與平陽君爲媾, 發鄭朱入秦, 秦內之. 趙王召虞卿曰:「寡人使平陽君媾秦, 秦已內鄭朱矣, 子以爲奚如?」虞卿曰:「王必不得媾, 軍必破矣, 天下之賀戰勝者皆在秦矣. 鄭朱, 趙之貴人也, 而入於秦, 秦王與應侯必顯重以示天下. 楚·魏以趙爲媾, 必不救王. 秦知天下不救王, 則媾不可得成也.」趙卒不得媾, 軍果大敗. 王入秦, 秦留趙王而后許之媾.

2. 《戰國策》趙策(三)

秦攻趙於長平, 大破之, 引兵而歸. 因使人索六城於趙而講. 趙計未定. 樓緩新從
秦來, 趙王與樓緩計之曰:「與秦城何如? 不與何如?」樓緩辭讓曰:「此非人臣之所
能知也.」王曰:「雖然, 試言公之私.」樓緩曰:「王亦聞夫公甫文伯母乎? 公甫文伯
官於魯, 病死. 婦人爲之自殺於房中者二八. 其母聞之, 不肯哭也. 相室曰:『焉有子
死而不哭者乎?』其母曰:『孔子, 賢人也, 逐於魯, 是人不隨. 今死, 而婦人爲死者十
六人. 若是者, 其於長者薄, 而於婦人厚.』故從母言之, 之爲賢母也; 從婦言之,
必不免爲妬婦也. 故其言一也, 言者異, 則人心變矣. 今臣新從秦來, 而言勿與, 則非
計; 言與之, 則恐王以臣之爲秦. 故不敢對. 使臣得爲王計之, 不如予之.」王曰:
「諾.」虞卿聞之, 入見王, 王以樓緩言告之. 虞卿曰:「此飾說也.」秦既解邯鄲之圍,
而趙王入朝, 使趙郝約事於秦, 割六縣而講. 王曰:「何謂也?」虞卿曰:「秦之攻趙也,
倦而歸乎? 王以其力尚能進, 愛王而不攻乎?」王曰:「秦之攻我也, 不遺餘力矣,
必以倦而歸也.」虞卿曰:「秦以其力攻其所不能取, 倦而歸. 王又以其力之所不能攻而
資之, 是助秦自攻也. 來年秦復攻王, 王無以救矣.」王又以虞卿之言告樓緩. 樓緩曰:
「虞卿能盡知秦力之所至乎? 誠知秦力之不至, 此彈丸之地, 猶不予也, 令秦來年復
攻王, 得無割其內而媾乎?」王曰:「誠聽子割矣, 子能必來年秦之不復攻我乎?」樓緩
對曰:「此非臣之所敢任也. 昔者, 三晉之交於秦, 相善也. 今秦釋韓・魏而獨攻王,
王之所以事秦必不如韓・魏也. 今臣爲足下解負親之攻, 啓關通敝, 齊交韓・魏. 至來
年而王獨不取於秦, 王之所以事秦者, 必在韓・魏之後也. 此非臣之所敢任也.」王以
樓緩之言告. 虞卿曰:「樓緩言不媾, 來年秦復攻王, 得無更割其內而媾. 今媾, 樓緩
又不能必秦之不復攻也, 雖割何益? 來年復攻, 又割其力之所不能取而媾也, 此自
盡之術也. 不如無媾. 秦雖善攻, 不能取六城; 趙雖不能守, 而不至失六城. 秦倦而歸,
兵必罷. 我以五城收天下以攻罷秦, 是我失之於天下, 而取償於秦也. 吾國尚利, 孰與
坐而割地, 自弱以强秦? 今樓緩曰:『秦善韓・魏而攻趙者, 必王之事秦不如韓・魏也.』
是使王歲以六城事秦也, 卽坐而地盡矣. 來年秦復求割地, 王將予之乎? 不與, 則是
棄前貴而挑秦禍也; 與之, 則無地而給之. 語曰:『强者善攻, 而弱者不能自守.』今坐
而聽秦, 秦兵不敝而多得地, 是强秦而弱趙也. 以益愈强之秦, 而割愈弱之趙, 其計
固不止矣. 且秦虎狼之國也, 無禮義之心. 其求無已, 而王之地有盡. 以有盡之地,
給無已之求, 其勢必無趙矣. 故曰: 此飾說也. 王必勿與.」王曰:「諾.」樓緩聞之,
入見於王, 王又以虞卿言告之. 樓緩曰:「不然, 虞卿得其一, 未知其二也. 夫秦・

趙構難, 而天下皆說, 何也? 曰:『我將因強而乘弱.』今趙兵困於秦, 天下之賀戰者, 則必盡在於秦矣. 故不若亟割地求和, 以疑天下, 慰秦心. 不然, 天下將因秦之怒, 秦趙之敝而瓜分之. 趙且亡, 何秦之圖? 王以此斷之, 勿復計也.」虞卿聞之, 又入見王曰:「危矣, 樓子之爲秦也! 夫趙兵困於秦, 又割地爲和, 是愈疑天下, 而何慰秦心哉? 是不亦大示天下弱乎? 且臣言勿予者, 非固勿予而已也. 秦索六城於王, 王以五城賂齊. 齊, 秦之深讐也, 得王五城, 并力而西擊秦也, 齊之聽王, 不待辭之畢也. 是王失於齊而取償於秦, 一舉結三國之親, 而與秦易道之.」趙王曰:「善」因發虞卿東見齊王, 與之謀秦. 虞卿未反, 秦之使者已在趙矣. 樓緩聞之, 逃去.

3. 《韓詩外傳》卷一

魯公甫文伯死, 其母不哭也. 季孫聞之, 曰:「公甫文伯之母, 貞女也. 子死不哭, 必有方矣.」使人問焉. 對曰:「昔, 是子也, 吾使之事仲尼. 仲尼去魯, 送之, 不出魯郊, 贈之, 不與家珍. 病, 不見士之視者; 死, 不見士之流淚者; 死之日, 宮女縗絰而從者, 十人. 此不足於士, 而有餘於婦人也. 吾是以不哭也.」詩曰:『乃如之人兮, 德音無良.』

4. 《史記》虞卿列傳

虞卿者, 游說之士也. 躡蹻擔簦說趙孝成王. 一見, 賜黃金百鎰, 白璧一雙; 再見, 爲趙上卿, 故號爲虞卿. 秦趙戰於長平, 趙不勝, 亡一都尉. 趙王召樓昌與虞卿曰:「軍戰不勝, 尉復死, 寡人使束甲而趨之, 何如?」樓昌曰:「無益也, 不如發重使爲媾.」虞卿曰:「昌言媾者, 以爲不媾軍必破也. 而制媾者在秦. 且王之論秦也, 欲破趙之軍乎, 不邪?」王曰:「秦不遺餘力矣, 必且欲破趙軍.」虞卿曰:「王聽臣, 發使出重寶以附楚・魏, 楚・魏欲得王之重寶, 必内吾使. 趙使入楚・魏, 秦必疑天下之合從, 且必恐. 如此, 則媾乃可爲也.」趙王不聽, 與平陽君爲媾, 發鄭朱入秦. 秦内之. 趙王召虞卿曰:「寡人使平陽君爲媾於秦, 秦已内鄭朱矣, 卿以爲奚如?」虞卿對曰:「王不得媾, 軍必破矣. 天下賀戰勝者皆在秦矣. 鄭朱, 貴人也, 入秦. 秦王與應侯必顯重以示天下. 楚・魏以趙爲媾, 必不救王. 秦知天下不救王, 則媾不可得成也.」應侯果顯鄭朱以示天下賀戰勝者, 終不肯媾. 長平大敗, 遂圍邯鄲, 爲天下笑. 秦既解邯鄲圍, 而趙王入朝, 使趙郝約事於秦, 割六縣而媾. 虞卿謂趙王曰:「秦之攻王也, 倦而歸乎? 王以其力尚能進, 愛王而弗攻乎?」曰:「秦之攻我也, 不遺餘力矣, 必以倦而歸也.」虞卿曰:「秦以其力攻其所不能取, 倦而歸, 王又以其力之所不能取以送之, 是助秦自攻也. 來年秦復攻王, 王無救矣.」王以虞卿之言告趙郝. 趙郝曰:「虞卿誠能盡秦力之所至乎? 誠知秦力之所不能進, 此彈丸之地弗予, 令秦來年復攻王, 王得無割其内而媾乎?」王曰:「請

聽子割矣, 子能必使來年秦之不復攻我乎?」趙郝對曰:「此非臣之所敢任也. 他日三晉之交於秦, 相善也. 今秦善韓·魏而攻王, 王之所以事秦必不如韓·魏也. 今臣爲足下解負親之攻, 開關通幣, 齊交韓·魏, 至來年而王獨取攻於秦, 此王之所以事秦必在韓·魏之後也. 此非臣之所敢任也.」王以告虞卿. 虞卿對曰:「郝言『不媾, 來年秦復攻王, 王得無割其內而媾乎』. 今媾, 郝又以不能必秦之不復攻也. 今雖割六城, 何益? 來年復攻, 又割其力之所不能取而媾, 此自盡之術也, 不如無媾. 秦雖善攻, 不能取六縣; 趙雖不能守, 終不失六城. 秦倦而歸, 兵必罷. 我以六城收天下以攻罷秦, 是我失於天下而取償於秦也. 吾國尙利, 孰與坐而割地, 自弱以彊秦哉? 今郝曰:『秦善韓·魏而攻趙者, 必(以爲韓魏不救趙也而王之軍必孤有以)王之事秦不如韓·魏也』, 是使王歲以六城事秦也, 卽坐而城盡. 來年秦復求割地, 王將與之乎? 弗與, 是弃前功而挑秦禍也; 與之, 則無地而給之. 語曰:『彊者善攻, 弱者不能守』. 今坐而聽秦, 秦兵不獘而多得地, 是彊〈秦〉而弱趙也. 以益彊之秦而割愈弱之趙, 其計故不止矣. 且王之地有盡而秦之求無已, 以有盡之地而給無已之求, 其勢必無趙矣.」趙王計未定, 樓緩從秦來, 趙王與樓緩計之, 曰:「予秦地(何)如毋予, 孰吉?」緩辭讓曰:「此非臣之所能知也.」王曰:「雖然, 試言公之私.」樓緩對曰:「王亦聞夫公甫文伯母乎? 公甫文伯仕於魯, 病死, 女子爲自殺於房中者二人. 其母聞之, 弗哭也. 其相室曰:『焉有子死而弗哭者乎?』其母曰:『孔子, 賢人也, 逐於魯, 而是人不隨也. 今死而婦人爲之自殺者二人, 若是者必其於長者薄而於婦人厚也.』故從母言之, 是爲賢母; 從妻言之, 是必不免爲妒妻. 故其言一也, 言者異則人心變矣. 今臣新從秦來而言勿予, 則非計之; 言予之, 恐王以臣爲爲秦也: 故不敢對. 使臣得爲大王計, 不如予之.」王曰:「諾.」虞卿聞之, 入見王曰:「此飾說也, 王愼勿予!」樓緩聞之, 往見王. 王又以虞卿之言告樓緩. 樓緩對曰:「不然. 虞卿得其一, 不得其二. 夫秦趙構難而天下皆說, 何也? 曰:『吾且因彊而乘弱矣』. 今趙兵困於秦, 天下之賀戰勝者則必盡在於秦矣. 故不如亟割地爲和, 以疑天下而慰秦之心. 不然, 天下將因秦之(彊)怒, 乘趙之獘, 瓜分之. 趙且亡, 何秦之圖乎? 故曰虞卿得其一, 不得其二. 願王以此決之, 勿復計也.」虞卿聞之, 往見王曰:「危哉樓子之所以爲秦者, 是愈疑天下, 而何慰秦之心哉? 獨不言其示天下弱乎? 且臣言勿予者, 非固勿予而已也. 秦索六城於王, 而王以六城賂齊. 齊, 秦之深讎也, 得王之六城, 幷力西擊秦, 齊之聽王, 不待辭之畢也. 則是王失之於齊而取償於秦也. 而齊·趙之深讎可以報矣, 而示天下有能爲也. 王以此發聲, 兵未窺於境, 臣見秦之重賂至趙而反媾於王也. 從秦爲媾, 韓·魏聞之, 必盡重王; 重王, 必出重寶以先於王.

則是王一擧而結三國之親, 而與秦易道也.」趙王曰:「善.」則使虞卿東見齊王, 與之謀秦. 虞卿未返, 秦使者已在趙矣. 樓緩聞之, 亡去. 趙於是封虞卿以一城.

5. 《孔叢子》卷上 記義

公父文伯死, 室人有從死者, 其母怒而不哭. 相室諫之, 其母曰:「孔子, 天下之賢人也, 不用于魯退而去, 是子素宗之而不能隨. 今死而內人從死者二人焉, 若此于長者薄, 于婦人厚也.」旣而夫子聞之曰:「季氏之婦尚賢哉!」子路愀然對曰:「夫子亦好人之譽己乎? 夫子死而不哭, 是不慈也, 何善爾?」子曰:「怒其子之不能隨賢, 所以爲尚賢者, 吾何有焉其亦善此而已矣?」

6. 기타 참고자료

《列女傳》母儀篇·《國語》魯語(下)·《禮記》檀弓(下)·《太平御覽》(441)·《孔子家語》曲禮子夏問

174(9-11) 魏請爲從
칼자루를 쥔 쪽

위魏나라가 맹약을 요청해 오자 조趙 효성왕孝成王은 우경虞卿을 불러 득실을 따져볼 참이었다. 우경이 마침 평원군平原君의 집에 들르게 되었는데, 평원군이 먼저 이를 알려 주었다.

"청컨대 그대가 그 맹약의 일에 대하여 임금과 상의하여 주시기 바랍니다."

이 말을 듣고 우경이 임금을 만나자 임금이 물었다.

"위나라가 우리와 맹약을 맺자고 하는데 그대 생각은 어떻습니까?"

이 말에 우경이 이렇게 운을 떼었다.

"위나라가 잘못 판단하고 있군요."

임금이 말하였다.

"과인은 허락하고 싶지 않습니다."

이에 우경은 다시 이렇게 말하였다.

"임금께서는 잘못 판단하고 계시는군요."

임금이 물었다.

"위나라가 맹약을 맺자고 하는 데 대해서는 위나라가 잘못 판단하고 있다고 하고, 과인이 허락하지 않는다고 하자 과인이 잘못 판단하고 있다고 하시니, 맹약은 끝내 불가하다는 뜻입니까?"

그제야 우경이 이렇게 설명하였다.

"제가 듣건대 소국이 대국과 맹약을 맺었을 때, 승리하면 대국만 복을 누리게 되며, 실패하였을 경우 소국만 화를 뒤집어쓴다고 하였습니다. 지금 위나라는 소국이면서 우리에게 맹약을 청하니, 이는 스스로 그 화를 자초하는 것이요, 임금께서는 대국이면서 이를 사양하시니, 이는 그 복을 뿌리치는 셈입니다. 그래서 제가 임금도 잘못 판단하고 있고, 위나라도 잘못 판단하고 있다고 말한 것입니다. 생각건대 맹약을 허락하는 것이 좋을 듯합니다."

이에 임금이 인정하였다.

"좋습니다."

그리고는 위나라와 맹약을 맺었다.

이렇게 뛰어난 우경을 조나라에서 오랫동안 등용하였더라면 조나라는 반드시 패자가 되었을 것이다. 그러나 마침 우경이 위제魏齊의 일에 얽혀 만호후萬戶侯와 재상宰相의 직을 버리고 떠나 버렸다. 조나라가 이를 등용하지 않자 조나라는 곧 망하고 말았다.

魏請爲從, 趙孝成王召虞卿謀, 過平原君.

平原君曰:「願卿之論從也.」

虞卿入見. 王曰:「魏請爲從.」

對曰:「魏過.」

王曰:「寡人固未之許.」

對曰:「王過.」

王曰:「魏請從, 卿曰魏過; 寡人未之許, 又曰寡人過, 然則從終不可邪?」

對曰:「臣聞: 小國之與大國從事也, 有利, 大國受福; 有敗, 小國受禍. 今魏以小請其禍, 而王以大辭其福, 臣故曰王過, 魏亦過. 竊以爲從便.」

王曰:「善.」

乃合魏爲從. 使虞卿久用於趙, 趙必霸. 會虞卿以魏齊之事, 棄侯損相而歸, 不用, 趙旋亡.

【孝成王】戰國時代 趙나라의 君主. 재위 21년(B.C. 265~245).
【虞卿】앞장 참조.
【平原君】戰國 四公子의 하나.《史記》平原君列傳 참조.
【魏齊】魏 召王을 돕던 公子. 일찍이 范雎를 고문하였던 人物. 范雎가 秦나라
  宰相이 되어 魏나라에 압력을 넣어 위제를 죽이도록 하자 위제는 겁을 먹고
  趙나라로 도망하였다. 이를 반대한 우경은 재상직을 버리고 조나라를 떠났으며
  위제는 결국 자살하고 말았다.《史記》范雎傳 및《戰國策》秦篇 참조.

참고 및 관련 자료

1.《戰國策》趙策(三)

魏使人因平原君請從於趙. 三言之, 趙王不聽. 出遇虞卿曰:「爲入必語從.」虞卿入,
王曰:「今者, 平原君爲魏請從, 寡人不聽. 其於子何如?」虞卿曰:「魏過矣.」王曰:
「然, 故寡人不聽.」虞卿曰:「王亦過矣.」王曰:「何也?」曰:「凡强弱之擧事, 强受其利,
弱受其害. 今魏求從, 而王不聽, 是魏求害, 而王辭利也. 臣故曰: 魏過, 王亦過矣.」

2.《史記》平原君虞卿列傳

居頃之, 而魏請爲從. 趙孝成王召虞卿謀. 過平原君, 平原君曰:「願卿之論從也.」
虞卿入見王. 王曰:「魏請爲從」對曰:「魏過.」王曰:「寡人固未之許.」對曰:「王過.」
王曰:「魏請從, 曰魏過, 寡人未之許, 又曰寡人過, 然則從終不可乎?」對曰:「臣聞
小國之與大國從事也, 有利則大國受其福, 有敗則小國受其禍. 今魏以小國請其禍,
而王以大國辭其福, 臣故曰王過, 魏亦過. 竊以爲從便.」王曰:「善.」乃合魏爲從.
「虞卿旣以魏齊之故, 不重萬戶侯卿相之印, 與魏齊閒行, 卒去趙, 困於梁. 魏齊已死,
不得意, 乃著書, 上採春秋, 下觀近世, 曰節義・稱號・揣摩・政謀, 凡八篇. 以刺譏
國家得失, 世傳之曰虞氏春秋.

卷十

선모善謀(下)

(175~188)

〈西域人騎駝陶俑〉(부분) 唐 明器 1954 山西 長治 王琛 묘 출토

175(10-1) 沛公與項籍
죽는 일은 급하지 않다

패공沛公은 항적項籍과 함께 초楚나라 회왕懷王으로부터 이런 약속을 받았다.

"누구든지 먼저 함양咸陽에 들어가는 자를 그곳의 임금으로 삼으리라."

이에 패공이 마침내 무관武關을 출발하여 남양南陽에 이르자 남양 태수인 기齮가 끝까지 항쟁하며 완성宛城을 지키고 있었다. 그러나 성이 워낙 견고하여 이를 함락시킬 수 없게 되자 패공은 그 성을 세 겹으로 포위해 버렸다. 남양 태수가 견디다 못하여 자결하려 하자, 그 부하인 진회陳恢가 이렇게 만류하였다.

"죽는 일은 아직 급하지 않습니다."

그리고 나서 진회가 담을 넘어 패공을 찾아가 이렇게 말하였다.

"제가 듣건대 족하足下께서는 누구든 먼저 함양에 들어가는 자가 임금이 된다는 약속을 받고 계시다면서요? 그런데 족하께서는 모든 병력을 다 모아 이 완 땅을 포위하느라 머물고 계십니다. 완宛 땅은 큰 군郡의 도시로서 연이은 성城만도

漢高祖(劉邦)《三才圖會》

項羽(項籍) 《三才圖會》

10여 개가 되며 백성과 재물이 많습니다. 그리하여 관리와 백성들은 항복하느니 차라리 죽겠다고 스스로 다짐하고 있습니다. 그래서 지금 굳게 성을 지키고 있는 것입니다. 족하께서 이를 끝까지 공격하신다면 사상자死傷者가 많이 나올 것은 분명합니다. 그런데 죽은 자를 거두어 주지도 못하고, 다친 자를 치료해 주지도 못한다면 족하께서는 긴 날을 그 일로 인하여 이곳에 머무른 다음에야 군대를 이끌고 이 완 땅을 떠날 수 있을 것입니다. 그러나 그 사이 우리 완 땅 사람들은 무기를 다시 정비하고 지친 병사를 훈련시켜 족하의 뒤를 따라갈 것입니다. 그렇게 되면 족하의 앞에는 함양의 약속이 눈앞에서 깨어지고, 뒤에는 강한 우리 완 땅의 환란이 따를 터인데 제 생각으로는 대단히 위험하지 않을까 여겨집니다. 족하를 위하여 계책을 세워드리건대 완의 태수가 항복하면 그를 이 완 땅에 봉한 후 그로 하여금 이곳에 남아 지키도록 하시고, 귀하는 어서 군대를 이끌고 서쪽으로 공격해 가십시오. 다른 여러 성중에 아직 함락되지 않은 자들이 그 소식을 듣고 다투어 문을 열어 귀하를 맞이할 것입니다. 그러면 족하의 통행에는 아무런 지장이 없게 됩니다."

패공이 이 말을 듣고 허락하였다.

"옳다."

그리고는 완의 태수를 은후殷侯로, 그리고 진회는 천호千戶로 봉한 다음 군대를 이끌고 서쪽으로 향하였다. 가는 길마다 항복하지 않은 성이 없었고, 드디어 가장 먼저 함양에 입성할 수 있었다. 이는 곧 진회의 모책 덕분이었다.

沛公與項籍, 俱受令於楚懷王. 曰:「先入咸陽者王之.」

沛公將從武關入, 至南陽守戰, 南陽守齮保宛城, 堅守不下. 沛公引兵圍宛三匝.

南陽守欲自殺, 其舍人陳恢止之曰:「死未晚也.」

於是恢乃踰城見沛公曰:「臣聞: 足下約先入咸陽者王之. 今足下留兵盡日圍宛. 宛, 大郡之都也, 連城數十, 人民衆, 蓄積多, 其吏民自以爲降而死, 故皆堅守乘城, 足下攻之, 死傷者必多. 死者未收, 傷者未瘳, 足下曠日則事留, 引兵而去, 宛完繕弊甲, 砥礪凋兵, 而隨足下之後, 足下前則失咸陽之約, 後有强宛之患, 竊爲足下危之. 爲足下計者, 莫如約宛守降封之, 因使止守, 引其甲卒, 與之西擊, 諸城未下者, 聞聲爭開門而待, 足下通行無所累.」

沛公曰:「善.」

乃以宛守爲殷侯, 封陳恢千戶, 引兵西, 無不下者, 遂先入咸陽, 陳恢之謀也.

【沛公】漢나라 高祖 劉邦. 재위 12년(B.C. 206~195).

【項籍】秦나라 下相 사람이며, 字는 羽. 숙부 項梁과 거병하여 咸陽을 점령한 다음 스스로 楚 霸王이라 칭하였다. 뒤에 垓下에서 劉邦의 군대에게 패하여 자결하였다.《史記》項羽本紀 참조.

【楚 懷王】戰國時代 楚나라 懷王(B.C. 328~299)이 아니다. 여기서는 義帝를 가리킨다. 이름은 心. 戰國時代 楚나라 懷王의 孫子를 范增이 項梁에게 건의하여 秦에게 망한 楚나라 후대를 이어 주어 명분을 삼으려고 하였다. 뒤에 이를 義帝라고 하자 義帝는 "먼저 關中을 점거하는 자를 그곳의 임금으로 봉하겠다"라 하였다.

【咸陽】秦나라의 首都. 지금의 西安市 부근.

【武關】地名. 지금의 陝西省 商縣 동쪽의 秦나라 요새.

【南陽】秦나라 때 36郡 가운데 하나. 지금의 河南省 서남부 및 湖北省 북부 일대.

【齮】人名. 南陽의 太守.

【宛城】南陽郡 內의 城. 지금의 河南省 南陽市.

【陳恢】人名. 宛 땅 사람.

【殷侯】南陽 郡守 變에게 준 爵位.

【千戶】봉읍의 家戶 수가 千戶라는 뜻.

> 참고 및 관련 자료

1.《史記》高祖本紀

當是時, 趙別將司馬卬, 方欲渡河入關. 沛公乃北攻平陰, 絶河津. 南, 戰雒陽東, 軍不利, 還至陽城, 收軍中馬騎, 與南陽守齮戰犨東, 破之. 略南陽郡, 南陽守齮走, 保城守宛. 沛公引兵過而西. 張良諫曰:「沛公雖欲急入關, 秦兵尙衆, 距險. 今不下宛, 宛從後擊, 彊秦在前, 此危道也.」於是沛公乃夜引兵從他道還, 更旗幟, 黎明, 圍宛城三市. 南陽守欲自剄. 其舍人陳恢曰:「死未晚也.」乃踰城見沛公, 曰:「臣聞足下約, 先入咸陽者王之. 今足下留守宛. 宛, 大郡之都也, 連城數十, 人民衆, 積蓄多, 吏人自以爲降必死, 故皆堅守乘城. 今足下盡日止攻, 士死傷者必多; 引兵去宛, 宛必隨足下後: 足下前則失咸陽之約, 後又有彊宛之患. 爲足下計, 莫若約降, 封其守, 因使止守, 引其甲卒與之西. 諸城未下者, 聞聲爭開門而待, 足下通行無所累.」沛公曰:「善.」乃以宛守爲殷侯, 封陳恢千戶. 引兵西, 無不下者. 至丹水, 高武侯鰓·襄侯王陵降西陵. 還攻胡陽, 遇番君別將梅鋗, 與皆, 降析·酈. 遣魏人甯昌使秦, 使者未來. 是時章邯已以軍降項羽於趙矣.

2.《漢書》高帝紀

初, 懷王與諸將約, 先入定關中者王之. 當是時, 秦兵彊, 常乘勝逐北, 諸將莫利先入關. 獨羽怨秦破項梁, 奮勢, 願與沛公西入關. 懷王諸老將皆曰:「項羽爲人慓悍禍賊, 嘗攻襄城, 襄城無噍類, 所過無不殘滅. 且楚數進取, 前陳王・項梁皆敗, 不如更遣長者扶義而西, 告諭秦父兄. 秦父兄苦其主久矣, 今誠得長者往, 毋侵暴, 宜可下. 項羽不可遣, 獨沛公素寬大長者.」卒不許羽, 而遣沛公西收陳王・項梁散卒. 乃道碭至 [陽城, 城陽]與杠里, 攻秦軍壁, 破其二軍.

時趙別將司馬卬方欲渡河入關, 沛公乃北攻平陰, 絶河津. 南, 戰雒陽東, 軍不利, 從轘轅至陽城, 收軍中馬騎. 六月, 與南陽守齮戰犨東, 破之. 略南陽郡, 南陽守走, 保城守宛. 沛公引兵過宛西. 張良諫曰:「沛公雖欲急入關, 秦兵尚衆, 距險. 今不下宛, 宛從後擊, 彊秦在前, 北危道也.」於是沛公乃夜引軍從他道還, 偃旗幟, 遲明, 圍宛城三帀. 南陽守欲自剄, 其舍人陳恢曰:「死未晚也.」乃踰城見沛公曰:「臣聞足下約先入咸陽者王之, 今足下留守宛. 宛郡縣連城數十, 其吏民自以爲降必死, 故皆堅守乘城. 今足下盡日止攻, 士死傷者必多; 引兵去宛, 宛必隨足下. 足下前則失咸陽之約, 後有彊宛之患. 爲足下計, 莫若約降, 封其守, 因使止守, 引其甲卒與之西. 諸城未下者, 聞聲爭開門而待足下, 足下通行無所累.」沛公曰:「善.」七月, 南陽守齮降, 封爲殷侯, 封陳恢千戶. 引兵西, 無不下者. 至丹水, 高武侯鰓・襄侯王陵降. 還攻胡陽, 遇番君別將梅鋗, 與偕攻析・酈, 皆降. 所過毋得鹵掠, 秦民喜. 遣魏人甯昌使秦. 是月章邯舉軍降項羽, 羽以爲雍王, 瑕丘申陽下河南.

176(10-2) 漢王旣用滕公蕭何之言
내가 그만 못하오

한왕漢王은 등공滕公과 소하蕭何의 말에 따라 한신韓信을 상장군上將軍으로 삼아 그를 안내하여 윗자리에 앉힌 다음 이렇게 물었다.

"승상丞相이 자주 장군을 이야기하더이다. 장군께서는 과인에게 어떠한 계책을 가르쳐 주실 수 있는지요?"

이에 한신이 고맙다는 말을 하고 임금에게 이렇게 물었다.

"지금 동쪽을 향해 천하의 패권을 다투는 상대가 항왕項王이 아닙니까?"

이 질문에 임금이 대답하였다.

"그렇소."

이에 한신이 말을 이었다.

"임금께서 스스로 헤아리시기에 용인勇仁함과 한강悍强함에 있어서 항우와 비교한다면 누가 더 낫다고 여기십니까?"

한왕이 한참을 묵연히 있다가 대답하였다.

"내가 그만 못하지요."

漢初三傑(蕭何, 張良, 韓信)
명각본《帝鑒圖說》

그러자 한신은 축하의 말과 함께 두
번 절하고 이렇게 말하였다.

"저 한신 역시 대왕이 그만 못하다고
여깁니다. 그러나 제가 일찍이 그 초楚나
라를 섬겨 보았기 때문에 항우의 사람됨
을 말씀드리겠습니다. 항우는 화를 잘
내고 남을 꾸짖기를 잘합니다. 1천 명이
라도 그 앞에서는 무릎을 꿇고 말지요.
그러면서도 어진 장군 하나 임용하거나
위촉하지 못합니다. 그런 것은 필부의
용기에 불과합니다.

또 항우는 사람을 대할 때는 공경스럽게
하고 그 말도 아주 친절한 듯이 합니다.

項羽 淸 金古良《無雙譜》

사람이 병든 것을 보면 슬퍼해 주면서 자기 음식까지 나누어 줄 정도입니다.
그러나 사람을 등용하여 그가 공을 세워 마땅히 작위를 내려야 할
때에는 그 인수印綬가 닳고 끊어지도록 매만지기만 할 뿐 차마 그에게
주지 못합니다. 이는 부인들이나 가질 인정일 뿐입니다. 그런가 하면
항우는 비록 천하를 제패하여 제후들을 신하로 삼았지만 관중關中에
거하지 않고 팽성彭城을 도읍으로 삼았습니다. 게다가 의제義帝와의
약속을 저버리고 자기가 아끼는 자에게 임금의 자리를 주어 다른 제후들
로부터 불평을 사고 있습니다.

제후들은 항우가 의제를 강남江南으로 쫓아낸 것을 보고서 자신들도
그 모시던 주인을 쫓아내고 좋은 자리를 차지하여 임금이 되는 풍조를
이루고 있습니다. 항우가 지나간 곳이면 모두 부서져 원망을 듣지
않는 곳이 없고 백성들도 그에게는 가까이 가려 하지 않습니다. 그저
위협에 겁을 먹고 어쩔 수 없이 따를 뿐입니다.

이처럼 명색은 비록 패왕霸王이지만 사실은 천하의 인심을 다 잃고
있습니다. 그래서 그의 강함은 쉽게 약화될 것이라고 말씀드릴 수

있는 것입니다. 지금 대왕께서 진실로 능히 그가 하는 짓과 도를 달리하여 천하의 무용武勇한 자를 임명하신다면 쳐 없애지 못할 것이 어디 있겠습니까? 그리하여 공이 있는 신하에게 천하의 성읍을 봉한다면 굴복시키지 못할 것이 어디 있겠습니까? 또 동쪽 고향으로 돌아가고 싶어하는 병사들을 이용한다면 흩어 버리지 못할 곳이 어디 있겠습니까? 그런가 하면 삼진三秦의 왕들은 원래 진秦나라의 장수였던 자들로 진나라 자제들을 거느린 지 몇 년 동안 그들이 죽이거나 괴롭힌 자들은 수를 헤아릴 수 없습니다.

게다가 그들이 진나라 백성들의 꿈을 저버리고 제후들에게 항복하여 신안新安에 이르렀을 때, 항우는 이들을 다시 속여 항복한 진나라 병졸 20만을 생매장하여 버렸습니다. 이때에 오직 장한章邯·사마흔司馬欣·동예董翳만이 죽음을 면하고 살아나자 진나라 부형들은 이 세 사람을 원망하여 그 한이 골수에 사무쳐 있습니다. 지금 초楚나라가 억지로 이들 세 사람을 위협하여 임금으로 삼자 진 땅의 백성들은 그를 따르지 않고 있습니다. 대왕께서 지난날 무관武關으로 들어가셨을 때 그들에게 추호의 해도 입히지 않으셨고, 진나라의 가혹한 법을 없애 주셨으며, 진나라 사람들과는 법은 오직 삼장三章으로만 한다고 약속해 주셨었습니다. 그래서 진나라 백성들 가운데 누구 하나 대왕께서 진 땅의 임금이 되어 주기를 희망하지 않는 이가 없었습니다.

게다가 제후들과의 약속으로 보아도 임금께서는 관중의 임금이 되시는 것이 당연함을 그 백성들은 다 알고 있습니다. 그런데 임금께서 이를 놓치고 촉蜀 땅으로 가 버리자 누구 하나 한스럽게 여기지 않는 이가 없었습니다. 이러한 사정으로 볼 때 지금 임금께서 동쪽으로 움직이면서 삼진 땅은 격문檄文만 전해져도 곧 평정될 것입니다."

이 설명에 한왕이 매우 기뻐하며 스스로 이 한신 같은 이를 너무 늦게 만났다고 안타까워하였다. 드디어 한신의 계책에 따라 여러 장수들의 공격할 길을 정하고 실행에 옮겼다.

8월, 한왕이 동쪽으로 움직이자 진秦나라 땅의 백성들은 모두 한나라에 귀의하였고, 삼진을 주벌한 다음 왕은 그 땅을 평정하였다. 그리고 여러 제후들의 병력을 모아 항왕을 공격하여 제업帝業을 성취시켰으니, 이는 모두 한신의 모책에 힘입은 것이었다.

漢王旣用滕公·蕭何之言, 擢拜韓信爲上將軍, 引信上坐.

王問曰:「丞相數言將軍, 將軍何以教寡人計策?」

信謝, 因問王曰:「今東向爭權天下, 豈非項王邪?」

曰:「然. 大王自斷勇仁悍強, 孰與項王?」

漢王黙然良久, 曰:「不如也.」

信再拜賀曰:「唯信亦以爲大王不如也. 然臣嘗事楚, 請言項王爲人. 項王喑噁叱咤, 千人皆廢, 然不能任屬賢將, 此匹夫之勇耳. 項王見人恭謹, 言語呴呴, 人疾病, 涕泣分食飮; 至使人有功, 當封爵, 印刓綬弊, 忍不能與. 此所謂婦人之仁. 項王雖霸天下而臣諸侯, 不居關中, 都彭城, 又背義帝約, 而以親愛王, 諸侯不平; 諸侯之見項王遷逐義帝江南, 亦皆歸逐其主, 自王善地; 項王所過, 無不殘滅多怨, 百姓不附, 特劫於威彊服耳. 名雖爲霸王, 實失天下心. 故曰其強易弱. 今大王誠反其道, 任天下武勇, 何不誅? 以天下城邑封功臣, 何不服? 以義兵從思東歸之士, 何不散? 且三秦王爲秦將, 秦子弟數歲, 所殺亡不可勝計, 又欺其衆降諸侯, 至新安, 項王詐坑秦降卒二十餘萬人, 唯獨邯·欣·翳脫, 秦父兄怨此三人, 痛入骨髓. 今楚强而威王此三人, 秦民莫愛. 大王之入武關, 秋毫無所害, 除秦苛法, 與秦約法三章耳, 秦民無不欲得大王王秦者. 於諸侯約, 大王當王關中, 民戶知之, 大王失職之蜀, 民無不恨者. 今大王擧而東, 三秦可傳檄而定也.」

蕭何《三才圖會》

項羽(項籍)《三才圖會》

於是漢王喜, 自以爲得信晚, 遂聽信計, 部署諸將所擊.

八月, 漢王東出, 秦民歸漢, 王遂誅三秦王, 定其地, 收諸侯兵, 討項王, 定帝業, 韓信之謀也.

【漢王】 漢 高祖 劉邦을 가리킨다. 《新序》(10) 175(10-1)의 註 참조.

【滕公】 夏侯嬰. 漢나라 沛 땅 사람으로 高祖와 친하여 高祖가 沛公이 되자, 그를 太僕으로 삼고 項羽를 쳤다. 뒤에 三秦 정벌에 공을 세우자 高祖로 즉위한 후 그를 汝陰侯로 封하였다. 처음에 벼슬이 滕令奉車였으므로 그를 滕公이라 불렀다.

【蕭何】 沛人. 초기에 같은 고향에서 高祖는 亭長, 蕭何는 吏椽의 낮은 직위였다. 후방에서 물자와 장비를 조달하는 임무를 맡아 큰 공을 세워 郎侯에 봉해졌으며, 漢나라 첫 相國이 되었다.

【項王】 項羽를 말한다.

【印綬】 직위를 임명할 때의 도장과 그 끈.

【關中】 秦의 요충지. 즉 咸陽 일대를 가리키는 말. 函谷關 안쪽의 부유하고 안전한 지역.

【彭城】 項羽의 근거지. 지금의 江蘇省 銅山縣.

【義帝】 楚나라의 후손인 心. 項梁이 그를 楚나라 복원의 假王으로 삼았다. 뒤에 項羽가 죽였다. 《新序》(10) 175(10-1) 註 참조.

【三秦】秦나라가 망한 후 項羽가 關中을 셋으로 분할하였다. 그리하여 秦나라
　　장수 章邯을 雍王으로, 司馬欣을 塞王으로, 董翳를 翟王으로 封하였다.
【新安】郡 이름. 지금의 河南省 鐵門縣.
【章邯】秦나라 將帥. 項羽에게 封을 받아 雍王이 되었다. 관할 지역은 關中의 서쪽.
【司馬欣】秦나라 將帥. 역시 項羽에 의하여 塞王에 봉해졌다. 위치는 關中의 동쪽.
【董翳】역시 秦나라 將帥. 역시 項羽에게 翟王에 封해졌다. 關中의 북부를 다스렸다.
【約法三章】劉邦이 먼저 咸陽을 점거한 후 그곳의 백성들과 법은 오직 세 가지로
　　만 한다고 하여 민심을 얻었다. 《史記》에 『與父老約, 法三章耳. 殺人者死, 傷人
　　及盜抵罪, 餘悉除去秦法……』이라 하였다.

　　　　　　　　참고 및 관련 자료

1. 《史記》 淮陰侯列傳

信拜禮畢, 上坐. 王曰:「丞相數言將軍, 將軍何以教寡人計策?」信謝, 因問王曰:「今東
鄉爭權天下, 豈非項王邪?」漢王曰:「然」曰:「大王自料勇悍仁彊孰與項王?」漢王黙
然良久, 曰:「不如也.」信再拜賀曰:「惟信亦爲大王不如也. 然臣嘗事之, 請言項王之
爲人也. 項王喑噁叱咤, 千人皆廢, 然不能任屬賢將, 此特匹夫之勇耳. 項王見人恭敬
慈愛, 言語嘔嘔, 人有疾病, 涕泣分食飮, 至使人有功當封爵者, 印刓敝, 忍不能予,
此所謂婦人之仁也. 項王雖霸天下而臣諸侯, 不居關中而都彭城. 有背義帝之約, 而以
親愛王, 諸侯不平. 諸侯之見項王遷逐義帝置江南, 亦皆歸逐其主而自王善地. 項王所
過無不殘滅者, 天下多怨, 百姓不親附, 特劫於威彊耳. 名雖爲霸, 實失天下心. 故曰其
彊易弱. 今大王誠能反其道: 任天下武勇, 何所不誅! 以天下城邑封功臣, 何所不服!
以義兵從思東歸之士, 何所不散! 且三秦王爲秦將, 將秦子弟數歲矣, 所殺亡不可勝計,
又欺其衆降諸侯, 至新安, 項王詐阬秦降卒二十餘萬, 唯獨邯·欣·翳得脫, 秦父兄怨此
三人, 痛入骨髓. 今楚彊以威王此三人, 秦民莫愛也. 大王之入武關, 秋豪無所害, 除秦
苛法, 與秦民約, 法三章耳, 秦民無不欲得大王王秦者. 於諸侯之約, 大王當王關中,
關中民咸知之. 大王失職入漢中, 秦民無不恨者. 今大王舉而東, 三秦可傳檄而定也.」
於是漢王大喜, 自以爲得信晚. 遂聽信計, 部署諸將所擊. 八月, 漢王舉兵東出陳倉,
定三秦. 漢二年, 出關, 收魏·河南, 韓·殷王皆降. 合齊·趙共擊楚. 四月, 至彭城,
漢兵敗散而還. 信復收兵與漢王會滎陽, 復擊破楚京·索之間, 以故楚兵卒不能西.

2. 《漢書》韓信傳

信(以)[已]拜, 上坐. 王曰:「丞相數言將軍, 將軍何以敎寡人計策?」信謝, 因問王曰:「今東鄉爭權天下, 豈非項王邪?」上曰:「然.」信曰:「大王自料勇悍仁彊孰與項王?」漢王黙然良久, 曰:「弗如也.」信再拜賀曰:「唯信亦以爲大王弗如也. 然臣嘗事項王, 請言項王爲人也. 項王意烏猝嗟, 千人皆廢, 然不能任屬賢將, 此特匹夫之勇也. 項王見人恭謹, 言語姁姁, 人有病疾, 涕泣分食飮, 至使人有功, 當封爵, 刻印刓, 忍不能予, 此所謂婦人之仁也. 項王雖霸天下而臣諸侯, 不居關中而都彭城; 又背義帝約, 而以親愛王, 諸侯不平. 諸侯之見項王逐義帝江南, 亦皆歸逐其主, 自王善地. 項王所過亡不殘滅, 多怨百姓, 百姓不附, 特劫於威, 彊服耳. 名雖爲霸, 實失天下心, 故曰其彊易弱. 今大王誠能反其道, 任天下武勇, 何不誅! 以天下城邑封功臣, 何不服! 以義兵從思東歸之士, 何不散! 且三秦王爲秦將, 將秦子弟數歲, 而所殺亡不可勝計, 又欺其衆降諸侯. 至新安, 項王詐阬秦降卒二十餘萬人, 唯獨邯‧欣‧翳脫. 秦父兄怨此三人, 痛於骨髓. 今楚强以威王此三人, 秦民莫愛也. 大王之入武關, 秋豪亡所害, 除秦苛法, 與民約, 法三章耳, 秦民亡不欲得大王王秦者. 於諸侯之約, 大王當王關中, 關中民戶知之. 王失職之蜀, 民亡不恨者. 今王舉而東, 三秦可傳檄而定也.」於是漢王大喜, 自以爲得信晚. 遂聽信計, 部署諸將所擊.

177(10-3) 趙地亂
왕을 꿈꾸는 자

趙조 땅에서 반란이 일어나자 무신武臣·장이張耳·진여陳餘 세 사람이 나서서 그 땅을 평정한 다음, 조왕趙王은 무신이, 재상은 장이가, 그리고 장군 자리는 진여가 갖는 등 각각 그 직분을 나누었다.

그런데 조왕이 된 무신이 밖에 나갔다가 그만 연燕나라 군사에게 붙잡혀 버렸다. 연나라에서는 그를 가두어 놓고 조 땅을 삼분三分하여 나누어 주면 풀어 주겠다고 요구하였다.

그리고는 어떤 사신을 보내도 모두 죽여 버리면서 오로지 땅만을 요구하는 것이었다. 그러나 장이와 진여는 걱정만 할 뿐 아무런 대책을 세울 수가 없었다. 이때 마구간 청소하는 천한 역졸役卒 하나가 그 친구에게 이렇게 말하는 것이었다.

"내가 연나라를 설득해서 조왕을 풀어 주도록 하여 수레에 태우고 돌아오는 모습을 그대에게 보여 주겠다."

그 친구가 그의 말을 듣고 이렇게 비웃었다.

"그 곳에 갔다가 죽은 사신들이 10여 명이나 된다. 네가 무슨 능력이 있어 왕을 풀어 온다는 말이냐?"

이에 그 역졸이 말하였다.

"너 같은 자에게는 설명해 주어도 알아듣지 못하지."

그리고는 머리를 감고 몸을 깨끗이 씻은 다음 장이와 진여를 찾아갔다.

〈張耳斬陳餘圖〉 명각본 《兩漢開國中興志傳》

그리고 마침내 연나라에 파견되어 연왕燕王을 만날 수 있게 되었다. 먼저 연왕이 온 까닭을 묻자 이렇게 대답하였다.

"저는 천한 신분으로 이렇게 높은 어른을 만나 뵙기란 아주 어렵습니다. 원컨대 먼저 술을 한 병 내려 주시기를 바랍니다."

그 술을 다 마신 후 왕이 다시 묻자 또 이렇게 말하였다.

"저는 천한 신분으로 이렇게 높은 어른을 만나 뵙기란 아주 어렵습니다. 원컨대 다시 술을 한 병 내려 주셨으면 합니다."

다시 그에게 술을 내리자 그가 입을 열었다.

"왕께서는 제가 무엇 때문에 왔는지 아십니까?"

"그거야 왕을 풀어 가려고 온 것이지."

"그러면 왕께서는 장이와 진여가 어떤 사람들인 줄 알고 계십니까?"

"훌륭한 인물들이지."

이에 그 역졸이 웃으면서 이렇게 설명하였다.

"왕께서는 두 사람의 욕망을 모르고 계십니다. 무릇 무신·장이·진여 세 사람은 함께 말을 몰아 조나라 땅 수십 성을 함락시켰습니다. 그러면서 그들은 각자 따로 남면南面하여 왕이 될 것을 꿈꾸었던 것입니다. 어찌 경상卿相 따위에 성이 차겠습니까? 신하와 임금의 길을 어찌 같은 해에 비유하여 말할 수 있겠습니까? 그러나 형세가 안정되는 것을 보자 그 땅을 셋으로 나누어 각자 왕이 되기는 어렵다는 것을 알고 나이 순서에 따라 먼저 무신을 왕으로 삼고 조나라 백성들의 마음을 붙잡고 있는 것입니다. 조나라가 지금 어느 정도 복종을 해오자 그 두 사람은 그 땅을 둘로 나누어 각자 왕이 되고자 하고 있지만 아직 때가 이르지 않았을 뿐입니다.

그런데 지금 왕께서 무신을 붙들어 놓고 계시니 그들은 명분상 조왕을 구해야 한다고 하지만 사실은 그를 대신 죽여주기를 바라고 있는 것입니다. 그래야 땅을 둘로 나누어 각자 하고 싶은 대로 할 수 있기 때문이지요. 무릇 하나의 조나라만도 오히려 이 연나라를 쉽게 넘볼 수 있는데 게다가 두 명의 어진 왕이 서로 이끌고 도우면서 직의直義를 내세워 불의를 친다는 명목으로 약한 이 연나라에게 책임을 묻는다면 이 연나라는 곧 망하는 길밖에 없습니다."

연왕이 이 말에 그럴 수 있다 여겨 조왕을 되돌려 보내게 되었다. 그 역졸은 드디어 왕을 태우고 말을 몰아 되돌아왔다. 그리고는 그를 다시 왕위에 오를 수 있게 하였으니, 이는 바로 그 역졸의 책략이었다.

趙地亂, 武臣·張耳·陳餘定趙地, 立武臣爲趙王, 張耳爲相, 陳餘爲將軍. 趙王間出, 爲燕軍所得, 燕囚之, 欲與三分其地, 乃歸王. 使者至, 燕輒殺之, 以固求地. 張耳·陳餘患之.

有廝養卒謝其舍中人曰:「君爲公說燕, 與趙王載歸.」

舍中人皆笑之曰:「使者往十輩死, 若何以能得王?」

廝養卒曰:「非若所知.」

乃洗沐往見張耳·陳餘, 遣行見燕王.

燕王問之, 對曰:「賤人希見長者, 願請一卮酒.」

已飮, 又問之. 復曰:「賤人希見長者, 願復請一卮酒.」

與之酒. 卒曰:「王知臣何欲?」

燕王曰:「欲得而王耳.」

辛曰:「君知張耳·除餘, 何人也?」

燕王曰:「賢人也.」

曰:「君知其意何欲?」

曰:「欲得其王耳.」

趙卒笑曰:「君未知兩人所欲也. 夫武臣·張耳·陳餘, 杖馬策, 下趙數十城, 此亦各欲南面而王, 豈爲卿相哉? 夫臣與主, 豈可同日道哉? 顧其勢始定, 未敢三分而王, 且以長少先立武臣爲王, 以特趙心. 今趙地已服, 此兩人亦欲分趙而王, 時未可耳. 今君囚趙王, 此兩人名爲求趙王, 實欲燕殺之. 此兩人分趙自立. 夫以一趙尚易燕, 況兩賢王左提右挈, 執直義而以責不直之弱, 燕滅無日矣.」

燕王以爲然, 乃遣趙王, 養卒爲御而歸, 逐得反國, 復立爲王, 趙卒之謀也.

【趙】秦나라 말기 趙 땅을 가리킨다.
【武臣】人名. 秦나라 陳人. 陳勝이 亂을 일으켜 秦에 반기를 들고 武臣에게 趙 땅 공격을 명하였다. 武臣은 趙나라를 점령하여 邯鄲에 이르자 스스로 趙王이라 칭하였다. 뒤에 李良에게 죽임을 당하였다.
【張耳】漢나라 大梁人. 陳餘와 아주 가까운 사이. 陳涉이 일어나자 역시 趙 땅을 공격, 뒤에 陳餘와 사이가 나빠져 劉邦에게 투항한 다음 韓信과 함께 趙를 공격하여 陳餘를 없애고 趙王에 봉해졌다.
【陳餘】大梁人으로 張耳와 절친한 사이. 뒤에 武臣과 합하여 趙를 친 후 그곳의 宰相이 되었다. 《史記》張耳陳餘列傳 참조.
【廝養卒】마구간에서 말 먹이는 일을 하는 役卒.
【卮】술 주전자.

1. 《史記》張耳陳餘列傳

韓廣至燕, 燕人因立廣爲燕王. 趙王乃與張耳·陳餘北略地燕界. 趙王閒出, 爲燕軍
所得. 燕將囚之, 欲與分趙地半, 乃歸王. 使者往, 燕輒殺之以求地. 張耳·陳餘患之.
有廝養卒謝其舍中曰:「吾爲公說燕, 與趙王載歸.」舍中皆笑曰:「使者往十餘輩,
輒死, 若何以能得王?」乃走燕壁. 燕將見之, 問燕將曰:「知臣何欲?」燕將曰:「若欲
得趙王耳.」曰:「君知張耳·陳餘何如人也?」燕將曰:「賢人也.」曰:「知其志何欲?」
曰:「欲得其王耳.」趙養卒乃笑曰:「君未知此兩人所欲也. 夫武臣·張耳·陳餘杖
馬箠下趙數十城, 此亦各欲南面而王, 豈欲爲卿相終己邪? 夫臣與主豈可同日而道哉,
顧其勢初定, 未敢參分而王, 且以少長先立武臣爲王, 以持趙心. 今趙地已服, 此兩
人亦欲分趙而王, 時未可耳. 今君乃囚趙王. 此兩人名爲求趙王, 實欲燕殺之, 此兩
人分趙自立. 夫以一趙尙易燕, 況以兩賢王左提右挈, 而責殺王之罪, 滅燕易矣.」
燕將以爲然, 乃歸趙王, 養卒爲御而歸.

178(10-4) 酈食其號酈生
백성은 먹는 것을 하늘로 삼는다

역이기酈食其의 호를 역생酈生이라 불렀다. 그는 한왕漢王을 이렇게 설득하였다.

"제가 듣건대 하늘이 하늘인 이유를 아는 자는 왕사王事를 이룰 수 있고, 하늘이 하늘인 이치를 모르는 자는 왕사를 이룰 수 없다고 하였습니다. 즉 임금은 백성을 하늘로 삼고, 백성들은 먹는 것을 하늘로 삼는다는 뜻입니다. 무릇 오창敖倉이란 곳은 천하의 물건이 전수轉輸되는 집산지로 알려진 지 오래입니다. 제가 듣기로 그 아래에 많은 식량이 저장되어 있다고 하였습니다. 그런데 초楚나라가 형양滎陽을 함락시키고 나서도 그 오창을 견고히 지키지 않고 군대를 이끌고 동쪽으로 이동하면서 그저 하나의 적졸謫卒로 하여금 성고成皐와 나누어 지키도록 해놓고 있으니, 이야말로 하늘이 우리 한漢나라에게 물자를 준 것입니다. 그런데 지금 초나라가 쉽게 취하였다가 버리다시피 한 땅을 우리 한나라에서는 도리어 버리려고 하다니, 이는 스스로 이익을 빼앗아 남에게 주는 격이니 제 생각으로는 잘못이 아닌가 합니다.

게다가 두 영웅은 양립할 수가 없습니다. 초나라와 한나라가 오랫동안 싸움에 얽혀 결판이 나지 않아 백성들이 자리를 잡지 못하여 해내海內는 모두 흔들리고 있습니다. 그래서 농부들은 쟁기를 내려놓고 베 잘 짜던 아녀자들도 베틀에서 내려와 있으며, 천하의 마음이 아직 갈 곳을 정하지 못하고 있습니다.

원컨대 폐하께서는 급히 다시 군대를 풀어 형양으로 진격하여 함락시킨 다음 오창의 식량을 차지하십시오. 그 다음 성고의 요새를 막고 태항太行의 길을 두절시키며, 비호蜚狐의 입구도 막고, 백마白馬 나루를 수비하여 제후들에게 우리가 이 지역을 제압하고 있음을 널리 알도록 하는 것입니다. 그러면 천하 백성들이 어디로 귀의해야 할 것인가를 알게 될 것입니다."

한왕이 이 말을 인정하였다.

"옳다."

그리고는 그의 계책에 따라 다시 오창을 차지하여 그 식량을 다 거두어들인 후 항왕項王을 사로잡았다.

그 뒤에 오吳·초楚의 반란이 일어나자, 장군 두영竇嬰과 주아부周亞夫가 다시 오창을 점거하고 옛날처럼 성고를 지켜 오·초의 난을 제압하였다. 이는 모두 역생의 모책이었다.

酈食其號酈生, 說漢王曰:「臣聞之: 知天之天者, 王事可成; 不知天之天者, 王事不可成. 王者以民爲天, 而民以食爲天. 夫敖倉, 天下轉輸久矣. 臣聞其下乃有藏粟甚多. 楚人拔滎陽, 不堅守敖倉, 乃引而東, 令謫過卒分守成皋, 此乃天所以資漢. 方今楚易取而漢反却, 自奪其便, 臣竊以爲過矣. 且兩雄不俱立, 楚·漢久相特不決, 百姓騷動, 海內搖蕩, 農夫釋耒, 工女下機, 天下之心, 未有所定也. 願陛下急復進兵收取滎陽, 據敖琳倉之粟, 塞成皋之險, 杜太行之路, 距蜚狐之口, 守白馬之津, 以示諸侯形制之勢, 則天下知所歸矣.」

漢王曰:「善.」

乃從其計畫, 復守敖倉, 卒粮食不盡, 以擒項氏.

其後吳·楚反, 將軍竇嬰, 周亞夫復據敖倉, 塞成皋如前, 以破吳·楚. 皆酈生之謀也.

【酈食其】漢나라 陳留 高陽 사람. 지혜가 뛰어났으며, 그 아들 疥가 高梁侯에
　封해졌다. '역이기'로 읽는다.《史記》참조.

【漢王】漢 高祖 劉邦.

【以民爲天】《管子》에『王者以民爲天, 民以食爲天, 能知天之天者, 斯可矣』라
　하였다.

【敖倉】地名. 秦나라 때 큰 창고가 있었다. 지금의 河南省 成皐縣 敖山. 琳倉
　이라고 쓰기도 한다.

【滎陽】지금의 河南省 滎陽縣.

【謫過卒】과실을 저질러 귀양 온 역졸.《史記》에는『謫卒』(죄를 지어 군대에
　온 兵士)라고 하였다.

【成皐】지금의 河南省 成皐縣.

【太行】요새 이름. 지금의 河南省 沁陽縣.

【蜚狐】요새 이름. 지금의 河南省 野源縣.

【白馬津】나루 이름. 지금의 河南省 滑縣.

【竇嬰】人名. 字는 王孫. 漢나라 景帝 때 詹事. 吳·楚 반란 때 이를 평정하였으며,
　武帝 때에 丞相이 되었다.

【周亞夫】人名. 條侯. 文帝 때 匈奴의 침입을 막았고, 景帝 때 吳楚의 반란에
　太尉로서 이를 진압하여, 그 공으로 丞相이 되었다.

　　참고 및 관련 자료

1.《史記》酈生陸賈列傳

沛公至高陽傳舍, 使人召酈生. 酈生至, 入謁, 沛公方倨牀使兩女子洗足, 而見酈生.
酈生入, 則長揖不拜, 曰:「足下欲助秦攻諸侯乎? 且欲率諸侯破秦也?」沛公罵曰:
「豎儒! 夫天下同苦秦久矣, 故諸侯相率而攻秦, 何謂助秦攻諸侯乎?」酈生曰:「必
聚徒合義兵誅無道秦, 不宜倨見長者.」於是沛公輟洗, 起攝衣, 廷酈生上坐, 謝之.
酈生因言六國從橫時. 沛公喜, 賜酈生食, 問曰:「計將安出?」酈生曰:「足下起糾合
之衆, 收散亂之兵, 不滿萬人, 欲以徑入强秦, 此所謂探虎口者也. 夫陳留, 天下
之衝, 四通五達之郊也, 今其城又多積粟. 臣善其令, 請得使之, 令下足下. 卽不聽,
足下擧兵攻之, 臣爲內應.」於是遣酈生行, 沛公引兵隨之, 遂下陳留. 號酈食其爲廣

野君. 酈生言其弟酈商, 使將數千人從〈沛公〉西南略地. 酈生常爲說客, 馳使諸侯.
漢三年秋, 項羽擊漢, 拔滎陽, 漢兵遁保鞏・洛. 楚人聞淮陰侯破趙, 彭越數反梁地,
則分兵救之. 淮陰方東擊齊, 漢王數困滎陽・成皐, 計欲捐成皐以東, 屯鞏・洛以拒楚.
酈生因曰:「臣聞知天之天者, 王事可成; 不知天之天者, 王事不可成. 王者以民人爲天,
而民人以食爲天. 夫敖倉, 天下轉輸久矣, 臣聞其下迺有藏粟甚多. 楚人拔滎陽, 不堅
守敖倉, 迺引而東, 令適卒分守成皐, 此乃天所以資漢也. 方今楚易取而漢反卻, 自奪
其便, 臣竊以爲過矣. 且兩雄不俱立, 楚漢久相持不決, 百姓騷動, 海內搖蕩, 農夫釋耒,
工女下機, 天下之心未有所定也. 願足下急復進兵, 收取滎陽, 據敖倉之粟, 塞成皐
之險, 杜大行之道, 距蜚狐之口, 守白馬之津, 以示諸侯效實形制之勢, 則天下知歸矣.
方今燕・趙已定, 唯齊未下. 今田廣據千里之齊, 田閒將二十萬之衆, 軍於歷城, 諸田
宗彊, 負海阻河濟, 南近楚, 人多變詐, 足下雖遣數十萬師, 未可以歲月破也. 臣請得
奉明詔說齊王, 使爲漢而稱東藩.」上曰:「善.」

179(10-5) 酈生說漢王曰
천하 민심이 어디로 기울고 있는가

역생酈生이 한왕漢王을 이렇게 설득하였다.

"방금 연燕·조趙는 이미 항복하였고, 오직 제齊나라만 남아 있습니다. 지금 전횡田横은 1천 리나 되는 제나라의 땅을 점거하고 있고, 전간田間이 20만의 군대를 지휘하며 역성歷城에 버티고 있습니다.

제나라의 전씨田氏들은 강하기로 널리 알려져 있으며, 바다를 등지고 황하黃河와 제수濟水를 방어선으로 삼고 있으면서, 남쪽으로는 초楚나라와 인접해 있습니다. 게다가 그 백성들은 변덕과 속임수가 잦아 폐하께서 비록 수십만의 군사를 동원한다고 해도 1년이나 몇 달 만에 함락시킬 수 있는 곳이 아닙니다. 신이 청하건대 임무를 내려 주시면 이를 받들고 제나라에 가서 제왕齊王을 설득시켜 그들이 스스로 동쪽의 번속藩屬이라 칭하게 해드리겠습니다."

이에 한왕은 역이기酈食其를 동쪽으로 보내어 제왕을 설득시키도록 임무를 주었다. 역이기가 제왕에게 이렇게 말하였다.

"임금께서는 천하 인심이 어디로 기울고 있는지 아십니까?"

"모르오."

"임금께서 천하의 인심이 어디로 기울고 있는가를 아신다면 이 제나라는 그대로 존속시킬 수 있지만, 만약 천하 인심이 어디로 기울고 있는지를 모르고 계시다면 제나라의 앞날은 보장받을 수 없을 것입니다."

이 말에 제왕이 물었다.

"천하의 인심이 어디로 기울고 있소?"

이에 역이기가 대답하였다.

"한漢나라로 기울고 있습니다."

"선생은 어떤 근거로 그렇게 단정하오?"

이 질문에 역이기가 이렇게 설명하였다.

"한왕漢王과 항왕項王이 죽을힘을 다해 서쪽으로 진秦나라를 공격할 때, 먼저 함양咸陽에 입성하는 자를 그곳의 임금으로 삼아 주기로 약속이 되어 있었습니다. 그런데 항왕은 그 약속을 배반하고 그 땅을 주지 않고 저 편벽된 한중漢中 땅을 주어 왕으로 삼아 버렸습니다.

게다가 항왕은 의제義帝마저 몰아냈다가 죽여 버리고 말았습니다. 이에 한왕은 촉蜀·한漢의 병사를 모아 삼진三秦을 공격하였고, 다시 관중關中을 나와 의제가 어디 있는가를 문책하였으며, 천하의 병력을 이끌어 제후들의 후손을 세워 주었습니다. 항복한 성은 곧바로 그 후를 장수로 삼고, 재물을 얻으면 즉시 그 토지를 내려 주었던 것입니다.

이처럼 천하의 이익을 함께 누리자 호걸·현재들이 모두가 그에게 쓰임 받기를 즐거워하였습니다. 제후의 병사들이 사방에서 달려왔고, 촉·한의 식량을 배에 실어 그들 뒤를 따라 내려왔습니다. 그러나 항왕을 보십시오. 약속을 배반한 죄명과 의제를 죽인 죄, 그리고 남의 공을 인정해 주지 않는 인색함, 남의 실수를 잊지 않고 기억하고 있는 일, 그 부하들은 전쟁에 이기고도 상을 받지 못하는 일, 성을 함락시키고 나서도 봉을 받지 못하는 일, 항씨項氏가 아니면 그 어떤 경우에도 등용되지 못하는 일, 사람됨이 각박하고 인색하여 아무것도 줄 줄 모르는 성품, 성을 공격 하고 많은 재물을 얻어 이것이 쌓이고 넘치건만 상을 베풀 줄 모르는 아집, 이런 것들로 인하여 천하가 그에게 등을 돌렸고 어진 인재들은 원망을 터뜨리며 누구도 그에게 등용되기를 원치 않고 있습니다.

따라서 천하의 모든 일들이 한왕에게 기울고 있다는 것은 앉아서 그 책략을 다 알 수 있다는 것입니다. 무릇 한왕이 촉·한을 출발하여 삼진을 평정하고 서하西河의 밖을 건너 상당上黨의 군대를 인솔하여 정형井陘으로 내려와 성안군成安君을 없애 버리고 북위北魏를 쳐부수어 단번에 32개의 성을 함락시켰습니다. 이는 치우蚩尤의 군대에 비견할 만한 것으로 사람의 힘으로는 꿈도 꾸지 못 할 일입니다. 지금은 이미 오창敖倉의 식량까지 확보하였고, 성고成皐의 요새를 막았으며, 백마白馬의 나루를 지키고, 태항太行의 판로阪路를 두절시켰고, 비호蜚狐의 어귀를 점거하여 천하에 늦게 항복하는 자가 먼저 망하는 형세를 이루어 놓고 있습니다. 임금께서 어서 급히 한왕에게 항복하셔야 이 제나라의 사직이 그나마 보장받을 수 있을 것입니다. 한왕에게 복종하지 않으면 위망危亡은 서서 기다려야 할 판입니다."

이 말에 전횡이 그렇다 여기고 역생의 말에 따라 역성歷城의 수비를 흩어 버리고 역생과 더불어 하루 내내 술을 마셨다. 이는 바로 역생의 모책에 의한 것이었다. 곧이어 제齊나라 사람 괴통蒯通이 한신韓信을 이렇게 부추겼다.

"족하足下께서는 명령을 받고 제나라를 치면서 무슨 이유로 삼군의 무리들에게 공격을 중지하도록 하여 하나의 유생儒生만한 공도 세우지 못하고 있습니까? 지금처럼 제나라가 아무런 수비를 하지 않을 때 곧 공격하십시오."

한신은 이를 따랐고, 역생은 그만 전횡에게 살해당하고 말았다. 뒤에 한신과 괴통 역시 제자리를 갖지 못하고 불행으로 끝을 맺었으니, 이는 모두가 인仁에 근본을 두지 않고 일을 처리하였기 때문이다.

酈生說漢王曰:「方今燕·趙已復, 唯齊未下. 今田橫據千里
之齊, 田間據二十萬之軍於歷城, 諸田宗強, 負海阻河濟, 南近楚,
民多變詐, 陛下雖遣數十萬師, 未可以歲月下也. 臣請奉明詔
說齊王, 令稱東藩.」

於是使酈生食其說齊王, 曰:「王知天下之所歸乎?」

王曰:「不知也.」

曰:「王知天下之所歸, 則齊國可得而有也. 若不知天下之所歸, 則齊國未可保也.」

齊王曰:「天下何所歸?」

曰:「歸漢.」

王曰:「先生何以言之?」

曰:「漢王與項王, 戮力西面擊秦, 約先入咸陽者王之. 漢王先入咸陽, 項王倍約不與而王漢中. 項王遷殺義帝, 漢王起蜀漢之兵擊三秦, 出關而責義帝之處, 收天下之兵, 立諸侯之後. 降城卽以侯其將, 得賂卽以予其士, 與天下同其利, 豪傑賢才, 皆樂爲其用. 諸侯之兵, 四面而至, 蜀漢之粟, 方船而下. 項王有倍約之名, 殺義帝之實; 於人之功無所記, 於人之過無所忘; 戰勝而不得其賞; 拔城而不得其封; 非項氏莫得用事. 爲人刻印, 刓而不能授; 攻城得賂, 積財而不能賞. 天下畔之, 賢才怨之, 而莫爲之用. 故天下之事, 歸於漢王, 可坐而策也. 夫漢王發蜀漢, 定三秦, 涉西河之外, 乘上黨之兵, 下井陘, 誅成安, 破北魏, 舉三十二城, 比蚩尤之兵, 非人之力也. 今已據敖倉之粟, 塞成皋之險, 守白馬之津; 杜太行之阪, 距蜚狐之口, 天下後服者先亡矣. 王疾下漢王, 齊國社稷, 可得而保也; 不下漢王, 危亡可立而待也.」

田橫以爲然, 卽聽酈生, 罷歷下兵戰守之備, 與酈生日縱酒. 此酈生之謀也.

及齊人蒯通說韓信曰:「足下受詔擊齊, 何故止? 將三軍之衆, 不如一竪儒之功? 可因齊無備擊之.」

韓信從之, 酈生爲田橫所害. 後信通亦不得其所, 由不仁也.

【酈生】 酈食其. 앞장 참조.

【漢王】 漢나라 高祖. 劉邦.

【田橫】 원래 齊王 田榮의 아우, 田榮이 죽자 田榮의 아들 田廣을 王으로 삼고
스스로 상국이 되었다. 다시 田廣이 韓信에게 포로로 잡히자 스스로 齊王이
되었다.

【田間】 齊나라 왕족의 후손으로 田橫의 臣下이며 將軍.

【歷城】 地名. 지금의 山東省 濟南市.

【田氏】 戰國時代 齊나라 왕족이었던 田氏의 후손들. 즉 齊나라 사람들.

【濟水】 옛 齊나라 땅을 흐르는 강.

【藩屬】 屬國.

【漢中】 項羽가 劉邦을 두려워하여 서쪽 편벽된 땅인 漢中을 劉邦에게 봉하였다.
그 이유로 劉邦의 나라는 漢나라라는 이름을 얻게 되었다.

【義帝】 楚나라 假王.《新序》(10) 175(10-1) 註 참조.

【三秦】《新序》(10) 176(10-2)의 註 참조.

【關中】 秦나라 咸陽 근처, 函谷關 안쪽. [前出]

【西河】 郡 이름. 지금의 山西省 북부 및 蒙古 自治區 일대.

【上黨】 郡 이름. 지금의 山西省 동남부 일대.

【井陘】 縣 이름. 지금의 河北省 獲鹿縣. 井陘關이 있음.

【成安君】 人名. 陳餘를 가리킴.

【北魏】《史記》索隱에『謂魏豹也. 豹在河北故也. 亦謂西魏, 以大梁在河南
故也』라고 하였다.

【蚩尤】 上古時代 帝王으로 黃帝와 涿鹿에서 싸웠다. 일설에는 黃帝에게 敗하여
죽었다고도 하고, 蚩尤에게 쫓긴 黃帝가 西土로 敗退하였다고도 한다.

【蜚狐】《新序》(10) 178(10-4)의 본문 및 註 참조.

【蒯通】 유세가. 韓信에게 계략을 일러 주어 齊나라 땅을 평정토록 하였다.
《戰國策》이 곧 이 蒯通이 쓴 것이 아닌가 여기기도 한다.

【韓信】 淮陰侯. 처음 項梁을 따랐으나 뒤에 劉邦의 수하가 되었다. 漢興三傑의
하나. 뒤에 모반을 일으켰다가 呂后가 蕭何의 계책을 따라 그를 長樂宮에서
잡아 참수하였다.《史記》淮陰侯列傳 참조.

1. 《史記》 酈生陸賈列傳

「方今燕・趙已定, 唯齊未下. 今田廣據千里之齊, 田閒將二十萬之衆, 軍於歷城,
諸田宗彊, 負海阻河濟, 南近楚, 人多變詐, 足下雖遣數十萬師, 未可以歲月破也.
臣請得奉明詔說齊王, 使爲漢而稱東藩.」上曰:「善.」

迺從其畫, 復守敖倉, 而使酈生說齊王曰:「王知天下之所歸乎?」王曰:「不知也.」
曰:「王知天下之所歸, 則齊國可得而有也; 若不知天下之所歸, 卽齊國未可得保也.」
齊王曰:「天下何所歸?」曰:「歸漢.」曰:「先生何以言之?」曰:「漢王與項王勠力西
面擊秦, 約先入咸陽者王之. 漢王先入咸陽, 項王負約不與而王之漢中. 項王遷殺義帝,
漢王聞之, 起蜀漢之兵擊三秦, 出關而責義帝之處, 收天下之兵, 立諸侯之後. 降城
卽以侯其將, 得賂卽以分其土, 與天下同其利, 豪英賢才皆樂爲之用. 諸侯之兵四面
而至, 蜀漢之粟方船而下. 項王有倍約之名, 殺義帝之負; 於人之功無所記, 於人之
罪無所忘; 戰勝而不得其賞, 拔城而不得其封; 非項氏莫得用事; 爲人刻印, 刓而不
能授; 攻城得賂, 積而不能賞: 天下畔之, 賢才怨之, 而莫爲之用. 故天下之士歸於漢王,
可坐而策也. 夫漢王發蜀漢, 定三秦; 涉西河之外, 援上黨之兵; 下井陘, 誅成安君;
破北魏, 擧三十二城: 此蚩尤之兵也, 非人之力也, 天之福也. 今已據敖倉之粟, 塞成
皋之險, 守白馬之津, 杜大行之阪, 距蜚狐之口, 天下後服者先亡矣. 王疾先下漢王,
齊國社稷可得而保也; 不下漢王, 危亡可立而待也.」田廣以爲然, 迺聽酈生, 罷歷下
兵守戰備, 與酈生日縱酒.

180(10-6) 漢三年
더벅머리 그 녀석 때문에

한漢나라 3년에 항우項羽가 급히 형양滎陽에서 한왕漢王을 포위하였을 때였다. 한왕이 두려움과 근심 끝에 역생酈生과 더불어 초楚나라의 기세를 흔들 만한 모책을 짜게 되었다. 그러자 역생이 이렇게 일러 주었다.

"옛날 탕湯임금은 걸桀을 벌한 다음 그 후손을 기杞 땅에 봉하였고, 무왕武王은 주紂를 벌한 다음 그 후손을 송宋에 봉하였습니다. 그러나 지금 진秦나라는 덕과 의를 다 버리고 제후의 사직을 침벌하여 여섯 나라를 멸망시킨 다음 송곳 꽂을 만한 땅조차 주지 않고 있습니다.

이럴 때 폐하께서는 성의껏 이 여섯 나라의 후손들을 세워 주어 그들 모두에게 그 도장을 내려 주십시오.

이러한 나라의 군신과 백성들은 모두가 폐하를 추대하며 바람에 휩쓸리듯 그 의를 사모하여 폐하의 신첩臣妾이 되기를 원하지 않는 이가 없게 될 것입니다. 이렇게 덕과 의를 베푸신 다음 폐하께서는 남쪽을 향하여 패자霸者를 칭하시면 초나라는 반드시 옷깃을 여미고 숙여 들어올 것입니다."

〈黃石公授書圖〉 明末淸初 馬駘(畫)
《馬駘畫寶》

이 책략에 한왕이 서둘렀다.

"훌륭하오. 어서 가서 도장을 새기십시오. 선생이 떠날 때 그것을 차고 갈 수 있도록 말입니다."

역선생酈先生이 아직 떠나지 않았을 때, 마침 장량張良이 밖에서 돌아와 임금을 뵙기 청하였는데, 임금은 밥을 먹고 있는 중이었다. 이에 임금이 장량에게 자랑하였다.

"자방子房. 이리 오시오. 객 중에 나에게 초나라의 기세를 꺾을 좋은 모책을 일러 준 자가 있습니다."

그리고는 역이기酈食其의 말을 갖추어 일러 주고 나서 의견을 물었다.

"자방, 그대가 듣기에는 어떻소?"

그러자 장량이 이렇게 말하였다.

"누가 폐하께 이런 계책을 일러 주었습니까? 그대로 하다가는 폐하의 일은 끝장납니다."

임금이 놀라서 물었다.

"무슨 뜻이오?"

장량이 말하였다.

"앞에 있는 그 젓가락 좀 주십시오. 그것을 가지고 설명 드리겠습니다."

그리고는 다시 말을 이었다.

"옛날 탕 임금이 걸을 치고 나서 그 후손을 기 땅에 봉한 것은 그가 능히 걸을 제압할 수 있었기 때문이었습니다. 폐하께서는 지금 능히 항적項籍을 제압하여 그의 목숨을 없앨 수 있습니까?"

이 질문에 한왕이 말하였다.

"아직 그럴 능력이 없습니다."

장량이 설명하였다.

"그것이 바로 첫 번째 이유입니다. 또 무왕이 주를 벌하고 나서 그 후손을 송 땅에 봉한 것도 능히 주의 머리를 자를 수 있었기 때문이었 습니다. 지금 폐하께서는 능히 항적의 목을 벨 수 있습니까?"

이 말에 왕은 역시 긍정하였다.

"아직 가능한 일이 아닙니다."

장량이 설명하였다.

"그것이 안 된다는 두 번째 이유입니다. 무왕이 은殷나라에 들어가자 먼저 상용商容의 사당을 찾아가 표창하였고, 기자箕子의 집 앞을 지날 때는 식軾의 예를 갖추었으며, 비간比干의 묘를 봉하였습니다.

지금 폐하께서 성인의 묘를 봉하시며, 현인의 사당을 표창하고 어진 이의 문 앞을 지나면서 식을 하고 계십니까?"

이 말에도 역시 한왕은 수긍하였다.

"아직 그렇게 하지 못하고 있습니다."

장량이 설명하였다.

"그것이 안 된다는 세 번째 이유입니다. 그들 옛 성인들은 거교鉅橋의 식량을 다 풀고 녹대鹿臺의 재물을 다 흩어 가난하고 지친 자들에게 나누어주었습니다. 지금 폐하께서 창고를 다 열어 가난하고 지친 자들에게 모두 나누어주실 수 있는 형편입니까?"

이 말에도 한왕은 역시 수긍하였다.

"그럴 수 없습니다."

장량이 말을 이었다.

"그것이 바로 불가한 네 번째 이유입니다. 무왕은 은나라에 대한 전쟁이 끝나자 무기를 꺾어 수레를 만들고 방패와 창을 거꾸로 하여 다시는 무기를 사용하지 않을 것을 천하에 보였습니다.

임금께서는 지금 무기를 부수어 다른 물건을 만들고 방패와 창을 거꾸로 싣고 다닐 수 있습니까?"

이 말에도 역시 한왕은 인정하였다.

"그럴 수 없습니다."

"그것이 바로 불가능한 다섯 번째 이유입니다. 옛날 그들은 전쟁에 썼던 말들을 모두 화산華山의 남쪽에 풀어 쉬도록 하여 다시는 말을 전쟁에 사용하지 않겠다는 것을 천하에 보였습니다. 폐하께서도 지금 그 말들을 더 이상 쓰지 않겠다고 하고 쉬게 할 수 있습니까?"

역시 임금은 수긍하였다.

"그럴 수 없지요."

장량이 설명하였다.

"그것이 바로 불가능한 여섯 번째 이유입니다. 옛날 그들은 소를 도림桃林에 풀어 다시는 그들을 전쟁 물자와 군량 수송에 쓰지 않겠다는 것을 보였습니다. 폐하께서도 지금 같은 때에 소들을 더 이상 수송에 쓰지 않겠다고 하실 수 있습니까?"

이 말에도 역시 왕은 수긍하였다.

"그럴 수 없습니다."

장량이 결론을 내렸다.

"그것이 바로 불가능한 일곱 번째 이유입니다. 또 무릇 천하의 유사游士들은 그 친척을 버리고 조상의 선영을 떠나 친구조차 이별하고는 폐하를 쫓아다니고 있는 자들로 모두가 밤낮으로 척촌尺寸의 땅이라도 얻을까 하는 기대를 갖고 있습니다. 그런데 지금 한韓·위魏·연燕·조趙·제齊·초楚의 후손들을 세워 주신다니, 그들 왕이 다시 복위되면 이 유사들은 각각 돌아가 자신들의 왕을 섬길 것이요, 자신들의 친척을 따를 것이며, 옛 친구와 조상의 선영으로 다 돌아가 버릴 것입니다. 그때는 폐하께서 누구와 더불어 천하를 쟁취할 수 있겠습니까? 그것이 바로 불가하다는 여덟 번째 이유입니다.

또 무릇 초나라만큼 강대한 나라가 없습니다. 그런데 만약 여섯 나라가 다시 세워진 다음 초나라에 의해서 이들이 뒤흔들려 끝내 초나라 편에 서게 된다면 어떻게 그들을 신하로 복종시킬 수가 있겠습니까? 이처럼 만약 그 객의 의견을 따른다면 폐하의 일은 끝이 나고 마는 것입니다."

이 설명에 한왕은 먹던 밥을 그만두고 내뱉으며 역이기에 대해 이렇게 욕을 퍼부었다.

"그 더벅머리 선비 녀석이 하마터면 큰일을 다 깨뜨릴 뻔하였군!"

이어서 도장 새기는 일을 중지시키고 사신도 철회해 버렸다. 그리고는

드디어 천하의 병력을 다 모아 항적을 주살하고, 해내海內를 평정하였으니,
이는 장자방張子房의 모책에 의한 것이다.

漢三年, 項羽急圍漢王滎陽, 漢王恐憂, 與酈生謀撓楚權.
酈生曰「昔湯伐桀, 封其後於杞. 武王伐紂, 封其後於宋. 今秦
無德棄義, 侵伐諸侯社稷, 滅六國之後, 使無立錐之地. 陛下誠
復立六國後, 畢授印已, 此君臣百姓, 必皆戴陛下, 德莫不嚮風
慕義, 願爲臣妾. 德義已行, 陛下南嚮稱霸, 楚必斂衽而朝.」
漢王曰「善. 趣刻印, 先生因行佩之矣.」
酈先生未行, 張良從外求謁,
漢王方食, 曰「子房前, 客有爲我計撓楚權者.」
俱以食其言告之. 曰「其於子房意如何?」
良曰「誰爲陛下畫此計者? 陛下事去矣.」
漢王曰「何哉?」
良對曰「臣請借前箸而籌之.」
曰「昔湯伐桀, 而封其後於杞者, 斯能制桀之死命也. 陛下
能制項籍之死命乎?」
曰「未能也.」
「其不可一也. 武王伐紂而封其後於宋者, 斯能得紂之頭也.
今陛下能得項籍之頭乎?」
曰「未能也.」
「其不可二矣. 武王入殷, 表商容之閭, 載箕子之門, 封比干
之墓. 今陛下能封聖人之墓, 表賢人之閭, 載智者之門乎?」
曰「未能也.」

「其不可三矣. 發鉅橋之粟, 散鹿臺之錢, 以賜貧羸. 今陛下能散府庫以賜貧羸乎?」

曰:「未能也.」

「其不可四矣. 殷事已畢, 偃革爲軒, 倒載干戈, 以示天下不復用兵. 今陛下能偃革倒載干戈乎?」

曰:「未能也.」

「其不可五也. 休馬於華山之陽, 以示無所用. 今陸下能休馬無所用乎?」

曰:「未能也.」

「其不可六也. 休牛於桃林, 以示不復輸糧. 今陛下能休牛不復輸糧乎?」

曰:「未能也.」

「其不可七矣. 且夫天下游士, 捐其親戚, 棄墳墓, 去故舊. 從陛下游者. 皆日夜望尺寸之地, 今復立韓·魏·燕·趙·齊·楚之後, 其王皆復立, 游士各歸事其主, 從其親戚, 反其故舊墳墓, 陛下誰與取天下乎? 其不可八也. 且夫楚惟無強, 六國復撓而從之, 陛下焉得而臣之乎? 誠用客之計, 陛下之事去矣.」

漢王輟食吐哺, 罵曰:「豎儒幾敗乃公事!」

令趣銷印, 止不使, 遂幷天下之兵, 誅項籍, 定海內, 張子房之謀謨也.

【漢三年】漢 高祖 3年. B.C. 204년.

【項羽】項籍. 楚 霸王.

【榮陽】地名. [前出]

【漢王】漢 高祖 劉邦.

【酈生】 역이기(酈食其). [前出]

【杞】 古代 나라 이름. 周 武王이 商을 멸한 후 옛 夏禹의 후손을 찾아 東樓公을 杞 땅에 봉하여 禹의 제사를 받들게 하였다. 雍丘는 지금의 河南省 杞縣. 뒤에 楚나라에게 망하였다. 『杞人憂天』의 고사를 남긴 나라.

【宋】 周武王이 殷을 멸한 후 그 후손을 찾아 祭祀를 잇도록 하였다. 지금의 商丘. 《史記》 宋微子世家 참조.

【張良】 漢興三傑의 하나. 字는 子房. 원래 韓나라 출신으로 韓나라가 秦始皇에게 망하자 복수를 결심하고 始皇을 博浪沙에서 저격, 실패로 끝나자 下邳로 도망 갔다가 黃石公을 만났고, 다시 劉邦에게 합류하여 項羽를 멸하였다. 留侯에 봉해졌다. 《史記》 留侯世家 참조.

【商容】 殷나라 紂王 때의 忠臣. 諫言을 하다가 귀양을 갔다.

【箕子】 역시 殷나라 紂王 때의 忠臣.

【比干】 殷나라 紂王의 諸父. 紂王에게 죽임을 당하였다.

【鉅橋】 창고 이름. 지금의 河北省 曲周縣에 있었다.

【鹿臺】 은나라 紂王이 재물을 저장하였던 곳. 지금의 河南省 淇縣.

【華山】 지금의 陝西省 華陰縣에 있는 山.

【桃林】 지금의 河南省과 陝西省 경계 지역.

【韓·魏·燕·趙·齊·楚】 이상 여섯 나라는 모두 戰國七雄이었으나 秦始皇에게 망하였다. 묶어서 六國 혹은 山東六國, 山東諸國이라 한다.

1. 《史記》 留侯世家

漢三年, 項羽急圍漢王滎陽, 漢王恐憂, 與酈食其謀橈楚權. 食其曰:「昔湯伐桀, 封其後於杞. 武王伐紂, 封其後於宋. 今秦失德弃義, 侵伐諸侯社稷, 滅六國之後, 使立錐之地. 陛下誠能復立六國後世, 畢已受印, 此其君臣百姓必皆戴陛下之德, 莫不鄉風慕義, 願爲臣妾. 德義已行, 陛下南鄉稱霸, 楚必斂衽而朝.」漢王曰:「善. 趣刻印, 先生因行佩之矣.」

食其未行, 張良從外來謁. 漢王方食, 曰:「子房前! 客有爲我計橈楚權者.」其以酈生語告, 曰:「於子房何如?」良曰:「誰爲陛下畫此計者? 陛下事去矣.」漢王曰:「何哉?」張良對曰:「臣請藉前箸爲大王籌之.」曰:「昔者, 湯伐桀而封其後於杞者, 度能制桀之死命也. 今陛下能制項籍之死命乎?」曰:「未能也.」「其不可一也. 武王伐紂封其後於宋者, 度能得紂之頭也. 今陛下能得項籍之頭乎?」曰:「未能也.」「其不可二也. 武王入殷, 表商容之閭, 釋箕子之拘, 封比干之墓. 今陛下能封聖人之墓, 表賢者之閭, 式智者之門乎?」曰:「未能也.」「其不可三也. 發鉅橋之粟, 散鹿臺之錢, 以賜貧窮. 今陛下能散府庫以賜貧窮乎?」曰:「未能也.」「其不可四矣. 殷事已畢, 偃革爲軒, 倒置干戈, 覆以虎皮, 以示天下不復用兵. 今陛下能偃武行文, 不復用兵乎?」曰:「未能也.」「其不可五矣. 休馬華山之陽, 示以無所爲. 今陛下能休馬無所用乎?」曰:「未能也.」「其不可六矣. 放牛桃林之陰, 以示不復輸積. 今陛下能放牛不復輸積乎?」曰:「未能也.」「其不可七矣. 且天下游士離其親戚, 弃墳墓, 去故舊, 從陛下游者, 徒欲日夜望咫尺之地. 今復六國, 立韓‧魏‧燕‧趙‧齊‧楚之後, 天下游士各歸事其主, 從其親戚, 反其故舊墳墓, 陛下與誰取天下乎? 其不可八矣. 且夫楚唯無彊, 六國立者復橈而從之, 陛下焉得而臣之? 誠用客之謀, 陛下事去矣.」漢王輟食吐哺, 罵曰:「豎儒, 幾敗而公事!」令趣銷印.

2. 《漢書》 張良傳

漢三年, 項羽急圍漢王於滎陽, 漢王憂恐, 與酈食其謀橈楚權. 酈生曰:「昔湯伐桀, 封其後杞; 武王誅紂, 封其後宋. 今秦無道, 伐滅六國, 無立錐之地. 陛下誠復立六國後, 此皆爭戴陛下德義, 願爲臣妾. 德義已行, 南面稱伯. 楚必斂衽而朝.」漢王曰:「善. 趣刻印, 先生因行佩之.」

酈生未行, 良從外來謁漢王. 漢王方食, 曰:「客有爲我計橈楚權者.」具以酈生計告良曰:「於子房何如?」良曰:「誰爲陛下畫此計者? 陛下事去矣.」漢王曰:「何哉?」

良曰:「臣請借前箸以籌之. 昔湯武伐桀紂封其後者, 度能制其死命也. 今陛下能制項籍死命乎? 其不可一矣. 武王入殷, 表商容閭, 式箕子門, 封比干墓, 今陛下能乎? 其不可二矣. 發鉅橋之粟, 散鹿臺之財, 以賜貧窮, 今陛下能乎? 其不可三矣. 殷事以畢, 偃革爲軒, 倒載干戈, 示不復用, 今陛下能乎? 其不可四矣. 休馬華山之陽, 示無所爲, 今陛下能乎? 其不可五矣. 息牛桃林之野, 示天下不復輸積, 今陛下能乎? 其不可六矣. 且夫天下游士, (左)[離]親戚, 棄墳墓, 去故舊, 從陛下者, 但日夜望咫尺之地. 今乃立六國後, 唯無復立者, 游士各歸事其主, 從親戚, 反故舊, 陛下誰與取天下乎? 其不可七矣. 且楚唯毋彊, 六國復撓而從之. 陛下焉得而臣之? 其不可八矣. 誠用此謀, 陛下事去矣.」漢王輟食吐哺, 罵曰:「豎儒, 幾敗乃公事!」令趣銷印.

3.《韓詩外傳》卷三

武王伐紂, 到于邢丘, 楯折爲三, 天雨三日不休. 武王心懼, 召太公而問曰:「意者, 紂未可伐乎?」太公對曰:「不然. 楯折爲三者, 軍當分爲三也. 天雨三日不休, 欲灑吾兵也.」武王曰:「然何若矣?」太公曰:「愛其人, 及屋上烏; 惡其人者, 憎其骨餘. 咸劉厥敵, 靡使有餘.」武王曰:「於戲! 天下未定也!」周公趨而進曰:「不然. 使各度其宅, 而佃其田, 無獲舊新. 百姓有過, 在予一人.」武王曰:「於戲! 天下已定矣!」乃脩無勒兵於寗, 更名邢丘曰懷, 寗曰脩武, 行克紂於牧之野. 詩曰:『牧野洋洋, 檀車皇皇, 駟騵彭彭, 維師尚父, 時維鷹揚, 涼彼武王, 肆伐大商, 會朝清明.』

4.《韓詩外傳》卷三

既反商, 及下車, 封黃帝之後於蓟, 封帝堯之後於祝, 封舜之後於陳. 下車而封夏后氏之後於杞, 封殷之後於宋, 封比干之墓, 釋箕子之囚, 表商容之閭. 濟河而西, 馬放華山之陽, 示不復乘; 牛放桃林之野, 示不復服也; 車甲衅而藏之於府庫, 示不復用也. 於是廢軍而郊射, 左射貍首, 右射騶虞, 然後天下知武王不復用兵也. 祀乎明堂, 而民知孝; 朝覲, 然後諸侯知以敬; 坐三老於大學, 天子執醬而饋, 執爵而酳, 所以教諸侯之悌也. 此四者, 天下之大教也. 夫武之久, 不亦宜乎! 詩曰:『勝殷遏劉, 耆定爾功.』言伐紂而殷亡, 武也.

5.《史記》樂書

子曰:「居, 吾語汝. 夫樂者, 象成者也. 總干而山立, 武王之事也; 發揚蹈厲, 太公之志也; 武亂皆坐, 周召之治也. 且夫武, 始而北出, 再成而滅商, 三成而南, 四成而南國是彊, 五成而分陝, 周公左, 召公右, 六成復綴, 以崇天子, 夾振之而四伐, 盛(振)威於中國也. 分夾而進, 事蚤濟也. 久立於綴, 以待諸侯之至也. 且夫女獨未聞牧野

之語乎? 武王克殷反商, 未及下車, 而封黃帝之後於薊, 封帝堯之後於祝, 封帝舜之後於陳; 下車而封夏后氏之後於杞, 封殷之後於宋, 封王子比干之墓, 釋箕子之囚, 使之行商容而復其位. 庶民弛政, 庶士倍祿. 濟河而西, 馬散華山之陽而弗復乘; 牛散桃林之野而不復服; 車甲弢而藏之府庫而弗復用; 倒載干戈, 苞之以虎皮; 將率之士, 使爲諸侯, 名之曰'建橐': 然后天下知武王之不復用兵也. 散軍而郊射, 左射貍首, 右射騶虞, 而貫革之射息也; 裨冕搢笏, 而虎賁之士稅劍也; 祀乎明堂, 而民知孝; 朝覲, 然后諸侯知所以臣; 耕藉, 然后諸侯知所以敬: 五者天下之大教也. 食三老五更於太學, 天子袒而割牲, 執醬而饋, 執爵而酳, 冕而總干, 所以敎諸侯之悌也. 若此, 則周道四達, 禮樂交通, 則夫武之遲久, 不亦宜乎?」

6. 《說苑》 貴德篇

武王克殷, 召太公而問曰:「將奈其士衆何?」太公對曰:「臣聞愛其人者, 兼屋上之烏; 憎其人者, 惡其餘胥; 咸劉厥敵, 使靡有餘, 何如?」王曰:「不可.」太公出, 邵公入, 王曰:「爲之奈何?」邵公對曰:「有罪者殺之, 無罪者活之, 何如?」王曰不可, 邵公出, 周公入, 王曰:「爲之奈何?」周公曰:「使各居其宅, 田其田, 無變舊新, 唯仁是親, 百姓有過, 在予一人.」武王曰:「廣大乎平天下矣.」凡所以貴士君子者, 以其仁而有德也.

7. 《禮記》 樂記

武王克殷, 反商. 未及下車而封黃帝之後於薊, 封帝堯之後於祝, 封帝舜之後於陳. 下車而封夏后氏之後於杞, 投殷之後於宋. 封王子比干之墓, 釋箕子之囚, 之行商容而復其位. 庶民弛政, 庶士倍祿. 濟河而西, 馬, 散之華山之陽, 而弗復乘; 牛, 散之桃林之野, 而弗復服. 車甲血半而藏之府庫, 而弗復用. 倒載干戈, 包以虎皮; 將帥之士, 使爲諸侯; 各之曰「建橐」. 然後, 知武王之不復用兵也. 散軍而郊射, 左射貍首, 右射騶虞, 而貫革之射息也. 裨冕搢笏, 而虎賁之士說劍也. 祀乎明堂而民知孝. 朝覲, 然後諸侯知所以臣; 耕藉, 然後諸侯知所以敬. 五者, 天下之大敎也. 食三老五更於大學, 天子袒而割牲, 執醬而饋, 執爵而酳, 冕而總干, 所以敎諸侯之弟也. 若此, 則周道四達, 禮樂交通. 則夫武之遲久, 不亦宜乎?

8. 《尚書大傳》 大戰

紂死, 武王皇皇若天下之未定, 召太公而問曰:「入殷奈何?」太公曰:「臣聞之也, 愛人者兼其屋上之烏, 不愛人者及其胥餘, 何如?」武王曰:「不可.」邵公趨而進曰:「臣聞之也, 有罪者殺, 無罪者活, 咸劉厥敵, 毋使有餘烈, 何如?」武王曰:「不可.」

周公趨而進曰:「臣聞之也, 各安其宅, 各田其田, 毋故毋私, 惟仁之親, 何如?」武王曠乎若天下之已定.

9.《荀子》大略篇

武王始入殷, 表商容之閭, 釋箕子之囚, 哭比干之墓, 天下鄉善矣.

10.《孔子家語》辨樂解

武王克殷而反商之政, 未及下車, 則封黃帝之後於薊, 封帝堯之後於祝, 封帝舜之後於陳, 下車又封夏后氏之後於杞, 封殷之後於宋, 封王子比干之墓, 釋箕子之囚, 使人行商容之舊以復其位, 庶民弛政, 庶士倍祿, 旣濟河西, 馬散之華山之陽, 而弗復乘; 牛散之桃林之野, 而弗復服, 車甲則釁之而藏之諸府庫, 以示弗復用. 倒載干戈, 而包之以虎皮, 將率之士, 使爲諸侯, 命之曰鞬櫜, 然後天下知武王之不復用兵也. 散軍而修郊射, 左射以貍首, 右射以騶虞, 而貫革之射息也; 裨冕搢笏, 而虎賁之士脫劍; 郊祀后稷, 而民知尊父焉, 配明堂而民知孝焉, 朝覲然後諸侯知所以臣; 耕籍然後民知所以競親, 六者, 天下之大教也. 食三老五更於太學, 天子袒而割牲, 執醬而饋, 執爵而酳, 冕而總干, 所以教諸侯之弟也. 如此, 則周道四達, 禮樂交通, 夫武之遲久, 不亦宜乎?」

11. 기타 참고자료

《北堂書鈔》(141)·《冊府元龜》(398)·《太平御覽》(328, 776)

181(10-7) 漢五年
천하를 나누어주리라

한漢나라 5년, 항왕項王을 양하陽夏의 남쪽까지 추격해 놓고는 일단 공격을 멈춘 상태였다. 그리고는 회음후淮陰侯 한신韓信, 건성후建成侯 팽월彭越과 함께 모여 다시 초군楚軍을 공격할 약속을 기다리고 있었다. 그러나 한왕漢王이 고릉固陵에 이르도록 약속한 두 사람은 나타나지 않았고, 도리어 초군의 반격을 받아 한나라는 크게 패하고 말았다.

한왕은 할 수 없이 성벽을 쌓고 참호를 깊게 파서 스스로 수비하고 있을 수밖에 없었다. 이때 한왕이 장자방張子房에게 물었다.

張良 淸 上官周《晚笑堂畫傳》

"제후들이 약속을 지키지 않으니 어찌하면 좋겠소?"

그러자 장량張良이 이렇게 설명하였다.

"초楚나라가 곧 망한다는 것이 거의 드러났는데도 아직 땅을 어떻게 나누어 준다는 언질이 없었기 때문입니다. 그들이 나타나지 않는 것은 지극히 당연한 일입니다. 임금께서 그들과 함께 천하를 공분共分할 것이라는 뜻만 밝히신다면 지금 당장이라도 그들이 달려올 것입니다.

그러나 그렇게 하지 않으신다면 일이 어떻게 될는지는 아무도 모릅니다. 임금께서 진陳 땅으로부터 동쪽으로 바다까지 모두 붙여서 한신에게 준다고 하시고, 수양睢陽 이북으로부터 곡성穀城까지는 모두 팽월에게 준다고 해보십시오. 그리고 그곳을 각자 맡아서 평정하라고 하면 초나라 군대는 쉽게 무너뜨릴 수 있습니다."

한왕이 장량의 말에 따라 사신을 파견하여 한신과 팽월에게 이렇게 알리도록 하였다.

"힘을 모아 초나라를 공격하라. 초나라를 쳐부수고 나면 진으로부터 동쪽 끝 바다까지 모두 한신에게 주고, 수양 이북 곡성까지는 팽상국彭相國에게 주리라."

사신이 도착하자 한신과 팽월은 기쁨을 감추지 못하고 응하였다.

"지금 곧 진군하겠습니다."

이에 한신은 제齊 땅으로부터 달려왔고 팽월의 군대는 양梁 땅으로부터 달려왔다.

이렇게 제후들이 다 모이자 드디어 초군을 깨뜨리고, 해하垓下에 주둔하여 항왕을 추격, 회진淮津에서 주살하게 되었다. 두 사람의 공은 장자방의 모책에 의한 것이었다.

漢五年, 追擊項王陽夏南, 止軍, 與淮陰侯韓信·建成侯彭越期會而擊楚軍, 至固陵, 不會. 楚擊漢軍, 大破之.

漢王復入壁, 深塹而守之, 謂張子房曰:「諸侯不約, 奈何?」

對曰:「楚兵且破, 而未有分地, 其不至固宜. 君王能與共天下, 今可立致也; 則不能, 事未可知也. 君王能自陳以東傳海, 盡與韓信; 睢陽以北至穀城, 盡與彭越. 使各自爲戰, 則楚易敗也.」

漢王乃使使者告韓信·彭越曰:「幷力擊楚, 楚已破, 自陳以東傳, 海與齊王; 睢陽以北穀城, 與彭相國.」

使者至, 韓信·彭越皆喜, 報曰:「請今進兵.」

韓信乃從齊行, 彭越兵自梁至, 諸侯來會, 遂破楚, 軍于垓下, 追項王, 誅之於淮津, 二君之功, 張子房之謀也.

【漢 五年】漢 高祖 5年. B.C. 202년.

【項王】項羽. 項籍. 楚 霸王.

【陽夏】漢나라 때의 縣. 지금의 河南省 太康縣.

【韓信】淮陰侯. [前出]

【彭越】建成侯. 漢나라 昌邑人. 字는 仲. 처음 項羽를 섬겼으나, 뒤에 군대를 이끌고 劉邦에게 투항. 梁王에 봉해졌으며 相國을 지냈다.

【楚軍】項羽의 군대를 말한다.

【固陵】地名. 陽夏에 있다.

【張子房】留侯 張良.

【陳】《史記》正義에 『陳卽陳州, 古陳國也. 自陳著海, 幷齊舊地, 盡與齊王韓信也』라 하였다.

【睢陽】地名. 지금의 河南省 商丘縣 남쪽.

【穀城】地名. 지금의 河南省 洛陽縣 서쪽.

【梁】옛 魏나라 땅. 大梁. 지금의 河南省 開封市.

【垓下】項羽의 군대가 패한 곳. 지금의 安徽省 靈壁縣 동남쪽. 《史記》正義에 『垓下是高岡絕巖, 今猶高三四丈, 其聚邑及堤在垓之側, 因取名焉』이라 하였다.

【淮津】項羽가 최후를 마친 곳.

1.《**史記**》項羽本紀

漢五年, 漢王乃追項王至陽夏南, 止軍, 與淮陰侯韓信·建成侯彭越期會而擊楚軍.
至固陵, 而信·越之兵不會. 楚擊漢軍, 大破之. 漢王復入壁, 深塹而自守. 謂張子房曰:
「諸侯不從約, 爲之奈何?」對曰:「楚兵且破, 信·越未有分地, 其不至固宜. 君王能
與共分天下, 今可立致也. 卽不能, 事未可知也. 君王能自陳以東傅海, 盡與韓信;
睢陽以北至穀城, 以與彭越: 使各自爲戰, 則楚易敗也.」漢王曰:「善.」於是乃發使
者告韓信·彭越曰:「幷力擊楚. 楚破, 自陳以東傅海與齊王, 睢陽以北至穀城與彭
相國.」使者至, 韓信·彭越皆報曰:「請今進兵.」韓信乃從齊往, 劉賈軍從壽春行,
屠城父, 至垓下. 大司馬周殷叛楚, 以舒屠六, 擧九江兵, 隨劉賈·彭越皆會垓下,
詣項王.

2.《**漢書**》張良傳(자세한 내용은 高帝紀에 있음)

五年冬, 漢王追楚至陽夏南, 戰不利, 壁固陵, 諸侯期不至. 良說漢王, 漢王用其計,
諸侯皆至. 語在高紀.

3. 기타 참고자료

《漢書》高帝紀·《史記》彭越傳

182(10-8) 漢六年
가장 미운 놈 옹치

한漢나라 6년 정월, 공신들에게 작위와 토지를 봉할 때였다. 장자방張子房은 전투에 아무런 공도 없었으나 고황제高皇帝는 이렇게 말하였다.

"후방의 막사 안에서 모책을 운용하여 천리 밖의 승리를 결정지은 일은 바로 장자방의 공이었습니다. 그러니 자방은 제齊나라 땅 내의 삼만호三萬戶를 선택하십시오."

이에 장량張良이 이렇게 말하였다.

"저는 하비下邳에서 일어나 유留 땅에서 폐하를 만났습니다. 그곳은 하늘이 저를 폐하게 주도록 한 곳입니다. 또 폐하가 저의 책략을 쓰실 때 다행스럽게 언제나 맞아떨어졌을 따름입니다. 저는 유 땅을 받는 것만으로 족합니다. 제나라의 3만 호는 감당할 수 없습니다."

이리하여 장량을 유후留侯에 봉하고 소하蕭何 등도 봉을 받게 되었다. 그런데 나머지 공신들은 아무런 책봉도 받지 못하자 여러 신하들이 의심을 갖게 되었고 봉을 받지 못하면 어쩌나 하고 스스로 불안해하며 동요의 마음까지 일게 되었다. 이에 어느 날 고황제가 낙양洛陽의 누대에 올랐을 때, 신하들이 그 아래 모래밭에 앉아 서로 오가며 수군거리는 소리를 듣고 장량에게 물었다.

"저들이 무슨 말을 저렇게 속삭이는 것이오?"

장량이 이렇게 일러주었다.

蕭何《三才圖會》　　　　　　張良《三才圖會》

"폐하께서는 모르고 계셨습니까? 반란을 꾀하고 있는 것입니다."

고황제는 알아듣지 못하고 이렇게 되물었다.

"천하가 이미 안정되었는데 무슨 반란을 꾀한다는 말이오?"

장량은 이렇게 설명하였다.

"폐하께서는 포의布依로 일어나셔서 이들과 함께 천하를 안정시키셨습니다. 그런데 폐하께서 천자天子가 되시고 나서 책봉을 준 사람들은 대개가 소하나 조삼曹參 같은 친구들이요, 폐하가 죽여 버린 자들은 대개가 폐하께 평소에 한 번 실수하여 원한을 가졌던 자들입니다. 지금 군의 관리가 전공戰功을 계산해 보았더니, 그렇게 치우친 책봉을 내리려면 천하의 땅을 다 해도 모자랄 것이라고 합니다.

이로써 폐하께서는 모두에게 봉을 다 내려 주지 못할 것이라는 두려움과 게다가 지난날 평소의 실수를 이유로 주살당하지나 않을까 의심하고 있습니다. 그 때문에 모여서 저렇게 모반을 꾀하고 있는 것입니다."

이 설명에 고황제는 근심의 빛을 띠며 다시 물었다.

"그렇다면 장차 어찌하면 좋겠소?"

이에 유후가 이러한 꾀를 일러 주었다.

"폐하께서 평생 미워하는 자로서 모든 신하들도 폐하께서 가장 미워하고 있다는 사실을 익히 알고 있는 그런 자가 누구입니까?"

고조가 대답하였다.

"옹치雍齒란 놈인데 그 놈은 나의 친구이면서 나를 자주 욕되게 하고 궁하게 하였습니다. 과인이 그 놈을 죽여 없애려고 하여도 세운 공이 많아 차마 손을 못 보고 있습니다."

유후가 이렇게 서둘렀다.

"지금 급합니다. 먼저 옹치를 봉하여 여러 신하들에게 알리십시오. 여러 신하들은 옹치 같은 자가 봉을 받는 것을 보면 모두 자신감을 가질 것입니다."

이에 임금이 잔치를 벌여 놓고 옹치를 십방후什方侯로 봉해 주었다. 그리고 급히 승상과 어사로 하여금 공을 심사하여 책봉을 행하도록 하였다. 그 잔치가 끝나자 신하들이 한결같이 기뻐하며 이렇게 한 마디씩 하는 것이었다.

"옹치조차도 후가 되는데 나 같은 무리야 걱정할 게 없지."

그리하여 배반의 마음을 돌리게 되었고 사악한 모반의 마음이 사그라져서 국가는 안녕을 되찾고, 대대로 근심거리가 없어지게 하였으니, 이는 바로 장자방張子房의 모책에 의한 것이었다.

漢六年, 正月, 封功臣, 張子房未嘗有戰鬪之功.

高皇帝曰:「運籌策帷幄之中, 決勝千里之外, 子房功也. 子房自擇齊三萬戶.」

良曰:「始臣起下邳, 與上會留, 此天以臣授陛下. 陛下用臣計, 幸而時中, 臣願封留足矣, 不敢當齊三萬戶.」

乃封良爲留侯, 及蕭何等. 其餘功臣, 皆未封. 群臣自疑, 恐不得封, 咸不自安, 有搖動之心.

於是高皇帝在雒陽南宮上臺, 見群臣往往相與坐沙中語.

上曰:「此何語?」

留侯曰:「陛下不知乎? 謀反耳.」

上曰:「天下屬安, 何故而反?」

留侯曰:「陛下起布衣, 與此屬定天下, 陛下已爲天子, 而所封皆蕭曹故人, 所誅皆平生怨仇. 今軍吏計功, 以天下不足以徧封, 此屬畏陛下不能盡封, 又見疑平生過失及誅, 故卽聚謀反耳.」

上乃憂, 曰:「爲將奈何?」

留侯曰:「上平生所憎, 群臣所共知, 誰最甚者?」

上曰:「雍齒與我有故, 數窘辱我, 欲殺之, 爲其功多, 故不忍.」

留侯曰:「今急, 先封雍齒, 以示群臣. 群臣見雍齒得封, 卽人人自堅矣.」

於是上置酒, 封雍齒爲什方侯, 而急詔趣丞相御史定功行封, 群臣罷酒, 皆喜曰:「雍齒且侯, 我屬無患矣.」

還倍畔之心, 銷邪道之謀, 使國家安寧, 累世無患者, 張子房之謀也.

【漢 六年】漢 高祖 6年. B.C. 201년.

【張子房】留侯 張良.

【高皇帝】漢 高祖 劉邦.

【下邳】張良이 젊은 시절을 불우하게 보냈던 곳. 黃石公을 만나 인내를 시험받았다. 지금의 江蘇省 邳縣.

【留】地名. 지금의 江蘇省 沛縣 동남쪽.

【蕭何】漢興三傑의 하나. 相國을 지냈다.

【雒陽】洛陽. 지금의 河南省 洛陽縣. 漢나라 때 『洛』자를 『雒』자로 고쳤다.

【布衣】平民. 신분이 없는 일반 백성.

【曹參】漢 高祖와 같은 고향으로 高祖를 따라나서서 공을 세운 人物.

【雍齒】高祖와 同鄕人. 高祖와 함께 의거하였으나 배반하였다. 뒤에 다시 高祖를 따라 공을 세웠다. 평소 高祖가 가장 미워하였던 人物. 본문 내용에서처럼 張良의 계책에 따라 그를 什方侯에 봉하였다.

【陪畔】背叛. 背反과 같다.

1.《史記》留侯世家

漢六年正月, 封功臣. 良未嘗有戰鬪功, 高帝曰:「運籌策帷帳中, 決勝千里外, 子房功也. 自擇齊三萬戶.」良曰:「始臣起下邳, 與上會留, 此天以臣授陛下. 陛下用臣計, 幸而時中, 臣願封留足矣, 不敢當三萬戶.」乃封張良爲留侯, 與蕭何等俱封. (六年)上己封大功臣二十餘人, 其餘日夜爭功不決, 未得行封. 上在雒陽南宮, 從復道望見諸將往往相與坐沙中語. 上曰:「此何語?」留侯曰:「陛下不知乎? 此謀反耳.」上曰:「天下屬安定, 何故反乎?」留侯曰:「陛下起布衣, 以此屬取天下, 今陛下爲天子, 而所封皆蕭・曹故人所親愛, 而所誅者皆生平所仇怨. 今軍吏計功, 以天下不足遍封, 此屬畏陛下不能盡封, 恐又見疑平生過失及誅, 故卽相聚謀反耳.」上乃憂曰:「爲之奈何?」留侯曰:「上平生所憎, 群臣所共知, 誰最甚者?」上曰:「雍齒與我故, 數嘗窘辱我. 我欲殺之, 爲其功多, 故不忍.」留侯曰:「今急先封雍齒以示群臣, 群臣見雍齒封, 則人人自堅矣.」於是上乃置酒, 封雍齒爲什方侯, 而急趣丞相・御史定功行封. 群臣罷酒, 皆喜曰:「雍齒尚爲侯, 我屬無患矣.」

2.《漢書》張良傳

漢六年, 封功臣. 良未嘗有戰鬪功, 高帝曰:「運籌策帷幄中, 決勝千里外, 子房功也. 自擇齊三萬戶.」良曰:「始臣起下邳, 與上會留, 此天以臣授陛下. 陛下用臣計, 幸而時中, 臣願封留足矣, 不敢當三萬戶.」乃封良爲留侯, 與蕭何等俱封.

上己封大功臣二十餘人, 其餘日夜爭功而不決, 未得行封. 上居雒陽南宮, 從復道望見諸將往往數人偶語. 上曰:「此何語?」良曰:「陛下不知乎? 此謀反耳.」上曰:「天下屬安定, 何故而反?」良曰:「陛下起布衣, 與此屬取天下, 今陛下已爲天子, 而所封皆蕭・曹故人所親愛, 而所誅者皆平生仇怨. 今軍吏計功, 天下不足以徧封, 此屬畏陛下不能盡封, 又恐見疑過失及誅, 故相聚而謀反耳.」上乃憂曰:「爲將奈何?」良曰:「上平生所憎, 羣臣所共知, 誰最甚者?」上曰:「雍齒與我有故怨, 數窘辱我, 我欲殺之, 爲功多, 不忍.」良曰:「今急先封雍齒, 以示羣臣, 羣臣見雍齒先封, 則人人自堅矣.」於是上置酒, 封雍齒爲什方侯, 而急趣丞相御史定功行封. 羣臣罷酒, 皆喜曰:「雍齒且侯, 我屬無患矣.」

183(10-9) 高皇帝五年
도읍을 세울 곳

고황제高皇帝 5년 때의 일이다. 제齊나라 출신의 누경婁敬이라는 사람이 농서隴西를 지키라는 임무를 부여받고 낙양雒陽을 지나다가 잠시 수레를 세워 놓은 채 같은 제나라 출신의 우장군虞將軍이라는 이를 찾아가 이렇게 말하였다.

"내 황제를 알현하여 편하고 마땅한 일을 건의하고 싶습니다."

이에 우장군이 그에게 좋은 옷을 입혀 보내고자 하였다. 그러자 누경은 이렇게 거절하였다.

"내가 비단 옷을 입었으면 비단 옷을 입은 채로, 그리고 갈의褐衣를 입었으면 갈의를 입은 채로 황제를 만나보는 것이지 감히 옷을 바꾸어 입고 갈 생각은 없습니다."

우장군이 그를 황제에게 안내하여 소개하자 황제가 그를 만나 식사 대접을 하면서 그에게 물었다. 그러자 누경이 먼저 이렇게 물었다.

〈姜太公出關隱磻溪圖〉 明《封神演義》 삽화

"폐하께서 이 낙양에 도읍을 정하신 것은 옛날 주周나라처럼 융성해지고 싶은 까닭이겠지요?"

이 질문에 임금이 대답하였다.

"그렇소."

그러자 누경이 이렇게 설명하였다.

"폐하께서 천하를 취하신 과정은 주나라와 다릅니다. 주나라의 선대는 후직后稷으로부터 시작하여 요堯임금이 그에게 태邰 땅을 봉해 주었었습니다. 그곳에서 덕을 쌓기를 10여 세世를 거쳐 공류公劉에 이르렀을 때, 걸왕桀王의 폭정을 피해 빈邠 땅으로 옮겼지요.

다시 태왕大王은 적인狄人의 침범을 받아 빈을 버리고 말과 가족을 이끌고 기岐 땅에 자리 잡았습니다. 그러자 나라 사람들이 다투어 그를 따랐고 문왕文王 때에는 서백西伯이 되었으며, 우虞·예芮의 송사를 통해 비로소 천명天命을 받들게 되었던 것입니다. 그러자 여망呂望과 백이伯夷가 멀리 바닷가로부터 찾아와 귀의해 왔으며, 무왕武王에 이르러 주紂를 벌하러 나서자, 약속을 하지 않았음에도 맹진孟津에 모여든 제후가 8백이 넘었습니다. 이렇게 은殷을 멸한 후에 성왕成王이 즉위하자 주공周公 같은 훌륭한 분이 보필하였고, 이에 성주成周를 낙읍에 건설하여 천하의 중심으로 삼았던 것입니다.

즉 제후들을 사방에 두면서 공납貢納과 술직述職의 거리가 균등하게 되었던 것입니다. 덕이 있으면 왕 노릇하기가 쉽고, 덕이 없으면 망하기 쉬운 것입니다. 무릇 이곳에 거하게 된 것은 주나라로 하여금 덕을 쌓기에 힘써 사람을 끌어 모으라는 것이지, 지세의 험요를 믿고 후세에 거만하고 사치를 부리며 백성을 학대하라고 한 것이 아닙니다.

그런데 주나라가 쇠약하여 둘로 나뉘자 천하에 조공해 오는 자가 없었고, 주나라 역시 그 제후들을 통제할 힘조차 없었습니다. 이는 덕이 박해서라기보다는 그 당시 주나라 형세가 약하였기 때문입니다.

지금 폐하께서는 풍읍豊邑에서 일어나셔서 패沛 땅을 공격할 때, 3천 명의 졸사卒士를 모아 시작하셨습니다. 그리고 우여곡절 끝에

周나라의 시조 后稷《三才圖會》

촉蜀·한漢을 차지하신 다음 삼진三秦을 평정하시고 항우項羽와 맞서 큰 전투만도 70번, 작은 전투는 40번이나 치르셨습니다.

그러한 싸움을 하는 동안 천하 백성들로 하여금 간과 뇌를 다 꺼내어 땅에 처바르도록 하였고, 부자父子의 뼈가 함께 들판에서 햇볕을 쬐며 나뒹굴도록 한 경우가 이루 헤아릴 수 없습니다. 그 유족들의 애통해 하는 울음소리는 아직도 그치지 않고 있으며, 그때 다친 자들이 아직도 일어서지 못하고 있습니다. 그런데도 폐하께서는 융성하였던 성왕成王·강왕康王·주공周公 시절의 주나라에 비교하고 계시니, 제가 생각건대 그렇게 되기는 어렵지 않을까 합니다.

그럼 진秦나라 땅을 볼까요? 그 땅은 산과 하수河水가 둘러싸여 있어 사방을 견고한 요새로 삼기에 아주 훌륭합니다. 갑작스런 급한 변고가 있을 때 1백만 명은 쉽게 모을 수 있으며, 진나라의 지난날을 보면 심히 기름지고 훌륭한 토지로서 이를 일컬어 천부天府라고 하는 것입니다. 그러니 폐하께서 그 관중關中으로 들어가 도읍을 정하시면 비록 산동山東에 변란이 일어난다고 해도 그 땅은 온전하게 보위할 수 있을 것입니다. 무릇 남과 싸울 때 그 목을 쥐고 그 등을 치지 못하면 완전한 승리를 거두기 어려운 법입니다."

이 설명에 고황제가 의심이 들어 좌우 대신들에게 물어보았다. 그러나 그들은 모두가 산동 출신들로서 낙양에 도읍을 정하는 것이 유리하다고 반대하고 나서는 것이었다.

동쪽으로는 성고成皐의 요새가 있고, 서쪽으로는 효肴·민澠 의 방어가 있으며, 바다를 등지고 이수伊水와 낙수洛水를 바라보고 있어 그 견고함이 족히 믿을 만할 뿐만 아니라, 주나라는 이곳에서 수백 년을 왕노릇하였지만, 진나라는 그 관중에서 겨우 이세二世만에 망한 것으로 보아도 주나라 도읍지였던 이곳만 못하다는 것이었다. 이때 유후留侯 장자방張子房이 이렇게 찬성하고 나섰다.

"낙양은 비록 앞서 말한 것과 같은 지형상의 견고함은 있으나 땅이 좁아 불과 수백 리가 안 됩니다. 또 토지는 좁고 사방에 적들이 있어 이는 무력을 쓰는 나라로서는 적당하지 않습니다. 그런데 무릇 관중 땅은 왼쪽으로는 효肴와 함函이 있고 오른쪽으로는 농隴과 촉蜀이 있으며, 비옥한 토지가 1천 리나 펼쳐져 있고, 남쪽으로는 파巴와 촉의 풍요함이 있고 북쪽으로는 호胡와 완宛의 이익이 있습니다.

삼면이 막혀 있음으로 해서 한쪽만 지켜도 동쪽으로 제후를 제압할 수 있으며, 평상시에는 하수河水와 위수渭水를 이용하여 배로 물자를 실어 나르거나 수레의 소통도 아주 좋습니다.

천하가 모두 그 서쪽을 향해 물자를 공급하고 만약 제후들에게 변고가 생기면, 그 물을 따라 하류로 내려오므로 힘들이지 않고 물자와 군사를 옮길 수 있으니, 이를 일컬어 금성천리金城千里요, 천부지국天府之國이라 하는 것입니다. 누경의 말이 맞습니다."

이에 고황제가 그날 즉시 수레에 올라 서쪽의 관중으로 향하여 그곳을 도읍으로 정하였다. 이로써 국가는 안녕을 얻게 된 것이다. 그 뒤 팽월彭越·진희陳豨·노관盧綰의 모반과 구강九江·연燕·대代의 병변兵變, 그리고 오吳·초楚의 난이 있었지만 비록 그들의 군사가 1백 만이나 되었어도 능히 이곳을 해치지 못한 것은 인덕仁德의 은혜를 그대로 베풀면서 관중의 견고함을 잘 지켰기 때문이다.

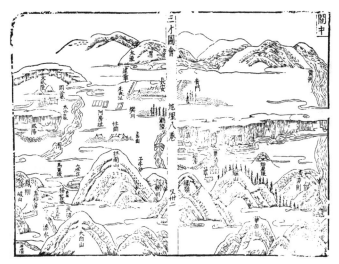

〈關中地形圖〉《三才圖會》

이렇게 하여 나라가 길이 안녕을 얻었으니, 이는 누경과 장자방의 모책 덕분이었다. 이에 임금이 이렇게 말하였다.

"도읍을 진 땅에 두자고 한 것은 누경이다. 루婁는 류劉와 음이 비슷하다."

그리고는 유씨劉氏 성을 하사하였다. 그리고는 낭중郎中 벼슬을 주고 호를 봉춘군奉春君 이라 하였으며, 죽은 다음에는 건신후建信侯라 불렀다.

高皇帝五年, 齊人婁敬戍隴西, 過雒陽, 脫輅輓, 見齊人虞將軍曰:「臣願見上, 言便宜事.」

虞將軍欲以鮮衣. 婁敬曰:「臣衣帛, 衣帛見; 衣褐, 衣褐見, 不敢易.」

虞將軍入言上, 上召見, 賜食, 已而問, 敬對曰:「陛下都雒陽, 豈欲與周室比隆哉?」

上曰:「然.」

敬曰:「陛下取天下, 與周室異. 周之先自后稷, 堯封之邰, 積德累善十餘世, 公劉避桀居邠, 大王以狄伐去邠, 杖馬策居岐, 國人爭歸之. 及文王爲西伯, 斷虞芮訟, 始受命, 呂望・伯夷自海濱來歸之. 武王伐紂, 不期而會孟津上八百諸侯, 滅殷. 成王卽位, 周公之屬傅相, 乃營成周雒邑, 以爲天下中, 諸侯四方, 納貢職, 道里均矣. 有德則易以王, 無德則易以亡. 凡居此者, 欲令周務德以致人, 不欲恃險阻, 令後世驕奢以虐民. 及周之衰, 分爲兩, 天下莫朝, 周不能制, 非德薄, 形勢弱也. 今陛下起豐擊沛, 收卒三千人, 以之徑往, 卷蜀漢, 定三秦, 與項羽大戰七十, 小戰四十, 使天下民肝腦塗地, 父子暴骨中野, 不可勝數. 哭泣之聲未絕, 傷夷者未起, 而欲比隆成康周公之時, 臣竊以爲不侔矣. 且夫秦地被山帶河, 四塞以爲固, 卒然有急, 百萬之衆可具. 因秦之故, 資甚美膏腴之地, 此謂天府. 陛下入關而都, 山東雖亂, 秦故地可全而有也. 夫與人鬪, 而不搤其亢, 拊其背, 未全勝也.」

高皇帝疑, 問左右大臣, 皆山東人, 多勸上都雒陽, 東有成皐, 西有殽澠, 倍河海, 嚮伊洛, 其固亦足恃. 且周王數百年, 秦二世而亡, 不如都周.

留侯張子房曰:「雒陽雖有此固, 國中小, 不過數百里, 田地狹, 四面受敵, 此非用武之國. 夫關中, 左殽函, 右隴蜀, 沃野千里, 南有巴蜀之饒, 北有胡宛之利, 阻三面, 守一隅, 東向制諸侯, 諸侯安定. 河渭漕輓天下, 西給京師. 諸侯有變, 順流而下, 足以委輸. 此所謂金城千里, 天府之國也. 婁敬說是也.」

於是高皇帝卽日駕, 西都關中. 由是國家安寧. 雖彭越·陳豨·
盧綰之謀, 九江燕代之兵, 及吳楚之難, 關東之兵, 雖百萬之師,
猶不能以爲害者, 由保仁德之惠, 守關中之固也. 國以永安, 婁敬·
張子房之謀也.

　　上曰:「言本都秦地者, 婁敬也. 婁者乃劉也.」

　　賜姓劉氏, 拜爲郎中, 號曰奉春君, 後卒爲建信侯.

【高皇帝】漢 高祖 劉邦.

【五年】한 고조 5년. B.C. 202년.

【婁敬】漢나라 高祖 劉邦 때 長安[關中]으로 서울을 옮길 것을 주장하여 劉氏
　　성을 하사받았으며, 奉春君에 봉해져 建信侯로도 불리었다. 그 외에 지방 豪族을
　　長安으로 옮기도록 하여 중앙 통제를 쉽게 하였다. 그 때문에 《史記》에는 劉敬傳
　　으로, 《漢書》에는 婁敬傳으로 그 성씨가 각각 달리 표기되었다.

【隴西】郡 이름. 지금의 甘肅省 동남부 일대.

【雒陽】漢나라 高祖 劉邦이 처음에 이곳을 首都로 삼으려 하였었다. [前出]

【虞將軍】姓이 虞씨인 당시의 將軍. 婁敬과 同鄕이었던 듯하다.

【褐衣】거친 옷.

【后稷】周나라의 先祖. 이름은 棄. 그 後孫이 周를 세웠다.《史記》周本紀
　　참조.

【邰】后稷이 封해졌던 나라. 有邰氏 지역. 지금의 陝西省 武功縣 근처.《史記》
　　周本紀 참조.

【公劉】周나라 后稷의 後孫. 周室을 중흥시킨 사람.

【邠】땅 이름. 豳으로도 쓴다. 지금의 陝西省 栒邑縣 근처.

【大王】太王을 말한다. 古公亶父를 가리킨다. 大는 太와 같다.

【狄人】북쪽의 異民族.

【岐】땅 이름. 지금의 陝西省 岐山縣.

【虞芮質正】周(岐)나라 근처 小國이었던 虞나라와 芮나라 사이에 분쟁이 생기자
　　文王이 어질다는 말을 듣고 찾아와 해결을 요구하였다.《詩經》大雅 綿의

註에 『虞芮之君, 相與爭田, 久而不平, 乃相謂曰: ‘西伯, 仁人也, 盍往質爲?’ 乃相與朝周. 入其境, 則耕者讓畔, 行者讓路; 入其邑, 男女異路, 斑白不提苛; 入其朝, 士讓爲大夫, 大夫讓爲卿. 二國之君, 感而相謂曰: ‘我等小人, 不可以履君子之庭.’ 乃相讓以其所爭田, 爲間傳而退, 天下聞之, 而歸者四十餘國』이라 하였다.

【呂望】呂尙. 姜子牙. 姜太公望.《史記》齊太公世家 참조.

【伯夷】孤竹國의 王子. 叔齊와 함께 왕위를 거부하고 文王의 어짊을 듣고 찾아왔다.《史記》伯夷列傳 참조.

【孟津】武王이 紂를 벌하고자 하였을 때 諸侯들이 자발적으로 모여든 장소. 지금의 河南省 孟縣.

【成王】武王의 아들. 姬誦. 周公 旦의 攝政을 받았다.

【周公】文王의 아들이며 武王의 아우. 유가의 聖人으로 추앙되는 인물.

【成周】洛陽을 중심으로 한 周의 동쪽 分國을 가리킨다.

【豐】漢 高祖 劉邦이 豐邑에서 나와 沛 땅을 처음 공격하였다. 劉邦의 첫 의거 지역.

【三秦】《新序》(10) 176(10-2)의 註 참조.[前出]

【康王】西周의 中興主로서 成王의 아들 姬釗를 말한다.

【山東】函谷關, 혹은 崤山의 동쪽. 즉 關中의 동쪽을 말한다.

【肴·澠】둘 모두 地名. 肴는 崤山, 澠는 澠池.

【伊水】물 이름.

【洛水】물 이름.

【二世】秦始皇의 아들 胡亥를 말한다. 秦나라는 천하통일을 한 지 14년 (B.C. 206)만에 망하였다.

【留侯 張子房】張良을 가리킨다.

【肴·函】崤山과 函谷關. 戰國時代 東西를 구분짓던 지역.

【隴·蜀】둘 다 郡 이름. 서쪽 지역.

【巴·蜀】서쪽 지역. 四川省 북부.

【胡·宛】모두 북쪽 지역. 〈四部叢刊〉에는 『故宛』으로 되어 있다.

【河·渭】長安[咸陽]을 둘러싸고 흐르는 두 강의 이름.

【彭越】彭相國. 劉邦의 臣下.[前出]

【陳豨】漢 高祖의 臣下로서 列侯에 봉해졌으나, 뒤에 모반하여 代王이 되었다가 죽임을 당하였다.

【盧綰】漢나라 高祖와 同鄕이며 생일까지 같았던 人物. 高祖를 도와 공을 세워
　燕王에 봉해졌으나, 뒤에 陳豨의 일로 의심을 받자 匈奴로 도망하였다. 이에
　匈奴에서 그를 東胡盧王으로 추대하였다.

【九江】당시 九江王은 黥布였다.

【燕】盧綰이 燕王이었다가 도망간 사건.

【代】陳豨의 모반사건.

【言本都秦地者】〈四部叢刊〉에는 『本言都秦地者』로 되어 있다.

【奉春郡】婁敬이 받았던 封號.

> ### 참고 및 관련 자료

1. 《史記》 劉敬傳

劉敬者, 齊人也. 漢五年, 戌隴西, 過洛陽, 高帝在焉. 婁敬脫輓輅, 衣其羊裘, 見齊人
虞將軍曰:「臣願見上言便事.」虞將軍欲與之鮮衣, 婁敬曰:「臣衣帛, 衣帛見; 衣褐,
衣褐見: 終不敢易衣.」於是虞將軍入言上. 上召入見, 賜食. 已而問婁敬, 婁敬說曰:
「陛下都洛陽, 豈欲與周室比隆哉?」上曰:「然.」婁敬曰:「陛下取天下與周室異.
周之先自后稷, 堯封之邰, 積德累善十有餘世. 公劉避桀居豳. 太王以狄伐故, 去豳,
杖馬箠居岐, 國人爭隨之. 及文王爲西伯, 斷虞芮之訟, 始受命, 呂望 · 伯夷自海濱
來歸之. 武王伐紂, 不期而會孟津之上八百諸侯, 皆曰紂可伐矣, 遂滅殷. 成王卽位,
周公之屬傅相焉, 迺營成周洛邑, 以此爲天下之中也, 諸侯四方納貢職, 道里均矣,
有德則易以王. 無德則易以亡. 凡居此者, 欲令周務以德致人, 不欲依阻險, 令後世
驕奢以虐民也. 及周之盛時, 天下和洽, 四夷鄕風, 慕義懷德, 附離而並事天子, 不屯
一卒, 不戰一士, 八夷大國之民莫不賓服, 效其貢職. 及周之衰也, 分而爲兩, 天下莫
朝, 周不能制也. 非其德薄也, 而形勢弱也. 今陛下起豐沛, 收卒三千人, 以之徑往而
卷蜀漢, 定三秦, 與項羽戰滎陽, 爭成皋之口, 大戰七十, 小戰四十, 使天下之民肝腦
塗地, 父子暴骨中野, 不可勝數, 哭泣之聲未絶, 傷痍者未起, 而欲比隆於成康之時,
臣竊以爲不侔也. 且夫秦地被山帶河, 四塞以爲固, 卒然有急, 百萬之衆可具也. 因
秦之故, 資甚美膏腴之地, 此所謂天府者也. 陛下入關而都之, 山東雖亂, 秦之故地
可全而有也. 夫與人鬪, 不搤其亢, 拊其背, 未能全其勝也. 今陛下入關而都, 案秦之
故地, 此亦搤天下之亢而拊其背也.」高帝問羣臣, 羣臣皆山東人, 爭言周王數百年,

秦二世卽亡, 不如都周. 上疑未能決. 及留侯明言入關便, 卽日車駕西都關中. 於是
上曰:「本言都秦地者婁敬,『婁』者乃『劉』也.」賜姓劉氏, 拜爲郎中, 號爲奉春君.

2.《史記》高祖本紀

高祖欲長都雒陽, 齊人劉敬說, 及留侯勸上入都關中, 高祖是日駕, 入都關中. 六月,
大赦天下.

3.《史記》留侯世家

劉敬說高帝曰:「都關中.」上疑之. 左右大臣皆山東人, 多勸上都雒陽:「雒陽東有成皋,
西有殽黽, 倍河, 向伊雒, 其固亦足恃.」留侯曰:「雒陽雖有此固, 其中小, 不過數百里,
田地薄, 四面受敵, 此非用武之國也. 夫關中左殽函, 右隴蜀, 沃野千里, 南有巴蜀之饒,
北有胡苑之利, 阻三面而守, 獨以一面東制諸侯. 諸侯安定, 河渭漕輓天下, 西給京師;
諸侯有變, 順流而下, 足以委輸. 此所謂金城千里, 天府之國也, 劉敬說是也.」於是
高帝卽日駕, 西都關中.

4.《漢書》婁敬傳

婁敬, 齊人也. 漢五年, 戍隴西, 過雒陽, 高帝在焉. 敬脫輓輅, 見齊人虞將軍曰:
「臣願見上言便宜.」虞將軍欲與鮮衣, 敬曰:「臣衣帛, 衣帛見, 衣褐, 衣褐見, 不敢易衣.」
虞將軍入言上, 上召見, 賜食. 已而問敬, 敬曰:「陛下都雒陽, 豈欲與周室比隆哉?」
上曰:「然.」敬曰:「陛下取天下與周異. 周之先自后稷, 堯封之邰, 積德累善十餘世.
公劉避桀居豳. 大王以狄伐故, 去豳, 杖馬箠去居岐, 國人爭歸之. 及文王爲西伯,
斷虞芮訟, 始受命, 呂望·伯夷自海濱來歸之. 武王伐紂, 不期而會孟津上八百諸侯,
遂滅殷. 成王卽位, 周公之屬傅相焉, 乃營成周雒, 以爲此天下中, 諸侯四方納貢職,
道里鈞矣, 有德則易以王, 無德則易以亡. 凡居此者, 欲令務以德致人, 不欲阻險,
令後世驕奢以虐民也. 及周之衰, 分而爲二, 天下莫朝周, 周不能制. 非德薄, 形勢弱也.
今陛下起豐沛, 收卒三千人, 以之徑往, 卷蜀漢, 定三秦, 與項籍戰榮陽, 大戰七十,
小戰四十, 使天下之民肝腦塗地, 父子暴骸中野, 不可勝數, 哭泣之聲不絶, 傷夷者
未起, 而欲比隆成康之時, 臣竊以爲不侔矣. 且夫秦地被山帶河, 四塞以爲固, 卒然
有急, 百萬之衆可具. 因秦之故, 資甚美膏腴之地, 此所謂天府. 陛下入關而都之,
山東雖亂, 秦故地可全而有也. 夫與人鬭, 不搤其亢, 拊其背, 未能全勝. 今陛下入關
而都, 按秦之故, 此亦搤天下之亢而拊其背也.」高帝問羣臣, 羣臣皆山東人, 爭言周
王數百年, 秦二世則亡, 不如都周. 上疑未能決. 及留侯明言入關便, 卽日駕西都關中.
於是上曰:「本言都秦地者婁敬, 婁者劉也.」賜姓劉氏, 拜爲郎中, 號曰奉春君.

5. 《漢書》張良傳

劉敬說上都關中, 上疑之. 左右大臣皆山東人, 多勸上都雒陽: 「雒陽東有成皋, 西有
殽黽, 背河鄉雒, 其固亦足恃.」 良曰: 「雒陽雖有此固, 其中小, 不過數百里, 田地薄,
四面受敵, 此非用武之國. 夫關中左殽函, 右隴蜀, 沃野千里, 南有巴蜀之饒, 北有胡
苑之利, 阻三面而固守, 獨以一面東制諸侯. 諸侯安定, 河‧渭漕輓天下, 西給京師;
諸侯有變, 順流而下, 足以委輸. 此所謂金城千里, 天府之國. 劉敬說是也.」 於是上
卽日駕, 西都關中.

184(10-10) 留侯張子房
상산사호

유후留侯 장자방張子房은 한漢나라가 이미 안정을 얻게 되자 몸에 병이 많아 도인술導引術을 익혀 음식도 입에 대지 않은 채 두문불출杜門不出하고 있었다. 그렇게 1년이 조금 지났을 때 황제皇帝가 태자를 폐하고 척씨戚氏 부인의 소생인 조왕趙王 여의如意를 대신 태자로 삼으려 한 일이 벌어졌다.

여러 대신들이 간언하였지만 끝까지 이를 반대하고 나서지는 못하고 있었다. 이에 여후呂后는 겁이 났다. 어찌해야 할지 뾰족한 방도를 찾지 못하고 있을 때, 어떤 사람이 여후에게 이렇게 일러 주었다.

"유후는 계책에 뛰어난 분입니다. 황제께서도 그의 말이라면 믿고 있습니다."

이에 여후가 건성후建成侯 여택呂澤을 보내어 유후에게 어떻게 나서 주도록 협박을 하도록 하였다.

"그대는 항상 임금을 위한 계책을 내놓았습니다. 지금 태자를 갈아치우려고 하는데 어찌 집에서 한가롭게 누워 있을 수가 있단 말입니까?"

〈商山四皓〉 清 黃愼(畫)

그러자 유후가 이렇게 말하였다.

"처음엔 황제께서 곤급困急 중에 처하였을 때마다 요행히도 저의 의견을 들어주셨습니다. 그러나 지금은 천하가 안정되었습니다. 어린 여의를 사랑하여 태자를 바꾸고자 하는 것은 골육骨肉 사이의 일일 뿐입니다. 비록 저 같은 신하가 1백여 명이 나선들 무슨 소용이 있겠습니까?"

이 말에 여택이 더욱 다그쳐서 이렇게 강요하였다.

"어쨌거나 우리를 위해 계책을 세워 보시오."

그러자 유후가 이러한 계책을 일러 주었다.

"이 일은 입과 혀로 간언한다고 될 일이 아닙니다. 헤아려 보건대 황제께서도 어쩌지 못하는 인물이 천하에 네 명이 있습니다. 바로 원공園公·기리계綺里季·하황공夏黃公·녹리선생角里先生 등이지요. 이 네 사람은 연로하신 분들로 황제께서 선비를 업신여기는 것을 보고 산 속에 숨어 살면서 절대 한나라의 신하는 되지 않겠다고 버티는 분들입니다. 그러나 황상께서는 이들을 높이 보고 계십니다.

따라서 그대가 금옥벽백金玉璧帛을 아낌없이 써서 태자로 하여금 그들에게 편지를 쓰도록 하십시오. 그리고 아주 겸손하고 낮은 말로 안심시켜 수레로 모시고 오되, 말 잘하는 변사를 보내 꼭 와 주셔야 한다고 간청하여 그들을 객으로 모시십시오. 그리고 나서 때마다 그들을 모시고 입조入朝하여 황제께서 보시도록 하십시오.

황제의 눈에 띄면 틀림없이 이상히 여겨 물으실 것입니다. 물으시고 난 후, 이들이 바로 그 네 사람임을 알게 될 것이며, 그로써 하나의 도움을 얻을 수 있을 것입니다."

이에 여후가 여택으로 하여금 사람을 보내 태자의 편지를 받들고 가서 겸손한 언사와 후한 예물로 그들을 모셔오도록 하였다.

그들이 오자 우선 그들을 여택의 집에 머물도록 하였다. 한漢나라 고조高祖 12년, 황제가 경포黥布의 난을 평정하고 돌아온 후, 병이 더욱 깊어지자 태자를 바꾸어야겠다는 생각도 더욱 급해졌다. 유후가 만류하였지만 듣지 않았고, 이로써 유후도 병을 핑계로 더 이상 이 일에

간여하지 않았다. 태부太傅인 숙손통叔孫通이 옛 제도를 증거로 들며 죽을 각오로 반대하였지만, 임금은 거짓으로 듣는 척할 뿐 태자를 바꿀 생각에는 전혀 변함이 없었다.

그러던 어느 날, 마침 잔치가 벌어져 술잔이 오고갈 때 태자가 황제를 모시게 되자 그 네 사람도 태자와 함께 나타났다. 모두가 8십이 넘었고 수염과 눈썹조차 하얗게 세었으며, 의관에 심히 위엄이 있었다. 임금이 이를 이상히 여겨 물었다.

"무엇하는 분들인가?"

이에 네 사람이 앞으로 나서 각각 자신의 성명을 밝히자, 임금은 크게 놀랐다.

"내가 그대들을 몇 년이나 찾았었는데 그대들은 나를 피하여 도망 가더니 지금은 어찌하여 스스로 나타나 내 아들과 교유를 맺고 있단 말입니까?"

그러자 네 사람이 이렇게 대답하였다.

"폐하께서는 선비를 경멸하며 다른 이들을 꾸짖기를 잘하지요. 저희들은 그런 모욕을 받을 수 없다고 여겼기 때문이었습니다. 그래서 두렵게 여기며 도망가 숨었던 것입니다. 그런데 태자께서는 그 사람됨이 효성스럽고 인자하며, 선비를 경애하여 천하에 목을 빼고 그를 위해서라면 죽어도 좋다고 하지 않는 이가 없다 하더이다. 그래서 이렇게 찾아온 것입니다."

이 말에 황상도 어쩔 수 없었다.

"그대들에게는 번거롭겠지만 끝까지 태자를 잘 보호하고 이끌어 주십시오."

네 사람이 임금에게 축수를 끝내고 일어서서 자리를 뜨자 임금은 눈인사로 이들을 보내 주었다. 그리고는 척부인戚夫人을 불러 네 사람을 가리키며 이렇게 말하였다.

"내 그대를 위해 태자를 바꾸려 하였더니, 저 네 사람이 태자를 보필하고 있구려. 날개가 이미 충분히 자란 것이외다. 더 이상 어쩔 수 없구려. 진정 여후의 아들이 임금이 될 수밖에 없소이다."

이 결정에 척부인이 눈물을 흘리자 임금은 이렇게 달래었다.

"나를 위해 초楚나라 춤을 추어주오. 내 그대를 위하여 초나라 노래를 부르리다."

그리고는 이렇게 노래를 불렀다.

"홍곡이 높이 날도다.

단번에 천리를 가네.

날개와 힘살은 이미 다 자랐네.

사해를 가로질러 가도다.

사해를 가로질러 가니,

내 이를 어찌 하리오?

비록 끈 달린 화살이 있다 하여도,

어찌 능히 쏠 수 있으리오?"

노래가 몇 곡절 이어지자 척부인이 흑흑 흐느껴 울었다. 임금은 일어서서 잔치를 끝내고 말았다. 그리고 끝내 태자를 바꾸지 않았으니, 이는 유후가 네 사람을 불러오도록 한 모책 덕분이었다.

留侯張子房, 於漢已定, 性多疾, 卽導引不食穀, 杜門不出. 歲餘, 上欲廢太子, 立戚氏夫人子趙王如意, 大臣多爭, 未能得堅決者也. 呂后恐, 不知所爲.

人或謂呂后曰：「留侯善畫計策, 上信用之.」

呂后乃使建成侯呂澤劫留侯曰：「君常爲上計, 今日欲易太子, 君安得高枕臥?」

留侯曰：「始上數在困急之中, 幸用臣; 今天下安定, 以愛幼欲易太子, 骨肉間, 雖臣等百餘人, 何益?」

呂澤强要曰：「爲我畫計.」

留侯曰:「此難以口舌爭也. 顧上有所能致者, 天下有四人, 園公·綺里季·夏黃公·甪里先生. 此四人者, 年老矣, 皆以上慢侮士, 故逃匿山中, 義不爲漢臣. 然上高此四人. 公誠能無愛金玉璧帛, 令太子爲書, 卑辭以安車迎之, 因使辯士固請, 宜來, 來, 以爲客, 時時從入朝, 令上見之. 上見之, 卽必異問之, 問之, 上知此四人, 亦一助也.」

於是呂后令澤使人奉太子書, 卑辭厚禮迎四人. 四人至, 舍呂澤所.

至十二年, 上從破黥布軍歸, 疾益甚, 愈欲易太子. 留侯諫, 不聽, 因疾不視事. 太傅叔孫通稱說引古, 以死爭太子, 上佯許之, 猶欲易之. 及燕, 置酒, 太子侍, 四人者從太子, 皆年八十有餘, 鬚眉晧白, 衣冠甚偉.

上怪而問之曰:「何爲者?」

四人前對, 各言其姓名, 上乃驚曰:「吾求公數歲, 公避逃我, 今公何自從吾兒游乎?」

四人皆對曰:「陛下輕士善罵, 臣等義不辱, 故恐而亡匿. 聞太子爲人子孝仁·敬愛士, 天下莫不延頸, 願爲太子死者. 故來耳.」

上曰:「煩公幸卒調護太子.」

四人爲壽已畢, 起去, 上目送之.

召戚夫人指示四人者曰:「我欲易之. 彼四人輔之, 羽翼已成, 難動矣. 呂氏眞而主矣.」

戚夫人泣下, 上曰:「爲我楚舞, 吾爲若楚歌.」

歌曰:『鴻鵠高蜚, 一擧千里. 羽翮已就, 橫絶四海. 橫絶四海, 當可奈何? 雖有矰繳, 尚安能施?』

歌數闋, 戚夫人噓唏流涕, 上起去, 罷酒. 竟不易太子者, 留侯
召四人之謀也.

【留侯 張子房】張良.
【導引術】漢나라 때 유행하였던 黃老術의 일종으로 養生法을 익혀 無病長壽를
　추구하던 修養法이다.
【皇帝】漢나라 高祖 劉邦. 高皇帝.
【戚夫人】漢나라 定陶 사람으로서 高祖의 愛姬였다. 如意를 낳자 高祖 劉邦은 자신을
　닮았다 하여 매우 사랑하였으나, 高祖가 죽고 나자 呂后의 핍박을 받아 손가락이
　잘리고 눈이 멀었으며 옥에 갇혀 온갖 고생을 하였다.《史記》呂后本紀 참조.
【趙王 如意】戚夫人 소생으로 어려서 趙王에 봉해졌으나, 뒤에 呂后에게 죽임을
　당하였다.
【呂后】呂太后. 漢 高祖의 后. 이름은 雉. 그 아버지가 劉邦의 인물됨을 보고
　사위로 삼았다. 惠帝를 낳았으며 그가 죽자 少帝를 세워 자신이 정권을 쥐었으나,
　다시 少帝를 죽이고 恒山王 劉義를 세워 땅을 여러 呂氏에게 나누어 주었다.
　죽으면서 呂産을 相國으로 삼으려 하자 呂氏들이 반란을 도모하였다. 이에
　陳平과 周勃이 呂氏들을 없애고 文帝를 세웠다.《史記》呂后本紀 참조.
【建成侯 呂澤】呂后의 오빠. 高祖를 따라 큰 공을 세워 周呂侯에 봉해졌으며,
　諡號는 肅이다. 悼武王으로 추존되었다.
【四人】이 네 사람이 널리 알려진『商山四皓』이다.《史記》索隱에『四人, 四皓也.
　謂東園公・倚里季・夏黃公・甪里先生. 按: 陳留志云: '園公姓庾, 字宣明, 居園中,
　因以爲號. 夏黃公姓崔名廣, 字少通, 齊人, 隱居夏里修道, 故號曰夏黃公. 甪里先生,
　河內軹人. 太伯之後, 姓周名術, 字元道. 京師號曰霸上先生, 一曰甪里先生.' 又孔
　安國秘記作祿里.　此皆王劭據崔氏・周氏系譜及陶元亮四人目而如此說』이라
　하였다.
【漢 高祖 十年】B.C. 197년. 黥布의 난을 평정한 해.
【黥布】원래 이름은 英布로 黥刑(이마에 墨刑을 받음)을 받아 黥布가 되었다.
　九江王에 봉해졌으며, 彭越과 韓信이 주살당하는 것을 보고 亂을 일으켰다가
　죽임을 당하였다.

【叔孫通】漢나라 高祖를 섬겨 博士가 되었다. 號는 稷嗣君. 漢나라 儀典을 정리한
 文人. 뒤에 太常을 거쳐 太子太傅가 되었다.
【楚歌】남쪽 楚 땅이 자신들의 고향이었기 때문에 요구한 것.
【我欲易之】다른 판본에는 『爲欲易之』로 되어 있다.

참고 및 관련 자료

1.《史記》留侯世家

留侯從入關. 留侯性多病, 卽道引不食穀, 杜門不出歲餘. 上欲廢太子, 立戚夫人子
趙王如意. 大臣多諫爭, 未能得堅決者也. 呂后恐, 不知所爲. 人或謂呂后曰:「留侯善
畫計筴, 上信用之.」呂后乃使建成侯呂澤劫留侯, 曰:「君常爲謀臣, 今上欲易太子,
君安得高枕而臥乎?」留侯曰:「始上數在困急之中, 幸用臣筴. 今天下安定, 以愛欲
易太子, 骨肉之間, 雖臣等百餘人何益?」呂澤彊要曰:「爲我畫計.」留侯曰:「此難
以口舌爭也. 顧上有不能致者, 天下有四人. 四人者年老矣, 皆以爲上慢侮人, 故逃
匿山中, 義不爲漢臣. 然上高此四人. 今公誠能無愛金玉璧帛, 令太子爲書, 卑辭安車,
因使辯士固請, 宜來. 來, 以爲客, 時時從入朝, 令上見之, 則必異而問之. 問之,
上知此四人賢, 則一助也.」於是呂后令呂澤使人奉太子書, 卑辭厚禮, 迎此四人.
四人至, 客建成侯所.

2.《史記》留侯世家

漢十二年, 上從擊破布軍歸, 疾益甚, 愈欲易太子. 留侯諫, 不聽, 因疾不視事. 叔孫
太傅稱說引古今, 以死爭太子. 上詳許之, 猶欲易之. 及燕, 置酒, 太子侍. 四人從太子,
年皆八十有餘, 鬚眉皓白, 衣冠甚偉. 上怪之, 問曰:「彼何爲者?」四人前對, 各言名姓,
曰東園公, 甪里先生, 綺里季, 夏黃公. 上乃大驚, 曰:「吾求公數歲, 公辟逃我, 今公
何自從吾兒游乎?」四人皆曰:「陛下輕士善罵, 臣等義不受辱, 故恐而亡匿. 竊聞太
子爲人仁孝, 恭敬愛士, 天下莫不延頸欲爲太子死者, 故臣等來耳.」上曰:「煩公幸
卒調護太子.」四人爲壽已畢, 趨去. 上目送之, 召戚夫人指示四人者曰:「我欲易之,
彼四人輔之, 羽翼已成, 難動矣. 呂后眞而主矣.」戚夫人泣, 上曰:「爲我楚舞, 吾爲
若楚歌.」歌曰:「鴻鵠高飛, 一擧千里. 羽翮已就, 橫絶四海. 橫絶四海, 當可柰何!
雖有矰繳, 尙安所施!」歌數闋, 戚夫人噓唏流涕, 上起去, 罷酒. 竟不易太子者,
留侯本招此四人之力也.

3.《漢書》張良傳

良從入關, 性多疾, 卽道引不食穀, 閉門不出歲餘.

上欲廢太子, 立戚夫人子趙王如意. 大臣多爭, 未能得堅決也. 呂后恐, 不知所爲. 或謂呂后曰:「留侯善畫計, 上信用之.」呂后乃使建成侯呂澤劫良, 曰:「君常爲上謀臣, 今上日欲易太子, 君安得高枕而臥?」良曰:「始上數在急困之中, 幸用臣策; 今天下安定, 以愛欲易太子, 骨肉之間, 雖臣等百人何益?」呂澤彊要曰:「爲我畫計.」良曰:「此難以口舌爭也. 顧上有所不能致者四人. 四人年老矣, 皆以上嫚姆士, 故逃匿山中, 義不爲漢臣. 然上高此四人. 今公誠能毋愛金玉璧帛, 令太子爲書, 卑辭安車, 因使辨士固請, 宜來. 來, 以爲客, 時從入朝, 令上見之, 則一助也.」於是呂后令呂澤使人奉太子書, 卑辭厚禮, 迎此四人. 四人至, 客建成侯所.

4.《漢書》張良傳

漢十二年, 上從破布歸, 疾益甚, 愈欲易太子. 良諫不聽, 因疾不視事. 叔孫太傅稱說引古, 以死爭太子. 上陽許之, 猶欲易之. 及宴, 置酒, 太子侍. 四人者從太子, 年皆八十有餘, 須眉皓白, 衣冠甚偉. 上怪, 問曰:「何爲者?」四人前對, 各言其姓名. 上乃驚曰:「吾求公, 避逃我, 今公何自從吾兒游乎?」四人曰:「陛下輕士善罵, 臣等義不辱, 故恐而亡匿. 今聞太子仁孝, 恭敬愛士, 天下莫不延頸願爲太子死者, 故臣等來.」上曰:「煩公幸卒調護太子.」

四人爲壽已畢, 趨去. 上目送之, 召戚夫人指視曰:「我欲易之, 彼四人爲之輔, 羽翼已成, 難動矣. 呂氏眞乃主矣.」戚夫人泣涕, 上曰:「爲我楚舞, 吾爲若楚歌.」歌曰:「鴻鵠高飛, 一舉千里. 羽翼以就, 橫絶四海. 橫絶四海, 又可奈何! 雖有矰繳, 尙安所施!」歌數闋, 戚夫人歔欷流涕. 上起去, 罷酒. 竟不易太子者, 良本招此四人之力也.

185(10-11) 漢十一年
경포의 난

한漢나라 11년, 구강왕九江王인 경포黥布가 반란을 일으켰다.

고황제高皇帝는 병이 나서 태자가 대신 가서 이를 평정해 주었으면
하고 있었다. 이때 원공園公・기리계綺里季・하황공夏黃公・녹리선생角里
先生 등이 이미 태자를 모시고 있었다. 이 네 사람은 태자가 경포의
난을 평정하러 간다는 소식을 듣고 이렇게 걱정하였다.

"우리가 온 것은 태자를 보호하기 위한 것입니다. 태자가 장차 전쟁에
휩쓸리게 되면 아주 위험할 것입니다."

그리고는 건성후建成侯를 이렇게 설득하였다.

"태자가 군대를 거느려 공을 세운다 하여도 그 직위에서 더 이상
올려 줄 게 없으나, 만약 공을 세우지 못한다면 그 때문에 화만 입게
될 것입니다. 또 태자와 함께 가는 여러 장수들 또한 모두 황제와
더불어 천하를 평정하였던 뛰어난 장군들입니다. 태자로 하여금 이들
을 통솔하도록 한다는 것은 마치 양을 시켜 이리를 거느리도록 하는
것과 다를 바 없어 그들은 태자를 위해 온 힘을 다 쏟으려 하지 않을
것이며, 아마 틀림없이 아무런 공도 세우지 못할 것입니다.

제가 듣건대 어머니로서 사랑스럽게 여기는 아들이란 결국 어머니에게
안겨오는 자식입니다. 지금 척부인戚夫人은 밤낮으로 임금을 모시고
있으면서 조왕趙王을 항상 그 앞에 안고 있습니다. 따라서 임금은 끝내
불초한 아들을 사랑하는 아들 위에 놓으려 하지 않을 것입니다. 따라서
조왕 여의如意를 대신 태자로 바꿀 것은 명확한 일입니다.

이러한 때에 어찌하여 그대는 여후呂后로 하여금 급히 임금을 뵙고 울며 이렇게 아뢰도록 하지 않는 것입니까? 즉 '경포는 천하의 명장이며 용병에 뛰어난 인물이고, 또 토벌하러 갈 여러 장수들은 일찍이 폐하와 같은 등급에 있던 분들로 태자로 하여금 이들을 거느리게 한다는 것은 마치 양으로 하여금 이리를 거느리도록 하는 것과 같아 부릴 수 없으리라는 점, 게다가 경포가 이 사실을 알게 되면 좋아라 북을 치며 서쪽으로 진격해 올 것이라는 것, 그래서 임금께서 비록 병환이 깊으시지만 누워서라도 직접 지휘하신다면 여러 장수들이 감히 온 힘을 다 쏟지 않을 수 없으리라는 점, 따라서 비록 힘드시지만 이 아내의 계책에 따라 수레를 준비하여 누워서라도 직접 가셔야 한다'라고 말입니다."

이에 여택呂澤이 즉시 밤에 여후를 찾아갔다. 여후가 임금을 모시는 틈을 타 울면서 간청하여 네 노인의 뜻대로 이루어지게 하였다.

결국 임금이 허락하였다.

"내 오직 이 어린 태자를 생각하기는 하였지만 보내기에 족하지는 않다. 내 스스로 가야겠다."

그리고는 임금 자신이 동쪽으로 가면서 신하들은 남아 지키도록 하였다. 신하들은 패상霸上까지 나가 임금을 전송하였다.

한편 유후留侯는 병이 들어 있었지만 억지로 곡우曲郵까지 가서 임금을 만나 이렇게 말하였다.

"저도 마땅히 따라가야 하나 병이 심하여 여기서 머물겠습니다. 초楚나라 사람들은 표질剽疾하니 임금께서는 절대로 그 선봉과 부딪치지는 마십시오."

그리고 말을 이어 이렇게 부탁하였다.

"태자를 장군으로 삼아 관중關中의 제후병들을 감독하는 임무를 맡기도록 하십시오."

이에 임금은 이렇게 말하였다.

"자방子房께서는 비록 병이 깊어 힘드시겠지만 억지로라도 일어나 태자를 잘 가르쳐 주십시오."

漢初三將(韓信, 彭越, 英布) 元刻本《新刊全相平話前漢書續集》 삽화

이리하여 숙손통叔孫通은 이미 태자의 태부太傅가 되어 있었고, 유후는
소부少傅가 되어 일을 도왔다. 한나라는 드디어 경포를 주살하고 태자는
안녕을 얻게 되었으며, 국가도 편안해졌다. 이는 바로 네 노인의 모책
덕분이었다.

漢十一年, 九江黥布反, 高皇帝疾, 欲使太子往擊之.

是時, 園公·綺里季·夏黃公·甪里先生, 已侍太子, 聞太子將
擊黥布, 四人相謂曰:「凡來者, 將以存太子. 太子將兵, 事危矣.」

乃說建成侯曰:「太子將兵, 有功, 則位不益; 無功, 從此受禍矣.
且太子所與俱諸將, 皆嘗與上定天下梟將也, 乃使太子將之,
此無異使羊將狼也, 皆不肯爲用盡力, 其無功必矣. 臣聞母愛
者抱子. 今戚夫人日夜侍御, 趙王常居抱前, 上終不使不肖子
居愛子上. 明乎其代太子位必矣. 君何不急謂呂后, 承間爲上泣?
言:『黥布天下猛將, 善用兵, 諸將皆陛下故等倫, 乃令太子

將此屬, 無異使羊將狼, 莫爲用. 且使布聞之. 卽鼓行而西耳.
上雖疾, 臥護之, 諸將不敢不盡力. 雖苦, 强爲妻子計. 載輜車,
臥而行.』」

於是呂澤立夜見呂后, 呂后承間爲上泣而言, 如四人意.

上曰:「吾惟豎子, 故不足遣, 乃公自行耳.」

於是上自將東, 群臣居守, 皆送至霸上. 留侯疾, 强起, 至曲郵,
見上曰:「臣宜從, 疾甚. 楚人剽疾, 願上無與楚人爭鋒.」

因說上曰:「令太子爲將軍, 監關中諸侯兵.」

上謂:「子房雖疾, 强起, 臥而傅太子.」

是時, 叔孫通已爲太子傅, 留侯行少傅事. 漢遂誅黥布, 太子
安寧, 國家晏然, 此四公子之謀也.

【漢 十一年】漢 高祖 11年. B.C. 196년.

【金布】앞 장 참조.

【高皇帝】漢 高祖 劉邦을 가리킨다.

【四人】『商山四皓』를 말함. 앞 장 참조.

【建成侯】呂澤. 呂后의 오빠. 앞 장 참조.

【戚夫人】如意의 어머니. 劉邦의 愛妾. 앞 장 참조.

【趙王】如意가 봉해졌던 王號.

【如意】戚夫人 소생으로 趙王에 봉해졌다.

【呂后】高祖의 后. 앞 장 참조.

【霸上】地名. 지금의 長安縣 동쪽과 藍田縣의 경계 지역.

【留侯】張良 子房.

【曲郵】지금의 陝西省 新豐縣에 있는 地名.

【關中】咸陽을 중심으로 한 지역.

【叔孫通】앞 장 참조.

【四公子】『子』는 衍文이다.(盧文弨《群書拾補》)

1.《史記》留侯世家

漢十一年, 黥布反, 上病, 欲使太子將, 往擊之. 四人相謂曰:「凡來者, 將以存太子. 太子將兵, 事危矣.」乃說建成侯曰:「太子將兵, 有功則位不益太子; 無功還, 則從此受禍矣. 且太子所與俱諸將, 皆嘗與上定天下梟將也, 今使太子將之, 此無異使羊將狼也, 皆不肯爲盡力, 其無功必矣. 臣聞『母愛者子抱』, 今戚夫人日夜侍御, 趙王如意常抱居前, 上曰『終不使不肖子居愛子之上』, 明乎其代太子位必矣. 君何不急請呂后承間爲上泣言:『黥布, 天下猛將也, 善用兵, 今諸將皆陛下故等夷, 乃令太子將此屬, 無異使羊將狼, 莫肯爲用, 且使布聞之, 則鼓行而西耳. 上雖病, 彊載輜車, 臥而護之, 諸將不敢不盡力. 上雖苦, 爲妻子自彊.』」於是呂澤立夜見呂后, 呂后承間爲上泣涕而言, 如四人意. 上曰:「吾惟豎子固不足遣, 而公自行耳.」於是上自將兵而東, 群臣居守, 皆送至灞上. 留侯病, 自彊起, 至曲郵, 見上曰:「臣宜從, 病甚. 楚人剽疾, 願上無與楚人爭鋒.」因說上曰:「令太子爲將軍, 監關中兵.」上曰:「子房雖病, 彊臥而傅太子.」是時叔孫通爲太傅, 留侯行少傅事.

2.《漢書》張良傳

漢十一年, 黥布反, 上疾, 欲使太子往擊之. 四人相謂曰:「凡來者, 將以存太子. 太子將兵, 事危矣.」乃說建成侯曰:「太子將兵, 有功即位不益, 無功則從此受禍. 且太子所與俱諸將, 皆與上定天下梟將也, 今乃使太子將之, 此無異使羊將狼, 皆不肯爲用, 其無功必矣. 臣聞『母愛者子抱』. 今戚夫人日夜侍御, 趙王常居前, 上[曰]『終不使不肖子居愛子上』, 明[其]代太子位必矣. 君何不急請呂后承間爲上泣言:『黥布, 天下猛將, 善用兵, 今諸將皆陛下故等夷, 乃令太子將, 此屬莫肯爲用, 且布聞之, 鼓行而西耳. 上雖疾, 彊載輜車, 臥而護之, 諸將不敢不盡力. 上雖苦, 彊爲妻子計.』」於是呂澤夜見呂后. 呂后承間爲上泣而言, 如四人意. 上曰:「吾惟之, 豎子固不足遣, 乃公自行耳.」於是上自將而東, 羣臣居守, 皆送至霸上. 良疾, 强起至曲郵, 見上曰:「臣宜從, 疾甚. 楚人剽疾, 願上愼毋與楚爭鋒.」因說上令太子爲將軍監關中兵. 上謂:「子房雖疾, 彊臥傅太子.」是時叔孫通已爲太傅, 良行少傅事.

186(10-12) 齊悼惠王者
탕목읍을 바치시오

제齊**나라**에 도혜왕悼惠王이 있었다.

효혜황제孝惠皇帝 2년, 도혜왕이 입조하였는데 효혜황제가 잔치를 벌여 술을 마실 때 도혜왕은 가족 사이의 예로써 대하며 같은 자리에 앉는 것이었다. 여태후呂太后가 이를 알고 크게 노하여 죽이려고 짐주鴆酒를 가져다주었다. 그러나 효혜황제가 이를 알아차리고 대신 마시겠다고 나서자 그제야 태후는 그만두었다. 이에 도혜왕은 두려움에 떨며 성 밖으로 나서지 못하고 수레에 올라 크게 한숨만 쉴 뿐이었다. 내사內史가 함께 그 수레에 올랐다가 이를 이상히 여겨 물었다.

도혜왕은 이제껏 있었던 일을 내사에게 모두 털어 놓았다. 그러자 내사가 물었다.

"왕께서는 차라리 10개의 성을 잃으시겠습니까? 아니면 제齊나라 전체를 잃으시겠습니까?"

이에 도혜왕이 말하였다.

"몸이 온전하면 그만이지 어찌 성 따위를 아까워하겠는가?"

그러자 내사가 이러한 꾀를 일러 주었다.

"노원공주魯元公主는 태후의 딸이며 황제의 여동생입니다. 그런데 귀하께서는 70여 성城의 봉을 받았지만, 노원공주는 작은 탕목읍湯沐邑 밖에 받지 못하였습니다. 이럴 때 귀하가 10여 개의 성을 노원공주의 탕목읍으로 바친다면 안으로는 친족에게 은혜를 베푸는 것이 되고, 밖으로는 태후의 뜻에 순종하는 것이 됩니다. 태후도 틀림없이 기쁜 마음으로 이를 받을 것입니다. 이는 10개의 성을 잃고 60개의 성을 얻는 결과가 되는 것입니다."

도혜왕은 이에 흔쾌히 허락하였다.

"좋다."

그리고는 태후의 저택을 찾아가 10개의 성을 노원공주의 탕목읍으로 바친다고 내놓았다. 과연 태후는 만족해하며 그 읍을 받고 도혜왕에게 후한 예물을 주어 돌려보내 주었다. 그리하여 나라의 안전을 얻었으니, 이는 바로 제나라 내사의 덕분이었다.

齊悼惠王者, 孝惠皇帝二年, 悼惠王入朝, 孝惠皇帝與悼惠王讌飮, 乃行家人禮, 同席. 呂太后怒, 乃進鴆酒. 孝惠皇帝知, 欲代飮之, 乃止. 悼惠王懼不得出城, 上車太息. 內史參乘, 怪問其故. 悼惠王具以狀語內史.

內史曰:「王寧亡十城邪? 將亡齊國也?」

悼惠王曰:「得全身而已, 何敢愛城哉?」

內史曰:「魯元公主, 太后之女, 大王之弟也. 大王封國七十餘城, 而魯元公主湯沐邑少; 大王誠獻十城爲魯元公主湯沐邑, 內有親親之恩, 外有順太后之意, 太后必大喜. 是亡十城而得六十城也.」

悼惠王曰:「善.」

至邸, 上秦獻十城爲魯元公主湯沐邑, 太后果大悅, 受邑, 厚賜悼惠王而歸之, 國遂安, 齊內史之謀也.

【齊 悼惠王】이름은 劉肥. 漢나라 高祖 劉邦의 長庶로 그 어머니는 曹氏였다. 高祖 6年에 齊王에 봉해졌다. 혜제(효혜황제)의 庶兄이었다. 〈叢書集成〉본 初篇 影印의 鐵華館校訂〈宋本〉에는 이 구절 다음에『孝惠皇帝兄也』의 6자가 더 삽입되어 있다.

【孝惠皇帝】漢 惠帝. 2年은 B.C. 193년.

【讌飮】잔치.

【呂太后】[前出]

【鴆酒】鴆은 毒이 있는 새. 이 새의 깃털로 술을 거르면 그 독으로 인하여 사람이 죽는다고 한다.

【內史】諸侯國의 臣下. 齊나라 悼惠王의 수행관.

【魯元公主】高祖 劉邦과 呂太后 사이에 태어난 공주.

【湯沐邑】목욕 비용이나 얻을 수 있는 邑.

참고 및 관련 자료

1. 《史記》齊悼惠王世家

齊悼惠王劉肥者, 高祖長庶男也. 其母外婦也, 曰曹氏. 高祖六年, 立肥爲齊王, 食七十城, 諸民能齊言者皆予齊王. 齊王, 孝惠帝兄也. 孝惠帝二年, 齊王入朝. 惠帝與齊王燕飮, 亢禮如家人. 呂太后怒, 且誅齊王. 齊王懼不得脫, 乃用其內史勳計, 獻城陽郡, 以爲魯元公主湯沐邑. 呂太后喜, 乃得辭就國.

2. 《史記》呂太后本紀

二年, 楚元王・齊悼惠王皆來朝. 十月, 孝惠與齊王燕飮太后前, 孝惠以爲齊王兄, 置上坐, 如家人之禮. 太后怒, 迺令酌兩巵酖, 置前, 令齊王起爲壽. 齊王起, 孝惠亦起, 取巵欲俱爲壽. 太后迺恐, 自起泛孝惠巵. 齊王怪之, 因不敢飮, 詳醉去. 問, 知其酖, 齊王恐, 自以爲不得脫長安, 憂. 齊內史士說王曰:「太后獨有孝惠與魯元公主. 今王有七十餘城, 而公主迺食數城. 王誠以一郡上太后, 爲公主湯沐邑, 太后必喜, 王必無憂.」於是齊王迺上城陽之郡, 尊公主爲王太后. 呂后喜, 許之. 迺置酒齊邸, 樂飮, 罷, 歸齊王. 三年, 方築長安城, 四年就半, 五年六年城就. 諸侯來會. 十月朝賀.

187(10-13) 孝武皇帝時大行王恢數言
흉노 토벌에 대한 논쟁

효무황제孝武皇帝 때였다.

대행관大行官 벼슬의 왕회王恢는 틈날 때마다 흉노匈奴를 쳐 없애면 변경의 피해를 제거할 수 있으니, 공격하는 것이 유리하다고 아뢰면서 화친의 약속을 파기하자고 하였다. 그러나 어사대부御史大夫인 한안국韓安國은 병력을 움직일 수 없다며 반대하고 있었다. 이에 효무황제가 신하들을 불러 놓고 이렇게 물었다.

"짐이 여자를 잘 꾸며 선우單于에게 짝을 지어 주고 폐백幣帛과 문금文錦으로 후한 뇌물까지 주고 있건만, 지금 선우가 명령을 듣지 않고 갈수록 거만하게 굴면서 침략과 도적질을 그치지 않고 있습니다. 그래서 변방의 군郡이 자주 놀라고 고통을 당하니, 짐이 이를 심히 불쌍히 여기고 있습니다. 지금 군사를 일으켜 그 흉노를 공격하고자 하는데 어떻게 생각하십니까?"

그러자 먼저 대행관 왕회가 재배하고 머리를 조아리며 나섰다.

漢 武帝(劉徹: B.C.156~B.C.87)

"훌륭하십니다. 폐하의 말씀이 없었기에 제가 그렇게 고집스럽게 말씀드렸던 것입니다. 제가 듣건대 온전하였던 시대에도 북방에 오랑캐 같은 강한 적이나 그와 더불어 중국 경내에 병란이 없었던 때가 없었다고 하였습니다. 그런데도 오히려 노인을 봉양하고 어린이를 기르며 때가 되면 농사짓고 창고는 항상 가득 차 있었으며 방어의 무기들을 갖추어 놓고 있었습니다. 그런데도 흉노는 쉽게 침범하지 못하였습니다.

지금 폐하 같은 위엄에 사해四海는 한 가족처럼 되었고, 모두가 천자로 함께 섬기고 있으며 자제들을 파견하여 각지의 요새를 지키도록 하고 식량을 실어 날라 방비를 하고 있건만 흉노의 침략이 그치지 않고 있는 것은 다른 이유에서가 아닙니다. 바로 이를 고통스러운 환난으로 여기고 있지 않기 때문입니다. 따라서 저는 그들을 쳐 없애는 것이 유리하다고 여깁니다."

그러자 어사대부 한안국이 머리를 조아리고 재배하며 반대하였다.

"그렇지 않습니다. 제가 알기로 고황제高皇帝께서는 일찍이 평성平城에서 흉노에게 포위당하신 적이 있다 하였습니다. 그때 흉노는 안장을 풀어 쌓았는데 성보다 더 높이 쌓였었다고 합니다.

평성의 곤액困厄으로 이레 동안 아무것도 먹지도 못하자 천하가 다 탄식을 하였습니다. 그런데 그 포위에서 풀려 다시 왕위에 오르자 고황제께서는 그들에게 아무런 분한 기색도 보이지 않으셨습니다. 비록 천하를 얻었지만 평성의 치욕을 갚겠다고 나서지 않은 것은 힘이 모자라서가 아닙니다. 무릇 성인은 천하를 가지고 생각할 뿐 자신의 사사로운 노기怒氣로써 천하의 공의公義를 손상시킬 수 없다는 이유에서 그렇게 한 것입니다. 그래서 유경劉敬을 보내어 화친을 맺어 지금까지 오세五世 동안 이익을 보고 있는 것입니다. 그 뒤에 효문황제孝文皇帝께서는 천하의 정병들을 상계嘗谿와 광무廣武에 주둔시켰지만 척촌尺寸의 땅을 얻는 공도 세우지 못하였습니다.

그러나 전국의 백성들 중에 이 일로 묶여 근심을 겪지 않은 이가 없습니다. 이에 효문황제도 군대를 긴 세월 동안 그렇게 그곳에 숙위宿衛시킬 수 없음을 깨닫고 화친의 조약을 맺어 지금껏 그 이익을 누리고 있습니다. 저는 이 두 황제의 사례를 본받기에 족하다고 여깁니다. 따라서 치지 않는 것이 유리하다고 말씀드립니다."

그러자 대행관 왕회가 다시 나섰다.

"그렇지 않습니다. 무릇 형세에 밝은 자는 분석함에 있어서 그 일에 그르침이 없고, 움직임을 잘 관찰하는 자는 무엇이든 사용함에 있어서 그 이익을 놓치는 법이 없으며, 고요한 상태를 잘 살피는 자는 편안한 마음을 가지되 그 환난으로부터 벗어날 줄 안다고 하였습니다.

고제高帝께서 갑옷과 무기를 걸치시고 천하의 폐해를 제거할 때, 시석矢石을 무릅쓰고 풍우에 고통을 당하면서 몇 십 년을 뛰셨습니다. 그때는 엎어진 시체가 못에 가득하였고 쌓인 사람 머리가 산처럼 높았으며, 죽은 자가 열 명 중 일곱이요, 살아남은 자는 열 명 중 겨우 셋이었습니다. 떠도는 자들은 눈물을 흘리며 병사들을 흘겨보았지요. 무릇 천하에 아직 크지 않은 힘에다 그 일로 인해 싫증을 느끼고 있던 백성들은 흉노에게 대항하는 것은 그 형세로 보아 이익 될 게 없다고 여겼던 것이지요.

이처럼 화친의 약속을 맺은 것은 천하의 백성을 쉽게 하기 위한 것이었습니다. 이처럼 고황제는 형세의 판단에 밝고 사물의 분석에 뛰어났으며 움직여야 할 때와 조용히 있어야 할 때를 분명히 아신 것입니다. 대개 오제五帝가 그 음악을 같게 하지 않았고, 삼왕三王이 그 예禮를 습용하지 않은 것은 고의로 이에 상반되게 하고자 하여 그런 것이 아닙니다. 그때마다 마땅함이 달랐기 때문이었지요. 교화敎化는 시대에 따라 변하기 마련이며 방비도 상대의 적에 따라 변화가 있게 마련입니다.

한 가지 원리에만 얽매여 바꿀 줄 모른다면 백성을 기를 수 없습니다. 지금 흉노가 제멋대로 군 지가 오래되었으며 침략 행위는 끝이 없습니다. 백성들은 묶여 가고 수졸戍卒로서 죽임을 당한 자는 중국中國의 도로에 널려 있고, 그 장례 수레는 서로 바라볼 정도입니다. 이런 모습은 어진 자라면 누구나 아픔을 느끼는 일입니다. 그래서 저는 치는 것이 유리하다고 보는 것입니다."

이에 어사대부가 다시 반박하고 나섰다.

"그렇지 않습니다. 제가 듣건대 이익이 열 배가 넘지 않으면 그 업業을 바꾸지 아니하고, 그 공이 1백 곱절이 넘지 않으면 상도常道를 고치지 않는다 하였습니다. 그래서 고대의 임금들은 일을 도모하되 반드시 성현의 길로 가려 하였고, 정치를 베풀되 반드시 언어를 선택하여 그 하는 일을 신중하게 처리하였던 것입니다.

삼대三代의 융성함으로부터 원방遠方의 이적夷狄들이 중국의 책력이나 복식을 쓰도록 하지 않은 것은 중국의 위세가 그들을 제압할 수 없었기 때문이 아니며, 강력히 그들을 복종시킬 수 없었기 때문도 아닙니다. 멀리 치우치고 단절된 지역으로서 교화를 받지 못해 중국에게 번거로운 존재가 되기에 충분하지 못하였기 때문입니다. 또 흉노란 족속은 지극히 빠르고 날랜 군사들로 되어 있으며, 목축을 업으로 삼고 활로 사냥을 하며 짐승 있는 곳을 따라 살고, 풀 있는 곳을 찾아 옮겨 다닙니다. 이렇게 거처가 일정치 않기 때문에 그들을 붙잡아 제압하기란 여간 어려운 것이 아닙니다.

다가올 때는 어떻게 상대할 수가 없고, 도망갈 때는 어떻게 쫓을 수가 없습니다. 올 때는 풍우 같고 흩어질 때는 번개처럼 빠릅니다. 지금 만약 변방의 곳곳을 경직지업耕織之業은 제쳐 두고 끝도 없이 흉노에게 버티는 것을 일상사로 삼게 한다면 그 균형은 계속될 수 없을 것이라 봅니다. 그래서 저는 치지 않는 편이 유리하다고 보는 것입니다."

다시 대행관 왕회가 반박을 하였다.

"그렇지 않습니다. 무릇 신비한 교룡蛟龍은 연못을 이용하여 헤엄을 치고, 봉황새는 바람을 이용하여 날며, 성인은 때를 놓치지 않고 이용한다 하였습니다. 옛날 진秦나라 목공穆公이 옹雍 땅의 교외에 도읍을 정하였을 때 그 땅은 겨우 3백 리였습니다. 그러나 때의 변화를 알고 서융西戎을 공격하여 1천 리를 개척하였으며, 열두 나라를 합병하였으니,

농서隴西의 북쪽 땅이 바로 그것입니다.

그 뒤 몽염蒙恬이 진秦나라를 위하여 북쪽 호胡를 쳐서 하수河水를 경계로 삼고 돌을 쌓아 성을 만들고 나무를 얽어 방책을 삼았습니다. 그러자 흉노가 감히 하수에 와서 말에게 물을 먹이지 못하였고, 스스로 봉수燧燧를 설치한 다음에야 감히 말을 뜯길 수 있었던 것입니다.

무릇 흉노란 족속은 힘으로 복종시킬 대상이지 인仁을 가지고 달랠 대상이 아닙니다. 지금 중국처럼 큰 나라에 그들보다 1만 배나 많은 물자로 1백분의 일만 보내어 흉노를 친다면 이는 비유컨대, 천 석千石의 노弩로 종기를 쏘아 터뜨리는 것과 같아 통행에 아무런 막힘이 없을 것입니다. 그리하여 북쪽으로 출발하여 월지月氏를 치면 그들도 복종시켜 신하로 삼을 수 있을 것입니다. 그러므로 치는 것이 유리합니다.”

그러자 또 다시 어사대부가 반론을 폈다.

“그렇지 않습니다. 제가 들건대 싸움을 잘하는 자는 배불리 먹고 상대의 배고플 때를 기다리며, 편안히 움직이고 자리를 잘 잡은 다음 상대가 피곤해질 때를 기다리며, 자신의 정치를 바로잡아 덕을 베풀면서 상대가 혼란해질 때를 기다리며, 병사들을 잘 조정하여 분격토록 하되 깊이 들어가 그 나라를 쳐서 성을 무너뜨리게 한다고 하였습니다.

따라서 평상시처럼 앉아서 적들을 수고롭게 하는 것, 이것이 곧 성인의 병법입니다. 무릇 아무리 센 바람도 쇠약해졌을 때는 터럭 하나 들어 올릴 수 없으며, 아무리 강한 활일지라도 힘이 다해 마지막 떨어지는 자리엔 얇은 노魯나라 비단 하나 뚫지 못합니다. 이처럼 극성함은 틀림없이 쇠하고 만다는 것은 아침이 오면 반드시 저녁이 오고야 마는 이치와 같습니다.

따라서 지금 갑옷을 말아 입고, 쉽게 생각하고, 깊이 들어가 멀리 쫓았다가는 성공을 거두기 어렵습니다. 무릇 가로로 날뛰는 놈은 가운데를 끊어야 하고 위아래로 날뛰는 놈은 옆구리를 찔러야 하는 것입니다. 천천히 하면 뒤에 이익을 볼 수 있지만 급하게 서두르면 식량이 떨어져 1천 리를 가지 못하고 사람과 말이 모두 굶주려 피곤에 지칩니다.

그때 적을 만나게 되면 뒷덜미를 잡히고 마는 것입니다. 생각건대 다른 기묘한 계략을 쓰면 그들을 잡을 수 있을 것이나 저는 그런 것은 모릅니다. 그렇지 않다면 깊이 들어가서 이로울 것은 없습니다. 따라서 저는 치지 않는 편이 유리하다고 보는 것입니다.”

그러자 대행관이 다시 반론을 제기하였다.

“그렇지 않습니다. 무릇 초목이 서리나 안개를 맞으면 바람이 분다고 되살아날 수 있는 것이 아니요, 거울같이 맑은 물은 비치는 형체를 숨길 수 없습니다. 마찬가지로 사방에 통달한 사람은 꾸며서 난을 짓는 일을 하지 못합니다.

지금 제가 치자고 하는 것은 깊이 들어가자고 하는 것이 아닙니다. 선우의 욕심을 들어주는 척하면서 이들을 변방까지 유인하여 우리의 날래고 예리한 복병을 숨겨 놓았다가 이를 맞아 싸우며, 험요한 요새를 이용하여 이들을 방비하자는 것입니다. 그러다가 형세가 우리에게 유리하면 그땐 왼쪽이냐 오른쪽이냐, 혹은 앞이냐 뒤이냐에 따라 그에 맞게 공격한다면 선우를 사로잡을 수 있을 뿐만 아니라 온갖 것을 다 차지할 수 있다는 것입니다. 저는 이로써 치는 편이 유리하다고 하는 것입니다.”

이에 드디어 대행관 왕회의 의견을 따르게 되었다.

효무황제는 스스로 복병을 이끌고 마읍馬邑에 이르러 선우를 유혹하였다. 그러나 선우는 변방의 요새까지 들어왔다가는 도중에서 이를 알아차리고 도망가 버렸다. 그 뒤에 접전이 붙어 원한과 화禍만 얽혀 10년을 서로 공격하여 병사는 지치고 백성은 피로해졌으며 백성들이 살던 땅은 텅 비게 되었다.

게다가 길바닥에는 죽은 시신이 서로 마주 볼 정도였고, 장례 수레가 줄을 이었으며, 산에는 도적들이 들끓어 천하가 동요하였다.

그제야 효무황제는 후회스러웠다. 이를 본 어사대부 상홍양桑弘羊이 윤대輪臺에 사냥이나 갈 것을 청하자 임금이 이렇게 거절하였다.

“지금 당면한 임무는 가혹한 폭력을 막아 주고 제멋대로 걷는 세금을 금지시키는 것입니다. 지금 서쪽으로 멀리 사냥을 간다면 이는 백성을 달래는 일이 아닙니다. 나는 차마 백성의 고통을 듣고만 있을 수가 없습니다."

그러고 나서 한안국을 승상으로 봉하되 그 호를 부민후富民侯라 하고, 군사의 일은 더 이상 말도 꺼내지 않았다. 그로부터 국가는 평안하여졌고 뒤를 이어 안정을 찾았으니, 이는 한안국의 모책에 근본을 두었기 때문이다.

孝武皇帝時, 大行王恢數言擊匈奴之便, 可以除邊境之害, 欲絶和親之約. 御史大夫韓安國以爲兵不可動.

孝武皇帝召群臣而問曰: 「朕飾子女以配單于, 幣帛文錦, 賂之甚厚. 今單于逆命加慢, 侵盜無已, 邊郡數驚, 朕甚閔之. 今欲擧兵以攻匈奴, 如何?」

大行臣恢再拜稽首曰: 「善. 陛下不言, 臣固謁之. 臣聞全代之時, 北未嘗不有彊胡之敵, 內連中國之兵也. 然尚得養老長幼, 樹種以時, 倉廩常實, 守禦之備具, 匈奴不敢輕侵也. 今以陛下之威, 海內爲一家, 天子同任, 遣子弟乘邊守塞, 轉粟輓輸, 以爲之備, 而匈奴侵盜不休者, 無他, 不痛之患也. 臣以爲擊之便.」

御史大夫臣安國稽首再拜曰: 「不然. 臣聞高皇帝嘗圍於平城, 匈奴至而投鞍, 高於城者數所. 平城之厄, 七日不食, 天下歎之. 乃解圍反位, 無忿怨之色, 雖得天下, 而不報平城之怨者, 非以力不能也. 夫聖人以天下爲度者也, 不以己之私怒, 傷天下之公義, 故遣劉敬, 結爲和親, 至今爲五世利. 孝文皇帝嘗一屯天下之精兵於嘗谿廣武, 無尺寸之功. 天下黔首, 約要之民, 無不憂者. 孝文皇帝悟兵之不可宿也, 乃爲和親之約, 至今爲後世利. 臣以

爲兩主之迹, 足以爲効, 臣故曰勿擊便.」

大行曰:「不然. 夫明於形者, 分則不過於事; 察於動者, 用則不失於利; 審於靜者, 恬則免於患. 高帝被堅執銳, 以除天下之害, 蒙矢石, 沾風雨, 行幾十年, 伏尸滿澤, 積首若山, 死者什七, 存者什三, 行者垂泣而倪於兵. 夫以天下末力, 厭事之民, 而蒙匈奴飽佚, 其勢不便. 故結和親之約者, 所以休天下之民. 高皇帝明於形而以分事, 通於動靜之時. 蓋五帝不相同樂, 三王不相襲禮者, 非故相反也, 各因世之宜也. 教與時變, 備與敵化, 守一而不易, 不足以子民. 今匈奴縱意日久矣, 侵盜無已, 係虜人民, 戍卒死傷, 中國道路, 槥車相望, 此仁人之所哀也. 臣故曰擊之便.」

御史大夫曰:「不然. 臣聞之: 利不什不易業, 功不百不變常, 是故古之人君, 謀事必就聖, 發政必擇語, 重作事也. 自三代之盛, 遠方夷狄, 不與正朔服色, 非威不能制, 非强不能服也, 以爲遠方絶域, 不牧之民, 不足以煩中國也. 且匈奴者, 輕疾悍亟之兵也. 畜牧爲業, 弧弓射獵, 逐獸隨草, 居處無常, 難得而制也. 至不及圖, 去不可追; 來若風雨, 解若收電. 今使邊鄙久廢耕織之業, 以支匈奴常事, 其勢不權. 臣故曰勿擊爲便.」

大行曰:「不然. 夫神蛟濟於淵, 而鳳鳥乘於風, 聖人因於時. 昔者, 秦繆公都雍郊, 地方三百里, 知時之變, 攻取西戎, 隻地千里, 并國十二, 隴西北地是也. 其後蒙恬爲秦侵胡, 以河爲境, 累石爲城, 積木爲寨, 匈奴不敢飲馬北河, 置烽燧, 然後敢牧馬. 夫匈奴可以力服也, 不可以仁畜也. 今以中國之大, 萬倍之資, 遣百分之一以攻匈奴, 譬如以千石之弩, 射癰潰疽, 必不留行矣.

則北發月氏, 可得而臣也. 臣故曰擊之便.」

御史大夫曰:「不然. 臣聞: 善戰者, 以飽待飢; 安行定舍, 以待其勞; 整治施德, 以待其亂, 按兵奮衆, 深入伐國墮城, 故常坐而役敵國, 此聖人之兵也. 夫衝風之衰也, 不能起毛羽; 強弩之末力, 不能入魯縞. 盛之有衰也, 猶朝之必暮也. 今卷甲而輕舉, 深入而長驅, 難以爲功. 夫橫行則中絶, 從行則迫脅; 徐則後利, 疾則糧乏, 不至千里, 人馬絶飢, 勞以遇敵, 正遺人獲也. 意者有他詭妙, 可以擒之, 則臣不知, 不然, 未見深入之利也. 臣故曰勿擊之便.」

大行曰:「不然. 夫草木之中霜霧, 不可以風過; 清水明鏡, 不可以形遯也; 通方之人, 不可以文亂. 今臣言擊之者, 故非發而深入也, 將順因單于之欲, 誘而致之邊, 吾伏輕卒銳士以待之, 陰遮險阻以備之. 吾勢以成, 或當其左, 或當其右; 或當其前, 或當其後, 單于可擒, 百全必取. 臣以爲擊之便.」

於是遂從大行之言.

孝武皇帝自將師, 伏兵於馬邑, 誘致單于. 單于旣入塞, 道覺之, 奔走而去. 其後交兵接刃, 結怨連禍, 相攻擊十年, 兵凋民勞, 百姓空虛, 道殣相望, 槥車相屬, 寇盜滿山, 天下搖動. 孝武皇帝後悔之. 御史大夫桑弘羊請佃輪臺.

詔却曰:「當今之務, 務在禁暴, 止擅賦. 今乃遠西佃, 非所以慰民也. 朕不忍聞.」

封丞相號曰富民侯, 遂不復言兵事. 國家以寧, 繼嗣以定, 從韓安國之本謀也.

【孝武皇帝】漢나라 武帝 劉徹. 西漢 때 가장 영명하였던 君主. 재위 53년 (B.C. 140~87).

【大行官】외교관. 大使. 古代 官職에 大行官(大行人)・小行官(小行人)의 직위가 있었으며, 모두 外交・通譯・異民族의 撫慰 등의 임무를 맡고 있었다.

【王恢】원래 燕 땅 출신으로 변방의 사신으로 다닌 人物이다.

【匈奴】漢나라 때 북쪽의 異民族. 즉 Hun族.

【韓安國】字는 長孺. 처음 梁孝王을 섬겨 中大夫가 되었다. 吳楚의 난 때 공을 세워 內史가 되었으며, 建元(B.C. 140~135) 때에 御史大夫에 올랐고, 丞相 田蚡이 죽자 丞相이 되었다. 뒤에 漁陽에서 凶奴에게 패하고 右北平으로 옮겼다가 울분을 품고 죽었다. 富民侯에 봉해졌다.

【單于】漢나라 때 匈奴의 우두머리를 單于라 하였다.

【高皇帝】漢 高祖 劉邦.

【平城】地名. 지금의 山西省 大同縣 동쪽.

【劉敬】婁敬. 漢나라 高祖가 그에게 劉氏 姓을 하사하였다. 《新序》(10) 183(10-9) 참조.

【孝文皇帝】漢나라 文帝 劉恒. 재위 23년(B.C. 179~157).

【嘗谿・廣武】匈奴와 인접한 邊方 지역. 廣武는 지금의 山西省 代縣 근처를 말한다.

【耕織之業】농사짓고 옷감 짜는 일상 生業.

【秦 穆公】春秋五霸의 하나. 재위 39년(B.C. 659~621).

【雍】戰國時代 秦나라 서쪽. 秦나라의 초기 都邑地.

【蒙恬】秦나라 將帥. 붓을 처음 만든 人物.

【月氏】모두 서북쪽의 少數民族. 뒤에 匈奴와 烏孫에게 패하여 일부는 西域(중앙 아시아)로 옮겨 이를 대월지(大月氏)라 하며 본래 지역에 남아 있던 종족을 소월지(小月氏)라 하였음. 지금의 敦煌, 위구르, 투르판 지역. 『氏』는 『지』로 읽으며 『저(氏)』와는 다른 민족이다.

【馬邑】地名. 지금의 山西成 朔州.

【桑弘羊】人名. 漢나라 洛陽人. 平準法을 실시한 人物. 霍光과 함께 昭帝를 섬기다가 자신의 공을 너무 내세워 주살당하였다.

【輪臺】지역 이름.

【富民侯】韓安國이 받은 封號. 백성을 부유하게 한다는 뜻으로 取名한 것임.

1.《史記》韓長孺列傳

匈奴來請和親, 天子下議. 大行王恢, 燕人也, 數爲邊吏, 習知胡事. 議曰:「漢與匈奴和親, 率不過數歲卽復倍約. 不如勿許, 興兵擊之.」安國曰:「千里而戰, 兵不獲利. 今匈奴負戎馬之足, 懷禽獸之心, 遷徙鳥擧, 難得而制也. 得其地不足以爲廣, 有其衆不足以爲彊, 自上古不屬爲人. 漢數千里爭利, 則人馬罷, 虜以全制其敝. 且彊弩之極, 矢不能穿〈魯〉縞; 衝風之末, 力不能漂鴻毛. 非初不勁, 末力衰也. 擊之不便, 不如和親.」羣臣議者多附安國, 於是上許和親. 其明年, 則元光元年, 雁門馬邑豪聶翁壹因大行王恢言上曰:「匈奴初和親, 親信邊, 可誘以利.」陰使聶翁壹爲閒, 亡入匈奴, 謂單于曰:「吾能斬馬邑令丞吏, 以城降, 財物可盡得.」單于愛信之, 以爲然, 許聶翁壹. 聶翁壹乃還, 詐斬死罪囚, 縣其頭馬邑城, 示單于使者爲信. 曰:「馬邑長吏已死, 可急來.」於是單于穿塞將十餘萬騎, 入武州塞. 當是時, 漢伏兵車騎材官三十餘萬, 匿馬邑旁谷中. 衛尉李廣爲驍騎將軍, 太僕公孫賀爲輕車將軍, 大行王恢爲將屯將軍, 太中大夫李息爲材官將軍. 御史大夫韓安國爲護軍將軍, 諸將皆屬護軍. 約單于入馬邑而漢兵縱發. 王恢·李息·李廣別從代主擊其輜重. 於是單于入漢長城武州塞. 未至馬邑百餘里, 行掠鹵, 徒見畜牧於野, 不見一人. 單于怪之, 攻烽燧, 得武州尉史. 欲刺問尉史. 尉史曰:「漢兵數十萬伏馬邑下.」單于顧謂左右曰:「幾爲漢所賣!」乃引兵還. 出塞, 曰:「吾得尉史, 乃天也.」命尉史爲「天王」. 塞下傳言單于已引去. 漢兵追至塞, 度弗及, 卽罷. 王恢等兵三萬, 聞單于不與漢合, 度往擊輜重, 必與單于精兵戰, 漢兵勢必敗, 則以便宜罷兵, 皆無功. 天子怒王恢不出擊單于輜重, 擅引兵罷也. 恢曰:「始約虜入馬邑城, 兵與單于接, 而臣擊其輜重, 可得利. 今單于聞, 不至而還, 臣以三萬人衆不敵, 提取辱耳. 臣固知還而斬, 然得完陛下士三萬人.」於是下恢廷尉. 廷尉當恢逗橈, 當斬. 恢私行千金丞相蚡. 蚡不敢言上, 而言於太后曰:「王恢首造馬邑事, 今不成而誅恢, 是爲匈奴報仇也.」上朝太后, 太后以丞相言告上. 上曰:「首爲馬邑事者, 恢也, 故發天下兵數十萬, 從其言, 爲此. 且縱單于不可得, 恢所部擊其輜重, 猶頗可得, 以慰士大夫心. 今不誅恢, 無以謝天下.」於是恢聞之, 乃自殺.

2.《漢書》竇田灌韓(韓安國)列傳

匈奴來請和親, 上下其議. 大行王恢, 燕人, 數爲邊吏, 習胡事, 議曰:「漢與匈奴和親, 率不過數歲卽背約. 不如勿許, 擧兵擊之.」安國曰:「千里而戰, 卽兵不獲利.

今匈奴負戎馬足, 懷鳥獸心, 遷徙鳥集, 難得而制. 得其地不足爲廣, 有其衆不足爲彊, 自上古弗屬. 漢數千里爭利, 則人馬罷, 虜以全制其敝, 勢必危殆. 臣故以爲不如和親.」羣臣議多附安國, 於是上許和親.

明年, 雁門馬邑豪聶壹因大行王恢言:「匈奴初和親, 親信邊, 可誘以利致之, 伏兵襲擊, 必破之道也.」上乃召問公卿曰:「朕飾子女以配單于, 幣帛文錦, 賂之甚厚. 單于待命加嫚, 侵盜無已, 邊竟數驚, 朕甚閔之. 今欲擧兵攻之, 何如?」

大行恢對曰:「陛下雖未言, 臣固願效之. 臣聞全代之時, 北有彊胡之敵, 內連中國之兵, 然尚得養老長幼, 種樹以時, 倉廩常實, 匈奴不輕侵也. 今以陛下之威, 海內爲一, 天下同任, 又遣子弟乘邊守塞, 轉粟輓輸, 以爲之備, 然匈奴侵盜不已者, 無它, 以不恐之故耳. 臣竊以爲擊之便.」

御史大夫安國曰:「不然. 臣聞高皇帝嘗圍於平城, 匈奴至者投鞍高如城者數所. 平城之飢, 七日不食, 天下歌之, 及解圍反位, 而無忿怒之心. 夫聖人以天下爲度者也, 不以己私怒傷天下之功, 故乃遣劉敬奉金千斤, 以結和親, 至今爲五世利. 孝文皇帝又嘗壹擁天下之精兵聚之廣武常谿, 然終無尺寸之功, 而天下黔首無不憂者. 孝文寤於兵之不可宿, 故復合和親之約. 此二聖之迹, 足以爲效矣. 臣竊以爲勿擊便.」

恢曰:「不然. 臣聞五帝不相襲禮, 三王不相復樂, 非故相反也, 各因世宜也. 且高帝身被堅執銳, 蒙霧露, 沐霜雪, 行幾十年, 所以不報平城之怨者, 非力不能, 所以休天下之心也. 今邊竟數驚, 士卒傷死, 中國槥車相望, 此仁人之所隱也. 臣故曰擊之便.」

安國曰:「不然. 臣聞利不十者不易業, 功不百者不變常, 是以古之人君謀事必就祖, 發政占古語, 重作事也. 且自三代之盛, 夷狄不與正朔服色, 非威不能制, 彊弗能服也, 以爲遠方絶地不牧之民, 不足煩中國也. 且匈奴, 輕疾悍亟之兵也, 至如猋風, 去如收電, 畜牧爲業, 孤弓射獵, 逐獸隨草, 居處無常, 難得而制. 今使邊郡久廢耕織, 以支胡之常事, 其勢不相權也. 臣故曰勿擊便.」

恢曰:「不然. 臣聞鳳鳥乘於風, 聖人因於時. 昔秦繆公都雍, 地方三百里, 知時宜之變, 攻取西戎, 辟地千里, 并國十四, 隴西・北地是也. 及後蒙恬爲秦侵胡, 辟數千里, 以河爲竟, 累石爲城, 樹輸爲塞, 匈奴不敢飲馬於河, 置烽燧然後敢牧馬. 夫匈奴獨可以威服, 不可以仁畜也. 今以中國之盛, 萬倍之資, 遣百分之一以攻匈奴, 譬猶以彊弩射且潰之癕也, 必不留行矣. 若是, 則北發月氏可得而臣也. 臣故曰擊之便.」

安國曰:「不然. 臣聞用兵者以飽待饑, 正治以待其亂, 定舍以待其勞. 故接兵覆衆, 伐國墮城, 常坐而役敵國, 此聖人之兵也. 且臣聞之, 衝風之衰, 不能起毛羽; 彊弩之末, 力不能入魯縞. 夫盛之有衰, 猶朝之必莫也. 今將卷甲輕擧, 深入長敺, 難以爲功;

從行則迫脅, 衡行則中絶, 疾則糧乏, 徐則後利, 不至千里, 人馬乏食. 兵法曰: 『遺人獲也.』意者, 有它繆巧可以禽之, 則臣不知也; 不然, 則未見深入之利也. 臣故曰勿擊便.」

恢曰: 「不然. 夫草木遭霜者不可以風過, 清水明鏡不可以形逃, 通方之士, 不可以文亂. 今臣言擊之者, 固非發而深入也, 將順因單于之欲, 誘而致之邊, 吾選梟騎壯士陰伏而處以爲之備, 審遮險阻以爲其戒. 吾勢已定, 或營其左, 或營其右, 或當其前, 或絶其後, 單于可禽, 百全必取.」

上曰: 「善」乃從恢議. 陰使聶壹爲間, 亡入匈奴, 謂單于曰: 「吾能斬馬邑令丞, 以城降, 財物可盡得.」單于愛信, 以爲然而許之. 聶壹乃詐斬死罪囚, 縣其頭馬邑城下, 視單于使者爲信, 曰: 「馬邑長吏已死, 可急來.」於是單于穿塞, 將十萬騎入武州塞. 當是時, 漢伏兵車騎材官三十餘萬, 匿馬邑旁谷中. 衛尉李廣爲驍騎將軍, 太僕公孫賀爲輕車將軍, 大行王恢爲將屯將軍, 太中大夫李息爲材官將軍. 御史大夫安國爲護軍將軍, 諸將皆屬. 約單于入馬邑縱兵. 王恢・李息別從代主擊輜重. 於是單于入塞, 未至馬邑百餘里, 覺之, 還去. 語在匈奴傳. 塞下傳言單于已去, 漢兵追至塞, 度弗及, 王恢等皆罷兵.

上怒恢不出擊單于輜重也, 恢曰: 「始約爲入馬邑城, 兵與單于接, 而臣擊其輜重, 可得利. 今單于不至而還, 臣以三萬人衆不敵, 祇取辱. 固知還而斬, 然完陛下士三萬人.」於是下恢廷尉, 廷尉當恢逗橈, 當斬. 恢行千金丞相蚡. 蚡不敢言上, 而言於太后曰: 「王恢首爲馬邑事, 今不成而誅恢, 是爲匈奴報仇也.」上朝太后, 太后以蚡言告上. 上曰: 「首爲馬邑事者恢, 故發天下兵數十萬, 從其言, 爲此. 且縱單于不可得, 恢所部擊, 猶頗可得, 以尉士大夫心. 今不誅恢, 無以謝天下.」於是恢聞, 乃自殺.

3. 기타 참고자료

《漢書》西域傳(下) 渠犂國・《漢書》食貨志(上)「武帝末年, 悔征伐之事」부분

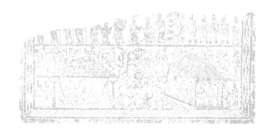

188(10-14) 孝武皇帝時中大夫主父偃
제후의 세력을 약화시키는 방법

효무황제孝武皇帝 때였다.

중대부中大夫인 주보언主父偃이 이러한 계책을 아뢰었다.

"옛날 제후들은 그 땅이 1백 리를 넘지 않아 그 강약의 형세가 분명하였기 때문에 쉽게 제압할 수가 있었습니다. 그러나 지금의 제후들은 가끔 그 연결된 성이 수십 개가 될 정도로 규모가 크고, 그 땅이 천리나 되는 것도 있습니다. 이들은 풀어 준다면 교만하게 굴어 쉽게 제멋대로 날뛰고, 급하게 죄면 자기의 강함을 믿고 말을 듣지 않거나 서로 합종合從하여 경사京師의 명령에 거역하기를 모의하기도 합니다. 그렇다고 지금 법으로 이들을 꺾어 버리려고 하였다가는 반역의 싹을 트게 해 주는 것과 같으니, 바로 지난날 조착晁錯 때의 난이 그 예입니다. 지금 제후들은 그 자제들이 더러는 십수 명에 이르지만 적자適子만 세습을 받을 수 있을 뿐, 그 나머지 자녀는 비록 골육지친骨肉至親일지라도 한 뼘의 땅도 얻어 갖지 못합니다. 이 때문에 인효仁孝의 도가 널리 선양되지 못하고 있습니다. 원컨대 폐하께서는 제후들로 하여금 은의恩義의 도를 널리 펴도록 하셔서 그 나머지 자제

漢 武帝(劉徹: B.C.156~B.C.87)
《三才圖會》

들에게도 땅을 나누어 주어 후
侯를 삼을 수 있도록 해 주신
다면 그들은 누구나 다 원하는
바를 얻게 되어 즐거워할 것
입니다. 이는 임금께서는 덕을
베푸는 것인 동시에 사실은 그
나라를 나누어 봉하는 것이 되
어 스스로 약화되도록 하는 이
점이 있는 것입니다."

이에 왕이 그의 계책에 따라
변방의 말이나 무기들이 제후

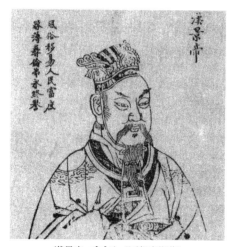

漢景帝 명각본 《歷代帝賢像》

의 나라로 흘러들어가지 못하게 하는 한편, 제후들 사이의 유세遊說의
길도 끊고, 제후에 관한 법을 더욱 강화하여 잘못하는 군주의 죄를
연루시켜 엄하게 다스릴 수 있도록 하였다.

이리하여 제후의 왕들은 드디어 약해지기 시작하였으며 제후들 간에
합종하는 일들도 사라지게 되었다. 이는 모두가 주보언의 모책 덕분이었다.

孝武皇帝時, 中大夫主父偃爲策曰:「古諸侯不過百里, 強弱
之形易制也. 今諸侯或連城數十, 地方千里, 緩則驕, 易爲淫亂;
急則阻其強而合從, 謀以逆京師. 今以法割之, 卽逆節萌起, 前日
晁錯是也. 今諸侯子弟或十數, 而適嗣代立, 餘雖骨肉, 無尺地
之封, 則仁孝之道不宣. 願陛下令諸侯得推恩, 分子弟以地侯之,
彼人人喜得所願, 上以德施, 實封其國, 而稍自消弱矣.」

於是上從其計. 因關馬及弩不得出, 絶遊說之路, 重附益諸
侯之法, 急註誤其君之罪, 諸侯王遂以弱, 而合從之事絶矣. 主父
偃之謀也.

【孝武皇帝】 西漢의 武帝 劉徹. 앞 장 참조. [前出]

【主父偃】 人名. 漢나라 때 臨淄人.《史記》平津侯主父列傳 참조.

【鼂錯】 刑名을 배웠으며 文學에 뛰어났다.《尙書》를 伏生으로부터 배워 『智囊』이라 불렸다. 景帝 때에 御史大夫를 지냈으며, 諸侯의 권력을 깎아내리 도록 하자 吳楚七國이 이를 거부하고 鼂錯를 벌한다는 명분으로 亂을 일으키게 되었다.

【詿誤】 잘못이 있을 때 이를 연루시킴을 뜻한다.

참고 및 관련 자료

1.《史記》平津侯主父列傳

主父偃者, 齊臨菑人也. 學長短縱橫之術, 晚乃學易·春秋·百家言. 游齊諸生閒, 莫能厚遇也. 齊諸儒生相與排擯, 不容於齊. 家貧, 假貸無所得, 迺北游燕·趙·中山, 皆莫能厚遇, 爲客甚困. 孝武元光元年中, 以爲諸侯莫足游者, 乃西入關見衛將軍. 衛將軍數言上, 上不召. 資用乏, 留久, 諸公賓客多厭之, 乃上書闕下. 朝奏, 暮召入見. 所言九事, 其八事爲律令, 一事諫伐匈奴.(중략)

偃說上曰:「古者, 諸侯不過百里, 彊弱之形易制. 今諸侯或連城數十, 地方千里, 緩則驕奢易爲淫亂, 急則阻其彊而合從以逆京師. 今以法割削之, 則逆節萌起, 前日 鼂錯是也. 今諸侯子弟或十數, 而適嗣代立, 餘雖骨肉, 無尺寸地封, 則仁孝之道不宣. 願陛下令諸侯得推恩分子弟, 以地侯之. 彼人人喜得所願, 上以德施, 實分其國, 不削 而稍弱矣.」於是上從其計. 又說上曰:「茂陵初立, 天下豪桀幷兼之家, 亂衆之民, 皆可徙茂陵, 內實京師, 外銷姦猾, 此所謂不誅而害除.」上又從其計.

2.《漢書》主父偃傳

主父偃, 齊國臨菑人也. 學長短從橫術, 晚乃學易·春秋·百家之言. 游齊諸子間, 諸儒生相與排擯, 不(客)[容]於齊. 家貧, 假貸無所得, 北游燕·趙·中山, 皆莫能厚, 客甚困. 以諸侯莫足游者, 元光元年, 乃西入關見衛將軍. 衛將軍數言上, 上不省. 資用乏, 留久, 諸侯賓客多厭之, 乃上書闕下. 朝奏, 暮召入見. 所言九事, 其八事爲 律令, 一事諫伐匈奴.(중략)

偃說上曰:「古者, 諸侯地不過百里, 彊弱之形易制. 今諸侯或連城數十, 地方千里, 緩則驕奢易爲淫亂, 急則阻其彊而合從以逆京師. 今以法割削, 則逆節萌起, 前日朝錯

是也. 今諸侯子弟或十數, 而適嗣代立, 餘雖骨肉, 無尺地之封, 則仁孝之道不宣. 願陛下令諸侯得推恩分子弟, 以地侯之. 彼人人喜得所願, 上以德施, 實分其國, 必稍自銷弱矣.」於是上從其計. 又說上曰:「茂陵初立, 天下豪桀兼幷之家, 亂衆民, 皆可徙茂陵, 內實京師, 外銷姦猾, 此所謂不誅而害除.」上又從之.

신
서

부 록

I. 《신서》 일문

〈伏生授經圖〉 王維(唐) 일본 오사카시립미술관 소장

I. 《신서新序》 일문佚文

노문초盧文弨는 《군서습보群書拾補》에서 《신서》 부분의 앞에 다음과 같이 말하였다.

"新序, 隋, 唐志俱三十卷, …… 此書今止十卷…… 有今書所無, 見於他書者, 隨所見滙鈔於後, 以補其逸云."

그리고는 52조(장)를 모았다. 한편 엄가균嚴可均은 중복된 "周昌者沛人"(盧文弨의 제 9조 제32조)을 한 조로 고치고 《북당서초北堂書鈔》 권13의 "攘服四夷, 天下安然"을 다시 한 조로 하여 자신의 《전한문全漢文》에 실었다. 그 뒤 민국 연간에 장국전張國銓은 《신서교주新序校注·신서일문교집新序佚文校輯》에서 《군서치요》(권42)를 근거로 노문초 집일의 2·3·41·42 각 조, 즉 "臧孫行猛政"을 한 조로 합하고 다시 마통馬統의 《의림意林》 권3을 근거로 노문초의 14·37 두 조, 즉 "諸子奇年十八"을 한 조로 하는 대신 지금 《신서》와 내용이 동일한 노문초의 24조("平公問叔向"), 38조("桓公與管仲鮑叔, 寧戚飲") 두 조를 산거刪去해 버렸다. 여기서 노문초의 "孫武, 樂毅之徒"를 산거하지 않아야 할 것을 없앤 것이며, 그 외에 장씨는 다시 10조항을 증보하였다. 그러나 조선이趙善詒는 《신서소증新序疏證·신서일문집新序佚文輯》에서 다시 지금 《신서》의 4권 "勇士一呼"와, 같은 노문초 집일의 51조와, 노문초의 19조 "上古之時"와 같은 엄씨의 "攘服四夷", 한 조를 없애고 대신 자기 나름대로 3조를 증보하였다. 그리고 엽유명葉幼明의 《신역신서독본新譯新序讀本》(三民書局)에서는 설명 없이 엄가균의 《전한문》에 실린 일문 52를 전재해 놓았다.

그런가 하면 이화년李華年은 《신서전역新序全譯》에서 하버드대학 연경
학회燕京學會 섭숭기聶崇岐 등이 편한 《태평어람인득太平御覽引得》을 근거로
3조항을 더 찾아 넣었다. 이에 《신서전역》을 근거로 일문 56조를 전재하면
다음과 같다.(일부 문장과 문자는 엽유명《신서독본》의 것을 대조 조정하였다.)

1. 《北堂書鈔》 83과 《太平御覽》 607에 引用된 것

齊王問墨子曰:「古之學者爲己, 今之學者爲人, 何如?」對曰:「古之學者
得一善言, 以附其身; 今之學者得一善言, 務以悅人.」

2. 《荀子》 彊國篇의 楊倞의 注에 引用된 것

李斯問荀卿曰:「當今之時, 爲秦奈何?」孫卿曰:「力術止, 義術行, 秦之謂也.」

3. 《荀子》 正名篇의 楊倞의 注에 引用된 것

子産決鄧析敎民之難, 約大獄袍衣, 小獄襦袴. 民之獻袍衣襦袴者不可勝數.
以非爲是, 以是爲非, 鄭國大亂, 民口讙譁, 子産患之. 於是討鄧析而僇之,
民乃服, 是非乃定.

◉ 趙善詒는 “《呂氏春秋》離謂篇에도 있다”고 하였다.

4. ≪太平御覽≫ 517 引用(전재)된 것

梁車新爲鄴令, 其姊往見之. 値暮, 郭門閉, 遂踰郭而入, 梁車新因刖其足. 趙成侯以爲不慈, 遂奪璽免官.

◉ 趙善詒는 "≪韓非子≫ 外儲說左下에도 있다"고 하였다.

5. ≪太平御覽≫ 174·457에 引用된 것

魯哀公爲室而大, 公儀子[公宜子]諫曰:「室大, 與人處則譁, 小與人處則悲, 願公適也.」曰:「聞命矣.」築室不輟. 明日, 又諫:「國小室大, 百姓必怨吾君. 諸侯聞之, 必輕吾國.」公曰:「聞命矣.」築室不輟, 明日, 又諫曰:「左昭右穆, 爲室而大, 以臨二先君, 無乃害於孝乎?」於是哀公毀室而止.

◉ 趙善詒는 "≪淮南子≫ 人間訓에도 있다"고 하였다.

6. ≪太平御覽≫ 428에 引用된 것

齊景公游於牛山之上, 而北望齊, 曰:「美哉國乎! 使古無死者, 則寡人將去斯, 如之何?」乃泣沾襟. 高子曰:「然. 賴君之賜, 蔬食惡肉, 可得而食也; 駑馬棧車, 可得而乘也. 且不欲死, 而況吾君乎?」俯而垂泣. 晏子拊手而笑曰: 樂哉, 今日嬰之遊也! 見怯君一而諛臣二. 使古之無死者, 則太公·丁公至今猶存. 吾君方爲被蓑笠而立乎畎畝之中, 唯事之恤, 何暇念死乎?」景公慚焉.

◉ 盧文弨는 "≪韓詩外傳≫ 卷十에 있다"고 하였고, 張國銓은 "≪晏子春秋≫에 있다"라 하였으며, 趙善詒는 "≪列子≫ 力命篇에도 있다"고 하였다.

7. 《太平御覽》 740에 引用된 것

周昌者, 沛人, 以軍功封汾陰侯·御史大夫. 高帝欲廢惠帝, 立戚夫人子如意, 群臣固爭, 莫能得. 昌廷爭之强, 上問其說. 昌爲人吃, 曰:「臣口不能言, 臣期期知其不可也. 陛下欲廢太子, 臣期期不奉詔.」

◉ 趙善詒는 "《史記》 周昌傳에 있다"고 하였다.

8. 《群書治要》 42 및 《藝文類聚》 22에 引用된 것

齊有田巴先生者, 行修於內, 智明於外. 齊王聞其賢, 聘之, 將問政焉. 田巴先生改製新衣, 拂飾冠帶, 顧謂其妾, 曰:「何若?」其妾曰:「姣.」將出門, 問其從者曰:「何若?」從者曰:「姣.」過於淄水, 自照視, 醜惡甚矣. 遂見齊王. 齊王問政, 對曰:「政在正身, 正身之本, 在於群臣. 今者, 大王召臣, 臣改製髥飾, 將造公門, 問於臣妾曰:『奚若?』妾愛臣, 諛臣曰:『姣.』將出門問從者, 從者畏臣, 曰:『姣.』臣據臨淄水而觀影, 然後自知醜惡也. 今齊之臣妾諛王者, 非特二人, 王如臨淄水, 見己之惡, 過而自改, 斯齊國治矣.」

◉ 李華年은 "《群書治要》 42와 《藝文類聚》 23에서 盧文弨는 《太平御覽》 63·382에 의거하여 집록하였다" 하였다. 趙善詒는 "王應麟 《困學紀聞》 十亦引此, 周中孚 《鄭堂禮記》 四云 「本《齊策》 鄒忌修八尺有餘篇.」 按又與 《呂氏春秋·達鬱》 列精子高事相類"고 하였다.

9. 《太平御覽》 383에 引用된 것

孔子見宋榮啓期, 老, 白首, 衣弊服, 鼓琴自樂. 孔子問曰:「先生老而窮, 何樂也?」啓期曰:「吾有三樂: 天生萬物, 以人爲貴, 吾得爲人, 一樂也; 人生以男爲貴, 吾得爲男, 二樂也; 人生命有傷夭, 吾年九十歲, 是三樂也. 貧者士之常, 死者人之終, 居常以守終, 何不樂乎?」

◉ 張國銓은 "《說苑》雜言篇에 있다"고 하였으며, 趙善詒는 "또한《列子》天瑞篇과《孔子家語》六本篇에도 있다"라 하였다.

10. 《太平御覽》 438·369·417에 引用된 것

崔氏弑莊公, 申蒯漁於海而後至, 入將死之. 其御止之曰:「君之無道, 聞於天下, 不可死也.」申蒯曰:「告我晚. 子不早告我. 吾安得食亂君之祿, 而死治君之事乎? 子勉之, 子無死.」其御曰:「子有亂主, 猶死之; 我有治長, 奈何勿死?」申蒯至門曰:「申蒯聞君死, 請入弔.」守門者以告, 崔杼曰:「勿內.」申蒯曰:「汝疑我乎? 吾與汝臂.」乃斷其左臂以予其門者, 門者以示崔杼, 崔杼陳八列曰:「令入.」申蒯拔劍呼天, 三踊乃鬪, 殺七列, 未及崔杼一列而死. 其御亦死之門外. 君子聞之曰:「蒯可謂守節死義矣.」

◉ 趙善詒는 "이 사건은《左傳》襄公 25年 傳에 실려 있다"고 하였으며, 李華年은 "《初學記》17에 이를 引用하였으나 비교적 간략하다"라 하였다.

11. 《太平御覽》 268에 引用된 것

昔子奇年十八, 齊君使之治阿. 旣行矣, 悔之. 使使追之, 曰:「未至阿, 及之, 還之; 己至, 勿還也.」使者及之而不還, 君問其故, 對曰:「臣見使與共載者, 白首也. 夫以老者之智, 以少者之決, 必能治阿矣, 是以不還.」

◎ 趙善詒는 "《後漢書》胡廣傳의 注. 그리고 《邊讓傳》의 注. 또한 《文選》潘正叔贈河陽詩의 주에서 이를 引用하면서 《說苑》에 근거하였다 하였으나, 지금의 《說苑》에도 역시 이 문장이 없다"고 하였다.

12. 《太平御覽》 353에 引用된 것

齊景公遊海上, 樂之. 六月不歸, 令左右:「敢言歸者死.」顔歜諫曰:「君樂治海上, 不樂治國. 儻有治國者, 君且安得樂出海也?」公據戟將斫之. 歜撫衣而待之曰:「君奚不斫也? 昔桀殺關龍逢, 紂殺王子比干, 君奚不斫? 以臣參此二人, 不亦可乎?」公遂歸.

◎ 張國銓은 "이는 《說苑》正諫篇에도 보인다"라 하였고, 趙善詒는 "《韓非子》十過篇에도 보인다"고 하였다.

13. 《太平御覽》 500에 引用된 것

昌邑王治側鑄冠十枚, 以冠賜師友儒者. 後以冠冠奴, 答遂免冠歸之, 曰:「王賜儒者冠, 下至臣. 今以餘冠冠奴, 是大王奴虜畜臣也.」

◎ 李華年은 "《藝文類聚》 35에도 있다"라고 하였다.

14. 《太平御覽》 710에 引用된 것

昌邑王徵爲天子, 到營陽, 實積竹刺杖二枚. 龔遂諫曰:「積竹刺杖者, 驕蹇少年杖也, 大王奉大喪, 當拄竹杖.」

⊛ 趙善詒는 "《漢書》武五子傳에 營濟로 실려 있다"고 하였다.

15. 《太平御覽》 682에 引用된 것

昌邑王取侯王二千石墨綬·黃綬, 與左右佩之. 龔遂諫曰:「高皇帝造花綬五等, 陛下取之而與賤人, 臣以爲不可, 願陛下收之.」

16. 《太平御覽》 271에 引用된 것

上古之時, 其民敦朴. 故三皇敎而不誅, 無師而威. 故善爲者不師, 三皇之德也. 至於五帝, 有師旅之備而無用. 故善師者不陣, 五帝之謂也. 湯伐桀, 文王伐崇, 武王伐紂, 皆陣而不戰, 故善陣者不戰, 三王之謂也. 及夏后氏之伐有扈, 殷高宗之討鬼方, 周宣王之征熏鬻而不血刃, 皆仁聖之惠, 時化之風也. 至齊桓侵蔡而蔡潰, 伐楚而楚服, 而彊楚以致苞茅之貢於周室, 北伐山戎, 使奉朝覲, 三存亡, 一繼絶, 九合諸侯, 一匡天下, 衣裳之會十有一, 嘗大戰, 亦不血刃. 至晉文公設虎皮之威, 陳曳柴之僞, 以破楚師而安中國. 故曰善戰者不死, 晉文公之謂也. 楚昭王遭闔閭之禍, 國滅, 昭王出亡, 父老迎而哭之. 昭王曰:「寡人不仁, 不能守社稷, 父老反矣, 何憂無君? 寡人且從此入海矣.」父老曰:「有君若此, 其賢也.」及申包胥請救, 哭秦庭七日, 秦君憐而救之, 秦·楚同心, 遂走吳師, 昭王反國. 故善死者不亡, 昭王之謂也. 是故自晉文公

以下至戰國, 而暴兵始衆. 於是以彊幷弱, 以大吞小. 故彊國務攻, 弱國備守, 合從連衡, 群相征伐. 故戰則稱孫吳, 守則稱墨翟. 至秦而以兵幷天下, 窮兵極武而亡. 及項羽尙暴而滅, 漢以寬仁而興, 故能掃除秦之苛暴矣. 孝武皇帝攘服四夷, 其後天下安然. 故世之爲兵者, 其行事略可睹也.

◉ 趙善詒는 "《穀梁》莊公八年傳云, '善爲國者不師, 善師者不陳, 善陳者不戰, 善戰者不死, 善死者不亡', 疑爲本章上節所本"이라고 하였다.

17. 《太平御覽》 305에 引用된 것

湯居亳七十里, 地與葛伯爲鄰. 葛伯放淫不祀, 湯使人問之曰: 「何爲不祀?」曰: 「無以供犧牲也.」湯使人遺之牛羊, 葛伯食之, 又不以祀. 湯又使人問曰: 「何爲不祀?」曰: 「無以共粢盛也.」湯又使亳衆往爲之耕, 老弱饋食. 葛伯率其民, 要其有酒肉黍稻者奪之, 不與者殺之. 有一童子以黍肉餉, 殺而奪之也. 書曰: 「葛伯仇餉.」此之謂也. 爲其殺是童子而征之, 四海之內皆曰: 「非當天下也, 爲匹夫匹婦復讎也.」

◉ 趙善詒는 "이는 《孟子》 滕文公下에도 보인다"라고 하였고, 李華年은 "이 條는 盧文弨의 輯佚은 문장이 순통치 못하여 中華書局 영인의 宋本《太平御覽》을 근거로 다시 교정을 본 것"이라고 밝혔다.

18. 《太平御覽》 811에 引用된 것

公孫敖問伯象先生曰: 「今先生收天下之術, 博觀四方之日, 久矣. 未能裨世主之治, 明君臣之義, 是則未有異於府庫之藏金玉, 筐篋之橐間簡書也.」

19. ≪太平御覽≫ 813에 引用된 것

公孫敖曰:「夫玉石金鐵, 猶可琢磨以爲器用, 而況於人?」

20. ≪太平御覽≫ 861에 引用된 것

紂王天下, 熊羹不熟而殺庖人.

◉ 李華年은 "≪初學記≫ 26에도 보인다"고 하였다.

21. ≪太平御覽≫ 581에 引用된 것

楚王使謁者徐光迎方輿, 盲人吹竽者, 龔遂乃去.

◉ 李華年은 中華書局本 "≪太平御覽≫을 근거로 교정한 것"이라. 밝혔다.

22. ≪太平御覽≫ 60에 引用된 것

禹南濟于江, 黃龍負舟, 舟中之人皆失色. 禹仰天而歎曰:「吾受命於天, 死生命也.」龍俯首而逝.

◉ 趙善詒는 "≪呂氏春秋≫ 知分篇에도 있다"라 하였으며, 李華年은 "中華書局 본 ≪太平御覽≫을 근거로 교정을 보았다"고 밝혔다.

23. ≪太平御覽≫ 437에 引用된 것

勇士一呼, 三軍皆辟易, 士之誠也. 夫勇士孟賁, 水行不避蛟龍, 陸行不避虎狼. 發怒吐氣, 聲響動天. 至其死矣, 頭身斷絶. 夫不用仁而用武, 當時雖快, 身必無後, 是以孔子勤勤行仁.

◎ 趙善詒는 "前三句又見≪淮南子·繆稱訓≫·及≪韓詩外傳≫卷六之二十四.「夫勇士孟賁」至「聲響動天」五句,≪後漢書·鄭太列傳≫注引作≪說苑≫,≪御覽≫三八六引同, 今≪說苑≫此章亦佚.≪史記·袁盎傳≫索隱引≪尸子≫云:「孟賁水行不避蛟龍, 陸行不避兕虎.」張國銓云:『頭三句見≪新序≫卷四"라고 하였다.

24. ≪太平御覽≫ 437에 引用된 것

齊遣淳于髠到楚, 髠爲人短小, 楚王甚薄之. 謂曰:「齊無人邪? 而使子來, 子何長也?」對曰:「臣無所長, 腰中七尺之劍, 欲斬無壯.」王曰:「止, 吾但戲子耳.」與髠共飲.

◎ 趙善詒는 "此又見≪藝文類聚≫九六.≪北堂書鈔≫四十·≪御覽≫二四三·三七八·七三六·七七九等引作≪說苑≫, 今≪說苑≫此文亦佚. 文中「壯」字,≪類聚≫·≪書鈔≫等引≪說苑≫均作「狀」"이라고 하였다.

25. ≪太平御覽≫ 437에 引用된 것

秦王以五百里地易鄢陵, 鄢陵君辭不受. 使唐且謝秦王. 王忿然變色, 怒曰:「亦嘗見天子之怒乎?」且曰:「臣未嘗見.」王曰:「夫天子之怒, 伏屍百萬, 流血千里.」且曰:「大王亦嘗見布衣韋帶士之怒乎?」王曰:「布衣韋帶士之怒,

解冠徒跣, 以頭搶地耳, 何難知者?」且曰:「此乃庸夫庶人之怒耳, 非布衣韋
帶士之怒也. 夫專諸刺王僚, 彗星襲日, 奔星晝出; 要離刺王子慶忌, 倉鷹擊
於臺上; 聶政刺韓王, 白虹貫日. 此三者, 皆布衣怒也, 與臣將四. 士無怒則已,
一怒, 伏屍二人, 流血五步.」卽案其匕首, 起視秦王曰:「今將是矣!」王色變,
跪曰:「先生就坐, 寡人喩矣. 鄢陵獨以五十里在者, 徒用先生故乎!」

◎ 張國銓은 "此又見《說苑·奉使》, 疑《御覽》誤作《新序》. 周中孚《鄭堂禮記》
四曰:「秦王以五百里地易鄢陵, 與《魏策·秦王使人詔安陵君篇》大同小異」"라고
하였고, 趙善詒는 "《說苑·奉使篇》較此爲詳. 此文疑有脫誤. 聶政刺韓相俠累, 俠累名
傀, 爲韓君之季父.《說苑》作聶政刺韓王之季父,《魏策四》作聶政刺韓傀, 今文作韓王
誤"라 하였으며, 李華年은 "中華書局本《太平御覽》을 근거로 교정을 보았다"고
밝혔다.

26. 《太平御覽》 437에 引用된 것

林旣衣韋衣而朝齊景公, 景公曰:「此君子之服邪? 小人之服邪?」林旣作
色曰:「夫服事何足以揣士行乎? 昔荊爲長劍危冠, 令尹子西出焉; 齊桓短衣
而遂之溝冠, 管仲·隰朋出焉; 越文身翦髮, 范蠡·大夫種亦出焉. 西戎左衽
而椎結, 由余亦出焉. 如君言, 衣犬裘者當犬號, 衣羊裘者當羊鳴. 今君衣狐
裘以朝, 得無爲變乎?」景公曰:「子自以爲勇捍乎?」曰:「登高臨危, 而目不眴,
而足不凌者, 此工匠之勇捍也. 入深泉, 取蛟龍, 拘黿而出者, 此漁夫之勇捍也.
入深山, 刺虎豹, 抱熊而出者, 此獵夫之勇捍也. 夫不難斷頭裂腹, 暴骨流血
中野者, 此武士之勇捍也. 今臣居廣廷, 作色而辨, 以犯主君之怒, 前雖有乘
軒之賞, 未爲之動也; 後雖有斧鑕之威, 未爲之恐也. 此旣之所以爲勇捍也.」

◎ 張國銓은 "此條又見《說苑·善說》, 疑《御覽》誤作《新序》. 五勇之語與《意林》所引
《胡非子》略同"이라 하였고, 李華年은 "中華書局本 영인의 宋本《太平御覽》을 근거
로 교정을 본 것"이라고 하였다.

27. 《太平御覽》 375에 引用된 것

文王之葬枯骨, 無益衆庶, 衆庶悅之, 恩義動人也.

◉ 張國銓은 "本書卷五(第78條)有文王葬枯骨事而文略異"라 하였고, 趙善詒는 "此條《意林》引作《新論》, 見今輯本《新論·言體》卷四"라고 하였다.

28. 《太平御覽》 39에 引用된 것

挾泰山以超北海.

◉ 張國銓은 "此語見《孟子·梁惠王上》"라 하였고, 趙善詒는 《墨子·兼愛中》有 「挈泰山, 越河濟」, 《兼愛下》有「挈苛太山以超江河」, 蓋當時有此語"라고 하였다.

29. 《初學記》 24·《太平御覽》 187에 引用된 것

諸侯垣牆有黑堊之色, 無丹靑之色.

30. 《荀子》 王霸篇 楊倞의 注에 引用된 것

賤之如尫豕.

31. ≪後漢書≫ 崔駰傳의 注에 引用된 것

伊尹蒙恥辱, 負鼎俎以干湯.

32. ≪文選≫ 東京賦 注에 引用된 것

營, 度也.

33. ≪文選≫ 嵇叔夜贈秀才入軍詩 注에 引用된 것

楚王載繁弱之弓, 忘歸之矢, 以射兕於雲夢.

34. ≪文選≫ 鄒陽上書吳王 注에 引用된 것

公孫龍謂平原君曰:「臣居魯則聞下風, 高先生之知, 悅先生之行.」

35. ≪文選≫ 孫子荊爲石仲客與孫皓書 注에 引用된 것

孔子曰:「聖人雖生異世, 相襲若規矩.」

36. ≪文選≫ 孫子荊爲石仲客與孫皓書 注에 引用된 것

趙良謂商君曰:「君亡, 可翹足而待也.」

37. ≪文選≫ 陳孔璋檄吳將校部曲文 注에 引用된 것

趙良謂商君曰:「君亡, 可翹足而待也.」

◎ 李華年의 ≪新序全譯≫에 36條의 일련번호가 두 곳이다. 이에 그대로 실었다. 趙善詒는 "此語又見≪史記·商君列傳≫"이라고 하였다.

38. ≪文選≫ 于令升晉紀總論 注에 引用된 것

太王亶父止於岐下, 百姓扶老携幼, 隨而歸之, 一年成邑, 二年成都, 三年五倍其初.

39. ≪文選≫ 陸士衡辯亡論上의 注에 引用된 것

及定王, 王室遂卑矣.

◎ 趙善詒는 "≪文選≫陸士衡 〈五等論〉注引作「及定王, 王室遂卑」"라 하였다.

40. 《文選》潘安仁楊仲武誄에 引用된 것

晉襄公之孫周爲晉國, 休戚不倍本也.

41. 《太平御覽》 276에 引用된 것

孫武・樂毅之徒, 皆前世之賢將也, 久遠深奧, 其事難知. 至於吳漢, 近時人耳, 起於販馬, 立爲良將, 垂名竹帛, 天下歸德, 此可慕也.

◉ 李華年은 "이 佚文은 張國銓, 趙善詒는 모두 刪去하였으나 이는 오류"라 하였다.
◉ 이상 40條의 佚文은 盧文弨의 《群書拾補・新序逸篇》을 참조할 것.

42. 《群書治要》 42에 引用된 것

臧孫行猛政, 子贛非之, 臧孫召子贛而問曰:「我不法耶?」曰:「法矣.」「我不廉耶?」曰「廉矣.」「我不能事耶?」曰:「能事矣.」臧孫曰:「三者吾唯恐不能, 今盡能之, 子尙何非耶?」子贛:「子法矣, 好以害人; 子廉矣, 好以驕上; 子能事矣, 好以陵下. 夫政者, 猶張琴瑟也, 大弦急則小弦絶矣. 是以位尊者德不可薄, 官大者治不可以小, 地廣者制不可以狹, 民衆者法不可以苛, 天性然也. 故曰: 罰得則奸邪止矣; 賞得則下歡悅矣. 由此觀之, 子則賊心已見矣, 獨不聞夫子産之相鄭乎? 其論推賢擧能也, 抑惡而所善. 故有大略者, 不問其所短; 有德厚者, 不問其小疵; 有大功者, 宿惡滅息. 成人之美, 不成人之惡也. 其牧民之道, 養之以仁, 敎之以禮, 使之以義, 修法練敎, 必尊民所樂. 故從其所便而處之, 因其所欲而與之, 順其所好而勸之. 賞之疑者從重, 罰之疑者

從輕. 其罰審, 其賞明, 其刑省, 其德純, 其治約而教化行矣. 治鄭七年而風俗和平, 災害不生, 國無刑人, 囹圄空虛. 及死, 國人聞之, 皆叩心流涕, 曰:『子産已死, 吾將安歸? 夫使子産命可易, 吾不愛家一人.』其生也則見愛, 其死也而可悲, 仕者哭於廷, 商人哭於市, 農人哭於野, 處女哭於室, 良人絕琴瑟, 大夫解佩玦, 婦人脫簪珥, 皆巷哭. 然則思者仁恕之道也.『君子之治, 始於不足見, 而終於不可及』, 此之謂也. 蓋德厚者報美, 怨大者禍深, 故曰德莫大於仁, 而禍莫大於刻. 夫善不可以爲求, 而惡不可以亂去. 今子方病, 民喜而相賀曰:『臧孫子已病.』幸其將死. 子之病少愈, 而民以相懼曰:『臧孫子病又愈矣, 何吾命之不幸也! 臧孫子又不死矣.』子之病也, 人以相喜; 生也, 人以相駭, 子之賊心亦甚深矣. 爲政若此, 如之何之非也!」於是臧孫子慚焉, 退而避位.

◎ 趙善詒는 "夫政者猶琴瑟也, 大弦急則小弦絕矣. 語亦見《韓詩外傳》卷一之二十三,《淮南子・繆稱》及《說苑・政理》之四. 又按『大夫解佩』,『大』疑『丈』之誤,《說苑・貴德》有『鄭子産死, 鄭丈夫舍玦珮, 婦人舍珠珥, 夫婦巷哭, 三月不聞竽琴之聲』可證"이라고 하였다.

43.《三國志》劉廙傳 注에 引用된 것

趙簡子欲專天下, 謂其相曰:「趙有犢犨・晉有鐸鳴, 魯有孔丘, 吾殺三人者, 天下可王也.」於是乃召犢犨・鐸鳴而問政焉, 已而殺之. 使使者聘孔子於魯, 以胖牛肉迎於河上, 使者語船人曰:「孔子卽上船, 中河必流而殺之.」孔子至, 使者致命, 進胖牛之肉. 孔子仰天而歎曰:「美哉水乎! 洋洋乎! 使丘不濟此水者命也夫!」子路趨而進曰:「何謂也?」孔子曰:「夫犢犨・鐸鳴, 晉國之賢大夫也, 趙簡子未得意之時, 須而後從政, 及其得意也殺之. 黃龍不返於涸澤, 鳳凰不擒其翳羅. 故刳胎焚林, 則麒麟不臻; 覆巢破卵, 則鳳凰不翔; 竭澤而漁, 則龜龍不見. 鳥獸之於不仁, 猶之避之, 況丘乎? 故虎嘯而谷風起, 龍興而景

雲見, 繫庭鐘於外而黃鐘應於內. 夫物類之相感, 精神之相應, 若響之應聲, 影之象形, 故君子違傷其類者. 今彼已殺吾類矣, 何爲之此乎?」於是遂回車, 不渡而還.

◎ 張國銓은 "盧輯舊有《御覽》八六三趙簡子使使者聘孔子於魯一條, 不及此文詳備, 今刪彼補錄此條於此"라 하였고, 趙善詒는 "此事亦見《史記·孔子世家》·《家語·困誓》及《孔叢子·記聞》, 但不及此條之詳"이라고 하였으며, 李華年은 "孫星衍輯《孔子集語·事譜下》已從《三國志》注輯出此條"라 하였다.

44. 《意林》 3에 引用된 것

子奇年十六, 齊君使治阿, 旣而君悔之, 遣遣使追. 追者反曰: 「子奇必能治阿, 共載皆白首也. 夫以老者智, 以少者決之, 必能治阿矣.」子奇至阿, 鑄庫兵以作耕器, 出倉廩以賑貧窮, 阿縣大治. 魏聞童子治邑, 庫無兵, 倉無粟, 乃起兵擊之. 阿人父率子, 兄率弟, 以私兵戰, 遂敗魏師.

◎ 張國銓은 "盧輯《御覽》二八六昔子奇年十八一條與此文略有出入, 而《後漢書·順帝紀》注子奇年十八一條, 則不及此文之詳. 盧氏失採, 今刪(盧輯)《後漢書》注一條, 而補錄此條於此"라고 하였다.

45. 《群書治要》 42에 引用된 것

孟子見齊宣王於雪宮, 王左右顧曰: 「賢者亦有此樂耶?」孟子對曰: 「有. 人不得, 則非其上矣. 不得而非其上者, 非也; 爲人之上者, 而不與民同樂者, 亦非也. 樂民之樂者, 人亦樂其樂; 憂人之憂者, 民亦憂其憂. 樂以天下, 憂以天下, 然而不王者, 未之有也.」

◎ 趙善詒는 "此見《孟子·梁惠王下》"라고 하였다.

46. 《群書治要》 42에 引用된 것

子路治蒲三年, 孔子過之, 入其境, 曰:「善哉由乎! 恭敬以信矣.」入其邑, 曰:「善哉由乎! 忠信以寬矣.」至於其廷, 曰:「善哉由乎! 明察以斷矣.」子貢執轡而問曰:「夫子未見由, 而三稱其善, 可得聞乎?」孔子曰:「我入其境, 田疇盡易, 草萊甚辟, 溝洫甚深, 此其恭敬以信, 故其民盡力也. 入其邑, 墻屋其崇, 樹木甚茂, 此忠信以寬, 其民不偸也. 入其廷, 廷甚閑, 此明察以斷, 故其民不擾也.」

◎ 趙善詒는 "此見《韓詩外傳》卷六之四及《孔子家語·辨政》. 三『廷』字均當作『庭』,《外傳》及《家語》作『庭』可證臧"이라고 하였다.

47. 《史記》 韓非列傳 集解에 引用된 것

申子之書, 言人主當執術無刑, 因循以督責臣下, 其責深刻, 故號曰「術」, 商鞅所爲書號曰「法.」皆曰「刑名」, 故號曰「刑名法術之書」.

48. 《史記》 商君列傳 集解에 引用된 것

秦孝公保殽·函之固, 以廣雍州之地, 東幷河西, 北收上郡, 國當兵强, 長雄諸侯, 周室歸藉, 四方來賀, 爲戰國霸君, 秦遂以强, 六世而幷諸侯, 亦皆商君之謀也. 夫商君極身無二慮, 盡公不顧私, 使民內急耕織之業以富國, 外重戰伐之賞以勸戎士, 法令必行, 內不阿貴寵; 外不偏疏遠. 是以令行而禁止, 法出而奸息, 故雖書云『無偏無黨』, 詩云『周道如砥, 其直如矢』, 司馬法之勵戎士, 周后稷之勸農業, 無以易此. 此所以幷諸侯也. 故孫卿曰:「四世有勝, 非幸也, 數也.」然無信, 諸侯畏而不親. 夫霸君若齊桓晉文者, 桓不倍柯之盟,

文不負原之期, 而諸侯畏其强而親信之. 存亡繼絶, 四方歸之, 此管仲·舅犯之謀也. 今商君倍公子卬之舊恩, 棄交魏之明信, 詐取三軍之衆, 故諸侯畏其强而不親信也. 藉使孝公遇齊桓晉文, 得諸侯之統將, 合諸侯之君, 驅天下之兵以伐秦, 秦則亡矣. 天下無桓·文之君, 故秦得以兼諸侯. 衛鞅始自以爲知霸王之德, 原其事不諭也. 昔周·召施善政, 及其死也, 後世思之, 『蔽芾甘棠』之詩是也. 嘗舍於樹下, 後世思其德不忍伐其樹, 況害其身乎? 管仲奪伯氏邑三百戶, 無怨言. 今衛鞅內刻刀鋸之刑, 外深鈇鉞之誅, 步過六尺者有罰, 棄灰於道者被刑, 一日臨渭而論囚七百余人, 渭水盡赤, 號哭之聲動於天地, 畜怨積仇比於丘山. 所逃莫之隱, 所歸莫之容, 身死車裂, 滅族無姓, 其去霸王之佐亦遠矣. 然惠王殺之, 亦非也. 可輔而用也. 使衛鞅施寬平之法, 加之以恩, 申之以信, 庶幾霸者之佐哉!

49. ≪史記≫ 李斯列傳 集解에 引用된 것

斯在逐中, 道上上諫書達始皇, 始皇使人逐至驪邑, 得還.

50. ≪孔子集語≫에 引用된 것

孔子謂曾子曰:「君子不以利害義, 則恥辱安從生哉? 官怠於宦成, 病加於小愈, 禍生於怠惰, 孝衰於妻子. 察此四者, 慎終如始.」

◎ 張國銓은 "(君子二句)見《大戴禮·曾子疾病》. 又云『與《鄧析子·轉辭》語小異, 《說苑·敬慎》作曾子語, 又見《韓詩外傳》八"이라고 하였고, 趙善詒는 "君子不以利害義兩句, 亦見《荀子·法行》, 作「故君子苟能無以利害義, 則恥辱亦無由至矣.」《說苑·談叢》作「君子苟不求利祿, 則不害其身.」均作曾子語"라고 하였다.

51. ≪繹史≫(馬驌) 44의 2에 引用된 것

齊桓公好婦人之色, 妻姑姊妹, 國人多淫於骨肉.

◉ 張國銓은 馬氏引書多不詳子目, 存以俟考』라 하였다.

◉ 이상 10조에 대해 李華年은 "以上十條除第42·43 兩條盧氏原輯引≪太平御覽≫, 文字過簡, 第41條盧氏原輯分爲來自不同出處的四條, 張氏重輯外, 其餘七條, 均張氏增輯"이라고 하였다.

52. ≪北堂書鈔≫ 39에 引用된 것

農無廢業, 野無空地.

53. ≪太平御覽≫ 192에 引用된 것

梁伯涸於酒, 淫於色, 心惛而耳塞, 好作大城而不居, 民罷甚.

54. ≪文選≫ 魏都賦 注에 引用된 것

單襄公曰:「經之以天, 緯之以地, 經緯不爽, 天之象也.」

◉ 이상 3조는 趙善詒의 增輯이다.

55. 《太平御覽》 417에 引用된 것

楚有士申鳴者, 在家而養其父, 孝聞於楚國, 王欲授之相, 申鳴辭不受, 其父曰: 「王欲相汝, 汝何不受乎?」申鳴對曰: 「舍父之孝子而爲王之忠臣, 何也?」其父曰: 「使有祿於國, 立義於庭, 汝樂, 吾無憂矣. 吾欲汝之相也.」申鳴曰: 「喏.」遂入朝. 楚王因授之相. 居三年, 白公爲亂, 殺司馬子期, 申鳴將往死之, 父止之曰: 「棄父而死, 其可乎?」申鳴曰: 「聞夫仕者, 身歸於君, 而祿歸於親. 今去子事君, 得無死於難乎?」遂辭而往, 因以兵圍之. 白公謂石乞曰: 「申鳴者, 天下之孝子也, 往劫其父以事兵, 申鳴聞之, 必來, 來, 與之語.」白公曰: 「善.」則往取其父, 持之以兵, 告申鳴曰: 「子與吾, 吾與子分楚國; 不與吾, 子父則死矣.」申鳴流涕而應之曰: 「始吾, 父之孝子也; 今吾, 君之忠臣也. 吾聞之也, 食其食者死其事, 受其祿者畢其能, 今吾已不得爲孝子矣, 乃君之忠臣也, 吾何得以全身?」援枹鼓之, 遂殺白公, 其父亦死. 王賞之百斤金, 申鳴曰: 「食君之食, 避君之難, 非忠臣也. 定君之國, 殺臣之父, 非孝也. 名不可兩立, 行父可兩全也. 如是而生, 何面目立於天下?」遂自殺.

◎ 李華年은 "本條又見今本《說苑‧立節》, 向宗魯云『見《韓詩外傳》十, 文較略, 又見《渚宮舊事》二"라고 하였다.

56. 《太平御覽》 456에 引用된 것

智伯請地於韓康子, 康子欲勿與, 規諫曰: 不可, 夫智伯之爲人, 又好利而鷙復, 來請地而勿與, 則必加兵於我矣; 若與之, 彼又請地於他國, 他國不聽, 必向之以兵, 然則與可以免於患而待事之變.」康子曰: 「善.」因使使者封萬家之縣一與智伯. 智伯大悅, 復請地於趙, 不與, 果陰約韓‧魏以伐, 圍晉陽三年, 後韓‧魏應之, 遂滅智伯.

◉ 李華年은 "此事見《戰國策·趙策一·知伯帥趙·韓·魏而伐范中行氏章》, 姚本注『劉(本)夏作愎.』鮑本補曰:『《韓子》作鷔愎.』繆文遠《戰國策考辨》十八云:『又見《韓非子·十過》.』《韓非子·說林上》·《淮南子·人間》亦載此事而內容小異, 姓名不同"이라 하였다.

57. ≪太平御覽≫ 456에 引用된 것

不幸不聞其過, 福在受諫, 基在愛民, 固在親賢.

◉ 이상 2條에 대하여 李華年은 "華按, 以上二條, 據聶崇岐等編《太平御覽引得》提供的線索輯出"이라고 하였다.

58. ≪藝文類聚≫ 52에 引用된 것

臧孫行猛政, 子貢非之曰:「夫政, 猶張琴瑟也, 大絃急, 則小絃絶矣. 是以位尊者德不可以薄, 官大者治不可以小, 地廣者制不可以狹, 民衆者政不可以苛. 獨不聞子産相鄭乎? 其掄材惟賢, 抑惡而揚善. 故有大略者不問其所短, 有德厚者不非其所疵. 其牧民之道, 養之以仁, 教之以禮, 因其所欲而與之, 從其所好而勸之, 賞之疑者從重, 罰之疑者從輕.」

59. ≪北堂書鈔≫ 35에 引用된 것

子産相鄭, 七年而教宣風行, 國無刑人.

60. ≪太平御覽≫ 861에 引用된 것

紂王天下, 能羹不熟而殺庖人.

61. ≪太平御覽≫ 861에 引用된 것

平公問叔向曰:「齊桓公九合諸侯, 一匡天下. 如是, 君不如臣力, 何也?」
師曠侍, 曰:「臣請以喩五味, 管仲善斷割之, 隰朋善煎熬之, 賓須無善齊和之,
羹已熟矣, 奉而進之, 而君不食, 誰能彊之, 亦君之力也.」

62. ≪太平御覽≫ 863에 引用된 것

趙簡子使使者聘孔子於魯, 以胖牛肉迎於海上, 使者謂船人曰:「孔子卽
上船, 中河安流而殺之.」孔子至, 使者致命, 進胖牛之肉. 孔子仰天而歎曰:
「美哉水乎, 洋洋也! 使丘不濟此水者, 命也夫!」

63. ≪後漢書·順帝紀≫ 注

子奇年十八, 齊君使之化阿. 至阿, 鑄其庫兵以爲耕器, 出倉廩以賑貧窮,
阿縣大化.

64. 《後漢書·隗囂傳》注

桓公與管仲·鮑叔·甯戚飲. 桓公謂鮑叔曰:「姑爲寡人祝乎!」鮑叔奉酒而起, 祝曰:「吾君無忘出莒也, 使管子無忘束縛從魯也, 使甯戚無忘其飯牛於車下也.」

65. 《後漢書·馮異傳》注

齊桓公與管仲飲, 酒酣, 管仲上壽曰:「願君無忘出奔於莒也, 臣亦無忘束縛於魯也.」

66. 《後漢書·陳寵傳》注

臧孫, 魯大夫, 行猛政, 子貢非之曰:「夫政, 猶張琴瑟也, 大絃急, 則小絃絕矣. 故曰:「罰得則姦邪止, 賞得則下歡悅, 子之賊心見矣. 獨不聞子產之相鄭乎? 推賢舉能, 抑惡揚善, 有大略者, 不問其短; 有厚德者, 不非小疵. 家給人足, 囹圄空虛. 子產卒, 國人皆叩心流涕, 三月不聞竽琴之音. 其生也見愛, 死也可悲. 故曰:『德莫大於仁, 禍莫大於刻.』今子病而人賀, 子愈而人相懼, 曰: 『嗟乎! 何命之不善, 子又不死.』」臧孫慚而避位, 終身不出.

67. 《文選》注 37

子貢曰:「子產死, 國人聞之, 皆叩心流涕曰:『子產已死, 吾將安歸?』皆巷哭.」

68. 《文選》 注 23

孫叔敖曰:「筐篋之橐簡書.」

69. 《文選》 注 56

劉向曰:「先王之所以指麾而四海賓服者, 誠德之至也.」

70. 《北堂書鈔》 13

攘服四夷, 天下安然.

Ⅱ. ≪신서≫ 세발 등 참고자료

畵像磚(漢) 〈樂舞圖〉. 四川 德陽 출토

Ⅱ. 《신서新序》 서발序跋 등 참고자료參考資料

1. 〈新序目錄序〉 ·· 曾鞏

　劉向所集次《新序》三十篇, 目錄一篇, 隋唐之世尙爲全書, 今可見者十篇而已. 臣旣考正其文字, 因爲其序論曰:

　古之治天下者, 一道德, 同風俗, 蓋九州之廣, 萬民之衆, 千歲之遠, 其敎旣明, 其政旣成之後, 所守者一道, 所傳者一說而已. 故詩書之文, 歷世數十, 作者非一, 而言未嘗不相爲終始, 化之如此其至也. 當是之時, 異行者有誅, 異言者有禁, 防之又如此其備也. 故二帝三王之際, 及其中間嘗更衰亂而餘澤未熄之時, 百家衆說, 未有能出其間者也. 及周之末世, 先王之敎化法度旣廢, 餘澤旣熄, 世之治方術者, 蓋得其一偏. 故人奮其私意, 家尙其私學, 學者蜂起於中國, 皆明其所長而昧其所短, 務其所得而諱其所失. 天下之士, 各自爲言而不能相通, 世人之不復知夫學之有統·道之有歸也. 先王之遺文雖在, 皆絀而不講, 況至於秦爲世所大禁哉? 漢興, 六藝皆得於散絶殘脫之餘, 世無復明先王之道, 爲衆說之所蔽, 闇而不明, 鬱而不發, 而怪奇可喜之論, 各師異見, 皆自名家者, 誕漫於中國, 一切不異於周之末世, 其弊至於今尙在也. 自斯以來, 天下學者知折衷於聖人, 而能純於道德之美者, 揚雄氏而止耳. 如向之徒, 皆不免爲衆說之蔽, 而不知有折衷者也. 孟子曰:「待文王而後興者, 凡民也; 豪傑之士, 雖無文王猶興.」漢之士, 豈特無明先王之道以一之者哉? 亦其出於是時者, 豪傑之士少, 故不能特起於流俗之中·絶學之後也. 蓋向之序此書, 於今最爲近古, 雖不能無失, 然遠至舜禹, 而次及於周秦以來, 古人之嘉言善行, 亦往往而在也, 要在愼取之而已. 故臣旣惜其不可見者, 而校其可見者特詳焉, 亦足以知臣之志者豈好辯哉? 蓋臣之不得已也. 編校書籍臣曾鞏上.

2. 〈新序序〉 .... 何良俊

《說苑》二十卷·《新序》十卷, 漢中壘校尉劉向子政所撰, 宋集賢校理
曾鞏之所序錄者也. 觀鞏之序《說苑》, 譏子政以不能究知聖人精微之際,
又責其著書建言, 尤欲有爲於世, 忘枉己而爲之; 至論《新序》, 則以爲秦
漢絕學之後, 學者知折衷於聖人而能純於道德之美者, 揚雄氏而止耳.
余謂鞏之文簡嚴質直, 大類子政, 獨其詆訶過嚴, 與奪失實, 蓋竊疑之焉.
夫自三代而下, 言道者莫純於孔子. 今考其書, 自說《易》而外, 其於精微
之際, 蓋不數數也. 故曰「民可使由之, 不可使知之」; 子貢曰「夫子之言性
與天道, 不可得而聞也.」今夫朱生於絳, 靑生於藍, 雖踰本色, 不可復化,
其質定也. 金之在鎔, 其爲鐘鏞, 爲鼎彝尊罍, 皆是也, 及其旣有成器,
則鐘鏞之不可使爲鼎彝尊罍, 鼎彝尊罍之不可使爲鐘鏞者, 其質定也.
蓋道者渾淪無方, 本無定質, 苟欲以言而定之者, 則道者將必爲天下裂.
子思談道, 最爲精微, 其言曰「率性之謂道」, 此其至善言者; 繼之曰「鳶飛
戾天, 魚躍于淵」, 其言適至是則止耳. 苟鳶而必求其所以戾于天, 則鳶者
始膠膠然亂於上矣; 苟魚而必求其所以躍于淵, 則魚者始膠膠然亂於下矣.
故雖以孟子亞聖, 其自序以爲功者, 惟曰「入則孝, 出則弟」, 守先王之法, 以待
後之學者, 而於精微之際, 蓋亦不數數也. 孟子固亦以言之長者, 道之所以
裂也. 下是而言道者, 世號純儒, 莫過董生, 然猶泥於機祥; 東漢諸人,
則詭於緯候; 至魏晉, 斷滅於虛無, 盡矣. 卽鞏之所推, 獨稱揚雄, 雄之所陳,
有曰「爰淸爰靜, 遊神之庭; 惟寂惟漠, 守德之宅」. 苟折衷以聖人之論,
其亦眞能純於道德之美者非邪? 宋元豐間, 館閣諸名士一日共商較古今
人物失得, 王介甫言:「漢元晚節, 劉向數言天下事, 疑太犯分.」呂晦叔曰:
「同姓之卿歟!」衆以爲然. 昔屈原以楚同姓, 傷懷王之信讒, 遂入秦不反,
雖流放, 作《離騷》·《九章》諸篇, 猶拳拳於存君興國, 君子以爲忠. 夫以
子政爲有非者, 然則屈原亦有非邪? 按子政當漢元·成間, 弘恭·石顯·
王鳳方用事尊顯, 皆擅國, 士大夫一失其旨意, 卽斥逐誅死不旋踵. 子政
數上章刺譏時事, 指陳災異徵應, 乃至亡國弑君, 皆尋常患難時朋友兄弟

所不忍容, 子政獨斷斷於天子之前不少休, 有不啻批其逆鱗者, 是亦豈枉己者之爲? 使肯枉己, 則子政以彼其才, 稍自貶, 其取丞相御史不難, 顧不出彼, 乃與其所謂三獨夫者, 終始相結托, 則不用困抑以死. 若此者, 鞏獨不少貸之哉! 夫春秋戰國時, 先王之澤未泯, 士君子之言語行事, 皆有可稱. 第以一節見, 或少戾於中庸之旨, 率不爲聖人所錄, 一時韓非・呂不韋諸人, 雖有論撰, 又雜以名法縱橫之說. 余謂數千百年之後, 凡成學治古文者, 欲考見三代放失舊聞, 惟子政之書, 特爲雅馴. 今讀《說苑》二十篇・自〈君道〉・〈臣術〉而下, 卽繼以〈建本〉, 極於〈修文〉, 終於〈反質〉, 蓋庶幾三王承敝易變之道, 又豈後代俗儒所得窺其旨要哉? 余因刻《說苑》・《新序》二書, 懼學者承誤習謬, 使子政之心不白於天下, 乃爲之辯著如此云. 嘉靖丁未八月朔東海何良俊撰.

3. 〈新序跋〉 ·· 王謨

　右劉向《新序》十卷,《隋唐志》俱三十,《通考》只十卷, 曾子固序, 其略曰: 向所集次《新序》三十篇, 錄一篇, 隋唐之世, 尚爲全書, 今可見者, 十篇而已. 此書最爲近古, 雖不能無失, 然遠至舜禹, 而次及於周秦以來, 古人之嘉言善行, 往往而在. 而惜乎其所闕二十篇, 竟無得而考也. 謨嘗遍覽唐宋人類書所引《新序》, 亦頗有今本所不收者, 而其文皆不全, 惟《三國志·劉廙傳》注引《新序》云:「趙簡子欲專天下, 謂其相曰:『趙有犢犨, 晉有鐸鳴, 魯有孔丘, 吾殺三人者, 天下可王也.』於是乃召犢犨·鐸鳴而問政焉, 已卽殺之. 使使者聘孔子於魯, 以胖牛肉迎於河上. 使者謂船人曰:『孔子卽上船, 中河必流而殺之.』孔子至, 使者致命, 進胖牛之肉. 孔子仰天而嘆.」下乃云云, 具有首尾, 而其文踳駁, 若未可信, 第以胖牛故事語人, 未有不茫然者, 故亦復識之, 以補《史記》·《家語》之闕. 若其所引楚共王逐申侯, 晉文公遇欒武子, 葉公諸梁問樂王鮒, 王伯厚已與《說苑》同譏. 傳記若此者衆, 又不勝辨也. 此與《說苑》·《列女傳》俱在漢志劉向所序六十七篇內, 但班固原注尚有《世說》, 書不傳, 而後世所傳《列仙傳》三卷, 又不在此數內, 今只仍叢書舊本, 校刊《新序》·《說苑》, 其《列女》·《列仙》二傳, 尚當採而續之云. 汝上王謨識.

4. 〈四庫全書總目提要〉

《新序》十卷, 漢劉向撰. 向字子政, 初名更生, 以父任爲輦郎, 歷官中壘校尉, 事迹具《漢書》本傳. 案班固《漢書‧藝文志》稱向序六十七篇, 《新序》‧《說苑》《列女傳》頌圖也. 《隋書‧經籍志》. 鞏與歐陽修同時, 而所言卷帙懸殊, 蓋《藝文志》所載, 據唐時全本爲言, 鞏所校錄, 則宋初殘闕之本也. 晁公武謂曾子固綴輯散佚, 《新序》始復全者, 誤矣. 此本「雜事」五卷, 「刺奢」一卷, 「節士」二卷, 「善謀」二卷, 卽曾鞏校定之舊. 《崇文總目》云: 「所載皆戰國‧秦‧漢間事」, 以今考之, 春秋時事尤多, 漢事不過數條, 大抵採百家傳記, 以類相從, 故頗與《春秋》內‧外傳‧《戰國策》‧《太史公書》互相出入. 高似孫《子略》謂: 「先秦古書甫脫爐劫, 一入向筆, 採擷不遺. 至其正紀綱‧迪教化‧辨邪正‧黜異端, 以爲漢規監者, 盡在此書」, 固未免推崇己甚, 要其推明古訓, 以衷之於道德仁義, 在諸子中猶不失爲儒者之言也. 葉大慶《考古質疑》摘其昭奚恤對秦使者一條, 所稱司馬子反在奚恤前爲二百二十年, 葉公子高‧令尹子西在奚恤前一百三十年, 均非同時之人; 又摘其誤以孟子論好色好勇爲對梁惠王, 皆切中其失. 至大慶謂「黍離」乃周詩, 《新序》誤云衛宣公之子壽閔其兄且見害而作, 則殊不然. 向本學「魯詩」, 而大慶以「毛詩」繩之, 其不合也固宜, 是則未考漢儒專門授受之學矣.

5. 〈四庫全書簡明目錄〉

《新序》十卷, 漢劉向撰, 唐以前本皆三十卷, 宋以後本皆十卷, 蓋不知爲合幷·爲殘缺也. 所錄皆春秋至漢初軼事, 可爲法戒者, 雖傳聞異辭·姓名·時代或有抵牾, 要其大旨主干正紀綱·迪敎化·不失爲儒者之言.

6. 〈四庫全書提要辯證摘要〉 .... 余嘉錫

《論衡·超奇篇》云:「若司馬子長·劉子政之徒, 累積篇第, 文以萬數, 其過子雲·子高遠矣. 然而因成紀前, 無胸中之造.」此言其因古書成說以紀前人之事, 非其胸中所自造也……蓋《百家》·《國策》等書, 只是取古人舊作, 爲之整理編次, 此固校書者常有之事. ……然其書雖經向手別爲纂集, 而實無所去取筆削於其間, 故不可名爲向撰. 至于《新序》·《說苑》, 則雖本有其書, 其文亦愁採之傳記, 然向既除其兩書之復重者, 與他書之但除本書之復重者不同; 又刪去其淺薄不中義理者, 與《晏子》等書, 但聚而編之雖明知其不合經訓亦不敢失者不同; 蓋己自以義法別擇之, 使之合於六經之義. 況本傳云采傳記行事,《說苑》敍云更以造新事; 則向又已有所增益於其間. 既奏上之, 以戒天子, 亦以成儒者一家之言; 故雖採自古書, 仍不能不謂爲劉向所敍; 猶孔子因魯史修《春秋》, 述而不作, 要不能謂《春秋》非成於孔子也.

夫一書有一書之宗旨, 向固儒者, 其書亦儒家者流, 但求其合乎儒術無悖於義理足矣, 至於其中事迹皆採自古書, 苟可以發明其意, 雖有違失, 固所不廢. 譬之賦詩, 斷章取義, 要在讀者不以文害辭, 不以辭害志耳. 嚴可均《鐵橋漫稿》卷八《書說苑後》云:「向所類事, 與《左傳》及諸子或時代抵牾, 或一事而兩說三說兼存,《韓非子》亦如此. 良有所見異詞, 所聞異詞, 所傳聞異詞, 不必同李斯之法, 別黑白而定一尊. 淺學之徒, 少見多怪, 謂某事與某書違異, 某人與某人不相值, 生二千載後, 而欲畫一二千載以前之事, 甚非多聞闕疑之意.」朱一新《無邪堂答問》卷四曰:「諸子發攄己意, 往往借古事以申其說, 劉子政作《新序》·《說苑》, 冀以感悟時君, 取足達意而止, 亦不復計事實之舛誤. 蓋文章體制不同議論之文, 源出於子, 自成一家, 不妨有此. 若紀事之文出於史, 考證文出於經, 則固不得如此也.」講獻《復堂日記》卷六亦云:「《新序》以著述當諫書, 皆與封事相發, 董生所謂陳古以刺今.」此眞能知古人著作之例矣. ……凡古書事有訛誤, 讀者固宜考證之. ……然遂謂中向之失, 則所謂「固已夫

高璟之爲詩」也.

全祖望《經史答問》卷三云:「問: 朱竹詫曰劉向所述皆魯詩, 未知果否?答: 劉向是楚元王交之後, 故以向守家學, 必是魯詩. 然愚以爲未可信. 劉氏父子皆治《春秋》, 則歆已難向說矣, 安在向必守交之說也? 向之學極博, 其說詩, 考之〈儒林傳〉, 不言所師在三家中, 未敢定爲何詩也. ……」漢儒治經, 兼通數家之學者甚衆, 且有古今文幷治者, 前·後《漢書》中不乏其例. ……再以劉向本人言之, 宣帝時初立《穀梁春秋》, 征更生受《穀梁》歆以左丘明好惡與聖人同, 親見夫子, 而公羊·穀梁在七十子後, 傳聞之與親見之其詳略不同. 歆數以難向, 向不能非聞也, 然猶自持其穀梁義. 此見之於本傳者也. 然桓譚·王充均謂向好《左氏》, 至婦女皆育讀呻吟之. 桓譚旣與向爲同時人, 記其所親見, 王充亦去向時代未遠, 其說皆最可依據. 故向所自作之《洪範五行傳》·《列女傳》, 所編纂之《新序》·《說苑》, 皆發明《左氏》之義甚多. 設使三傳皆亡, 今取向著述中說《春秋》之語盡軏入《穀梁傳》, 可乎? 夫以一人之學, 尚自前後不同, 本傳之說, 尚復不可盡認; 乃欲於數千載之後舉史傳所不載·昔人所未言, 用揣測之詞, 想當然之說, 謂其祖學《魯詩》, 其後世子孫亦必學《魯詩》者, 未必然也. ……《漢書·儒林·韓嬰傳》云:「嬰推詩人之意, 而作內外傳數萬言, 其語頗與齊·魯間殊, 然歸一也.」是則《韓詩》之說同於齊·魯者必多, 今惟見其與《韓詩》合, 遂謂爲《韓詩》云耳. 其間頗有無法證明與齊·魯異義者, 安知非卽齊·魯之說耶? 向於《春秋》兼采《穀梁》·《左氏》, 以二家義本相近故也. 齊·魯·韓之詩旣屬指歸一致, 則其義尤爲相近, 兼採三家, 固亦事之所有. 況《新序》·《說苑》據本傳言, 則是採之傳記, ……其中說《詩》之語, 出於六國之時者, 固無所謂齊·魯·韓·毛. 卽出於漢以後者, 亦必各家都有, 不守一先生之言. 向之序此兩書, 意在發明儒者之紀綱教化, 以戒天子, 與韓嬰作《外傳》採傳虹以釋《詩》者, 用意不同, 未必取前人所說之《詩》塗改點竄之, 以合一己之學也.

임동석(茁浦 林東錫)

慶北 榮州 上茁에서 출생. 忠北 丹陽 德尙골에서 성장. 丹陽初中 졸업. 京東高 서울
敎大 國際大 建國大 대학원 졸업. 雨田 辛鎬烈 선생에게 漢學 배움. 臺灣 國立臺灣師
範大學 國文硏究所(大學院) 博士班 졸업. 中華民國 國家文學博士(1983). 建國大學校
敎授. 文科大學長 역임. 成均館大 延世大 高麗大 外國語大 서울대 등 大學院 강의.
韓國中國言語學會 中國語文學硏究會 韓國中語中文學會 會長 역임. 저서에 《朝鮮譯
學考》(中文) 《中國學術槪論》 《中韓對比語文論》. 편역서에 《수레를 밀기 위해 내린
사람들》 《栗谷先生詩文選》. 역서에 《漢語音韻學講義》 《廣開土王碑硏究》 《東北民族
源流》 《龍鳳文化源流》 《論語心得》 〈漢語雙聲疊韻硏究〉 등 학술 논문 50여 편.

임동석중국사상100

신서 新序

劉向 撰 / 林東錫 譯註
1판 1쇄 발행/2009년 12월 12일
2쇄 발행/2013년 10월 1일
발행인 고정일
발행처 동서문화사
창업 1956. 12. 12. 등록 16-3799
서울강남구신사동563-10 ☎546-0331~6 (FAX)545-0331
www.dongsuhbook.com
잘못 만들어진 책은 바꾸어 드립니다.

＊

＊

사업자등록번호 211-87-75330
ISBN 978-89-497-0582-8 04080
ISBN 978-89-497-0542-2 (세트)